Bernhard Finkbeiner · Hans-Jörg Brekle

FRAG MUTTI

Das Handbuch nicht nur für Junggesellen

D1723453

Jetzt auch mit:
Frag Mutti –
Das Spar-
buch

Weltbild

Einkaufen im Internet:
www.weltbild.de

Genehmigte Lizenzausgabe
für Verlagsgruppe Weltbild GmbH,
Steinerne Furt, 86167 Augsburg
Copyright der Originalausgaben
Frag Mutti – Das Handbuch nicht nur für Junggesellen
© 2006 Fischer Taschenbuch Verlag,
ein Unternehmen der S. Fischer Verlag GmbH, Frankfurt am Main
Frag Mutti – Das Sparbuch
© 2008 Fischer Taschenbuch Verlag,
ein Unternehmen der S. Fischer Verlag GmbH, Frankfurt am Main
Umschlaggestaltung: Atelier Seidel, Verlagsgrafik, Teising
Umschlagmotiv: Microzoa / Getty Images und
© Peter Dazeley / Getty Images
Gesamtherstellung: CPI – Clausen & Bosse GmbH, Leck
Printed in the EU
978-3-8289-3034-6

2011   2010   2009
Die letzte Jahreszahl gibt die aktuelle Lizenzausgabe an.

FRAG MUTTI

Das Handbuch nicht nur für Junggesellen

Brauche ich dieses Buch?

A. Deine Freundin hat gerade ein Glas Rotwein über deinen neuen Flokati gekippt. Was machst du?

Du holst die Fleckenschere.   (1 Punkt)

Du färbst den Teppich rot ein.   (1 Punkt)

Du wickelst die Freundin in den Flokati und versteigerst sie bei eBay.   (1 Punkt)

B. Du wäschst deine weiße Wäsche und merkst in der Hälfte des Waschgangs, dass alles so schön rosa ist. Deine Lösung des Problems?

Du stellst die Waschmaschine auf schwarz-weiß um.
(1 Punkt)

Du gründest die RSV (Rosa Socken Vereinigung). Du glaubst gar nicht, wie viele Anhänger sie in wenigen Wochen haben wird.   (1 Punkt)

Du verzichtest in Zukunft auf Unterwäsche.   (1 Punkt)

C. Du hast großspurig Freunde zum Essen eingeladen, nun kannst du fast die Wohnungseingangstür nicht mehr finden, um ihnen zu öffnen, weil dir gerade der Versuch geglückt ist, aus einem Schweinebraten Kohle zu machen. Wie rettest du dich?

Du gibst das Ganze als Eventgastronomie aus.   (1 Punkt)

Du sagst, dass du heute nicht da bist.   (1 Punkt)

Du holst deinen Grill aus dem Keller, Kohle hast du ja.
(1 Punkt)

D. Du stehst am Supermarkt und hast keinen Euro für den Einkaufswagen. Wie verhältst du dich?

Du knackst einen Wagen mit deiner Eurocheckkarte und verscherbelst ihn später wieder gegen einen Euro!   (1 Punkt)

Du lernst Jonglieren.   (1 Punkt)

Du zerrst ein kleines Monster aus einem dieser bunten Einkaufsautos und hast überall freie Fahrt.   (1 Punkt)

1 Punkt und mehr

Bist du in anderen Dingen besser? So wie es aussieht, bist du der absolute Haushaltsidiot. Willst du alleine überleben? Dann brauchst du dringend dieses Buch. UNBEDINGT!

INTRO

Geschafft! Mein neues Leben beginnt. Stolz lächelt mich mein Spiegelbild im ICE-Fenster an. Wie souverän ich klar gemacht habe, dass nur ich der Richtige für diesen Job bin. Sie haben gar keine andere Wahl. Sie werden mich einstellen müssen. Dann ist es so weit: Von zu Hause ausziehen, eine eigene Wohnung besitzen, viele tolle Frauen einladen und endlich ein Leben führen, in dem ich der Boss bin. Ich, INGO, frisch gekürter Sozialversicherungsfachangestellter, bin fest entschlossen, das durchzuziehen.

Die vielen Nesthocker in meinem Bekanntenkreis kann ich nicht verstehen. Sind die denn total bescheuert? Für eine warme Mahlzeit oder frische Hemden opfern sie ihre Freiheit. Geben sich zufrieden mit einem separaten Wohnungseingang oder einem eigenen Klo. Zugegeben, mein Zimmer bei meinen Eltern in Ludwigsburg ist auch nicht schlecht. Unterm Dach mit freiem Blick in den Himmel, doch auf dem Weg dorthin kommt man dummerweise direkt am Schlafzimmer meiner Eltern vorbei. Was das bedeutet, kann man sich leicht ausmalen. Zumal meine Mutter nur bei geöffneter Tür schlafen kann.

Es ist einfach oberpeinlich, die Angebetete am Bett der Eltern vorbeischleusen zu müssen. Welche Libido hält diesem Anblick stand? Oft bin ich allerdings noch nicht in diese Verlegenheit gekommen. Eigentlich noch nie. Dabei finde ich mich ganz akzeptabel. Ich bin zwar rein körperlich nicht der Größte, aber mir wurde schon öfter bekundet, dass ich bei den Mädels gut ankomme. Was ich aber mit Sicherheit sagen kann, ist, dass ich im Moment keine Freundin habe. Meine letzte hat mich nach vierzehn Tagen verlassen, weil ihr ein anderer über den Weg gelaufen ist, bei dem es »mehr prickelte«. Mr. Brausestäbchen ist inzwischen auch hopp und ex. Doch das ist jetzt alles Schnee von gestern. Ich stehe jetzt vor wahren Herausforderungen. Wenn ich von zu Hause ausgezogen bin, wird die Welt einen anderen Ingo kennen lernen! Dank meiner angeborenen Anpassungsfähigkeit und meines hervorragenden Improvisationstalents wird es mir ein Leichtes sein, mich in der neuen Stadt zurechtzufinden, meinen Haushalt zu führen, den Alltag zu meistern, und innerhalb kürzester Zeit werde ich mit selbst kreierten kulinarischen Spezialitäten die Frauen verführen und dann in mein eigenes Schlafgemach entführen. Auf dem Weg ins Dorado des Junggesellendaseins habe ich heute souverän die erste Hürde genommen.

Hallo, Ingo,
auch wir, die Autoren dieses Buches, glaubten nach dem Auszug von zu Hause, uns liege die Welt zu Füßen. Nach kurzer Zeit stellten wir jedoch fest, dass uns noch nicht einmal die Waschmaschine folgt und unsere Kochkünste schon bei der Zubereitung von Salzkartoffeln schlapp machten. (Weißt *du*, wie man sie kocht?) Irgendwann haben wir dann kapituliert: Hans-Jörg rief seine Mutter an, die ihm erklärte, wie man rosa Socken wieder weiß bekommt und Salzkartoffeln nicht matschig werden. Das war unser Schlüsselerlebnis. Seither wissen wir: Der Anruf bei Mutti ist für junge Menschen, die flügge geworden sind, überlebenswichtig! Für alle, denen eine Standleitung nach Hause zu teuer oder zu peinlich ist oder deren Mütter wenig auskunftsfreudig sind, haben wir dieses Buch geschrieben. Alle Tipps sind garantiert alltagstauglich, manche vielleicht nicht ganz so ernst zu nehmen, aber auf jeden Fall von uns oder einer Jury aus vielen Schicksalsgenossen und -genossinnen erprobt.
Nach der Lektüre bist du der perfekte Gastgeber und schmeißt die coolsten Partys. VERSPROCHEN!
Dein
Bernhard und Hans-Jörg

PS: Wenn du das Buch liest, wirst du ab und zu auf »Komplettlösungen« und »Cheats« stoßen. Komplettlösungen liefern dir, wie der Name schon vermuten lässt, eine fertige Lösung für ein Problem. Also: Wie kommst du von A nach B (z. B. zu einem weich gekochten Frühstücksei oder zu einem gebügelten Hemd).

Cheats hingegen sind kleine, aber unheimlich wirksame Tricks gegen die hinterhältigen Krankheiten im Haushalt (cheat heißt schummeln). Mit wenig Aufwand und einer pfiffigen Idee lassen sich viele kleine Problemchen im Haushalt bewerkstelligen, z. B. wie man Flecken wieder aus einem heißgeliebten T-Shirt rausbekommt.

An manchen Stellen wird dir Hilde begegnen. Hilde ist unser Maskottchen auf unserer Website *www.frag-mutti.de.* Die Tipps, die sie dir gibt, sind von einer Jury, unserer Internetgemeinde, geprüft und mit Hildepunkten ausgestattet. Ein Punkt bedeutet: »Hände weg, nur was für Esoteriker«, fünf Punkte hingegen sind der absolute Knaller. Trotz sorgfältigster Prüfung können wir natürlich nicht für jeden Tipp die Hand ins Feuer legen.

FREIFLUG

Freitag, 17:00 Uhr

Yeah! Morgen gehe ich auf Wohnungssuche. Und ich habs im Blut. Die Vermieterinnen werden vor meinem Junggesellencharme in die Knie gehen. Überflüssig zu erwähnen: Ich bekomme die Stelle bei der Krankenkasse in Ulm. Leichte Zweifel trübten schon meine Stimmung. Am meisten nervte mich meine Familie. Schlimmer als die mitleidigen Blicke meiner Mutter war die offen zu Schau gestellte Häme meiner Schwester. Früher klärte meine körperliche Überlegenheit solche Dinge. Heute verhindern ihre zum Teil um zwei Köpfe größeren Verehrer eine solch schnelle Lösung.

»Weißt du, über was ich mich am meisten freue?«, habe ich ihr eben im Vorübergehen lässig hingeworfen. »Nie mehr morgens deine ekligen Haare aus dem Abfluss fummeln zu müssen.«

Lieber Ingo,
freu dich nicht zu früh: In deinem neuen Leben erwarten dich noch viel größere Herausforderungen als Haare im Abfluss, außerdem sind nicht alle Vermieter Frauen.

Komplettlösung – Wohnungssuche
Um eine Wohnung in einer anderen Stadt zu suchen, benötigst du zuerst folgende Dinge:

Telefon/E-Mail	Für die persönliche Kontaktaufnahme.
Stadtplan	Vor allem in größeren Städten ist dieser sehr hilfreich bei der Auswahl der infrage kommenden Stadtteile und erleichtert die Suche nach der angebotenen Wohnung. (Stadtpläne gibt es auch im Internet: www.stadtplan-dienst.de)
Zeitung mit Wohnungsanzeigen	Das größte Wohnungsangebot für die jeweilige Stadt findet sich in der Regel in den Wochenendausgaben der dort erscheinenden Zeitungen. So gut wie jede größere Zeitung präsentiert ihren Anzeigenmarkt auch auf ihrer Internetseite.
Internetanschluss	Im Internet kann gezielt nach der Traumwohnung recherchiert werden, z. B. auf www.immobilienscout24.de, www.studenten-wg.de oder www.wg-gesucht.de

1:30 Uhr

Hilfe! Seit drei Stunden quäle ich mich am Computer. Angebot groß, aber chaotisch. Meine Schwester und neuer Typ nerven von nebenan.

Lieber Ingo!
Mach die Musik lauter, und überlege dir Folgendes, bevor du ins Netz gehst:
1. Wie viel Miete willst/kannst du zahlen?
2. Wo soll die Wohnung liegen? (Wie kommst du von dort zum Arbeitsplatz/zur Uni?)
3. Wie soll die Wohnung ausgestattet sein? (Wie viele Zimmer, Balkon, Parkplatz etc.?)

Ein Tipp noch: Auch wenn es dein Selbstbewusstsein etwas ankratzt: Es ist immer geschickt, die Mutter/den Vater mit zu einem Besichtigungstermin zu nehmen, das vermittelt dem Vermieter Vertrauen und Liquidität. Vorsicht: Bei einem WG-Platz wäre eine solche Begleitung aber eher kontraproduktiv.

Sonntagnachmittag

Ich liege auf meinem Bett und nehme Abschied. In einem Anflug von Sentimentalität habe ich die Ü-Ei-Sammlung meiner Schwester geschenkt. Samstag letzter Woche bin ich mit meinem Vater nach Ulm gefahren. Drei Wohnungen standen auf dem Programm. Die zweite war ein Traum. Zwei Zimmer, eins kleiner, aber beide hell – ich wusste sofort, wie ich sie einrichten werde. Die Küche ist zwar eng, hat aber dafür einen kleinen Balkon. Das Bad mit Dusche ist nicht gerade eine Wellnessoase, aber fürs Erste ganz akzeptabel. Da die Wohnung nicht weit von meinem neuen Arbeitsplatz liegt, war die Sache gebongt. »Alles klar, dann schicke ich Ihnen den Mietvertrag in den nächsten Tagen mit der Post«, sagte die Vermieterin zu meinem Vater, und für einen Moment fragte ich mich, wer denn nun hier einziehen soll. Aber was solls: Morgen ist die Schlüsselübergabe, den Mietvertrag soll ich unterschrieben mitbringen.

Der Mietvertrag

Ein Mietvertrag regelt eine ganze Menge. Deshalb solltest du ihn unbedingt sorgfältig durchlesen und auf ein paar Dinge achten, bevor du unterschreibst. Die Kaution zum Beispiel. Diese muss nur gezahlt werden, wenn sie im Mietvertrag vereinbart wird. Der Gesetzgeber lässt bis zu drei Monatsmieten als Kaution zu, die man in bis zu drei Raten zahlen kann. Bei der Rückerstattung stehen einem die Zinsen, die für Spareinlagen mit dreimonatiger Kündigungsfrist üblich sind, zu. Darüber hinaus hast du jederzeit das Recht, von deinem Vermieter zu erfahren, wie hoch die Zinserlöse sind. Wenn du die Kaution bezahlst, bietet es sich an, das Geld auf einem Sparbuch anzulegen und es dem Vermieter auszuhändigen.

Es lohnt auch, einen Blick auf das Kleingedruckte im Mietvertrag zu werfen. Wie sieht es mit den Regelungen zu Nebenkosten, Schönheitsreparaturen und Instandhaltungen aus? Du musst Reparaturen nur übernehmen, wenn das auch im Mietvertrag steht. Wenn dort eine Klausel steht, die festlegt, dass du beim Ein- *und* Auszug renovieren musst, so ist das ungültig. Gültig ist die Klausel nur, wenn du entweder beim Einzug *oder* beim Auszug renovieren musst.

Bist du über einen Makler an die Wohnung geraten, so darf der Makler nur dann Kaution verlangen, wenn er dir zu dem Mietvertrag verholfen hat. Sollte der Makler Eigentümer, Vermieter oder Verwalter sein, so steht ihm keine Kaution zu. Auch wenn du in eine Sozialwohnung ziehst, darf der Makler keine Kaution verlangen. Die Provision der Makler ist gesetzlich festgeschrieben und darf nicht mehr als das 2-fache der Nettokaltmiete zuzüglich Mehrwertsteuer betragen.

Handelt es sich bei deinem Mietvertrag um einen befristeten Vertrag, so muss dieser eine Begründung für die Frist enthalten. Es sind vom Gesetzgeber nur drei Gründe erlaubt: erstens, der Vermieter möchte die Wohnung für sich oder nahe Angehörige verwenden, zweitens, der Vermieter will die Räume abreißen oder grundlegend renovieren oder drittens, er will die Wohnung an Angestellte vermieten.

Bei schwierigeren Mietfragen solltest du dich an den Mieterverein – z. B. www.mieterbund.de – oder an einen in Mietfragen spezialisierten Anwalt wenden.

Das Übergabeprotokoll

Bei der Wohnungsübergabe solltest du unbedingt ein Übergabeprotokoll führen. Darin aufgeführt werden z. B. der Stand der Strom-, Gas- und Wasserzähler, die Anzahl der übergebenen Schlüssel sowie der Allgemeinzustand der Wohnung und eventuelle Mängel. Das Protokoll sollte in zweifacher Ausfertigung von Vermieter und Mieter unterschrieben werden. Ein Exemplar bekommt der Vermieter, das andere ist für deine Unterlagen bestimmt. Nur so kann beim Auszug objektiv entschieden werden, ob ein Schaden während deiner Zeit entstanden ist oder schon vorher bestanden hat.

Montag, 11:00 Uhr

Meine neue Freiheit ist 45 qm groß und müffelt noch etwas. Klar, die Wände benötigen einen neuen Anstrich und geputzt werden muss unbedingt auch. Aber mit einem Kasten Bier als Köder dauerte es keine drei Sekunden, meine Freunde Lars und Benjamin zu überreden, die Seminare an der Uni ausfallen zu lassen und ihrem alten Kumpel zu Hilfe zu eilen.

Super, Ingo! Du willst deine Wohnung auf Vordermann bringen. Das ist eine phantastische Idee, aber besorge dir unbedingt genügend Abdeckfolie und Zeitungspapier, damit du die Wohnung *vor* dem Streichen damit abdecken kannst. Ansonsten bist du *nach* dem Streichen zwei Tage lang mit Putzen beschäftigt. Denk an die Musik, sonst wird euch schnell langweilig beim Streichen. Weiterhin sinnvoll ist eine Leiter und ein Teleskopstab für die Farbrollen. Dann wird die Decke auch bei mangelnder Körpergröße weiß.

Bevor Lars und Beni kommen, gehts also noch zum Baumarkt. Vorher muss ich mir allerdings etwas für die Wände einfallen lassen. Der Vormieter hatte wohl eine Gemäldegalerie, sie sind durchlöchert wie Schweizer Käse.

 ### Wandlöcher stopfen

Wenn du hässliche Löcher in der Wand hast: Einfach Papiertaschentücher in die Wand klopfen. Auf diese Weise kannst du Löcher von Nägeln und Dübeln so gut wie unsichtbar machen. Du schnappst dir ein kleines Stück Papiertaschentuch und zwirbelst es kegelförmig zu einer Spitze, die so dick wie das Loch sein sollte. Dann ins Loch stecken, 2–4 mm Überstand lassen und den Rest abreißen. Danach klopfst du das Teil noch mit einem Hammer platt.

Was meint die Jury?

: Habs gerade probiert – das gibts ja nicht! – es funktioniert echt!

: Ist sogar besser als Zahnpasta. Die dellt nämlich ein, wenn sie trocknet und wird mit der Zeit gelb – der Schrecken aller Maler.

: Noch einfacher geht es mit Watte, sieht auch mehr nach Raufasertapete aus.

: Ich habs auch ausprobiert, allerdings bei roter Tapete, und das sieht nicht so toll aus!

: Wenn man die Taschentücher nass macht, klappts noch besser ;-)

: Ihr wollt mir jetzt nicht im Ernst erzählen, dass ihr mal eben alle ein Taschentuch in die Wand genagelt habt, oder?

: aufdembodenliegundkrummlach

: Das ist endlich mal eine praktische Lösung. Wenn ich mir die Nase putzen muss und gerade kein Taschentuch zur Hand habe, ziehe ich es einfach wieder aus der Wand. Das dürfte vor allem bei kleinen Kindern Eindruck machen; die glauben nämlich, dass ich zaubern kann.

: Funktioniert erst mal, doch wenn dann neu gemalert wird, erkennt man sofort, dass das Loch unsauber ist. Und es erfordert Augenmaß, gerade die richtige Taschentuchgröße zu finden.

: Bei mir sah es aus wie »ein Taschentuch steckt in der Wand«. Habe mir jetzt Moltofill geholt!

17:30 Uhr

Lars und Benjamin kamen vor einer Stunde. Zuerst wollten sie natürlich auf die geilste Single-Wohnung der Stadt anstoßen. Lars meinte dann, er hätte eine Farballergie, und zog sich gleich zum Putzen ins Klo zurück. Nun kommt er nur zum Bierholen raus. Beni raucht noch eine und genießt die Aussicht von meinem Balkon.

20:00 Uhr

Geschafft. Die Wohnung ist weiß und nicht nur die, wir auch. Das heißt eigentlich nur Beni und ich, von Lars habe ich seit einer Weile nichts mehr gehört. Beni findet, wir sollten die Putzerei auf morgen verlegen und zum gemütlichen Teil des Tages übergehen. Er holt gerade mit meinem letzten Geld noch einen Kasten Bier.

22:30 Uhr

Beni ist bislang noch nicht zurückgekehrt, Lars wahrscheinlich auf dem Klo eingeschlafen. Ich kann die Tür nicht mehr öffnen, höre aber sein Schnarchen. Die Wohnung ist kalt und dunkel (habe vollkommen vergessen, Lampen mitzubringen). So bleibt mir nichts anderes übrig, als irgendwie zu versuchen einzuschlafen, bevor ich aufs Klo muss.

Das-erste-Nacht-in-der-eigenen-Wohnung-Survival-Kit	
Lampe/Glüh-birnen	Wenn du nicht im Dunkeln sitzen willst und Strom bereits vorhanden ist.
Teelichter/Kerzen	Falls noch kein Strom vorhanden sein sollte, sorgen Kerzen für eine gemütliche

	Stimmung. Für Unromantiker tuts auch eine Taschen- oder Campinglampe.
Eine Rolle Toilettenpapier	Wird gerne vergessen, kann aber sehr dringend werden.
Reinigungs-utensilien	Es gibt immer was zu putzen: Lappen, Spülmittel, Putzeimer und Küchentücher dürfen auf keinen Fall fehlen.
Etwas zu essen und zu trinken	Hebt die Moral der Putztruppe.
Papier und Stift	Falls es noch Besorgungen zu erledigen gibt oder Reklamationen für den Vermieter zu notieren sind.
Schlafsack und Isomatte/Luftma-tratze	Wenn noch kein funktionstüchtiges Bett vorhanden ist.

Samstag, 14:00 Uhr

Von der Arbeitsmoral meiner Freunde enttäuscht – ich warte immer noch auf den Kasten Bier und auf Beni –, setze ich beim Umzug doch lieber auf Verwandtschaft. Mein Onkel Norbert hat einen kleinen Sanitärladen, und nachdem ich mir einen endlosen Vortrag über meine untauglichen Rohre im Bad anhören musste, ist er mit seinem Kleintransporter das zweite Mal nach Hause unterwegs. Dort helfen meine Eltern und meine Schwester (!) (erkannte ich doch letztens in jenem nächtlichen Besucher den Freund ihrer besten Freundin) beim Beladen. Hier ist noch Irene, Rudis Frau, die all die Putzversäumnisse von Beni und Lars doppelt wieder wettmacht.

Komplettlösung – Umzug

In den Wochen vor dem Umzug

Adressenänderung	Teile rechtzeitig Versicherungen, Bausparkassen, Krankenkassen, Vereinen deine neue Adresse mit. Überprüfe deine Mitgliedschaften und Abonnements.
Arbeitsamt	Wenn du BAföG und/oder deine Eltern Kindergeld erhalten, solltest du das Arbeitsamt über deinen Umzug informieren.
Bank	Falls deine bisherige Bank nicht in deiner neuen Stadt vertreten ist, ist es sinnvoll, ein neues Girokonto bei einer dortigen Bank zu eröffnen.
Einwohnermeldeamt	Je nach Bundesland musst du dich 7 bis 14 Tage nach deinem Umzug beim dortigen Einwohnermeldeamt anmelden. Bring deine Ausweise und die Abmeldebescheinigung (ggf. deine Kfz-Papiere) mit. (Auf der Website www. meldeaemter.de findest du die Meldestellen größerer deutscher Städte mit ihrem Service.)
HelferInnen engagieren	Schätze den Arbeitsaufwand beim Umzug so realistisch wie möglich ein, damit die Freiwilligen wissen, was auf sie zukommt.

Post	Einen Nachsendeauftrag stellen, damit kein Liebesbrief verloren geht.
Radio- und Fernsehen anmelden	Du willst doch nicht schwarzsehen, oder? Wenn du BAföG erhältst, kannst du dich von den GEZ-Gebühren freistellen lassen.
Strom, Gas	Anmelden, falls es nicht schon der Vermieter gemacht hat.
Telefon-Internet-Anschluss	Kommunikationstechnisch sollte in einem Junggesellenhaushalt alles frühzeitig geregelt sein, aber daran hast du bestimmt schon gedacht.
Umzugsauto leihen oder mieten	Ein Transport mit einem geliehenen Umzugsauto in der passenden Größe kann günstiger und erheblich bequemer sein als zehn Fahrten mit sämtlichen Kleinwagen deiner Freunde.
Verpacken und Beschriften von Umzugsgut	Wer mit System packt, hat hinterher weniger Chaos beim Auspacken. Gegenstände, die in ein Zimmer gehören, kommen in eine gemeinsame mit dem Inhalt beschriftete Kiste (z. B. Gläser/Küche).

Am Tag vor dem Umzug	
Zimmer in der neuen Wohnung analog zu den Kisten beschriften	Je größer die Wohnung, desto arbeitssparender ist es, wenn die Helfer die Kartons gleich dahin stellen können, wo sie später ausgepackt werden sollen.
Verpflegung organisieren	Frag Mutti. Die macht sicher ein paar Brötchen.
Parkplatz für Umzugs-auto sperren	Vor allem in Städten erspart das unnötige Laufarbeit und Ärger mit den Nachbarn.
Wenn der Umzug getan ist …	
Namensschilder anbringen	Damit jeder weiß, wer die Frau/der Herr im Haus ist.
Nachbarn begrüßen	Jetzt ist es leicht, einen guten Eindruck zu machen. Das Wohlwollen deiner Nachbarn brauchst du für die nächste Party.

Abends

Der Umzug lief glatt. Innerhalb weniger Stunden hatten wir alles ausgeladen, und die Möbel waren schnell aufgebaut. Gegen halb sechs war es dann so weit, mein Vater klopfte mir gönnerhaft auf die Schultern: »Junge, jetzt wirds ernst«, und fuhr mit Norbert zurück nach Hause. Die Umzugskartons sind auch schon alle ausgeräumt. Nur noch zwei Bücherregale an die Wand. Fertig ist das Paradies.

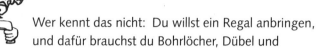

Lockere Dübel befestigen

★ ★ ★ ☆ ☆

Wer kennt das nicht: Du willst ein Regal anbringen, und dafür brauchst du Bohrlöcher, Dübel und Schrauben. Aber beim Bohren merkst du, dass das Loch viel zu groß wird, weil die Wand porös ist oder du dich bei der Größe des Bohrers verschätzt hast. Alles kein Problem: Besorge dir eine Heißklebepistole, und mit der klebst du die Dübel in das Loch. Einfach in das Bohrloch zwei bis drei »Spritzer« drücken und den Dübel hinterher. Hält bombensicher. Wenn du zu viel Kleber in das Bohrloch gepumpt hast, ist das auch kein Beinbruch. Einfach den überstehenden Dübel mit einem Teppichmesser abschneiden. Deine Schraube hält immer noch.

Was meint die Jury?

: Wer keine Heißklebepistole besitzt, kann ersatzweise auch gekochten Reis ins Bohrloch stopfen und anschließend den Dübel reindrücken. Sollte man aber nur machen, wenn eine Ersatzbohrung nicht möglich ist, weil der Reis ca. zwei Stunden zum Trocknen braucht.

: Danke für den Tipp, hält tatsächlich bombenfest.

: Es gibt da so Nummern auf den Bohrschrauben, den Dübeln und den Schrauben – ob da ein Zusammenhang besteht? ;-)

: Heißklebepistole hab ich nicht – dafür wohne ich in einem Altbau und kenne das Problem nur zu gut. Richtige Bohrergröße nutzt auch nicht immer was. Leider eiert der Bohrer da oft durch ein Gemisch von Stein, Holz und weiß der Himmel was … Da gibts nicht nur große, sondern auch noch schiefe Löcher.

⠶ Stimmt genau! Wenn das Bohrloch allerdings ein Fass ohne Boden ist, braucht man evtl. doch Hohlraumdübel.

⠶ Falls der Dübel ins Loch passt, aber irgendwie die Schraube zu klein ist (ja, ja, auch das kann vorkommen), dann einfach ein Streichholz in der Mitte durchbrechen und in den Dübel rein, anschließend Schraube rein, und es hält auch.

⠶ Meine Lösung: Spachtelmasse reindrücken, Dübel hinterher, Schraube rein, trocknen lassen, fertig.

⠶ Der Tipp mit der Heißklebepistole ist nicht schlecht, wenn aber die Wand sandig ist, hält auch kein Kleber. Zweckmäßig wäre es dann, das Bohrloch entweder etwas kleiner zu bohren oder anzunässen, anschließend mit transparentem Silikon ausspritzen. Wenn nichts mehr klebt, Silikon hält alles, Dübel rein und fertig.

⠶ Altbaubewohner, für was braucht ihr Dübel im Altbau? Schraube in die Wand gedreht (ohne Bohren und Dübeln), und es hält.

⠶ Wieso dübeln? Kleb das Regal doch sofort an!

Um Mitternacht

Ich sitze in der Küche und esse die letzten Brote, die meine Mutter heute früh geschmiert hat. Ich fühle mich allein und gleichzeitig so frei wie nie zuvor in meinem Leben. Von draußen dringt der Lärm der Stadt in meine Wohnung.

Gute Nacht, Ingo!

LEVEL 1
SPARSCHWEIN

Geh in den Supermarkt und kauf eine Packung Nudeln!

Dienstag, 14:00 Uhr
Hunger!

Lieber Ingo,
du machst wahrscheinlich jetzt zwei für dein weiteres Single-leben elementare Erfahrungen: Erstens, es ist schlecht, wenn man Hunger hat und niemand hat eingekauft, und zweitens, es gibt niemand außer dir, der für dich einkauft.

Du musst also von nun an das Nahrungsmittelmanagement selbst in die Hand nehmen. Allerdings ist Hunger ein schlechter Einkaufsbegleiter. Du wirst deinen Einkaufswagen mit Dingen füllen, die du nicht brauchst, die zu teuer, ungesund oder kompliziert in der Zubereitung sind. Und auf jeden Fall wirst du von all diesen Dingen viel zu viel kaufen. Also, bezähme deinen Kohldampf und erinnere dich daran, was dir deine Mutti früher immer zum Einkaufen mitgegeben hat. Richtig: einen Einkaufs-zettel, Geld und eine Tasche oder einen Korb. Jetzt fragst du dich sicher: Warum? Weil es Sinn macht. Wir erklären es dir.

Der Einkaufszettel hilft dir, nichts zu vergessen und auch nur das zu kaufen, was du wirklich brauchst. Für die Zukunft solltest du etwas Beschreibbares an einen zentralen Ort in die Küche hängen (Stift nicht vergessen, am besten anbinden). Immer, wenn dir auffällt, dass etwas zur Neige geht oder unbedingt angeschafft werden muss, kannst du es auf deiner Einkaufsliste ergänzen.

Mit einer Tasche oder einem Korb bringst du deine Einkäufe sicher nach Hause. Oder findest du es schick, mit Lidl-, Norma- oder Alditüten durch die Gegend zu rennen, die Geld kosten und irgendwann im Dutzend deine Küche bevölkern. Und: Vergiss die Knete nicht!

1 Stunde später, Abteilung »Teigwaren«

Hungrig, allein und völlig überfordert stehe ich zwischen den Regalen eines Supermarktes. Er ist bestimmt halb so groß wie Ulm. Natürlich war ich schon oft in ähnlichen Läden einkaufen, doch da war immer ein ausgestreckter Finger, der klar den Kurs vorgab: »Hol zwei von der blauen Butter da unten rechts!«, oder ich habe mich gleich in den Gang verdrückt, wo es diese vielen nutzlosen Sonderangebote von der Heckenschere bis zum Bastelkoffer gab. Angst überkam mich als kleiner Junge nur, wenn mich meine Mutter mit »Stell dich schon mal an« an die Kasse schickte. Die Kassiererin vor mir rückte immer näher, und die Schlange hinter mir wurde immer länger und drängender. Nur von meiner Mutter mit dem Geld war weit und breit nichts zu sehen. Jetzt erfüllt mich eine ähnliche Verzweiflung. Oben an der Decke hängt ein Schild: Nudeln & Co. Aber in den drei Meter hohen Regalen befinden sich nicht nur einfach Nudeln, sondern Spaghetti, Farfalle, Orecchiette, Fettucine, Penne, Lasagne, Cannelloni, Tortellini, Ravioli, Maccaroni, Rigatoni, Tagliatelle. Und die alle in Verpackungsgrößen, von verschiedenen Herstellern und mit unterschiedlichen Preisen. Nach dem & Co. frage ich erst gar nicht.

Hallo, Ingo,
aller Anfang ist schwer. Wenn man dir gerade vom Fahrrad die Stützräder abgeschraubt hat, fährst du auch nicht gleich bei der Tour de France mit. Vielleicht gehst du das nächste Mal doch lieber zuerst in einen kleineren Laden. Und trotzdem machst du etwas instinktiv richtig: Du greifst nicht gleich nach den erstbesten Nudeln. Das sind nämlich meist die teuersten. Es lohnt sich, die Preise zu vergleichen und auch oben und unten in den

Regalen zu schauen. Aber wie vergleicht man vernünftig Preise, wenn die Packungsgrößen unterschiedlich sind? Schau mal genau hin: Auf vielen Preisschildern sind die Kilogrammpreise angegeben, die einen genauen Vergleich ermöglichen.

An der Kasse

Einige Kilometer Laufstrecke, etliche Preisvergleiche und eine Genickstarre später schaue ich stolz auf meine Eroberungen. So muss ein Einkauf aussehen! Besonders angetan bin ich von dem vielen Grün. Meine Mutter wäre begeistert, könnte sie all die frischen Lebensmittel sehen!

Vorsicht, Ingo! Man(n) muss beim Einkaufen nicht nur auf Preise, Mengen und Nutzwert achten, sondern auch darauf, wie lange das Gekaufte eigentlich haltbar ist. Ein guter Tipp hierzu: Vorher oder spätestens beim Einkaufen überlegen, wann koche/esse ich was?

Cheat – Einkaufen

Einkaufsliste führen und/oder Einkaufszettel schreiben.

Nie mit leerem Magen einkaufen gehen.

Preise und Mengen vergleichen und sich auch mal bücken.

Gilt vor allem für Frischprodukte: Speiseplan für die nächsten Tage im Kopf haben.

Die Einkaufsmöglichkeit mit Bedacht wählen. Für den kleinen Einkauf tuts auch mal der Laden an der Ecke. Haltbare Vorratssachen kannst du einmal in der Woche/im Monat beim Discounter holen, Gemüse und Obst gibts auch frisch auf dem Wochenmarkt.

Kassenbon prüfen ★ ★ ★ ☆ ☆

Trotz ausgeklügelter Kassensysteme kommt es immer wieder vor, dass der Kassenbon fehlerhaft ist. Und auch Kassierer/innen sind nur Menschen und machen Fehler. Deshalb den Bon immer direkt nach dem Einkauf kontrollieren. Wenn zu viel drauf steht, gleich nachhaken. Wenn zu wenig draufsteht, pfeifend nach draußen gehen.

Was meint die Jury?

: Ach nee …

: … beim Kontrollieren auf der Straße nach links und rechts schauen nicht vergessen.

: Ist mir auch schon passiert. Habe mich über die hohe Rechnung gewundert und dann nachgesehen. Da stand dann Chicoree (drei Stück) 27 Euro und einige Cents. Und das zur Chicoree-Zeit. Bin dann zum Filialleiter, der mir erklären wollte, dass die Kasse spinnt.

: Bei mir standen anstelle von 5 Joghurts auf einmal 50 drauf …

: 50 Joghurts hatte ich glücklicherweise noch nicht, aber eine Bekannte hatte 40 Grapefruits auf der Rechnung. Zwei lagen in ihrem Einkaufswagen!

: Ich kann das nur bestätigen, ich gehe sehr häufig große Mengen einkaufen (Großfamilie), und im Schnitt ist jede dritte Rechnung falsch, von doppelt gescanntem Kuchen bis zu Verzehnfachung der Joghurts oder schlichtweg falsche Preise für einzelne Artikel.

: Ein/e gute(r) Hausfrau/Hausmann weiß schon vor der Rechnung, was der Einkauf kostet.

: Von wegen pfeifend nach draußen gehen: Denkt hier auch mal einer an die Kassiererinnen, die müssen nämlich oft die Fehlbeträge ausgleichen. Also bitte auf beiden Seiten ehrlich sein!

Meisterkoch

Besorg dir einen Topf und bekämpfe die »Mitesser« in der Küche!

Hi, Ingo! Nahrungsmittelmanagement wird in den ersten Wochen einer deiner Lernschwerpunkte sein. Es erfordert eine Menge Übung und Organisationstalent, denn es kommt immer wieder vor, dass du Dinge einkaufst, die du super lecker findest, die dann aber gemütlich im Schrank vergammeln und neue Mitbewohner hervorbringen. Eine weitere Herausforderung im frischen Junggesellendasein ist das Kochen. Einerseits lohnt es nicht, jeden Tag etwas Aufwändiges zu kochen, aber jeden Tag Ketchup mit Nudeln soll es nun auch wieder nicht sein. Damit du möglichst schnell eine schmackhafte Küche hinbekommst, musst du als Erstes zwei Dinge lernen: 1. Lebensmittel richtig aufzubewahren und 2. mit minimalem Aufwand abwechslungsreich und lecker zu kochen. Das sind Fähigkeiten, die über den reinen Sättigungswert auch noch andere Vorteile mit sich bringen. Du glaubst es nicht, wie sparsam die Dame deines Begehrens beim romantischen Candle-Light-Dinner dreinschauen wird, wenn du ihr Fertigpizza auftischst (das ist eben nicht wie beim Italiener, das ist einfach nur arm!). Aus diesem Grund lernst du in diesem Kapitel die Grundlagen, wie du in deiner kleinen, schlecht ausgestatteten Küche länger als drei Tage überlebst.

Töpfe & Co.

Im deutschen Recht ist die sog. Ausstattung des Kindes aus dem Elternvermögen anlässlich der Verheiratung oder Existenzgründung (§ 1624 BGB) geschlechtsneutral. Also Aussteuer kann es auch für Jungs geben. Nur, es existiert kein einklagbarer Anspruch darauf, und in den vielen liberalen Elternhäusern ist Aussteuer

sowieso ein Relikt aus Großmutterstagen. So verfügen Erstwoh-
nungsbesitzer zwar in der Regel über den neusten PC, aber über
nur wenig Geschirr. Da eine Neuanschaffung ins Geld gehen
kann und die Gefahr, teuer am Bedarf vorbeizukaufen, groß ist,
sollte man mal bei Omas und Tanten nachfragen, ob nicht die
eine Pfanne oder der andere Topf über ist. (Geheimtipp: Schenk
deiner Mutter eines dieser Simplify-your-life-Bücher und du hast
deine Küchenausstattung zusammen!) In den meisten Fällen sind
die Leute froh, wenn sie ihr altes Zeug los sind, und du brauchst
das Geld für lohnendere Dinge. Die nächste Frage: Wie viel
brauchst du? In der Regel reichen von jedem Gegenstand wenige Exemplare. Je mehr du hast, desto seltener bist du gezwungen
zu spülen. Aber: Hast du weniger, werden die Spülberge nicht so
hoch und du brauchst weniger Platz, um alles zu verstauen.

Haushalts-Starter-Set

4 große Teller

4 tiefe Teller

4 kleine Teller

4–6 Gläser

4 Tee- oder Kaffeebecher

je 4 Messer, Gabeln und Löffel (klein/groß)

1 Topf mit Deckel

1 Pfanne mit Deckel

1 Schüssel (z. B. für Salat)

1 Schöpflöffel

1 Pfannenwender

1 Kaffeemaschine

Mit diesem Inventar lässt es sich fürs Erste ganz gut leben. Schnickschnack wie Kuchengabeln, Reibeeisen und Schneebesen sind am Anfang deiner Karriere als Jungkoch eher unwichtig, lassen sich aber nach und nach in der Verwandtschaft oder im Freundeskreis sehr gut zusammenschnorren. Hohen Prestigewert haben Mörser und Stößel, Wiegemesser oder Spaghettimaß. Aber bevor du Einladungen zum Essen aussprichst, müssen dir die nötigen Kochkünste antrainiert werden.

Butter & Brot

Es gibt ein paar Lebensmittel, die in jede Küche gehören. Sie bilden die Grundlage deiner Ernährung. Mit ihnen hast du immer irgendetwas im Haus, das den ersten Hunger stillt. Das sind:

Brot
Butter
Wurst
Käse
Marmelade/Honig, Nuss-Nougat-Brotaufstrich
Müsli und/oder Cornflakes
Milch
Äpfel (oder sonst ein Obst deiner Wahl)
etwas Gemüse (Gurken, Tomaten etc.)
Zucker
Salz
Pfeffer
Ketchup

Kaffee/Tee/Kakao
Kaltgetränke

Es sind alles Lebensmittel, die nicht gekocht werden müssen. Sie eignen sich also perfekt für ein energiespendendes Frühstück oder ein schnelles Abendessen oder für den Hunger zwischendurch.

- **Kochkurs Level 1**
  ## Zubereitung der Grundnahrungsmittel

Nudeln, Reis und Kartoffeln lernst du hier zubereiten und wie sie in Kombination mit der richtigen Sauce richtig lecker schmecken.

Nudeln

Jeder hat schon einmal Nudeln gekocht. Aber wie kocht man sie richtig? Wie werden sie »al dente«? Das Geheimnis ist schnell gelüftet. Wasser mit Salz zum Kochen bringen. Dabei ist es egal, ob du das Salz gleich in das kalte oder erst in das kochende Wasser gibst. Kocht das Wasser, schüttest du die Nudeln hinein. Gib etwas Öl hinzu und schalte den Herd auf die niedrigste Stufe. Das Öl sorgt dafür, dass die Nudeln nachher nicht zusammenkleben. Den Deckel nicht auf den Topf setzen – ansonsten besteht die Gefahr, dass das Wasser überkocht. Fisch dir nach ca. 10 Minuten (genaue Zeitangabe steht auf der Nudelpackung) eine Nudel heraus und probiere sie. Bei Spaghetti gestaltet sich dieses Vorhaben oftmals etwas schwieriger, da die lange Nudel gerne wieder in den Topf flutscht. Ein kleiner Tipp: Nimm ein ganz normales Messer mit geriffelter Schneide. Mit der Schneide nach oben kannst du ganz bequem eine Spaghetti-Nudel herausangeln. Haben die Nudeln den richtigen Biss, schütte sie in ein Sieb oder gieße das Wasser ab, indem du den Deckel auf dem Topf lässt und durch einen kleinen Spalt das Wasser ablaufen lässt. Wenn du möchtest, kannst du die Nudeln danach im Sieb aufschütteln. Und voilà – jetzt hast du phantastische Nudeln.

Reis

Eine wunderbare Alternative zu Nudeln ist Reis. Er ist genauso schnell gekocht wie die Nudeln und bietet eine Abwechslung zum italienischen Exportschlager. Vergiss den Beutelreis. Nimm losen Reis, schütte pro Tasse Reis anderthalb bis zwei Tassen Wasser zusammen in den Topf. Wenn das Wasser kocht, schalte die Temperatur herunter und lass den Reis leicht köcheln, bis das gesamte Wasser vom Reis aufgesaugt worden ist. Für eine Person reicht eine Tasse Reis. Es bietet sich aber an – wie auch bei den Nudeln –, etwas mehr zu kochen. So hat man für den nächsten Tag auch gleich eine ordentliche Portion. Energiesparer können das Wasser mit dem Reis aufkochen lassen, den Topf vom Herd nehmen und unter die Bettdecke stellen. Dort gart er fertig und wird nie anbrennen.

Kartoffeln

Kartoffeln sind in Single-Haushalten nicht allzu oft anzutreffen. Dennoch sind sie das wohl wandlungsfähigste unserer drei vorgestellten Grundnahrungsmittel. Man kann sie in vielen Varianten zubereiten, und der Aufwand dabei hält sich in Grenzen. Für Salzkartoffeln nimmst du dir – wer hätts gedacht – ein paar Kartoffeln, schälst und viertelst sie (oder auch nicht), gibst sie mit etwas Salz in einen Topf, der mit ca. 4–5 cm Wasser gefüllt ist. Nach ca. 25 Minuten Kochzeit sind die Kartoffeln fertig. Prüfen kannst du das, indem du mit einer Gabel in eine Kartoffel stichst. Ist sie weich, sind die Kartoffeln gar. Kartoffeln mit grünen Flecken solltest du nicht essen. Sie enthalten viel Solanin, einen toxischen Pflanzenstoff. Grüne Kartoffeln also immer aussortieren. Solanin ist hitzestabil, sodass auch Kochen und Braten nichts hilft.

Nicht immer nur Ketchup – leckere Soßen

Aus Nudeln, Reis und Kartoffeln wird mit einer Sauce schnell ein richtiges Essen. Hier einige Rezepte, die für den Koch-Newbie schnell zu kapieren sind. Die Gerichte schmecken auch aufgewärmt am nächsten Tag noch gut.

Tomatensoße

Fangen wir mit dem Klassiker an. Mit wenigen Tricks und Kniffen kann man eine leckere Tomatensoße zaubern.

Variation 1:
Für die wohl schnellste Tomatensoße der Welt brauchst du lediglich

1 kleine Packung H-Sahne
1 Dose geschälte (Pizza-)Tomaten
Salz, Pfeffer und ein paar Kräuter (zum Beispiel Basilikum)

Die Tomaten haust du in eine Pfanne und zermanschst sie. Dann streust du ordentlich Salz, Pfeffer und Kräuter drüber. Danach gibst du noch ungefähr die halbe Packung Sahne hinein und kochst das Ganze ungefähr 5 Minuten. Wer Lust hat, kann die Soße natürlich noch etwas verfeinern, zum Beispiel mit Erbsen. Eine Prise Zucker macht die Tomaten noch schmackhafter.

Variation 2:
Die zweite Variante kommt ohne Sahne aus. Wenn du also auf deine Linie achten willst, ist das hier genau das Richtige für dich: Du benötigst

½ Liter passierte Tomaten
etwas Tomatenmark
1 Zwiebel
Kräuter, Salz, Pfeffer
Honig
und Olivenöl

Die Zwiebel in Würfel schneiden und mit etwas Öl anbraten. Die passierten Tomaten hinzu, die Flamme kleiner stellen (Spritzgefahr), Tomatenmark unterrühren, mit Honig, Salz und Pfeffer sowie einem Schuss Olivenöl und Kräutern abschmecken, fertig.

Allround-Soße (passt am besten zu Pasta)

Es ist manchmal erschreckend, wie wenig Zutaten man für eine leckere Soße braucht. Schau dir das mal an:

1 Becher Sahne
1 Brühwürfel
Salz, Pfeffer und eine Prise Parmesan
Mehl oder Soßenbinder

Die Sahne schüttest du in einen Topf. Als Nächstes gibst du den Brühwürfel zusammen mit Salz, Pfeffer und einer Prise Parmesan hinzu. Das Ganze kochst du kurz auf. Etwas Mondamin-Fix-Soßenbinder oder etwas Mehl binden das Ganze. Falls du Feinschmecker werden willst, gibst du noch Lachs oder Krabben mit in die Soße, mit der du jede Nudelvariante beglücken kannst.

Knoblauch-Spaghetti

Wenn dir naserümpfende Menschen am nächsten Tag nichts ausmachen, kannst du auch gerne mal Knoblauch-Spaghetti ausprobieren.

Spaghetti, wie gelernt kochen
1 Zwiebel
4 Knoblauchzehen
ca. 50 g Tomatenmark
Oregano, Basilikum, Salz, Pfeffer

Die klein gehackte Zwiebel und die zerkleinerten Knoblauchzehen mit etwas Olivenöl anbraten. Tomatenmark rein und mit den Gewürzen abschmecken. Die gekochten Spaghetti schmeißt du mit in den Topf und rührst alles um. Falls du es scharf magst, gibst du noch Chili oder Tabasco mit dazu.

Carbonara

Eine leckere Schinken-Sahne-Soße ist ebenfalls schnell gemacht und sorgt für Abwechslung. Du brauchst für zwei Personen:

1 Becher Sahne (ca. 200 g)
50 g Crème fraîche oder Schmand

50–100 g Speck
2 Zehen Knoblauch
40 g Parmesan
Salz und Pfeffer

Den Speck (gibts schon gewürfelt zu kaufen) und die klein gehackten Knoblauchzehen im Topf anbraten. Mit der Sahne und dem Schmand ablöschen und den Parmesan reinschütten. Alles einköcheln lassen. Gourmets bestreuen den Teller noch mit gehackter Petersilie.

Spinat

Um Nudeln, Reis oder Kartoffeln aufzupeppen, solltest du dir mal eine Packung Spinat aus der Tiefkühltruhe zulegen. Den Spinat nach den Angaben auf der Packung zubereiten und mit Salz, Pfeffer und Muskat abschmecken. Dann über die Nudeln, den Reis oder die Kartoffeln geben und zum Schluss Feta-Käse darüber zerbröseln. Einfach genial.

Fertigprodukte aufmotzen

Nicht immer hat man Zeit und Lust, etwas zu kochen. Für solche Fälle gibt es eine offiziell unter Junggesellinnen und Junggesellen anerkannte Methode, die schnell zu guten Ergebnissen führt: Man nimmt ein Fertigprodukt aus dem Supermarkt und »tuned« das Ganze mit ein paar Zutaten.

Fertigpizza

Damit die Pizza nicht wie Pappkarton schmeckt, pinsele den Rand vor dem Backen mit etwas Speiseöl ein, damit er schön knusprig wird. Hast du keinen Pinsel zur Hand, tuts auch ein Küchentuch. Wenn du deine Pizza selbst belegen willst, aber zu faul oder unfähig bist, einen Pizzateig zu bereiten, gibt es den Teig auch mit Tomatensoße fertig zu kaufen. Den Teig muss du dann nur noch auf ein Backblech auslegen, die Tomatensoße darauf verteilen und mit den Lieblingszutaten wie zum Beispiel Schinken, Salami, Ananas etc. belegen. Danach noch Käse darüber und ab in den Backofen (Einstellungen stehen auf der Packung).

Pimp my Tütensuppe

Für fortgeschrittene Köche sind Tütensuppen und Co. tabu. Trotzdem sind sie für den Single-Haushalt ziemlich gut zu gebrauchen, denn in deiner Küche sind exotische Kräuter und Gewürze, Töpfe, Pfannen, Küchenmaschinen, Zeit, Lust und ein Privatkoch Mangelware. Außerdem halten sich diese Instant-Packungen mehrere Jahre. Es kommt immer wieder vor, dass Studenten sich kurz vor dem Diplom noch eine Instant-Suppe aus dem ersten Semester kochen.

Tütensuppen schmecken gleich wesentlich besser, wenn du zum Beispiel eine Tomate würfelst und kurz mitkochst oder Petersilie mit in die Suppe gibst. Deiner Phantasie sind dabei keine Grenzen gesetzt. Lauch, Basilikum und ein geschlagenes Ei eignen sich ebenfalls hervorragend als »Tuner«.

Fertigsoßen lassen sich ebenfalls aufpeppen, indem du zum Beispiel eine Rahm- oder Bratensoße mit einer Prise Salz und Pfeffer, einem Schuss trockenem Rotwein (oder Zitronensaft) und einem Esslöffel Schlagsahne verfeinerst.

 **Tolle Soße für die Nudeln** ★ ★ ★ ★ ☆

In den Küchenschränken von Junggesellen sieht es meist folgendermaßen aus: viele Nudeln, aber ansonsten gähnende Leere. Mein Tipp: Einfach mal eine Tütensuppe zu den Nudeln kochen. Vor allem, wenn mehr als nur eine Person Hunger hat. So eine Waldpilz-Instant-Suppe macht aus normalen Spaghetti ein richtiges Geschmackserlebnis.
PS: Funktioniert auch mit Reis ganz ausgezeichnet.

Was meint die Jury?

: Nicht viel anders mach ich es seit einer Ewigkeit, man kann viel experimentieren. Also ausprobieren, kann ich nur sagen!

: Klar, mit den ganzen Geschmacksverstärkern in den Tütensuppen und Fertigsoßen kann man das Zeug weghauen wie Kartoffel-Chips ;-)

: Probiert mal Folgendes, ihr Banausen: Zwiebeln und Knoblauch anschwitzen, fünf klein geschnittene Tomaten drauf. Eine halbe Stunde köcheln lassen und mit Salz, Pfeffer und einem Schuss Sherry abschmecken. DAS ist eine Nudelsoße!

: Selber Banause. Es geht doch offensichtlich um eine Nudelsoße aus »Studenten-Zutaten«. Und da jeder weiß, dass Tomaten bei Studenten meist mit einer weißen Schimmelschicht überzogen sind, haut dein Vorschlag schon mal nicht hin …

: Da kann man dann natürlich nichts machen. Also guten Appetit bei der vollsynthetischen Nudelsoße.

: Mein Topfavorit: Einfach ein rohes Ei drüberhauen, dafür lass ich sogar meine Kräutertomatensoße stehen.

: Pfui Teufel, kann ich da nur sagen! Ich schlage vor: Olivenöl erwärmen, zerquetschten Knoblauch und fein geschnittenen Chili dazu, salzen, pfeffern (frisch gemahlener Pfeffer)! Kostet sicher keinen Euro mehr und ist sehr lecker.

: Die Zeiten, in denen »gähnende Leere im Kühlschrank« bedeutete, dass da wirklich nur noch eine angebrochene Packung H-Milch drin ist, sind bei dir wohl schon länger vorbei, oder? Bei mir nicht, deshalb danke für den Tipp :-)

Noch mehr Rezepte!

Damit Abwechslung in deinen kulinarischen Alltag einzieht, gibts jetzt noch ein paar Rezepte, die selbst der größte Kochidiot hinbekommt.

Hawaii-Toast

Der Schlager aus den 70-er Jahren, ist wieder absolut modern und mischt jede DVD-Session auf. Der Toast ist schnell zubereitet, man benötigt wenige Zutaten und man kann ihn mit den Fingern essen.

So läufts:

Toastbrot (für 3–4 Personen reicht eine Packung)
Käse (z. B. Gouda)
gekochter Schinken
Ananas (auch möglich: Tomaten, Spargel oder Pilze)

Du bestreichst die Toasts mit etwas Butter, legst eine Scheibe gekochten Schinken, eine Scheibe Ananas und Käse drauf. Die Toasts auf ein Backblech legen und ab in den Backofen. Nach ein paar Minuten, wenn der Käse goldbraun wird, die Toasts herausnehmen. Schmeckt auch kalt noch urgut.

Kartoffelbrei mit Wasabi

Im Asia-Laden kaufst du Wasabi, diese grüne japanische Meerrettichpaste, und mischst sie einfach unter den Kartoffelbrei. Aber Vorsicht – Wasabi ist höllisch scharf. Ruckzuck speit man Feuer. Deshalb solltest du unbedingt mit einer Messerspitze anfangen und dich langsam zur Schmerzgrenze steigern. Dazu passt eigentlich jede Art von Fleisch. Übrigens: Wasabi macht sich in einer Menge von Gerichten ziemlich gut. Die Tube nimmt nicht viel Platz im Kühlschrank weg – also öfter mal experimentieren.

Leberkäse

Leberkäse gibts beim Metzger oder im Supermarkt. Einfach ein paar Scheiben in die Pfanne legen und anbraten. Wenns schnell gehen soll, bieten sich als Beilage eine Pellkartoffel an oder für ganz Eilige fertiger Krautsalat. Dann schmeckt es fast wie in einem bayerischen Haxenkeller.

Maultaschen

Die schwäbische Spezialität gibt es inzwischen fest verschweißt im Kühlregal. Auch sie eignet sich hervorragend als schnelle Mahlzeit für eine Person. Meistens sind sechs Maultaschen in einer Packung. Das reicht normalerweise für einen guten Esser aus. Du kannst sie zum Beispiel in einer einfachen Gemüsebrühe warm machen. Wenn du Lust und Zeit hast, kannst du noch Gemüse wie Karotten und Lauch hineinschneiden. Eine andere Möglichkeit ist, die Maultaschen zu »schmelzen«. Einfach eine gewürfelte Zwiebel anbraten, die Maultaschen klein geschnitten hinzugeben und anbraten. Kurz bevor alles fertig ist, haust du noch zwei Eier drüber.

Nudelpfanne

Dieses Essen lässt sich schnell kochen und kann am nächsten Tag nochmals aufgewärmt werden.
Zutaten für 2 Personen oder für 1 Person für 2 Tage:
500 g Nudeln (beliebiger Wahl)
1 Zwiebel
100 g Kräuterbutter
250 g Tiefkühl-Gemüse
Während die Nudeln kochen, schälst und würfelst du die Zwiebel und dünstest sie in einer Pfanne an. Als Nächstes kommt das Gemüse hinzu. Nach drei Minuten haust du die Kräuterbutter und die Nudeln in die Pfanne. Das Ganze nochmals drei Minuten dünsten. Wer es würzig liebt, gibt noch etwas Speck hinzu.

Nudelquickie

Wenn du mal auf einer Grillparty ohne großen Aufwand Eindruck schinden willst, ist hier das Rezept für den schnellsten Nudelsalat der Welt. Du benötigst:

500 g Nudeln
1 Glas Mayonnaise
2 Gläser Puszta-Salat (gibts in fast jedem Supermarkt.)

Wie du die Nudeln perfekt kochst, weißt du jetzt ja. Die abgekühlten Nudeln gibst du in eine Schüssel und kippst die Mayonnaise und den Puszta-Salat dazu. Einmal kräftig herumrühren und fertig ist der Nudelsalat. Du musst ja keinem erzählen, dass du das Zeug nicht geschnibbelt hast ...

Pizza-Baguette

Genauso schnell gehen Pizza-Baguettes. Beim nächsten Einkauf nimmst du dir ein paar Brötchen zum Aufbacken mit. Zu Hause halbierst du die Brötchen und schmierst Ketchup oder Tomatensoße (es geht auch Pesto) auf die Hälften. Diese kannst du dann mit Salami, Schinken, Pilzen und was dir sonst noch so einfällt belegen. Zum Schluss mit Käse bestreuen, ein paar Gewürze wie Pfeffer, Salz und Oregano (gibt den unverwechselbaren Pizza-Geruch) daraufstreuen und ab in den Backofen. Ist der Käse goldbraun, holst du alles wieder raus und genießt.

Rührei de luxe

Für eine gemütliche Portion brauchst du:

4 Eier
1 EL Butter
50 g Frischkäse
1 Zwiebel
1 geräuchertes Lachs- oder Forellenfilet (oder aber auch Krabben oder Schinken)
Salz, Pfeffer
wenn möglich Dill

Die Eier in eine Schüssel schlagen und verrühren. Den Fisch ggf. in Streifen schneiden und ebenfalls hinzugeben. Als Nächstes bahnst du dem Frischkäse und der gewürfelten Zwiebel den Weg in die Schüssel. Mit Salz, Pfeffer und eventuell mit Dill würzen und alles durchmengen. Herd ein, Pfanne drauf, Butter rein, Rührei dazu und so lange rühren, bis alles zwar fest, aber dennoch flockig ist.

Sandwichmaker

Falls du Sandwiches magst, kauf dir einen Sandwichmaker. So ein Gerät ist öfter mal im Angebot und kostet zwischen zehn und zwanzig Euro. Du glaubst gar nicht, welch leckere Sandwiches du damit zaubern kannst. Käse und Toast bekommst du in jedem Lebensmittelmarkt. Danach sind deiner Phantasie keine Grenzen gesetzt. Schinken, Salami, Pilze, Salat, Bananen, Paprika, Zwiebeln. Einfach aufs Sandwich, für ein paar Minuten in den Sandwichmaker, vorsichtig herausholen und genießen. Perfekt für ein schnelles leckeres Abendessen vor dem Fernseher. Aber Vorsicht: Die Füllung ist sehr heiß. Verbrennungsgefahr!

Zwiebel-Champignon-Toast

Wenn wir schon bei der deftigen Küche sind, ist auch folgendes Rezept nicht schlecht. Es geht schnell und du brauchst:

1 Dose Champignons
1 Zwiebel
3 Scheiben Toastbrot
etwas Salz und Pfeffer

Zuerst würfelst du die Zwiebeln grob. Dann erhitzt du etwas Öl in einer Pfanne und kippst die abgeschütteten Pilze hinein. Nach einer Minute folgen die Zwiebeln. Sobald alles schön braun ist, toastest du das Brot, würzt die Pilzpfanne ordentlich mit Pfeffer und Salz und bedeckst damit die Toastbrote.

Lebensmittel aufbewahren

In nicht wenigen Single-Haushalten, Studenten-WGs und ähnlichen Orten des Grauens fängt die Küche in kürzester Zeit an zu leben. Schimmel und Ungeziefer fühlen sich dort pudelwohl. Deshalb müssen auch Haushaltslegastheniker so schnell wie möglich lernen, wie Lebensmittel richtig gelagert werden.

Kühlschrank

Generell gehört alles, was du aus dem Kühlregal kaufst, in deinen Kühlschrank. Obst hält sich auch länger frisch, wenn du es in den Kühlschrank steckst.

Brot

Ein sehr williger Schimmel-Kandidat ist das Grundnahrungsmittel Nummer eins: Brot. Vor allem in Haushalten mit wenigen Bewohnern verkommt es schnell zum Nährboden für Schimmelkolonien. Doch Brot hat nichts im Kühlschrank verloren. Dort wird es nur noch schneller trocken. Brot bleibt länger frisch, wenn du es in einer Plastiktüte oder – noch besser – in einer Brotbox aufbewahrst. Eine weitere Möglichkeit, Brot aufzubewahren, ist, es einzufrieren, vorausgesetzt, man verfügt über ein Tiefkühlfach. Besonders in Single-Haushalten hat sich folgende Methode bewährt: Das Brot, das du bereits beim Bäcker schneiden lässt, legst du in einem Gefrierbeutel ins Tiefkühlfach. Wenn du Lust auf Brot hast, »brichst« du dir ein paar Scheiben heraus und steckst sie in den Toaster. Mit dieser Methode hast du ständig frisches Brot im Haus. Falls du keinen Toaster hast, kannst du das Brot auch ganz normal auftauen lassen oder in den Backofen legen.

Tiefkühlen

Außer Pizza und Pommes gibt es noch eine Menge anderer Lebensmittel, die sich in der Tiefkühltruhe eines Lebensmittelgeschäfts finden. Vielleicht nimmst du dir ja das nächste Mal tiefgefrorenes

Gemüse mit, das weitaus besser als sein Ruf ist. Es ist nahezu so vitaminreich wie frisches Gemüse und schlägt seine Kollegen aus der Konservenbüchse in Sachen Vitaminanteil um Längen. Die Zubereitung ist einfach (schon deshalb, weil es auf der Verpackung steht). Weiterhin kannst du natürlich so ziemlich alles in einem Gefrierbeutel einfrieren, was du im Kühlschank liegen hast. Doch achte darauf, dass du die Lebensmittel richtig portionierst. Sollte dir ein gefrorener Hackfleischblock dennoch einmal zu groß geraten sein, lässt sich dieser kinderleicht mit einer Axt oder einer Kettensäge in gebräuchliche Portionen teilen. Wer beides nicht zur Hand hat, muss nicht gleich kapitulieren. Die Stiftung Warentest hat darauf hingewiesen, dass du trotz gegenteiliger Angaben auf der Verpackung Angetautes wieder einfrieren kannst, solange es nicht zu lang hohen Temperaturen ausgesetzt war. Dies ist auf jeden Fall hygienisch sicherer als das weitere Aufbewahren im Kühlschrank. Die Ware ist ja durch das Auftauen nicht verdorben.

Hackfleisch geschickt einfrieren

Das frische Hackfleisch in einen Gefrierbeutel geben und die ganze Luft rauslassen, dann gut verschließen (z. B. mit einer Vakuumschweißmaschine, wenn du eine hast). Danach das Ganze in der Tüte platt drücken (ca. 0,5–1,0 cm) und ins Gefrierfach legen. Hat den Vorteil, dass es schneller einfriert und auch schneller wieder auftaut (ca. nach einer Stunde, der ganze Klumpen dauert wesentlich länger).

Was meint die Jury?

: Wenn man keine Vakuummaschine hat, einfach mit dem Mund die Tüte etwas Luft absaugen und schnell zudrehen.

: Noch besser funktioniert das Luftabsaugen mit einem Strohhalm.

: Praktisch ist auch, wenn man in das platt gedrückte Hackfleisch vor dem Einfrieren mit der Handkante Rinnen drückt,
dann kann man es ggf. gefroren besser portionieren (durch Ab-
brechen).

: Wenn du Hackfleisch meist für Chili con Carne, Lauchsuppe,
Lasagne oder Bolognesesoße nutzt, probiere meinen Einfriertipp:
Kauf Hackfleisch im Angebot. Zwiebeln hacken – bei Bedarf auch
Knoblauch. Alles anbraten und dann einfrieren. Was die Hygiene
betrifft, ist man auf jeden Fall auf der sicheren Seite. Die oben ge-
nannten Gerichte sind dann immer schnell gemacht, da mehrere
Arbeitsgänge wegfallen – weniger Arbeit, weniger Müll, schneller
und preiswerter.

: Ich kaufe frisches Hack, bereite Frikadellen und brate sie fertig.
Dann lasse ich sie abkühlen und friere sie ein. Bei Bedarf ent-
nehme ich nun die Frikadellen, erhitze Fett in einer Bratpfanne,
füge Zwiebelringe bei und lege die noch gefrorenen Frikadellen
oben drauf. Unter einem Deckel lasse ich alles bei geringer Hitze
langsam anbrutzeln!

: Fertig gebratene und dann eingefrorene Frikadellen schmecken
nach kurzer Zeit nicht mehr. Ich friere die fix und fertig gewürzten
Frikos roh ein (auch mit Zwiebeln). Gefroren in eine nicht zu heiße
Pfanne, je nach Dicke 25 bis 30 Minuten braten – ein Genuss!

Putzteufel

Bezwinge den Staubsauger!

»Wissenschaftliche Studie beweist: Männer, die putzen, haben mehr Sex!«, weiß die BILD-Zeitung und beschreibt Putzen als »sensationelles Wisch-und-weg-Rezept gegen Probleme im Ehebett«. Nichts wirkt so sexy und attraktiv wie ein Mann, der Staub saugt, den Müll rausbringt oder das Klo putzt. Glaub es einfach!

Welcher Putztyp bist du?

Wie oft wischst du Staub?

Täglich.	10 Punkte
Ich warte immer, bis ich darin meinen Namen schreiben kann.	0 Punkte
Einmal in der Woche.	5 Punkte
Ich habe gehört, dass sich Staub nach einem Jahr nicht mehr vermehrt.	0 Punkte

Mit was putzt du das Klo?

Mit Handschuhen, Sagrotan und einem Einweglappen.	10 Punkte
Ich habe eine WC-Spülung!	0 Punkte
Bei Bedarf mit der Bürste und Klopapier.	5 Punkte
Wo ist eigentlich der Spüllappen?	0 Punkte

Wie oft putzt du deine Fenster?

Wenn meine Mutter kommt.	0 Punkte
Jede Woche.	10 Punkte

Wenn es im Sommer um 12 Uhr
noch dunkel ist.   0 Punkte
Wenn ich die Rahmen streiche.   ·   5 Punkte

über 25 Punkte   Mr. Proper!
über 10 Punkte   Na ja.
unter 10 Punkte   Schlamper!

Samstag, 10:00 Uhr

Wenn ich früher freitags aus der Schule nach Hause kam, stand immer das ganze Haus Kopf. Im Flur versperrten Stühle den Durchgang, die eigentlich ins Esszimmer gehörten, in der Küche stapelten sich leere Getränkekisten und Altpapier, diverse Putzeimer auf dem Boden verhinderten den direkten Zugang zum Kühlschrank. Das Wohnzimmer hatte sich bis auf wenige Möbel ins angrenzende Esszimmer verlagert. Alle Fenster standen selbst bei frostigen Temperaturen sperrangelweit offen. Und mittendrin im ganzen kalten ungemütlichen Chaos wirbelte meine Mutter, saugte Staub, rief mir zu, dass es erst heute Abend warmes Essen gibt, und telefonierte gleichzeitig mit meiner Oma oder einer Freundin. So war es Woche für Woche. Ich fischte dann irgendetwas zu essen aus dem Vorratsschrank und verflüchtigte mich schnellstmöglich in mein Zimmer.

Nun denke ich bewundernd an meine Mutter, denn sie hatte einen Plan, jedenfalls sah sie nie so verzweifelt aus, wie ich mich heute fühle. Seit drei Wochen wohne ich in meiner neuen Wohnung. Nach dem Umzugsstress und einer gemütlichen Einzugsparty benötigt sie nun eine Generalüberholung. Doch wo nur soll ich anfangen?

12:30 Uhr

Ich beschließe, mit dem Saugen anzufangen. Das macht noch am meisten Spaß. Doch, wo nur ist der Boden, den ich saugen will? Also Staubsauger wieder aus und zuerst aufräumen. Dabei finde ich einen meiner sehnlichst vermissten roten Lieblingssocken wieder.

Nachdem ich das erste Zimmer gesaugt habe, zerre ich meinen Sauger hinter mir her in Richtung Schlafgemach. Idiot, fluche ich, jetzt muss ich dieselben Sachen, die vorhin schon im Wohnzimmer den Bodenbelag bildeten, wieder wegräumen. Den Großteil der Sachen könnte ich ja gleich richtig aufräumen, denke ich und betrachte das Vielerlei. Es sind sehr verschiedene Sachen, und mir fällt wieder ein, warum ich sie noch nicht an ihren Platz geräumt habe. Ich kenne ihn nicht. Doch! Mir fällt er gerade wieder ein: neben dem Kleiderschrank, zu den vielen anderen heimatlosen Dingen. Nach einigen Auf- und Wegräum-, Weg- und wieder Hinstell-, Hoch- und Runterlass-Aktionen habe ich meine komplette Wohnung gesaugt. Endlich.

15:00 Uhr

Wie zur Hölle hält das meine Mutter aus? Putzen ist öde, anstrengend und absolut unproduktiv. Nachdem ich Schränke und Tische entmüllt habe, könnte ich gerade wieder mit Saugen anfangen.

High-Tech-Putzen ★ ☆ ☆ ☆ ☆

Wenn du das ewige Staubwischen satt hast, bau dir einen großen Kondensator in dein Zimmer. Am besten je eine große Metallplatte an jeder Seite des Zimmers, und jede Platte an einen Pol einer starken Gleichspannungsquelle anschließen. Wie groß die Spannung sein muss, hängt vor allem von der Größe des Zimmers ab, aber sie darf nicht zu hoch sein, damit es bei hoher Luftfeuchtigkeit keinen Überschlag gibt. Bei einem 3x4-Meter-Zimmer reichen 80 bis 90 Kilovolt. Einmal pro Woche den Kondensator kurz abschalten und den aufgesammelten Staub von der Platte wischen.

Was meint die Jury?

: Super. Beseitigt nicht nur Staub, sondern auch ungebetene Gäste.

: Ungefährlicher ist dieser Tipp: Einfach den Staub liegen lassen und darauf herumtrampeln. Sobald sich eine 2,5 Zentimeter dicke Schicht gebildet hat, kann man die Staubdecke zusammenrollen und vor die Tür stellen. Variation: Grassamen drauf und hin und wieder anfeuchten. Dann lässt sich die Rolle als Zuchtrasen wunderbar ans nächste Fußballstadion verkaufen.

: Für Häuslebauer: Beim Bau der Wohnung darauf achten, dass der Estrich, der heute immer auf einer Schalldämmung liegt, mit leichtem Gefälle zu einer Zimmerecke eingebaut wird. Später wird der Estrich mit einem ausreichend starken Vibrator verbunden. Der Schmutz und Staub wird sich durch die Vibrationen in die Ecke bewegen. Dort kann er dann leicht aufgenommen werden.

Guter Ingo,
leider ist Putzen nicht ganz so leicht, wie du es gern hättest (auch wenn uns das die Werbung immer wieder weismachen will), aber es gibt doch ein paar Dinge, die einem helfen, den Haushalt in Schuss zu halten. Voraussetzung sind die richtigen Putzutensilien. Um deine Wohnung in einem annehmbaren Zustand zu halten, benötigst du folgende Dinge:

Putztücher und -lappen

gibt es in jedem Supermarkt. Eine Packung enthält in der Regel gleich mehrere dieser Wunderwaffen, so dass du das Klo nicht mit dem gleichen Lappen putzen musst wie deine Teller. Putztücher kannst du überall im Haushalt einsetzen. Mit ihnen spülst du dein Geschirr, wischst glatte Flächen wie zum Beispiel Tische oder Arbeitsflächen. Mit den Putzlappen oder speziellen Wischtüchern reinigst du den Boden.

Putzeimer

Frag mal Mutti, die hat hundertprozentig einen für dich. Den brauchst du unbedingt. Da kommt nämlich dein Putzwasser rein.

Reinigungsmittel

benötigst du zu Beginn deiner Putzkarriere nur wenige. Das Wichtigste ist Spülmittel, mit dem du nicht nur spülen, sondern auch nahezu alle anderen Reinigungsaufgaben im Haushalt erledigen kannst. Einfach etwas Spülmittel in den mit lauwarmem Wasser gefüllten Putzeimer geben, und du kannst sämtliche glatten Flächen in der Wohnung damit abwischen. Für hartnäckigere (Fett- und Kalk-)Flecken lohnt sich ein Allesreiniger (z. B. Citrusreiniger). Sei sparsam mit Reinigungsmitteln. Nicht, dass sie die Welt kosteten, aber dein Karma steigt, wenn du der Umwelt weniger Chemie zumutest.

Schrubber, Besen, Handfeger und Kehrschaufel

brauchst du, um glatte Bodenflächen sauber zu halten. Zuerst kehrst du den Dreck zusammen (manche setzen dafür auch den Staubsauger ein), dann wischst du mit einem Putzlappen oder Wischmopp nach.

Staubsauger

Einmal in der Woche saugen ist die halbe Miete im Kampf gegen den Schmutz in der Wohnung. Dieses Gerät (mit verschiedenen

Saugaufsätzen und in verschiedenen Ausführungen vom Polo bis zum SLK) ist ein Multitalent. Nicht nur Teppichböden werden damit gereinigt, auch Sofas, Betten, Schränke, Haustiere und, und, und. Apropos: Hat jemand zufällig meine Handy-Chipkarte gesehen?

16:15 Uhr

Nach einem starken Kaffee mache ich mich, ausgestattet mit drei Putztüchern, einem Eimer mit Wasser und Spüli, ins Bad.

Die Toilette

Das stille Örtchen ist für viele das gemütlichste Plätzchen auf der Welt. Doch die Toilette neigt dazu, in kurzer Zeit relativ ungemütlich zu werden, wenn man ihr nicht die nötige Pflege zukommen lässt. Tipps für die Badezimmerreinigung erhältst du etwas später. Hier soll erst einmal die Prävention im Vordergrund stehen. Für Jungs gilt grundsätzlich: Setzen!

 **Stehpinkler vs. Sitzpinkler**   ★ ★ ★ ☆ ☆

Wenn du auch den letzten Stehpinkler von seinem unsozialen Verhalten überzeugen willst, schnapp dir eine Zeitung und lege damit den Boden um deine Toilette herum aus. Falls das Klo klein genug ist, kannst du auch die Wände um die Kloschüssel herum mit Zeitungspapier bekleben. Jetzt malst du zwei Füße vor die Toilette auf das Zeitungspapier und spendierst dem Stehpinkler drei Bier. Wenn er sich später die Spritzer auf dem Zeitungspapier anschaut und mittendrin die sauberen Fußabdrücke sieht, fragst du ihn: »Bist du sicher, dass du in Zukunft weiterhin stehen willst?«

Was meint die Jury?

: Hört sich gut an, aber wer räumt den ganzen Mist wieder weg?

: Im Stehen pinkeln gehört zum Grundbedürfnis eines jeden Mannes, aber das werden Frauen nie begreifen.

: An die Frauen gerichtet, die einen chronischen Stehpinkler zu Hause haben:
1) Lasst ihn einfach das Klo putzen. Wer seinen Stolz nicht verlieren will, muss dafür arbeiten.
2) Wenn ihr ihn im Stehen erwischt, tut so beleidigt und empört, wie ihr nur könnt. Das weckt die gutmütigeren Stolzies meist schon auf. (»Iih … IIIIHH … das ist ja widerlich … etc.«)
3) Wenn es ein ganz hartnäckiger Fall ist, folgendes Schild an der Klobrille anbringen:
»Frauen ekeln sich vor Stehpinklern. Würdest du mit jemandem schlafen, der eklig ist?«

: Ich kann die Frauen einfach nicht begreifen: Wer hat uns denn gelehrt, im Stehen zu pinkeln? Unsere Mütter haben damals unseren Winzling rausgeholt und gehalten, während wir pinkelten, und waren dann stolz, wenn wir es dann alleine konnten. Und heute wollt ihr uns das verbieten?

: Ich pinkle im Stehen!!!
Aber nur auf fremden Klos!!!
Bei mir wird im Sitzen gestrullt!!!
Ich muss schließlich selber putzen!

: Ich habe ein Urinal eingebaut!

: Wer nicht über die Reling pinkeln kann, kommt mir nicht an Bord.

: Wir haben einen Toilettendeckel erfunden, der es nicht ermöglicht, im Stehen zu urinieren. Der schließt sich immer wieder automatisch. Man kann ihn entweder mit dem Fuß oder mit der Hand unten halten (wobei man sich darauf pieselt) oder man(n) setzt sich.

: Wer behauptet, dass im Stehen pinkeln »männlich« sei, der hat einen an der Klatsche. Stell dir nur mal ein Gespräch zweier Außerirdischer nach ihrem Besuch auf unserem Planeten vor.
»Hast du gesehen? Die Männchen pinkeln im Stehen!«
»Wow, unglaublich! DAS hat was.«

Ein weiterer »brennender« Tipp fürs stille Örtchen ist, dass es sich nach deinem Besuch wieder in ein »duftendes« Örtchen verwandelt, wenn du ein paar Streichhölzer abbrennen lässt. Der Schwefel überdeckt bestehende Gerüche.

Sportschau-Zeit

Jetzt noch einen Berg aus Tassen, Töpfen, Tellern bewältigen …

Spül mich!

Wer aus Überzeugung von Hand spült, besitzt eiserne Disziplin, robuste Hände und einen masochistischen Reinigungstrieb. Wer das nicht aufweisen kann und trotzdem ohne Spülmaschine dasteht, hat Probleme mit dem täglichen manuellen Spülvorgang. Den »Nicht-Spül-Rekord« hält augenblicklich eine Tübinger WG mit 96 Tagen. Allerdings gestaltet sich dort die Nahrungsaufnahme inzwischen recht schwierig, und man diskutiert einen Auszug. Grundsätzlich gilt für »Handspüler« Folgendes: regelmäßig spülen, ein Fernseher oder Radio in der Küche nimmt der Arbeit etwas die Monotonie.

Komplettlösung – Spülen

1. Beim Spülen solltest du das Spülbecken nur halb voll mit Wasser füllen. Das Wasser kommt schneller in Bewegung, als du denkst, und schwappt auf deine Hose.

2. Lauwarmes Wasser ist etwas für Warmduscher. Profis ziehen Gummihandschuhe an, damit das Wasser richtig heiß sein kann. Das ist wesentlich hygienischer als eine lauwarme Sudelbrühe.

3. Du arbeitest mit einer Spülbürste oder einem Spüllappen. Bei Töpfen und Pfannen wirkt ein Topfkratzer Wunder. Und vergiss das Spülmittel nicht.

4. Beim Spülen gilt folgende Reihenfolge: erst Gläser (eins nach dem anderen), dann Besteck, danach Tassen und Teller und zuletzt Töpfe und Pfannen.

5. Das Geschirr mit klarem Wasser nachspülen und zum Abtropfen hinstellen.

6. Wenn du fertig mit Spülen bist, drücke den Schwamm gut aus und lass ihn nicht in der Spüle liegen. Dort sammeln sich ansonsten schnell Keime und Bakterien an, die du sicher nicht später auf deinem Teller haben willst. Weiterhin solltest du den Schwamm hin und wieder wechseln oder bei 60° C in der Waschmaschine waschen.

7. Rufe jemand zum Abtrocknen.

Angebrannte Töpfe

Jedem Haushaltsanfänger ist folgendes Szenario bekannt: Egal, was du das erste Mal kochst oder brätst, Topf oder Pfanne sehen nachher aus wie Sau. Ob Milch, Reis oder Bratkartoffeln, das Zeug hängt drin und will nicht mehr raus. Dummerweise hast du keine Stahlwolle da oder willst den neuen Topf nicht zerkratzen. Doch keine Panik: Wenn die Verkrustung nicht allzu stark ist, hilft meistens die raue Seite eines Topfschwamms zusammen mit Spülmittel und heißem Wasser. Sollte sich der Schmutz immer noch nicht lösen (also wenn die Soße mal wirklich fies eingebrannt ist), dann schnappst du dir entweder etwas Spülmittel, Waschpulver oder ein Päckchen Backpulver (eins von den dreien hast du doch sicher da, oder?) und schüttest das Ganze zusammen mit etwas Wasser (der Boden sollte bedeckt sein) in den Topf. Wenn die Herdplatte noch warm ist, einfach den Topf draufstellen und ein bisschen einköcheln lassen. Ansonsten kannst du auch den Topf über Nacht stehen lassen. Am nächsten Morgen lässt sich alles leicht spülen. Wenn du keine Zeit hast oder die eingebrannten Reste zu hartnäckig sind, dann kannst du das Zeug auch schnell aufkochen. Dadurch sollte sich auch der letzte Schmutz lösen.

20:00 Uhr

Ans Fensterputzen brauche ich heute gar nicht mehr zu denken, draußen wird es nämlich schon dunkel.

Guten Abend, Ingo,
gerade bei so alltäglichen, vermeintlich einfachen Dingen wie Putzen unterschätzen fast alle Anfänger den Zeitaufwand. Und es erfordert auch etwas Vorausplanung und Struktur. Natürlich gibt es auch viele Tricks und Finessen, die das Putzen effizienter machen, doch dazu später. Hier erstmal die Putz-Basics.

Ein Putzfest

Step 1: Nimm dir Zeit. Lass Musik laufen, die dir gefällt.

Step 2: Aufräumen. Leg die Sachen gleich an den richtigen Platz, sonst nimmst du sie zwei-, dreimal in die Hand.

Jetzt kommt die Hauptregel:
Von oben nach unten putzen!
Denn wenn du erst nach dem Saugen abstaubst, fällt der ganze Staub auf den Boden und du kannst noch mal saugen.

Step 3: Abstauben. Vergiss nicht, dein Staubtuch immer wieder auszuschütteln, sonst verteilst du den Staub nur.

Step 4: Staubsaugen. Obwohl du in Step 1 schon für Ordnung gesorgt hast, musst du immer noch etliche Dinge zur Seite räumen, um überhaupt saugen zu können. Hier gibt es zwei Möglichkeiten:

1. Du sorgst ständig dafür, dass dein Lebensraum so aussieht, um mit dem Staubsauger durchzukommen (Wir wissen, du bevorzugst 2).

2. Du planst Zeit ein, um die Tanzfläche frei zu räumen.

Step 5: Wischen. Die glatten Fußböden zuerst kehren oder ebenfalls saugen, dann mit Schrubber und Putztuch o. Ä., Wasser und etwas Reiniger wischen.

Step 6: Bewundern und loben.

WASCHBÄR

Wasche weiße Hemden!

Mittwoch, 17:00 Uhr

Ich sitze im Waschsalon und schaue meiner Wäsche zu, wie sie langsam nass wird. Es ist geschmeidig warm hier und riecht nach Weichspüler-Frühling. Der Dresscode meiner Versicherung schreibt weiße Hemden vor, und mein kompletter Vorrat dreht sich gemütlich vor sich hin.

Zwei Stunden später

Habe die zweite rote Socke entdeckt. Alle Hemden zartrosa!

Lieber Ingo,
Rosa ist schwer angesagt. Achte mal beim Tennis auf die Socken deiner Mitspieler. Das erste Frag-Mutti-Waschgesetz lautet also:
Weiße Wäsche wird zartrosa, wenn man sie mit roten Socken wäscht.
Bevor wir dein Malheur beheben, einige grundsätzliche Gedanken zum Thema Waschen, die zukünftige ungewollte Farbspiele vermeiden helfen.

Waschen – Was mit was?

Die wichtigste Präventivmaßnahme gegen ungewollte Verfärbungen ist das richtige Sortieren: Weiße Wäsche wäscht man nicht mit bunter Wäsche! Und auch farbige Kleidung sortierst du am besten von Hell nach Dunkel. Neue farbintensive Klamotten solltest du beim ersten Mal grundsätzlich separat waschen, sie färben gerne und leicht ab.

Welches Programm?

Mit 30°C/40°C wäschst du deine T-Shirts, Pullover, Hemden und Hosen.

Unterwäsche, Socken, Handtücher, Geschirrtücher und Bettwäsche kommen bei 60°C in die Waschmaschine. In sehr verschmutzten Fällen kann hier auch der Kochgang 95°C angewendet werden.

Welches Waschmittel?

Es gibt Waschpulver und Flüssigwaschmittel, das wirst du sicher wissen, aber welches ist das bessere? Grundsätzlich ist es so, dass die Waschwirkung von Tensiden abhängt. Diese Tenside verlieren in hartem, kalkhaltigem Wasser an Waschkraft, also ist es sinnvoll, wenn Wasserenthärter verwendet werden. Da es Wasserenthärter nur in fester Form gibt, sind diese nur im Waschpulver vorhanden. Folglich ist Waschpulver in der Waschkraft effizienter und umweltfreundlicher als Flüssigwaschmittel. Deshalb immer zuerst schauen, ob das benötigte Waschmittel auch in Pulverform oder als Tabs angeboten wird. Wenn du vor dem Waschmittelregal stehst, findest du in der Regel folgende Produkte:

Cheat – Waschmittel

1. Vollwaschmittel: Enthält optische Aufheller. Es ist deshalb für weiße Wäsche bis maximal 95°C geeignet. Nicht für bunte Wäsche benutzen, da diese sonst an Farbkraft verliert und ausbleicht. Gewaschen werden damit zum Beispiel weiße Unterwäsche, weiße Baumwollkleidung und weiße Handtücher.

2. Colorwaschmittel: Enthält keine optischen Aufheller und wird somit für Buntwäsche verwendet. Colorwaschmittel sorgt dafür, dass die Farben möglichst kräftig bleiben und

nicht ausbleichen. In der Regel hast du bunte Baumwoll-kleidung, bunte Handtücher oder Ähnliches. Das alles wird mit Colorwaschmittel bis maximal 60° C gewaschen.

3. Feinwaschmittel: Manche Kleidung, vor allem solche aus synthetischen Fasern, sollte nur mit Feinwaschmittel gewaschen werden, damit sie länger hält und die Farben kräftig bleiben. Es gibt keine Faustregel, nach der du deine Wäsche in normale Wäsche und Feinwäsche unterteilen kannst. Hier hilft nur ein Blick auf das Pflegeetikett. Dort findest du das Waschsymbol, das du in unserer Tabelle Seite 67 nachschlagen kannst.

4. Spezialwaschmittel, z. B. für Wolle, schwarze Kleidung etc.: Falls du viele Wollklamotten hast, solltest du dir ein spezielles Waschmittel für Wolle zulegen. Spezielles Waschmittel für schwarze Kleidung ist hingegen eher Geldverschwendung.

5. Weichspüler helfen die sog. Trockenstarre bei der Wäsche zu vermeiden, sind aber teuer und belasten die Umwelt. Die schonende Alternative dazu ist Essig. Einfach ¼–½ Tasse davon pro Waschgang in die Waschmittelschublade geben. Keine Sorge: Der Geruch verflüchtigt sich beim Waschen und deine Wäsche wird kuschelig weich.

Bei starker Verschmutzung kann eventuell eine Vorbehandlung der Wäsche mit Fleckenspray oder Gallseife nötig sein. Wie das funktioniert, erfährst du im nächsten Level.

Komplettlösung – Waschen

Bevor du nun voller Vorfreude mit deinen neu gewonnenen Kenntnissen mit deiner Wäsche zur Waschmaschine stürmst, solltest du diese Checkliste durchgehen:

1. Ist die Wäsche richtig sortiert? Manchmal versteckt sich ein helles T-Shirt unter einem dunkelblauem Sweatshirt oder eine rote Socke unter weißen Hemden.

2. Hält jedes Wäschestück der von dir gewählten Temperatur stand? Achte auf die Pflegeetiketten. Jeans sollten generell nicht heißer als 40°C gewaschen werden, es sei denn, sie sind dir zu weit.

3. Sind alle Hosentaschen oder Taschen an anderen Kleidungsstücken von nicht waschbaren Dingen befreit? Papiertaschentücher verteilen sich beim Waschen gleichmäßig über die ganze Wäsche, und es erfordert später Stunden und unendlich viel Geduld, bis du alle Papierfusseln wieder von deiner Kleidung bekommst. Auch Münzen gehören herausgefischt.

4. Farbempfindliche Wäsche wie Jeans solltest du auf links drehen, dann färbt sie beim Waschen nicht so schnell aus.

5. Schließe sämtliche Reißverschlüsse, da sie sonst schnell ausleiern.

Jetzt geht's los

Sei nett zu deiner Waschmaschine. Ansonsten hast du schneller Weg-werf-Unterwäsche im Schrank, als dir lieb ist. Und jedes Wochen-ende zu Mutti heimfahren willst du auch nicht. An deiner Wasch-maschine befinden sich diverse Schalter und/oder Drehknöpfe. In der Regel stellst du dort die Temperatur und das Waschprogramm ein. Mehr ist erst mal nicht nötig. Falls dir die Bedienung zu kryp-tisch ist, konsultiere deine Bedienungsanleitung oder eine Person deines Vertrauens, deine Mutter, wenns sein muss. Ist das Wasch-programm eingestellt, kannst du die Wäsche in die Waschma-schine füllen. Nachdem du die Waschmaschine geschlossen hast, musst du nur noch überprüfen, ob der Wasserzufluss aufgedreht und die Waschmaschine ans Stromnetz angeschlossen ist. Drücke nun den Start-Knopf. Hast du alles richtig gemacht, dann beginnt der Waschvollautomat eigenständig mit dem Waschvorgang.

Wie trocknen?

Ist die Wäsche gewaschen, ist sie in der Regel nass. Eventuell pas-sen noch weitere Attribute wie »eingegangen« oder »verfärbt«. Dies passiert dann, wenn du unsere Empfehlungen nicht beachtet hast. Eingegangene Wäsche lässt sich oft nicht mehr in den ur-sprünglichen Zustand zurückversetzen – Pech gehabt, du hättest besser lesen sollen. Nichtsdestotrotz solltest du die Wäsche nun trocken bekommen. Für Haushalte, die keinen Wäschetrockner besitzen, gibt es folgende Möglichkeiten der Trocknung: Besorge dir einen Wäscheständer oder eine Wäscheleine und hänge die Wäsche an einem geeigneten Ort auf. Manche Wohnhäuser ver-fügen über spezielle Wäschetrockenräume. Wichtig ist, dass der Raum die Möglichkeit zum Luftaustausch hat, da die Wäsche die Feuchtigkeit an ihre Umgebung abgibt. Schlaf- und Wohnräume eignen sich deshalb nur bedingt, willst du nicht im Tropenhaus aufwachen. Wenn du die Möglichkeit hast, kannst du die Wäsche im Freien trocknen, dann riecht sie auch besonders gut. Wenn es allerdings zu kalt wird, trocknet die Wäsche draußen nicht mehr gut. (Warme Luft nimmt Feuchtigkeit besser auf, kalte hingegen so gut wie gar nicht.)

Ist die Wäsche trocken, so kommt es manchmal vor, dass sich weiße Pulverreste an der Kleidung absetzen. In diesem Fall hast du zu viel Waschpulver genommen. Das ist aber kein Beinbruch. Einfach die betroffenen Kleider ausklopfen und beim nächsten Mal weniger Waschpulver nehmen.

 Grauschleier entfernen

Um den Grauschleier aus der Wäsche zu bekommen, nimmst du einen Esslöffel Backpulver zum Waschmittel dazu.

Was meint die Jury?

: Super, hilft.

: Bei Grauschleier hilft es auch, zwei Corega Tabs in die Waschmaschine zu legen. Bei Extremfällen: Wäsche über Nacht in Corega Tabs einweichen. Weiße Wäsche wird wieder wie neu.

: Es gibt auch spezielle Entfärber für weiße Sachen. Vor der Wäsche ein Bad in einer Dan-Klorix-Lösung hilft auch häufig. Aber aufgepasst: killt fast jede Farbe. Also nur für Weißes und Robustes nehmen.

: Neue weiße Wäsche, besonders Dessous, lieber ohne Weichspüler waschen. Denn der ist für den fiesen Grauschleier verantwortlich! Und der Haut tut's auch gut.

: … kann ich gar nicht bestätigen, denn ich wasche seit Jahrzehnten schon nicht mehr mit Weichspüler und habe trotzdem nach relativ kurzer Zeit graue Unterwäsche!

: Es kann gut sein, dass die grauen Schleier daher rühren, dass du zu wenig Waschpulver genommen hast. Du solltest dich stets an die Dosierempfehlung entsprechend der Härte deines Wassers halten. Die grauen Schleier sind Verbindungen aus Kalk und den Tensiden im Waschpulver (so genannte Kalkseife). Diese Verbindungen sind nicht in Wasser löslich und lagern sich in der Wäsche ab. Wenn du richtig dosierst, dann wird dies von den anderen Inhaltsstoffen im Waschmittel verhindert.

: Wie ermittle ich eigentlich den Härtegrad meines Wassers? Ich haue das Zeug immer mit aller Kraft mal an die Wand, aber egal wo ich bin, das Ergebnis ist das gleiche.

: Den Härtegrad kannst du beim Wasserwerk erfragen.

21:00 Uhr

Akuter Hemdennotstand!

Lieber Ingo,
das hätten wir ja fast vergessen. Deine Hemden bekommst du mit so genanntem Entfärber wieder weiß. Entfärber sind Bleichmittel, die Sauerstoff freisetzen. Sie lösen Farbflecken aus versehentlich verfärbten Wäschestücken. Die verfärbte Wäsche muss nochmals in der Waschmaschine oder mit der Hand mit Entfärber gewaschen werden. Entfärber gibt es als Pulver und in flüssiger Form in Supermärkten, Drogerien und natürlich bei eBay. Entfärber solltest du vorsichtig anwenden, am besten nur bei weißer Wäsche.

Die Pflegeetiketten

Waschen   Bügeln   Reinigung

waschen   bügeln   **(A)** Alle für die chem. Reinigung geeigneten Lösungsmittel erlaubt

(F) Behandlung mit Kohlenwasserstoff

30° Fein-waschgang   nicht heiß bügeln   **(P)** Perchlorethylen oder Kohlenwasserstoff-lösemittel dürfen verwendet werden

40° Schon-waschgang   Chem. Reinigung nicht erlaubt

mäßig heiß bügeln   **Trocknen**

60° Normal-waschgang   Trockner erlaubt

Trockner nicht erlaubt

heiß bügeln   **Bleiche**

Handwäsche

Bleiche möglich

Nicht waschen   nicht bügeln   Bleiche nicht möglich

BÜGELFALTER

Hänge deine Wäsche auf!

Sonntag nach dem Blockbuster

Alarm, kein Bügeleisen! Morgen sitze ich zum ersten Mal meinem Chef gegenüber.

Lieber Ingo,
wer kein Bügeleisen hat, der muss nicht wie eine vertrocknete Pflaume durch die Gegend laufen. Gerade in den ersten Wochen nach dem Auszug ist man mit genug anderen Dingen beschäftigt, als stundenlang am Bügelbrett zu stehen. Wer es sich leisten kann, der hat ein paar bügelfreie Hemden im Schrank hängen oder lässt bügeln. Aber was ist mit den anderen Hemden, Hosen und Pullovern und den vielen armen Schluckern, die über keinen Bügelservice verfügen?

Wie du dir das Bügeln ersparst:

- Kauf dir bügel- oder knitterfreie Kleidungsstücke.

- Häng die Wäsche direkt nach dem Waschen richtig auf. Hier gilt: Oberbekleidung (Blusen/Hemden) am unteren Ende aufhängen, Hosen, Röcke am oberen Ende (zum Beispiel am Hosenbund). Vor dem Aufhängen kannst du die Wäsche schon etwas glatt ziehen.

- Wenn du einen Wäschetrockner besitzt: Nicht überfüllen und die Wäsche immer direkt nach dem Trockengang herausnehmen und zusammenlegen.

- Streich deine Wäsche nach dem Trocknen beim Zusammenlegen mit der Hand glatt, das funktioniert besonders bei Jeans und Sweatshirts gut.

Bügeln ohne Eisen ★ ☆ ☆ ☆ ☆

Wozu ein Bügeleisen? Folgender Tipp spart Geld und Zeit. Alles, was du benötigst, ist ein Bett und zwei stabile ca. 90 x 170 cm große Pappstücke. Die Pappen sollten deshalb so groß sein, damit auch alle deine Klamotten dazwischenpassen. Gute Chancen, an die Pappe zu kommen, hast du z. B. im Baumarkt. Wenn du alles dahast, kann es losgehen: Matratze hoch, die erste Pappe auf den Lattenrost legen, dann das zu bügelnde Kleidungsstück drauflegen, die zweite Pappe darüber, die Matratze wieder runter und eine Nacht drüber schlafen. Wie von Geisterhand bist du am nächsten Tag stolzer Besitzer eines gebügelten Hemds. Aufgrund des geringen Aufwands ist diese Methode bestens für Workaholics und faule Säcke geeignet, die entweder keine Zeit oder keinen Bock haben. Achtung: Die Kleidung muss trocken sein, wenn du sie unter deine Matratze legst. Ansonsten fängt die Matratze irgendwann an zu schimmeln.

Was meint die Jury?

⠆ Super! Ich habe messerscharfe Bügelfalten, um die mich selbst meine Mutter beneidet. Obendrein ist das Ganze unschlagbar Energie sparend, da du ja keinen Strom für ein Bügeleisen benötigst. Weiterhin benötigst du keinen zusätzlichen Stauraum für ein Bügelbrett.

: Als stolzer Wasserbett-Besitzer habe ich dann zwar super gebügelte Klamotten, aber ziehe mir beim Versuch, das Bett anzuhe-
ben, relativ leicht einen Bandscheibenvorfall oder Leistenbruch zu.

: Die lange »Bügeldauer« pro Kleidungsstück verweist diesen
Tipp wohl eher in die Abteilung »Kurioses«.

: Wer bügelt schon … Knitterhemden sind doch immer noch in,
oder?

Trotz aller Versuche, diese Tatsache zu negieren, das Bügeleisen
ist ein nützlicher Bestandteil eines jeden Haushaltes. Wie du es
zähmst und zu deinem Vorteil einsetzt, erfährst du später. Viel
wichtiger ist zu wissen, WAS überhaupt gebügelt werden sollte
und bei welcher Wäsche bügeln unnötig ist.

Unbedingt bügeln	Kann, muss aber nicht	Braucht man nicht zu bügeln
Blusen/Hemden	Pullover/Sweat-shirts	Bettwäsche
Röcke	T-Shirts, Hand-tücher	Geschirrtücher
Kleider	Schlafanzug/Nacht-hemd	bügelfreie Hemden
(Stoff-)Hosen	Jeans	Socken
		Unterwäsche

LEVEL II
SPARSCHWEIN

Begib dich auf die Jagd!

Sonntag, 22 Uhr

Wallende rote Haare, strahlend helle blaue Augen, Röcke, für die jede Beschreibung zu lang ist, darunter die schönsten Beine der Stadt. Angelina. Ein Name wie Sahne. Seit letztem Monat Neuzugang in unsere Presseabteilung und ebenso lange meine ständige Begleitung. In Gedanken. Noch. Doch das wird sich ändern. Ich möchte SIE einladen. Zu MIR. Zum Essen.

Vorsicht, Ingo!
Bist du schon so weit?

Mit eurer Hilfe schaff ich das! Ganz einfach, ganz romantisch: ein Tisch, zwei Stühle, auf meinem Balkon, Angelina bei Sonnenuntergang und ich am Herd, wer von diesen Möchte-gern-Robbie-Williams-Verschnitten aus dem Büro hat so was im Angebot? Das Menü habe ich mir aus dem Internet zusammengesucht. Was haltet ihr von:

Sushi-Auswahl mit Saibling und Thunfisch
Rote-Beete-Kartoffel-Carpaccio mit Waller
Rehrücken im Brotmantel auf Petersilienwurzelpüree
und zum Dessert für ihren Erdbeermund
Erdbeerrosette mit Rhabarberschaum

Gut, Ingo, das mit dem Mädel und der Romantik überlassen wir dir. Bei der Menüplanung müssen wir dich aber bremsen. Das, was du dir ausgesucht hast, übersteigt bei weitem deine Kochkünste und wird in einem Desaster enden. Außerdem ist es November, und da gibt es nun mal keine Erdbeeren, wenigstens keine, die nach Erdbeeren schmecken.

Was hältst du von folgendem »Romantik-Menü«:

Nudeln mit Lachs (Seite 95)
Rucolasalat mit Birnen und Parmesan (Seite 100)
Entenbrust mit Estragonsoße (Seite 103)
Calvados-Äpfel mit Vanilleeis (Seite 113)

Du kannst die einzelnen Menüpunkte verbal noch etwas ausschmücken oder das *mit* durch ein *an* ersetzen, schon hört es sich noch exklusiver an. Auf jeden Fall ist alles für dich kochbar und schmeckt super lecker.

Was schmeckt wann?

Obst und Gemüse, das nicht Tausende von Kilometern auf dem Buckel hat, bevor es auf deinem Teller liegt, ist oft gehaltvoller und schmackhafter als die importierte Massenware.
Was also wann essen?

	Jan.	Febr.	März	April	Mai	Juni	Juli	Aug.	Sep.	Okt.	Nov.	Dez.
Blumenkohl	■					■	■	■	■	■	■	■
Brokkoli						■	■	■	■	■		
Brombeeren							■	■	■			
Frühäpfel								■	■			
Frühbirnen								■	■			
Gurken						■	■	■	■	■		
Karotten/Möhren	▤	▤	▤	▤	▤	■	■	■	■	▤	▤	▤
Kartoffeln	▤	▤	▤	▤	▤	■	■	■	■	▤	▤	▤
Kirschen						■	■					
Kohl	■									■	■	■
Melonen							■	■	■			
Nektarinen							■	■	■			
Paprika	■					■	■	■	■	■	■	■
Porree	▤	▤	▤	▤	▤						■	■

■ = Frischgemüse und -obst, ▤ = Lagerobst, Lagergemüse, □ = keine Saison

	Jan.	Febr.	März	Apr.	Mai	Juni	Juli	Aug.	Sep.	Okt.	Nov.	Dez.
Rhabarber				■	■	■						
Salat – Eichblatt					■	■		■	■	■	■	
Salat – Eissalat					■	■	■	■	■	■	■	
Salat – Endivie									■	■	▨	▨
Salat – Rucola	■	■			■	■			■	■	■	
Spargel							■					
Spätäpfel	▨	▨	▨	▨					■	■	■	▨
Spätbirnen	▨	▨							■	■	■	▨
Spinat			■	■	■				■	■	■	
Tomaten							■	■	■	■		
Walnüsse								■	■	■	■	
Weintrauben									■	■		
Zwetschgen								■	■			
Zwiebeln	▨	▨						■	■	■	▨	▨

■ = Frischgemüse und -obst, ▨ = Lagerobst, Lagergemüse, □ = keine Saison

74

Donnerstag, 18 Uhr

Sie kommt! Heute in der Mittagspause bin ich zu ihr an den Tisch und habe sie eingeladen. Sie hat so süß gelacht und alle ihre Kolleginnen mit ihr. »Bis morgen 8 Uhr«, habe ich mich verabschiedet. Sie hat nicht widersprochen!
Den restlichen Tag im Büro habe ich mit der Planung zugebracht und To-do-Listen erstellt: heute einkaufen, morgen putzen und kochen. Jetzt stehe ich vor einem riesigen Kühlfach und habe schon die zigste Entenbrust in der Hand. Nur, woran erkenne ich, welche die beste ist?

Cheat – Lebensmittelcheck

So erkennst du beim Einkauf, ob die Lebensmittel frisch sind:

- *Frischobst/Gemüse* solltest du auf Druckstellen, Farbe, Geruch etc. untersuchen. Avocados dürfen keine braunen Stellen haben und auch nicht zu weich sein. Wurzelgemüse sollte sich ebenfalls fest anfühlen, Brokkoli muss eine schöne dunkelgrüne Farbe haben, wenn die Farbe ins Gelbliche übergeht, ist er alt. Bundgemüse (so nennt man Gemüse, das im Bund gekauft werden kann) wie z. B. Kohlrabi, Karotten, Rettich oder Radieschen sollte immer schöne grüne Blätter haben. Eine Ananas ist dann zum Verzehr geeignet, wenn sich die inneren Blätter leicht herauslösen lassen.

- *Fleisch/Wurst* darf nicht glänzen oder schmierig sein, sonst ist es/sie alt.

- *Brot* schimmelt gerne – auf weiße oder grüne Flecken achten.

- Beim Kauf von *Eiern* solltest du etwas genauer hinschauen. Dazu öffnest du die Schachtel und schaust dir jedes Ei kurz einzeln an. Sobald du einen Riss oder Sprung im Ei entdeckst, solltest du das Ei auswechseln oder gleich einen anderen Eierkarton nehmen.

Auf dem Ei befindet sich ein aufgedruckter Code. Dieser kann zum Beispiel so aussehen: 1-DE-12345-2. Die erste Ziffer gibt das Haltungssystem an: 0: Ökologische Erzeugung 1: Freilandhaltung 2: Bodenhaltung 3: Käfighaltung. Danach folgt das Erzeugerland (zum Beispiel DE für Deutschland oder NL für Niederlande). Die letzten beiden Zahlen geben die Kennung des Betriebs und die Stallnummer an. So kann jedes Ei zurückverfolgt werden. Im Internet kannst du sogar live sehen, woher dein Ei kommt: www.was-steht-auf-dem-ei.de

- Bei *verpackten Lebensmitteln* immer das Mindesthaltbarkeitsdatum überprüfen. Daran lässt sich sofort erkennen, ob und wie lange etwas noch haltbar ist.

- Bei in *Folie verpackten Lebensmitteln* solltest du unbedingt darauf achten, dass sich kein Kondenswasser im Verpackungsinneren befindet, da dies ein sicheres Zeichen dafür ist, dass die Lagertemperatur der Ware nicht konstant war (was sie aber sein sollte). Dadurch kann es zu einer schnellen Schimmelbildung kommen, obwohl die Ware vom Datum her noch genießbar sein sollte. Das gilt auch für abgepacktes Obst und Gemüse.

- *Gefrierware* solltest du immer auf Verpackungsbeschädigungen untersuchen, die zu Gefrierbrand (weiße, ausgetrocknete Stellen auf dem Gefriergut. ACHTUNG: Nicht mit dem Eis verwechseln) führen können.

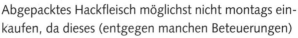

Kein Montags-Hackfleisch

★ ★ ★ ★ ☆

Abgepacktes Hackfleisch möglichst nicht montags einkaufen, da dieses (entgegen manchen Beteuerungen)
noch das Fleisch von vor dem Wochenende sein könnte, also
nicht unbedingt sehr frisch ist.

Was meint die Jury?

: Hackfleisch sowieso nie abgepackt kaufen! Immer frisch beim
Metzger. Ich will wissen, was da drin ist.

: Vollkommener Quatsch. In Deutschland gibt es eine Hack-
fleischverordnung. Sie schreibt vor, dass Hackfleisch an dem Tag,
an dem es hergestellt worden ist, auch verkauft werden muss.
Ebenso der rohe Hackspieß im Imbiss. Erfolgt dies nicht, muss
das Gehackte »gewandelt« werden. Das heißt, dass es entweder
weggeworfen oder gegart wird.

: Das stimmt. Hackfleisch ist hochverderblich und für Salmo-
nellen sehr anfällig. Deswegen gilt in Deutschland diese strenge
Verordnung. Aber für das häufig schutzgasverpackte Hackfleisch
gilt diese Regelung nicht, sofern es aus EU-Betrieben stammt.
Stattdessen gilt hier die Fleischhygieneverordnung, eine Umset-
zung von EU-Recht. Danach darf schutzgasverpacktes Hackfleisch
sogar bis zu einer Woche angeboten werden. Allerdings muss
das Fleisch bei einer Temperatur von zwei Grad gelagert werden.
Stichproben ergaben, dass diese Temperatur vor allem während
der Sommermonate immer wieder überschritten wird.

: Deshalb kaufe ich nur noch in einer bestimmten Metzgerei, die
immer gut besucht ist. Hier wird die Ware schnell verkauft und
immer wieder frisch nachgelegt.

: In vielen Metzgereien liegt das Hackfleisch aber schon durchgedreht in der Theke. Verlangt man, dass es frisch gemacht wird, wird man blöd angeschaut und auf das bereits fertige hingewiesen. Das wäre »frisch«.

: Kaufe mein Fleisch am Stück und dreh es mir zu Hause durch den Fleischwolf, hört sich nach viel Arbeit an, ist es aber wirklich nicht!

: Ich kaufe das Hackfleisch aus der Tiefkühltruhe. Ich gehe davon aus, dass es am Tag der Herstellung eingefroren wurde. Frischer gehts doch nicht, oder?

: Kein Metzger, Supermarkt oder Discounter kann es sich leisten, verdorbene Ware zu verkaufen. Das macht sehr schnell die Runde und bedeutet in der Regel herbe Verluste. Also werden sie immer bemüht sein, nur genießbare Ware auf den Markt zu bringen.

19:30 Uhr in der Warteschlange

Jetzt macht gerade eine neue Kasse auf, doch bevor ich mein Einkaufsgeschoss in Richtung bringen kann, stehen alle, die eben noch hinter mir waren, schon dort an. Schon beim Käsestand ist mir klar geworden: Da, wo ich bin, ist hinten. Dabei bin ich schon eine halbe Stunde über der Zeit. Ich müsste jetzt schon zu Hause alles in die Regale räumen ...

Lieber Ingo,
nutze die Zeit, und überlege dir, wo und wie du deine Jagdbeute zu Hause verstaust.

Cheat – Frisch- und Vorratshaltung

Halte ein bisschen Ordnung in deiner Küche und deinen Vorratsschränken.

1. Konserven nach dem Haltbarkeitsdatum ordnen. Die ältesten stellst du ganz nach vorne. Rostige oder gewölbte Konserven unbedingt wegschmeißen.

2. Hin und wieder mal einen Blick auf das Mindesthaltbarkeitsdatum werfen und Abgelaufenes aussortieren.

3. Wurzelgemüse (z. B. Karotten) in dunklen Ecken aufbewahren.

4. Angebrochene Packungen wie Mehl, Reis, Cornflakes etc. fachgerecht, z. B. mit Tütenclips oder auch Wäscheklammern, verschließen oder (besser noch) in ein verschließbares Behältnis aus Glas oder Plastik füllen.

5. Angebrochene Flaschen und Gläser: ab in den Kühlschrank!

6. Gekochte Speisen, die du für den nächsten Tag aufheben willst, in Plastikdosen im Kühlschrank deponieren.

7. Frische Nahrungsmittel aus dem Kühlfach (Joghurt, Wurst, Käse) immer in den Kühlschrank stecken.

8. Für Käse ist das Gemüsefach der ideale Ort der Lagerung. Am besten, du lässt ihn in der Originalverpackung oder wickelst ihn in Alufolie. Stich mit der Gabel kleine Löcher in die Folie, denn Käse muss atmen. Deshalb auch keine luftdichten Plastikboxen benutzen, dann lieber eine Käseglocke aus Glas. Am besten schmeckt der Käse übrigens, wenn du ihn eine halbe Stunde vor dem Essen aus dem Kühlschrank nimmst. Aber nicht naschen!

9. Auch Eier gehören in den Kühlschrank, da so die Keimbildung und der Fäulnisprozess verlangsamt werden. Am besten lässt du sie im Eierkarton, dann kullern sie nicht im Kühlschrank herum und können nicht kaputtgehen.

10. Mit diesem Grundvorrat ist der Junggeselle gut gewappnet für den nächsten Schneesturm, zwei Wochen Grippe oder den Überraschungsbesuch von ehemaligen Klassenkameraden:

Reis
Nudeln
Zucker
Marmelade
Salz
Kräuter und Gewürze (siehe Seite 175)
Öl, Pflanzenfett
Essig

in Konserven:
Fisch (Heringsfilet in verschiedenen Soßen, Thunfisch etc.)
Fleisch (z. B. Gulasch, Rinderbraten, Rouladen)
Wurst
Obst (Ananas, Pfirsiche, Kirschen, Mandarinen)
Suppen (Gulaschsuppe, Ochsenschwanzsuppe, Erbseneintopf)
Nudelgerichte (Ravioli)

in Tüten:
Suppen (die Klassiker: Zwiebelsuppe, Tomatensuppe)
Soßen (helle und dunkle Soßen)

als Pulver:
Pudding (Vanille und Schokolade)
Götterspeise
Kartoffelpüree
Kartoffelklöße
Speisestärke
Gemüsebrühe

Getränke:
H-Milch
Kaffee
Tee
Kakao

Der Eiertest

Wer nicht weiß, ob das Ei noch gut ist, kann es einfach in ein Glas Wasser legen. Bleibt es am Grund liegen, dann ist das Ei frisch. Schwimmt es jedoch an der Wasseroberfläche, solltest du es schleunigst entsorgen – dann ist es nämlich schlecht. Woran liegts? Je älter das Ei ist, desto mehr Wasser verdunstet in dem Ei und umso mehr Luft ist im Ei. Also steigt das Ei an die Wasseroberfläche. Ist das Ei noch älter, gesellt sich noch Schwefelwasserstoff hinzu, der auch den fauligen Geruch verursacht.

Was meint die Jury?

: ge-ni-al!

: Und wer trägt mir das Wasser beim Einkaufen?

: Der Tipp ist gut, nur steht neuerdings zumindest auf denen,

81

die ich kaufe, ein Datum drauf. Dann nur noch mit dem Kalender vergleichen ... fertig.

: Das Datum allein ist auch nicht immer zuverlässig, der Test jedoch immer!

: Perfekt, auf meinen Eiern steht kein Datum, aber jetzt weiß ich Bescheid! Volltreffer! :)

: Eine weitere Eigenart von Eiern ist, dass man ihnen nicht ansieht, ob sie bereits gekocht oder ob sie noch roh sind. Weitaus effizienter, als das Ei an die Wand zu feuern, ist, das Testobjekt auf dem Tisch um die eigene Achse zu drehen. Dreht es sich langsam, so ist es roh, da die Flüssigkeit im Innern hin und her schwappt. Dreht sich das Ei schnell, so ist das Ei innen hart, also gekocht.

: Die Eier beim sachten Drehen durch kurzes Antippen stoppen und gleich wieder loslassen. Bleibt es liegen, ist es gekocht, dreht es weiter, ist es roh. Die Trägheit der Flüssigkeit (Achtung, Physikunterricht!) führt dazu, dass sich die Flüssigkeit weiter dreht und mit ihr das Ei.

: Ich male immer mit dem Edding ein dickes »g« wie »gekocht« aufs Ei, dann muss ich in der Früh nicht immer irgendwelche stressigen Versuche machen!

Lebensmittel leben länger

Obst, das frisch aussieht

Obst, das an- oder aufgeschnitten wurde, wird mit der Zeit an der Luft braun. Das hast du sicher schon mal bei Bananen oder Äpfeln beobachtet. Um das von vornherein zu verhindern, kann man das frische Obst kurz in Zitronensaft tauchen, bevor man es in die Schale legt. Nur in einem durchschnittlich chaotischen Junggesellenhaushalt wirst du nicht immer Zitronensaft finden. Salz hingegen schon, und das bewirkt Ähnliches. Wenn du also mal aus irgendeinem Grund knackig und frisch aussehendes Obst benötigst (zum Beispiel wenn du einen fruchtigen Nachtisch für deine kalorienbewusste Mutter zauberst, du aber nicht genau weißt, wann sie kommt, und das Obst in zwei Stunden immer noch lecker aussehen soll), nimmst du eine kleine Schale oder einen tiefen Teller, gibst etwas Wasser hinein und streust zwei bis drei Prisen Salz hinzu. Umrühren, bis sich das Salz vollständig im Wasser gelöst hat, und dann tunkst du die Banane oder was auch immer für ein paar Sekunden hinein. Die Banane wird nun an der Luft nicht braun (oder zumindest nicht so schnell), und überraschenderweise schmeckt sie später auch nicht nach Salz! Leider bekommt »braunes« Obst nicht wieder seine ursprüngliche Farbe zurück.

Überreifes Obst vermeiden

Nie Äpfel zusammen mit anderen Obstsorten (z. B. Bananen) in einem Fach aufbewahren. Äpfel sondern ein Reifegas ab, welches andere Obstsorten aufnehmen und so selbst schneller reifen und dann braun werden. Also Äpfel vom Rest trennen, und dann bleiben die Bananen & Co. selbst länger knackig.

Was meint die Jury?

: Jetzt weiß ich, warum selbst meine grünen Bananen in null Komma nix auch schwarz werden. Sie liegen immer schön hübsch drapiert auf den leckeren Äpfeln.

: Dieser Effekt kann aber auch nützlich sein. Wenn du unreifes Obst schneller gereift haben möchtest, pack einen Apfel mit dem unreifen Obst in einen Gefrierbeutel oder eine Plastiktüte, gut verschließen und dann einige Tage liegen lassen. Das Gas des Apfels reift selbst steinharte Kiwis weich.

: Funktioniert auch bei Avocados, die beim Kauf meist noch hart sind. Damit du sie bald verzehren kannst, wickelst du sie zusammen mit einem Apfel in eine dicke Lage Zeitungspapier und lässt sie bei Zimmertemperatur ruhen. Der Apfel dünstet ja das Gas aus, das die Avocadoreifung beschleunigen hilft.

: Dieses »Reifegas« nennt sich Ethylen. Es lässt Obst oder Gemüse schneller reifen. Äpfel und Tomaten sondern dieses Gas nach und nach ab. Besonders »Ethylen-empfindlich« sind auch Brokkoli und Gurken.

Erdbeeren, die schmecken

Da Erdbeeren schnell an Geschmack verlieren, solltest du sie, nachdem du sie gekauft oder gepflückt hast, sofort verdrücken oder verarbeiten. Aufbewahren lassen sie sich eigentlich nur von einem Tag auf den nächsten, auf einem Teller oder Blech ausgebreitet, da sie sehr druckempfindlich sind, an einem kühlen Ort, zur Not auch im Kühlschrank.

Karotten länger frisch halten

Karotten mit Grünzeug dran sehen gesund aus, wenn du aber deine Möhren dann in den Kühlschrank legst, werden sie innerhalb weniger Tage alt, trocken und schrumpelig. Damit das nicht passiert, solltest du das Grünzeug einfach komplett entfernen, bevor du die Karotten in den Kühlschrank beförderst. Das Grün entzieht nämlich dem Gemüse das Wasser.

Was meint die Jury?

: Das Gleiche gilt für jedes andere Gemüse auch: Radieschen, Kohlrabi etc. Blätter abmachen, sonst ziehen diese den Saft aus dem knackigen Gemüse.

: Sollten doch einmal ein paar Möhren alt geworden sein, dann ist das hier mein Tipp: Schrumpelige Karotten legst du einfach für eine Weile ins Wasser. Die Möhre, die ja eine Wurzel ist, saugt sich mit Wasser voll und wird wieder knackig. Funktioniert aber leider nicht mit Äpfeln oder Gurken. (Und jetzt kommt mir bitte keiner mit dem Kommentar »Nicht alt werden lassen, nur wenig und dafür häufiger kaufen, dann sind sie immer frisch.« Mag ja sein, dass ihr so organisiert seid, ICH bin es nicht!)

: Das funktioniert auch mit Tomaten, die schon leicht matschig geworden sind. Einfach fünf Minuten in eiskaltes Wasser legen, und schon sind sie wieder schön knackig.

Salz, das nicht klumpt

In jeden aufgeräumten Junggesellenhaushalt gehört ein Salzstreuer. Den braucht man immer wieder – mal für die Nudeln, mal für das Obst-Tuning (siehe oben). Dummerweise zieht das Salz Feuchtigkeit an und klumpt im Salzstreuer zusammen. Hier hilft Reis. Einfach ein paar Körner in den Salzstreuer geben, und schon rieselt das Salz. Das funktioniert auch mit einer rohen Nudel. Der Reis oder die Nudel nehmen die Feuchtigkeit auf, und dein Salz klebt nicht zusammen.

Wiener Würstchen, die wieder knackig werden

Du hast dir 20 Wiener Würstchen warm gemacht. Dummerweise waren die Augen mal wieder größer als der Magen, und du hast nur 18 verputzt. Wohin mit den restlichen zwei? Wegwerfen willst du sie nicht, aber auf verschrumpelte Würstchen hast du am nächsten Tag auch keine Lust mehr. Kein Problem. Einfach das restliche Wasser aus dem Topf gießen, die Würstchen drinlassen und frisches kaltes Wasser in den Topf füllen. Deckel drauf und ab in den Kühlschrank. Am nächsten Tag wirst du feststellen, dass die Würstchen keineswegs verschrumpelt sind. Die Würstchen im Topf wieder aufwärmen (nicht zu heiß, sonst platzen sie) – schmeckt wie am Tag zuvor.

MEISTERKOCH

Bereite ein Romantik-Menü!

Freitag, 7 Uhr

Habe mir einen Tag Urlaub genommen, damit ich alles perfekt vorbereiten kann. Das Feuer ist entfacht, die Messer sind geschärft, wo ist das Federvieh?

Guten Morgen, Ingo,
halt, halt, bevor es ans Kochen geht, hier noch einige Fertigkeiten, deren Beherrschung für das weitere Gelingen deines Romantikdinners von entscheidender Bedeutung sind.

Schälen, schneiden, auspressen

Selbst der härteste Junggeselle muss weinen, wenn er Zwiebeln schneidet. Es gibt aber ein paar nützliche Tricks, mit denen Tränen der Vergangenheit angehören.

Cheat – Zwiebelschälen

1. Du trägst Kontaktlinsen? Glückwunsch! Die Kontaktlinsen sind ein guter Schutz gegen Tränen beim Zwiebelnschneiden.

2. Zwiebeln vorher in den Kühlschrank legen. Kalte Zwiebeln »dünsten« weniger aus.

3. Einfach das Messer (bitte scharf!), das Brett und die Zwiebel vorher mit kaltem Wasser abwaschen.

4. Schneide die Zwiebel in der Nähe eines geöffneten Fensters. Den Kopf etwas zur Seite in Richtung Fenster strecken.

5. Beim Schneiden einen Schluck Wasser in den Mund nehmen, damit du gezwungen wirst, durch die Nase zu atmen. Dadurch macht sich der Tränenreiz weniger bemerkbar.

6. Falls du eine Dunstabzugshaube über dem Herd hast: Abzug einschalten und darunter Zwiebeln schneiden. Den Kopf so weit wie möglich wegstrecken.

7. Sieht bescheuert aus, hilft aber garantiert: Taucherbrille aufsetzen.

Knoblauch schmeckt nicht nur umwerfend, hinterher riechst du auch umwerfend. Trotzdem: Wer einen Single-Haushalt führt und am nächsten Tag alleine zu Hause bleiben will, der sollte sich öfters mal an Knoblauch wagen. Er gibt vielen Gerichten den »letzten Schliff«. Damit du den Knoblauch besser schälen kannst, empfiehlt es sich, die Schale der einzelnen Zehen vorher zu »knacken«. Also einfach eine Knoblauchzehe nehmen mit der flachen Seite eines großen Messers (es gehen natürlich auch andere flache Gegenstände aus der Küche oder – sieht cool aus – die flache Hand) auf die Zehe drücken (evtl. etwas hin und her reiben), bis es knackt. Danach lässt sich die Schale wesentlich leichter entfernen.

Ein paar *Gurken*-Scheiben auf dem Wurstbrot sind eine feine Sache. Dumm nur, wenn du keinen Hobel hast, um sie zu schneiden. Denn dann muss man die kleinen grünen Dinger mit dem Messer schneiden, und das ist manchmal gar nicht so einfach. Doch auch hier gibt es einen Trick: Einfach mit einer Gabel quer in die kleine Gurke stechen und mit dem Messer der Länge nach zwischen den Zinken schneiden.

Tomaten lassen sich am besten schälen, wenn man etwas Wasser zum Kochen bringt und sie für ungefähr 10 bis 20 Sekunden in das Wasserbad legt. Danach lässt sich die Haut ganz einfach abziehen.

Paprika enthalten viele Vitamine. Es ist also gesund, sich hin und wieder mal eine »Ampelpackung« aus dem Supermarkt mitzunehmen. Nur was dann? Wie jedes Gemüse wäschst du die Paprika zunächst mit Wasser. Danach halbierst du sie mit einem Messer. Im Inneren hängen am grünen Stielansatz die Kerne, den du nun mitsamt den Kernen mit dem Daumen herausbrichst. Sollten noch ein paar Kerne in der Paprika hängen bleiben, drehst du die Paprika einfach um (so dass die aufgeschnittene Seite nach unten zeigt) und klopfst mit der stumpfen Seite deines Messers ein paar Mal auf die Paprika. Die Kerne lösen sich und fliegen heraus. Sollte sich noch weißes weiches Fruchtfleisch im Inneren der Paprika befinden, so schneidest du dies einfach heraus.

Zitrusfrüchte ausdrücken ★ ★ ★ ☆ ☆

Wenn du den Saft aus einer Zitrone oder Orange (oder einer anderen Zitrusfrucht) pressen willst, so solltest du zuerst die Frucht vor dem Aufschneiden mit leichtem Druck hin und her rollen. Dadurch löst sich der Saft beim Auspressen wesentlich besser vom Fruchtfleisch und du hast mehr davon.

Was meint die Jury?

: So lassen sich die Früchte auch besser schälen!

: Alter Tipp, aber good 2 know!

Braten und kochen

Bevor du das Fleisch *zum Braten* in die Pfanne legst, sollte das Fett richtig heiß sein. Dies hat den Vorteil, dass sich die Poren deines Schnitzels sofort schließen – es kann kein leckerer Fleischsaft austreten, und es wird auch nicht so viel Fett vom Fleisch aufgenommen. Wenn du einen Bratenwender oder einen Kochlöffel aus Holz ins Fett hältst, kannst du ganz leicht prüfen, ob das Fett die richtige Temperatur besitzt. Bilden sich Bläschen um das Holz, ist das Fett heiß genug. Jetzt kannst du das Fleisch in die Pfanne legen.

Liegt dein Steak erst mal in der Pfanne, solltest du es nicht mit einer Gabel wenden. Durch das Einstechen kann der Bratensaft entweichen, und dein Fleisch ist nicht mehr so saftig. Deshalb immer einen Bratenwender und evtl. die Finger benutzen (Vorsicht, heiß!).

Cheat – Fettspritzer vermeiden

Nerviges »Gespritze« beim Braten kannst du reduzieren, wenn du Folgendes beachtest:

1. Nur wenig Fett benutzen, ist sowieso gesünder.

2. Nicht bei voller Temperatur braten, die mittlere Hitze tut es allemal.

3. Etwas Salz in das Fett geben, es entzieht dem Fett Wasser.

4. Ein Deckel oder – noch besser – ein Pfannensieb wirkt Wunder.

5. Eine trockene Scheibe Brot mitbraten.

Hin und wieder solltest du dir auch mal etwas frisches *Gemüse kochen*. Wie wärs mit Brokkoli? Brokkoli kocht man ähnlich wie Nudeln – es ist also ziemlich leicht. Vor dem Kochen solltest du den Brokkoli in kleine Röschen teilen. Wasser aufsetzen, Salz rein, wenn das Wasser kocht, das gute Gemüse für maximal fünf Minuten kochen. So bleibt es schön knackig, und nicht allzu viele Vitamine gehen verloren. Danach den Brokkoli in ein Nudelsieb schütten. Auf diese Art kannst du auch Blumenkohl (10–15 min), Kohlrabi (in Würfel oder Scheiben geschnitten, 10–15 min), gelbe Rüben (10–15 min) oder frische Erbsen (10 min) zubereiten.

Milch macht nichts lieber als *Überkochen*. Doch es gibt ein paar Tricks, die das verhindern können. Zum Beispiel kannst du den Kochtopf vorher mit kaltem Wasser ausspülen. Eine weitere Möglichkeit ist, eine Glaskugel (Murmel) mit in den Kochtopf zu geben. Sobald die Milch warm wird, beginnt sich die Kugel auf dem Topfboden zu bewegen und rührt so selbstständig die Milch um.

Du kannst das Überkochen auch hinauszögern, indem du den Topfrand mit etwas Butter einreibst. Doch die dickste Butterkruste hilft nichts, wenn du die Milch auf dem Herd vergisst. Deshalb gibt es nur eine effektive Methode, die wirklich vor angebrannter oder übergekochter Milch schützt: Die Milch bei kleinster Stufe langsam und unter Rühren erhitzen und sie die wenigen Minuten, bis sie kocht, nicht aus den Augen lassen. Einen kleinen Trick gibt es allerdings noch: Versenke eine kleine Keramikscheibe in der Milch. Kurz bevor die Milch anfängt zu kochen, beginnt die Scheibe zu klappern und holt dich aus deinen Träumen. Herd aus und Topf vom Herd – fertig.

Retten

Suppe zu salzig?

Wem der Salzstreuer in den Topf gefallen ist, der muss nicht gleich verzweifeln. Am wirksamsten erweist sich bei versalzenen Speisen eine rohe Kartoffel. Diese in kleine Stücke schneiden und eine Weile mitkochen. Die Kartoffel nimmt einen Teil des Salzes auf. Sollte eine Kartoffel geschmacklich nicht zur Suppe passen, kannst du sie auch in ein Teeei oder ein Geschirrtuch packen und später wieder hinausnehmen. Das ist aber natürlich nicht so effektiv wie frei herumschwimmende Kartoffelstückchen. Es gibt auch die Möglichkeit, Reis, Nudeln oder ein Ei in die Suppe zu schmeißen, mit der Kartoffel erzielt man jedoch mit dem geringsten Aufwand das beste Ergebnis.

Auch möglich: Du schüttest mehr Wasser (bzw. Sahne, je nachdem was für eine Suppe du gerade kochst) hinzu. Allerdings besteht dann die Gefahr, dass die Suppe wieder zu dünn wird. Alternativ kannst du auch einfach einen oder mehrere Löffel Honig (oder Zucker) in die Suppe geben. Der Honig neutralisiert das Salz ebenfalls, allerdings wird dadurch die Salzkonzentration nicht geringer, was ein »ungesünderes« Essen zur Folge hat. Honig wirkt auch bei zu scharfem Essen.

Suppe zu dünn?

Wenn deine Suppe oder Soße zu »dünn« geworden ist, also die Viskosität zu wünschen übrig lässt, so hilft folgender Trick: Einfach etwas Kartoffelbrei aus der Tüte in die Suppe rühren, kurz nachdem diese aufgehört hat zu kochen.

Suppe/Soße klumpt?

Das ist dir sicher schon einmal passiert: Beim Zubereiten einer köstlichen Tütensuppe bildeten sich lauter Klümpchen. Damit dir in Zukunft nichts mehr verklumpt, nimmst du von nun an ein ausgedientes Gemüseglas mit Schraubverschluss und füllst das

Pulver zusammen mit der auf der Packung angegebenen Menge an Flüssigkeit (Wasser, Milch oder Sahne, je nachdem, was eben drauf steht) in das Glas. Deckel zudrehen und so lange kräftig durchschütteln, bis keine Klümpchen mehr zu sehen sind. Danach das Ganze einfach in den Topf schütten und kochen.

Auch Salatdressings lassen sich auf diese Weise zubereiten und ganz leicht im Kühlschrank aufbewahren.

Innen kalt und außen schwarz?
Vor allem bei Tiefkühlfleisch kommt es immer wieder vor, dass das ersehnte Stück Fleisch außen schwarz und innen noch tiefgefroren ist. In Zukunft solltest du dich bei der Zubereitung in mehr Geduld üben. Stell nach kurzem Anbraten den Herd auf niedrige Hitze und benutze einen Deckel. So wird das Fleisch in deiner Pfanne langsam und gleichmäßig erhitzt.

Ein bereits verkohltes Essen lässt sich leider nur bedingt retten: Du kannst versuchen, die angebrannten Stellen vorsichtig mit einem scharfen Messer abzuschneiden. Das Fleisch wird dann in einer anderen Pfanne noch einmal angebraten. (Eignet sich vor allem bei Kurzgebratenem.) Bei einem großen Braten kann man das Malheur kaschieren, wenn man die verbrannte Schicht wegschneidet und den Braten anschließend in Scheiben zerlegt, anrichtet und mit Soße begossen serviert.

Essen übergekocht?
Schnell den Topf vom Herd nehmen, um das Schlimmste zu verhindern. Dann vorsichtig (Herdplatten können heiß sein) mit einem nassen Lappen das Gröbste wegwischen und darauf achten, dass nichts einbrennt. Der Topfinhalt ist meistens noch genießbar. Also die Temperatur am Herd zurückschalten, etwas warten und dann weiterkochen. Wie du Milch am Überkochen hinderst, steht auf Seite 91.

Essen schmeckt angebrannt?

Angebranntes Essen bleibt leider angebrannt. In manchen Fällen kann man die ungenießbaren Stellen abkratzen oder -schneiden (siehe oben). Meistens, z. B. beim Reis, der gerne durchzieht, bleibt leider doch nur der Weg zum Mülleimer. Deshalb: Vorsichtig erhitzen, immer umrühren/wenden und das Essen nicht aus den Augen lassen.

Freitag, 16 Uhr

Gut, gut, alles kann schief gehen. Ich möchte aber jetzt endlich anfangen, sonst schaff ich es nicht mehr.

Lieber Ingo,
hier kommen die Rezepte.

- **Kochkurs Level 2**
  Menüs kochen

Vorspeisen

Nudeln mit Lachs

Das Entree für einen romantischen Abend. Superschnell, super-günstig und superlecker. Für die Lachs-Sahne-Soße brauchst du für zwei Personen:

1 Zwiebel
2 Lachsfilets (gibts in der Tiefkühltruhe im Supermarkt,
geht aber natürlich auch frisch)
Basilikum (am besten frischen)
2 Becher Sahne
etwas Mehl und Butter
Olivenöl
1 Suppenwürfel oder 2 Teelöffel Instantbrühe
etwas Weißwein

Die Zwiebel würfeln und in etwas Öl anbraten. Basilikum hinzugeben und mit dem gewürfelten Lachs garen. Mit etwas Salz und Pfeffer würzen. Danach die Sahne, einen Schuss Weißwein und den Brühwürfel (bzw. die Instantbrühe) in den Topf geben. Falls dir die Soße zu dünn ist, kannst du aus Mehl und Butter eine Mehlschwitze (siehe unten) zubereiten und hinzugeben. Das Ganze lässt du etwas köcheln. Nudelnkochen läuft nebenbei. Falls vorhanden und wenn der Anlass es erfordert, die Teller mit frischen Basilikumblättern garnieren.

Wenn du auf deine Linie achtest, lässt du die Sahne und die Mehlschwitze weg und brätst stattdessen etwas Gemüse, z. B. Zucchini und Paprika, mit an. Dazu noch eine Packung passierte Tomaten rein, aufkochen, und fertig ist die Light-Variante.

Komplettlösung – Mehlschwitze

Eine Mehlschwitze, auch Einbrenne, Einbrenn oder Schwitzmehl (französisch: Roux) genannt, dient zum Andicken von Soßen und Suppen. Der Trick: Die Mehlschwitze bindet die Flüssigkeit.

Die Zubereitung ist relativ leicht: Du erhitzt etwas Butter (oder ein anderes Fett, je nach Rezept) in einem Topf oder einer Pfanne. Dann schüttest du helles Mehl dazu und rührst ständig um (das nennt man dann »anschwitzen«). Du solltest die Mehlschwitze, wenn sie fertig ist, mit einer geeigneten Flüssigkeit ablöschen und glatt rühren, bevor du sie dann in das Gericht deiner Wahl kippst. Ansonsten gibts Klumpen. Hast du die Mehlschwitze abgelöscht, musst du sie noch mindestens 15 Minuten knapp unter dem Siedepunkt garen, damit die Stärke aufgeschlossen wird und binden kann.

Neben der hier vorgestellten weißen Mehlschwitze gibt es noch die braune und die blonde. Braune und blonde Mehlschwitzen werden wie die weiße Mehlschwitze zubereitet, wobei »weiß, braun und blond« den jeweils gewünschten Bräunungsgrad des Mehls vorgeben. Aber auch bei der braunen Mehlschwitze darauf achten, dass das Mehl ständig umgerührt wird, sonst wird es eine schwarze Mehlschwitze, und die gibt es nicht. Braune Mehlschwitzen werden für dunkle Soßen wie Zwiebelsoße oder Bratensoßen und auch für Linsengerichte verwendet. Die blonde Variante benötigt man für Buttersoßen.

Außer zur Bindung von Soßen und Suppen werden aus Mehlschwitzen auch eigenständige Soßen abgeleitet, z. B. »Sauce Béchamel« oder »Sauce Mornay«.

Spargeltorte

Für dieses Rezept benötigst du eine runde Kuchenspringform.

250 g Toastbrot
500 g weißer Spargel
500 g grüner Spargel
100 g zerlassene Butter
200 g feine Schinkenwürfel
4 Eier
250 g süße Sahne
3 EL geriebener Käse
gehackter Schnittlauch, Pfeffer, Salz, Muskat

Die Toastbrotscheiben entrindest du und verteilst sie gleichmäßig in eine gefettete 26er-Springform. Den Spargel (weiß und geschält) 20 Minuten, den grünen 10 Minuten mit einer Prise Salz und Zucker und etwas Wasser garen, kurz abkühlen lassen und dann sternförmig auf dem Toast verteilen. Die Schinkenwürfel in wenig Butter anrösten und mit der restlichen zerlassenen Butter auf die Spargel geben. Dann vermengst du Eier, Sahne, geriebenen Käse, gehackten Schnittlauch und die Gewürze miteinander. Diese Masse kippst du auf die Spargeltorte und stellst sie bei 200° C (vorgeheizt) für ca. 15 Minuten in den Backofen. Vor dem Servieren haust du noch gehackten Schnittlauch darüber.

Krabbencocktail

Sehr fein und macht echt Eindruck! Du brauchst für 1–2 Personen:

1 Döschen Krabben in Lake
1 kleines Glas Miracel Whip
Ketchup
½ Eisbergsalat
1 Schlückchen Gin oder Wodka

Den Eissalat waschen und in feine Streifen schneiden. In einer Schüssel mischst du Miracel Whip und Ketchup, bis ein intensives Rosa entsteht. Einen Schuss Lake dazu und einen Schluck Schnaps (dann schmeckt es weniger fett). Gut rühren. Die Krabben hinein und kühlen. Auf dem geschnittenen Salat anrichten und heißen Toast dazu reichen.

Alternativ kannst du auch gleich fertige Cocktailsoße nehmen und evtl. die Krabben noch mit Mandarinen oder einem geschnittenen Ei dekorieren.

Salat

Um dich wenigstens ein bisschen gesund zu ernähren, solltest du hin und wieder mal einen Salat essen. Das Dumme am Salat ist nur, dass du oft vor zwei für dich schier unlösbaren Problemen stehst. Erstens: »Wie mache ich ein Salatdressing?« und zweitens: »Ich hab keinen Bock auf Salatputzen!« Deshalb haben wir hier ein paar hilfreiche Tipps für dich, die dir die Angst vor dem Salatmachen nehmen.

Komplettlösung – Salat putzen

1. Die Zubereitung eines Blattsalats beginnt bereits beim Kauf. Du solltest dir im Supermarkt oder beim Gemüsehändler einen Salat heraussuchen, der nur wenige braune Stellen hat und appetitlich aussieht. Du hast mehr vom Salat und du sparst dir Arbeit beim Salatputzen.

2. Wenn du dir einen Salat gekauft hast, musst du ihn erst einmal waschen. Fülle dein Spülbecken mit Wasser. Dann entferne vom Salatkopf die äußeren Blätter und entsorge sie. Das gilt auch für alle braunen Stellen. Danach rupfst du mit den Fingern die Blätter ab und reißt sie in mundgerechte Stücke. Mundgerecht bedeutet, dass man die Blätter in den Mund stecken können soll, ohne dass man sich den Kiefer

---

dabei ausrenkt. Niemals ein Messer verwenden. Wenn du den Salat schneidest, werden die Schnittflächen innerhalb kurzer Zeit braun. Je mehr Mühe du dir gibst und je kleiner die Stücke werden, desto besser kannst du den Salat nachher anrühren und essen.

3. Die mundgerechten Salatblätter wirfst du ins Wasser. Hast du alle Blätter klein gerupft, wäschst du sie im Waschbecken (ein paar Mal mit den Händen herumrühren).

4. Danach holst du den Salat wieder heraus und legst ihn in dein Nudelsieb.

5. Ist das Wasser gut abgetropft, kannst du ihn mit deinem sagenhaften Salatdressing zubereiten. Dazu einfach den Salat in eine Schüssel geben und mit dem Dressing vorsichtig vermengen.

6. Für ganz Faule: Es gibt gewaschenen und gerupften Salat auch abgepackt zu kaufen.

Und wie sieht so ein Dressing aus?

Ein Salatdressing aus Essig und Öl schmeckt lecker, eignet sich für nahezu jeden Salat und ist mit ein bisschen Übung schnell gemacht. Für maximalen Geschmack bei minimalem Aufwand brauchst du:

Essig (für Feinschmecker: Balsamico)
Öl (am besten Olivenöl, extra nativ)
Salz
Pfeffer
Senf
getrocknete Salatkräuter (gibts inzwischen
in jedem Supermarkt in Schraubgläsern)

Zum Süßen: Zucker oder Apfelsaft
evtl. 1 kleine Zwiebel

Da sämtliche Zutaten sich lange halten, ist es überhaupt kein Problem, sie immer parat zu haben. Die Zubereitung: Zuerst würfelst du die Zwiebel in eine Salatschüssel. Dann schüttest du etwas Öl und etwas Essig im Verhältnis 2:1 dazu. Das Verhältnis kann variieren, je nach Geschmack. Hier ist deine Kreativität gefragt. Danach streust du eine gute Prise Salz und Pfeffer dazu. Zum Schluss gibst du etwas Salatkräuter, einen Löffel Senf und etwas Zucker oder einen Schuss Apfelsaft hinzu. Die Salatkräuter geben deinem Dressing ohne großen Aufwand die nötige Würze, und der Senf wirkt als Emulgator. Das ist nichts Unanständiges, der Senf verbindet lediglich Essig und Öl. Fertig ist dein Salatdressing, das du nun für alle möglichen Salate verwenden kannst: Eissalat, Kopfsalat, Endiviensalat, Tomatensalat und so weiter.

Falls dein erstes Salatdressing nicht ganz so gelungen sein sollte, lass dich nicht entmutigen. Es dauert seine Zeit, bis du ein Gespür für die richtigen Mengen hast. Beim nächsten Mal klappts schon besser.

Rucolasalat mit Birnen und Parmesan

Ein leckerer und einfach zuzubereitender Sommer- oder Herbstsalat. Du brauchst:

1 Rucolasalat
1–2 reife saftige Birnen (mit harten unreifen schmeckts nicht)
100 g frischen Parmesan
1–2 Zitronen
Zucker, Salz, Pfeffer

Den Rucolasalat lesen, waschen und gut abtropfen lassen. Dann raspelst du den Parmesan in feine Scheiben. Zitrone(n) auspressen. Den Zitronensaft schmeckst du mit einer Prise Zucker, Salz und etwas Pfeffer ab. Danach halbierst du die Birne(n), entkernst sie und schneidest die Hälften in möglichst dünne Scheiben (wer die Schale nicht mag, vorher schälen). Das solltest du zuletzt machen, damit die Birnen nicht an der Luft braun werden, während du noch mit der Zubereitung beschäftigt ist. Pro Portion häufst du auf einem Teller ein Häufchen Rucola an, dann gibst du die Birnenscheiben und Parmesanraspel darüber, zum Schluss gut mit Zitronensaft überträufeln. Fertig. Oder einfach alles in einer Schüssel mischen.

Paprika-Mais-Salat

Hier kannst du dich mal ordentlich verausgaben. Es ist viel Schnippelarbeit, zumindest wenn du eine partytaugliche Portion für 12–14 Personen zubereitest.

Zutaten für vier Personen:

3 Paprikaschoten (je 1 rote, grüne, gelbe)
4 mittelgroße Tomaten
1 mittelgroße Zwiebel
1 Dose Maiskörner
125 ml Mayonnaise
1–2 EL Essig (so ziemlich 2)
mindestens ½ EL Zucker
2–3 Prisen Salz, viel Pfeffer
Maggi-Würze flüssig (mindestens 4 lange »Spritzer«)

Zuerst wäschst du die Paprikaschoten, halbierst sie längs, befreist sie vom Kerngehäuse und schneidest sie in Querstreifen. Dann halbierst du die Tomaten und würfelst sie. Das Gleiche machst du mit den Zwiebeln. Aus der Maisdose lässt du die Flüssigkeit ablaufen.

Aus Mayonnaise, Essig, Zucker, Salz und Pfeffer stellst du eine Marinade her, evtl. musst du mit etwas Wasser verdünnen. Dann mischst du Paprika, Tomaten, Zwiebeln und Mais mit der Marinade, evtl. nachwürzen.

Vor dem Servieren etwa eine Stunde (oder länger) im Kühlschrank durchziehen lassen und dann abschmecken.

Der Salat verliert bei kühler Lagerung nicht an Qualität und schmeckt auch am Tag darauf noch richtig gut.

Fruchtiger Porreesalat

Zutaten für vier Personen:

2 Stangen Porree/auch Lauch genannt
1 Stück Fleischwurst (oder Geflügelwurst)
1 kleine Dose Ananas
2 Äpfel mit Schale
1 Glas Remoulade mit Kräutern
etwas Pfeffer und Salz

Porree in feine Ringe, die Fleischwurst in kleine Würfel schneiden. Ananas und Äpfel ebenfalls würfeln. Du vermengst die klein geschnittenen Zutaten gut. Dann mischst du die Remoulade mit etwas Ananassaft und schüttest sie über den Salat. Abschmecken und einige Stunden durchziehen lassen. Fertig.

Tomatensalat

Tomaten gibt es nicht nur als Ketchup, wieso also nicht mal einen Salat daraus machen? Du benötigst für vier Personen:

500 g Tomaten
½ Schafskäse oder 1 Mozarella
1 Zwiebel
Öl (am besten Olivenöl)
Essig
Salz, Pfeffer
Salatkräuter
etwas Zucker oder Apfelsaft
Senf

Tomaten waschen und klein würfeln. Dabei nicht vergessen, den grünen Stielansatz herauszuschneiden. Den Käse würfeln. Die Zwiebel nicht würfeln, sondern in Halbringe schneiden. Geht schneller und macht sich im Tomatensalat einfach besser. Danach bereitest du dein famoses Essig-und-Öl-Dressing zu – fertig.

Hauptspeisen

Entenbrust mit Estragonsoße

Mit dem Rezept kannst du die Dame deines Herzens schwer beeindrucken. Entenbrust gibts frisch vom Markt oder Geflügelhändler, unter Klarsichtfolie in der Kühltheke oder gefroren in der Tiefkühltheke im Supermarkt. Du hast dich noch nicht rangetraut? Hier ein Rezept, das dir einen Ruf als Meisterkoch bescheren wird:

Mit einem höllisch scharfen, spitzen Messer auf der Fleischseite der Entenbrust die so genannte Silberhaut entfernen. Lässt du sie dran, zieht sich beim Braten das Fleischstück zusammen und kann zäh werden.

Die dicke Schwarte auf der anderen Seite lässt du dran, schneidest sie aber im Schachbrettmuster ein, wobei die einzelnen Felder etwa Daumennagelgröße haben sollen.

Jetzt das Anbraten. Am besten nimmst du einen recht kleinen, beschichteten Topf, 16 cm Innendurchmesser. Wenn er richtig heiß geworden ist, legst du die Entenbrust zuerst mit der fetten Seite rein. Sofort füllt sich der Topfboden mit flüssigem Fett. Jetzt ist es an der Zeit, die Hitze zu reduzieren – das Fett soll nicht beginnen zu rauchen. Nach 2–3 Minuten drehst du das Brüstchen auf die Fleischseite und lässt es 8–10 Minuten brutzeln. Dann wird die zwischenzeitlich gewürzte (Salz, grober Pfeffer) Schwartenseite nochmal 5–7 Minuten gebraten. Jetzt auch die Fleischseite würzen. Die Dauer der Bratzeit ist von deiner persönlichen Vorliebe für rosa Fleisch abhängig. Bei der relativ langen Garung (18–20 Minuten) ist das Fleisch noch saftig und leicht rosa – optimal.

Jetzt packst du die gebratene Entenbrust dick in Alufolie ein. Während des Bratens hat sich die Flüssigkeit in den Kern zurückgezogen. Lass den Vogel nun 8–10 Minuten ruhen, bis das Fleisch durch und durch saftig ist.

Da die Entenbrust dich nicht zum Ausruhen braucht, kannst du dich jetzt an die Estragonsoße machen. Dazu erhitzt du etwas Bratensaft und einen Becher Sahne (Achtung, schäumt gerne auf und macht Sauerei!). Das würzt du mit Gemüsebrühe in Pulverform und einem guten Teelöffel Estragon. Sobald die Soße heiß ist, bindest du die Soße nun mit »Klassischer Mehlschwitze« von Mondamin.

Jetzt wird das Entenbrüstchen wieder ausgepackt, in etwa 5 mm dicke Scheibchen aufgeschnitten und auf zwei Teller verteilt. Soße drüber (nicht alles auf einmal) und zum Beispiel Spätzle dazu. Natürlich schmecken auch »normale« Nudeln sehr gut dazu.

Alles in allem benötigst du 30 Minuten für die Zubereitung dieses Gerichts.

Hier die Zutaten auf einen Blick:

1 Entenbrust
1 Becher Schlagsahne 200 ml
Estragon, getrocknet
Würze (z. B. klare Gemüsebrühe)
Klassische Mehlschwitze
Pfeffer, Salz
Spätzle, breite Nudeln oder was das Herz begehrt

Lachs aus der Spülmaschine

Du kannst mit deiner Spülmaschine kochen. Im Innern herrscht während des Spülgangs eine konstante Temperatur von ca. 80° C. Ideal um z. B. Fisch zu garen. Den Fisch würzen und die einzelnen Filets gut in Alufolie einwickeln. Am besten zweimal und zusätzlich noch in einen Backbeutel legen. Dann einschalten, und später gibts nicht nur sauberes Geschirr, sondern auch gleich noch einen perfekt gegarten Fisch. Dazu Kartoffeln.

Was meint die Jury?

: Iiiihhhh

: Ich habe das schon im Fernsehen gesehen. Hat funktioniert, sogar wenn Geschirr mitgewaschen wurde.

: Hey, toller Tipp – ich mach mir ja immer einen superzarten Schmorbraten, wenn ich von München nach Hamburg fahre – Motorhaube auf; in Alu gepackter Schmorbraten rein, Motorhaube zu und Abfahrt. Nach sieben Stunden hat man ein butterweiches Stück Fleisch …

: Ich spüle nur bei 55 Grad, funktioniert es da auch?

: Kein Witz, meine Schwiegermutter in Kanada hat so gekocht, weil der ganze Lachs zu groß für alle vorhandenen Töpfe war! Sie hat die Spülmaschine erst mal ohne Spülmittel laufen lassen, dann den Lachs gewürzt und gut verpackt in die Maschine gelegt. Später hat sie den Fisch mit leicht gerösteten Mandelscheibchen belegt, und allen hats geschmeckt, und keiner wollts glauben.

Seeteufel in Senf-Sahne-Soße

Wo wir gerade beim Fisch sind, hier noch ein Rezept. Du brauchst für vier Personen:

*800 g bis 1 kg Seeteufel (geht während des Bratens
ziemlich zusammen, deswegen die große Menge)
ein paar Limonen, alternativ Limonensaft
Salz, Pfeffer, Cayennepfeffer
2 bis 3 EL Butter
3 Schalotten
125 ml Weißwein
125 ml Fischbrühe ist ideal, normale klare Brühe tuts auch*

200 ml Sahne

2 EL Senf (am besten grober Dijonsenf)

Speisestärke

Das Ganze geht relativ schnell – eine halbe Stunde in der Küche sollte reichen. Zuerst wäscht du den Seeteufel und tupfst ihn gut ab. Dann streust du ein wenig Limonensaft über die Filets, mit Salz, Pfeffer und Cayennepfeffer würzen und das Ganze 10 Minuten im Kühlschrank ziehen lassen.

Derweil kannst du die Butter erhitzen, vielleicht noch einen Spritzer Öl dazugeben, damit sie nicht braun wird. Dann brätst du die Seeteufel ca. 10–15 Minuten und nimmst sie danach raus aus der Pfanne und stellst sie warm.

Die (inzwischen fein gehackten) Zwiebeln schwitzt du ein wenig in der Pfanne an. Dann mit Weißwein und der Fischbrühe ablöschen, Sahne reinrühren und reduzieren lassen.

Jetzt kannst du der Soße mit Salz, Pfeffer, Cayennepfeffer, Limonensaft und ca. 2 EL Senf den nötigen Pepp geben. Wenn die Soße zu flüssig ist, kannst du sie mit Speisestärke ein wenig binden.

Dazu schmecken (grüne) Bandnudeln, Seeteufel drauf und Soße drüber, und dazu einen frischen Salat, zum Beispiel einen Tomatensalat mit frischen Kirschtomaten – fertig!

Nudeln mit Thunfischsoße

Und weil Fisch so gesund ist, gleich noch ein weiteres kleines, aber feines Fischrezept.

Zutaten für zwei Personen:

1 Dose Thunfisch

2 bis 3 Tomaten oder eine Dose geschälte Tomaten

evtl. Zwiebeln

150 g Sahne

1 EL Thymian

Nudeln (je nach Anzahl der Mitessenden bemessen)

ggf. Petersilie und Kapern

Die Zubereitung beginnt damit, dass du die Nudeln nach Packungsanweisung kochst. Danach erhitzt du in einer Pfanne etwas Öl, und, wer mag, dünstet darin eine klein geschnittene Zwiebel an. Die Tomaten (aus der Dose werden sie natürlich zuvor abgegossen) würfeln und in die Pfanne geben. Sahne dazu und alles etwas einkochen lassen (umrühren nicht vergessen!). Nun den Thunfisch gut unterrühren und den Thymian hinzugeben. Mit Salz und Pfeffer abschmecken. Anschließend mischst du die Nudeln kräftig unter. Wer Lust hat, kann nun noch gewiegte Petersilie dazugeben und klein geschnittene Kapern. Das Besondere dieses Gerichts ist, dass du es sehr gut warm und auch kalt essen kannst, quasi als Salat.

Spaghetti de luxe

Im Level I hast du die Starter-Version kennen gelernt. Hier nun das Rezept für echte Profis.

Zutaten für vier Personen:

1 Bund Suppengrün (findest du beim Gemüseregal, besteht meistens aus einem Stück Sellerie, etwas Lauch, Karotten etc.)
1 große Zwiebel
1 große Dose geschälte Tomaten
Tomatenmark
3–4 Nelken
1 guter Teelöffel Meersalz
3–4 Knoblauchzehen
Majoran
Thymian
getrockneter Chili
ein guter Schluck Rotwein

Das klein gehackte Gemüse und die feinen Zwiebelstückchen in Olivenöl andünsten. Dann die übrigen Zutaten dazugeben, wobei du keinesfalls auf die Nelken verzichten solltest. Das Ganze aufkochen und zugedeckt bei geringster Hitze – solange es dein Hunger erlaubt – auf dem Herd lassen (der Fachmann nennt das

»simmern«). Ab und zu hebst du den Deckel und verdünnst die Soße mit Rotwein. Zum Schluss, also vor dem Servieren, nimmst du die Nelken wieder raus. So gut sie die Soße auch machen, wenn man draufbeißt, ist das nicht so schmackhaft.

Eine gute italienische Mama nimmt sich zur Zubereitung übrigens sehr viel Zeit – mehrere Stunden. Auch hier gilt: je länger, desto besser!

Natürlich kannst du auch eine Bolognese mit diesen Zutaten zaubern. Dann gibst du eben noch etwas Hackfleisch und fein gewürfelten Speck hinzu.

Die Pasta, die du dazu machst, bitte al dente! Die Sorte ist nebensächlich (nur keine Lasagne-Platten).

Eine Kerze auf den Tisch, ein gutes Fläschchen Rotwein entkorkt, Paolo Conte aufgelegt und los gehts. Wer immer auch mitessen darf, die Begeisterung kennt keine Grenzen. Was als Nachtisch vernascht wird, wird sich zeigen.

Tortellini in Salbei-Butter – raffiniert und simpel

Wenns italienisch sein, aber nicht so lange dauern soll:
fertige Tortellini mit Fleisch- oder Käsefüllung
ein Stück Butter
pro Person ca. 4–5 Salbeiblätter und je 3 zur Dekoration
(gibts im Supermarkt oder auf dem Balkon, Blätter lassen sich
auch einfrieren)

Die Tortellini kochst du nach Packungsanweisung. Derweil schnappst du dir eine große Pfanne und haust die Butter rein. Dann brätst du die Salbeiblätter (bis auf die Dekorationsblätter) unter Rühren leicht an (Achtung, nicht hart werden lassen und Butter nicht zu stark bräunen!). Die Tortellini unterziehen und mit den restlichen Blättern dekoriert servieren.

Lasagne Bolognese

Es muss nicht immer Fertiglasagne sein. Nimm dir einfach mal eine Stunde fürs Kochen Zeit, und schon hast du deine erste eigene Lasagne, die wirklich schmeckt. Das folgende Rezept ist für vier Personen gedacht. Die Lasagne besteht insgesamt aus zwei Hauptkomponenten, einer Fleischsoße und einer Käsesoße.

Die Fleischsoße:

2 EL Speiseöl erhitzen
500 g Hackfleisch (halb/halb) anbraten
200 g Zwiebeln würfeln *und 2 Knoblauchzehen* schneiden und mitdünsten
70 g Tomatenmark aus der Dose
⅛ l Rotwein (kann ruhig ein guter sein)
⅛ l Wasser
Salz, Pfeffer, Paprika edelsüß
½ Bund Basilikum (vorsichtig abspülen, abtupfen und Stiel abzupfen, nur die Blätter werden benötigt)
Alles 15 Minuten schmoren lassen und evtl. nachwürzen.

Die Käsesoße:

40 g Butter zerlassen
40 g Mehl anschwitzen
mit 625 ml Milch (⅝ l) ablöschen
aufkochen lassen
125 g mittelalten Gouda unterrühren
kochen und mit Salz, Pfeffer und Muskat abschmecken

Nun wird die Lasagne zusammengestellt: Du benötigst noch 750 g Tomaten aus der Dose, Lasagnenudeln und 2 Bund Basilikum (diesmal hacken). Eine Auflaufform ausfetten und dann abwechselnd Lasagnenudeln, Hackfleisch, Tomaten und Käsesoße einfüllen. Mit der Käsesoße abschließen und zuletzt den Käse (auch mittelalten Gouda) darüberstreuen. Bei 200–225° C 40 Minuten im Backofen backen.

Die asiatische Küche haben wir bisher nicht bedacht. Asiatisch angelehnt kochen ist aber gar nicht so schwer. Hier zwei einfache Rezepte.

Curry-Sahne-Hühnchen

Für zwei Personen braucht man:

2 Hähnchenbrustfilets
1 Banane (kann schon etwas älter bzw. brauner sein)
2 Scheiben Ananas (in Stücken geht natürlich auch)
1 Flasche Currysoße
1 Becher Sahne (200–250 g)
Reis und/oder Nudeln (am besten Penne Rigate)

Die Banane und die Ananas mit dem Pürierstab fein pürieren und mit der Currysauce und der Sahne gut verrühren. Die Hähnchenbrustfilets in eine feuerfeste Form legen (ggf. vorher anbraten, ist aber nicht nötig), mit der Soße übergießen und im Backofen bei ca. 180° C ca. 30 Minuten backen. Dazu gibts entweder Reis oder Nudeln – oder auch beides.

Putenfleisch in Kokosmilch

Zutaten für vier Personen:

1 Dose Kokosmilch (bekommst du in vielen Supermärkten oder im Asiashop)
Putenfleisch (am besten ein Kilopaket)
Naturreis
gelbe Paprika und Zucchini
Cocktailtomaten
Curry, Knoblauch, Salz, Pfeffer und Zucker

Fleisch mundgerecht schneiden und in Curry, Knoblauch und Öl einlegen. Den Reis gleich aufkochen, da Naturreis ca. 25 Minuten braucht. Wie das geht, weißt du ja. Das Fleisch anbraten und in eine backfeste Form geben. Mit der Kokosmilch aufgießen und mit reichlich Curry würzen. Salz und Pfeffer drüberstreuen und etwas Zucker hinzugeben. Die Cocktailtomaten auch gleich mit rein. Ab damit in den Backofen und ca. 20 Minuten bei etwa 180°C backen. Die Paprika und Zucchini würfeln, kurz andünsten und dann zu dem Reis geben.

Manche mögens scharf: Richtig feurig wirds, wenn du noch ein bis zwei Chilischoten in die Kokossoße gibst und das Fleisch zusätzlich mit Cayennepfeffer würzt.

Auch lecker machen sich Zitronengras oder Limettenschalen im Essen. Aber nicht zu viel, sonst geht der süßliche Kokosgeschmack mehr in bittere Regionen.

Klingt schon lecker, was? Nun aber zurück in heimische Gefilde:

Frikadellen
Selbst gemachte Hamburger sind eine feine Angelegenheit. Das Aufwändigste dabei sind die Frikadellen.
Zutaten für 3–4 Personen:
> *500 g Gehacktes (halb/halb)*
> *1 Zwiebel*
> *Weißbrot (2 Scheiben Toast oder 1 Tafelbrötchen)*
> *1–2 Eier*
> *Salz, Pfeffer, Majoran, evtl. Knoblauch*

Du würfelst die Zwiebel und mischst sie mit dem Gehackten und den Eiern in einer Schüssel. Das Weißbrot weichst du in Wasser ein, drückst es danach gut aus und gibst es ebenfalls in die Schüssel. Alles nach Belieben würzen und gut vermengen. Dann formst du aus dieser Masse die Frikadellen und brätst sie in der Pfanne an, bis sie schön knusprig sind.

Maultaschen-Auflauf
Hier ein Rezept, in dem die schwäbischen Fleischtaschen für einen Auflauf verwendet werden. Da es sich gut vorbereiten lässt, ist es ein ideales Essen, wenn Freunde kommen oder du selbst eingeladen bist und etwas zum Essen mitbringen sollst.

1 Packung Maultaschen (in der Regel 6 Stück)
1 Becher Sahne
1 Ecke Sahneschmelzkäse
wer mag: ½ gewürfelte Zwiebel
geriebener Emmentaler

Zuerst schneidest du die Maultaschen in Scheiben. Mit ein paar gekonnten Handgriffen beförderst du diese fächerartig in eine Auflaufform. Die Zwiebel glasig dünsten. Dann die Sahne und den Schmelzkäse hinzufügen und über die Maultaschen gießen. Den geriebenen Käse darüberstreuen und alles bei ca. 200° C 20 bis 30 Minuten überbacken. Wenn dir das zu viel Käse ist, lässt du den Schmelzkäse weg, nimmst etwas weniger Sahne und gibst zu der Soße einfach noch passierte Tomaten hinzu.

Vegetarische Pilzpfanne

Ein einfaches vegetarisches Rezept für eine Person. Du brauchst:
200 g Pilze (zum Beispiel 100 g Austernpilze und
100 g Champignons)
1 Frühlingszwiebel
Schnittlauch
Kräuterbutter
50 g Crème fraîche (figurbewusste Mitbürger nehmen
Schmand oder saure Sahne)
Salz, Pfeffer
wer mag: 1 Knoblauchzehe

Zuerst wäschst du die frischen Pilze und tupfst sie trocken. Harte Stiele, z. B. bei Austernpilzen, schneidest du ab. Je nach Geschmack halbierst du die Pilze oder schneidest sie in Scheiben. Die Frühlingszwiebel befreist du bis auf 10–15 cm vom Grün, wäschst sie und schneidest sie in Ringe. Danach säuberst du den Schnittlauch und schneidest ihn klein. In einer Pfanne zerlässt du die Kräuterbutter und dünstest die Frühlingszwiebel mit den Pilzen bei mittlerer Hitze zehn Minuten. Jetzt rührst du die Crème fraîche unter und schmeckst das Ganze mit Salz und Pfeffer ab.

Die Krönung bildet der Schnittlauch, mit dem du alles bestreust. Dazu schnappst du dir ein frisches Baguette oder geröstetes Toastbrot.

Leberkäse »Hawaii«

Hier gibt sich die bayerische Spezialität multikulti. Einfach eine Scheibe Leberkäse in der Pfanne anbraten. Sobald der Fleischkäse braun ist, legst du eine Scheibe Ananas und eine Scheibe Käse darüber. Das Ganze dann bei geschlossenem Deckel noch in der Pfanne lassen, bis der Käse geschmolzen ist. Alternativ kannst du den Leberkäse auch vorher aus der Pfanne nehmen und ihn dann mit Ananas und Käse in die Mikrowelle stecken, bis sich im Käse Bläschen bilden.

Desserts

Wir möchten dich ja weiter in Richtung »perfekter Gastgeber« bringen. Aus diesem Grund solltest du dich auch mit der Wissenschaft der Nachtischzubereitung vertraut machen. Denn: So gut das Essen auch ist und so viel alle gegessen haben – ein Nachtisch geht IMMER rein.

Hier soll jetzt eine kleine Auswahl genügen.

Calvados-Äpfel mit Vanilleeis

Bei diesem Nachtisch wirst du nicht nur den Calvados entflammen.

Pro Person brauchst du:

1 kleinen Apfel
1–2 Kugeln Vanilleeis
vielleicht noch etwas geschlagene Sahne
und natürlich Calvados
eventuell Pinienkerne

Die Äpfel schälst du und entfernst das Kerngehäuse. Dann schneidest du sie in 7–8 mm dicke Kringel und dünstest sie in wenig

Wasser kurz an. Wenn du ein ganz Süßer bist, kannst du noch etwas Zucker dazugeben. Jetzt den Calvados nicht zu sparsam in die Pfanne geben – und anzünden! Damit nicht der ganze gute Alkohol flöten geht, löschst du es nach ein paar Sekunden wieder. Jetzt allerdings nicht mit Calvados, sondern mach den Deckel drauf.

Die Vanilleeiskugeln hast du vorher schon auf die Teller gelegt, jetzt drapierst du die Apfelscheibchen und gießt den heißen Schnaps (etwa 2–3 Esslöffel) darüber. Den Teller kannst du noch mit etwas Sahne und gerösteten Pinienkernen verzieren, muss aber nicht sein.

Ananaspudding

Für diesen Nachtisch brauchst du für vier Personen:

1 Dose Ananas
1 Päckchen Vanille-Puddingpulver
1 Becher Sahne
Zucker

Die Ananas lässt du abtropfen und schneidest sie in mundgerechte Stücke. Den Saft schön auffangen und einen halben Liter abmessen (wenn es zu wenig sein sollte, kannst du den Rest mit Wasser oder Apfelsaft auffüllen). Mit dem Saft kochst du nach Packungsanleitung den Pudding und gibst die Ananasstückchen dazu. Die Sahne schlägst du ohne Zucker steif und mischst sie unter den abgekühlten Pudding.

Sahnequark

Unaufwändig ist auch diese Quarkspeise. Für das Grundrezept brauchst du:

250 g Magerquark
2 EL Milch
70 g Zucker
⅛ l Sahne

Du verrührst 250 g Magerquark, 2 EL Milch und 70 g Zucker. Die Sahne schlägst du steif und hebst sie unter die Quarkmasse.

Nun kannst du nach Lust und Laune grob geriebene Schokolade, Früchte oder was auch immer hinzugeben.

Mousse au Chocolat

Schindet immer Eindruck, obwohl die Zubereitung echt einfach ist. Für vier bis sechs Portionen gehst du wie folgt vor:

2 Becher Schlagsahne im Wasserbad erwärmen (einen kleinen Topf mit der Sahne in einen großen Topf mit heißem Wasser stellen)

2 Tafeln Schokolade zerbröseln (je nach Geschmack, weiße Schokolade erzielt den größten Aha-Effekt) und in der warmen Sahne schmelzen lassen. Dabei solltest du immer vorsichtig umrühren. Abkühlen lassen und dann für ein bis zwei Stunden ab damit in den Kühlschrank.

Kurz vor dem Servieren schlägst du alles mit dem Schneebesen (Handmixer) auf (wie normale Schlagsahne). Aufpassen: Nicht zu lange schlagen, sonst hast du Schokobutter!

Dann füllst du die Mousse in Schalen und dekorierst sie nach Belieben mit z. B. Erdbeeren oder Kiwischeiben.

Niemals den Gästen das Rezept verraten! Du willst doch Eindruck schinden, oder?!

Übrigens: Schon mal dran gedacht, statt normaler Schokolade Toblerone zu verwenden? Der Honig, die Mandeln und das Nougat geben eine besondere Note.

Pikante Erdbeeren

Geht fix und zeugt von Weltgewandtheit: Frische Freiland-Erdbeeren halbieren und mit je 2–3 frischen grünen Pfefferkörnern belegen. Hervorragend nach deftigen Gerichten bzw. nach dem Grillen.

Lieber Ingo,
und wenn die Lady bis zum Morgen bleibt, stellen sich dir neue Herausforderungen.

Frühstück!

Ein deutsches Frühstück zuzubereiten ist keine große Sache. Brötchen gibts beim Bäcker und in einem gut ausgestatteten Junggesellenhaushalt zum Aufbacken im Eisfach. Wohnt ein Toaster in deiner Küche, hast du noch die fabelhafte Option auf knusprige Toasts. Darauf gibts Süßes oder Pikantes, je nach Geschmack. Oder alternativ: Müsli und Cornflakes. Milch, Kakao, Kaffee, Tee, Säfte und – wenn die Situation es verlangt – ein Gläschen Sekt bilden die flüssige morgendliche Energiezufuhr.

Krone eines jeden Frühstücks allerdings ist das Ei!

Komplettlösung – Weich gekochte Frühstückseier

Ein weich gekochtes Frühstücksei wie früher bei Mutti, wer wünscht sich das nicht? Nur zu dumm, dass du keinen blassen Schimmer hast, wie Eier so schön weich werden. Das Dämliche an Eiern ist ja, dass du ihnen von außen nicht ansiehst, ob sie innen schon hart oder noch glibberig sind.

Deshalb hier eine Anleitung für das perfekte Frühstücksei:

1. Bring das Wasser zum Kochen.

2. Piekse mit einer Nadel ein kleines Loch in die Eierschale (an der »runderen« Seite, denn dort befindet sich die Luftblase im Ei). Das verhindert das Aufplatzen der Eier, da die sich ausdehnende Luft entweichen kann.

3. Lege die Eier vorsichtig ins Wasser und warte vier bis sechs Minuten, bis du sie wieder herausholst. Die Kochzeit hängt von mehreren Faktoren ab. Zum einen von der Größe der Eier. Je größer ein Ei ist (zum Beispiel »L«), desto länger dauert es. Ein weiterer Faktor ist dein Wohnort. Je höher du

---

dich über dem Meeresspiegel befindest, desto länger braucht dein Ei, da in luftigen Höhen Wasser schneller anfängt zu kochen, weil die Siedetemperatur sinkt. Faustregel: Eine Minute länger kochen pro 1000 Höhenmeter. Falls du lieber hart gekochte Eier magst, verlängerst du die Kochzeit einfach um zwei bis drei Minuten.

4. Schrecke die Eier, nachdem du sie mit einem Löffel aus dem Topf geholt hast, mit kaltem Wasser ab. Das verhindert ein Nachhärten der Eier.

5. Suche die Eierbecher und Eierlöffel. Es können auch normale Teelöffel sein, nur keine Silberlöffel, da Silber sich mit Eiweiß nicht verträgt und daher der Löffel anläuft, anfängt zu stinken und das Ei bitter schmeckt.

Tipp: Solltest du einmal mehrere Eier gleichzeitig kochen wollen, dann wickle die Eier zuvor in ein Geschirrtuch ein. Der Trick: Du kannst die Eier zeitgleich ins Wasser legen und wieder herausholen! So ist gewährleistet, dass alle Eier gleich lang im kochenden Wasser waren.

Rührei

Auch eine feine Sache in den Morgenstunden: Rührei. Dazu benötigst du lediglich pro Person drei Eier und einen Schuss Milch. Du brätst das Rührei in einer Pfanne langsam, indem du die Eier-Milch-Masse mit einem Kochlöffel oder Pfannenwender hin und her schiebst. Durch das ständige Rühren bilden sich kleine Klumpen, und du bekommst ein lockeres Rührei. Andernfalls klebt dir alles zusammen. Wenn du möchtest, kannst du, bevor du das Rührei in die Pfanne gibst, ein paar Speckwürfel anbraten oder Krabben oder …

Alte Brötchen werden wieder frisch und knackig

★ ★ ★ ★ ☆

Brötchen vom Vortag sind in der Regel hart und unlustig. Wenn du die nötigen elektrischen Geräte hast, kannst du aus den trockenen Staubbeuteln aber noch etwas machen. Heize den Backofen auf ca. 100° C vor und bestreiche oder beträufle deine Brötchen mit Milch. Dann steckst du die Brötchen hinein und lässt sie so lange drin, bis sie die gewünschte Bräunung haben. Das Ergebnis sind knackige Brötchen fast wie vom Bäcker.

Was meint die Jury?

: Funktioniert das auch mit Mädels?

: Das geht auch mit Wasser! Einfach die Hände nass machen und die Brötchen abreiben mit den nassen Händen, und ab in den Ofen! Sind auch wieder knackig frisch.

: Brötchen 10 bis 20 Sekunden in die Mikrowelle und dann auf den Toaster. Geht schneller.

: Mein Brötchen in der Mikrowelle sah so aus: außen wunderbar knusprig, innen: kohlrabenschwarz. Total verbrannt. Wohl doch zu viel Watt?

Armer Ritter oder French Toast

Wenn es ein warmes Frühstück ohne großen Aufwand sein soll, probiere doch mal folgendes Rezept. Du brauchst:

2 Scheiben Toast

2 Eier

1 Tasse Milch

Die Eier und die Milch verrührst du in einer kleinen Schüssel und legst anschließend die Toastscheiben hinein. Wenn sie sich vollgesogen haben, brätst du sie mit Butter oder Ähnlichem in einer Pfanne an. Danach die Toasts einfach mit (Puder-)Zucker bestreuen und genießen. Feinschmecker nehmen noch Zimt oder Ahornsirup.

Putzteufel

Mach den Abfluss frei!

Freitag, 18 Uhr

Jetzt hab ich alle Essensabfälle glücklich in die Spüle gedrückt und dann kommt alles wieder hoch. Abfluss verstopft und nur noch zwei Stunden, dann steht Angelina in dieser total zugesifften Küche. Nix romantisch.

 **Abflussfrei** ★ ★ ★ ★ ★

Wenn beim Abfluss nichts mehr fließt: drei Esslöffel Backpulver in den verstopften Abfluss geben und sofort ½ Tasse Essig hinterherschütten. Dann den Abfluss verschließen. Es entsteht Kohlensäure, und im Rohr beginnt es zu sprudeln. Wenn das Sprudeln aufhört, mit kochend heißem Wasser nachspülen.

Was meint die Jury?

: Hab alles probiert: Chemiekeulen, Cola, Essig – der Tipp mit dem Backpulver hat es dann gebracht.

: Backpulver mit Essigreiniger ging sogar noch etwas besser.

: Unglaublich. Hat supergenial funktioniert! Wo vorher das Ablaufen von Duschwasser mehrere Minuten gebraucht hat, geht es jetzt nach einem Päckchen Backpulver und einer halben Tasse Essig durch wie nix.

: Mein Favorit: Gebissreiniger. Die Salze, die im Abflussreiniger enthalten sind, lagern sich am Rohr ab und greifen es an. Gebissreiniger hingegen ist billig, schonender und zersetzt besonders Haare sehr gut.

: Möchte mal wissen, wie viele Frag-Mutti-Leser zu Hause Gebissreiniger haben!

: Gebissreiniger sind auch sonst ein probates Kampfmittel gegen jeglichen Schmutz. Ich nehme den Gebissreiniger bzw. Zahnspangenreiniger, schon seit Jahren zum Reinigen der Thermoskannen und des WC. Man sollte sie immer im Haus haben – mit oder ohne Zähne.

18.45 Uhr

Geschafft, es läuft wieder!

Hallo Ingo,
wow, du bist ja richtig fleißig. Als »Belohnung« hier – allerdings keinesfalls zur Nachahmung empfohlen – ein Trick, wie du deine Toilette sauber bekommst.

 Toilettenreinigung für Katzenliebhaber

1. Öffne den Toilettendeckel und fülle eine $\frac{3}{8}$ Tasse Tiershampoo ein.
2. Nimm deine Katze auf den Arm und kraule sie, während du dich vorsichtig in Richtung Badezimmer bewegst.
3. In einem geeigneten Moment steckst du die Katze in die Toilettenschüssel und schließt den Toilettendeckel gut, am besten du stellst dich drauf.

4. Die Katze wird nun selbstständig mit dem Reinigungsvorgang beginnen und ausreichend Schaum produzieren. Lass dich von lauten Geräuschen aus der Toilette nicht irritieren, deine Katze genießt es!
5. Betätige nun mehrmals die Toilettenspülung, um den Power-Wash-Gang und die anschließende Nachspülung einzuleiten.
6. Sofern du auf dem Toilettendeckel stehst, bitte jemanden, die Haustür zu öffnen. Stell sicher, dass sich keine Personen zwischen Toilette und Haustür befinden.
7. Öffne dann aus gebührendem Abstand möglichst schnell den Toilettendeckel. Aufgrund der hohen Geschwindigkeit deiner Katze wird ihr Fell durch die Zugluft trocken geföhnt.
8. Toilette und Katze sind sauber.

Was meint die Jury?

⠅ Unsere Katze war leider kleiner als das Abflussrohr. Hat irgend jemand eine schwarze Katze in der Nähe der Kläranlage gesehen?

⠅ Diese Methode wird auch von der Russenmafia verwendet. So wird aus der gewöhnlichen Hauskatze eine teure Nacktkatze – die bringt dann richtig Devisen.

⠅ Sehr lustige Anekdote am Mittag, aber irgendwie ist meine Katze sauer auf mich.

⠅ Super Idee. Probier ich mal aus, nachdem ich meine Katze aus der Mikrowelle rausgeholt hab.

⠅ Hey, das geht noch besser, wenn du einen kleinen Hund UND eine Katze einsetzt. Anwendungsdauer am besten so ca. 120 Minuten. Dann aber mit Öko-Shampoo, das ohne Tierversuche entwickelt wurde. Wir sind schließlich politisch korrekt.

: Dieser Vorschlag ist nicht gut! Erfahrungsgemäß reinigt die Katze zwar die Schüssel, beschädigt dabei aber sowohl Brille als auch Deckel von unten. Leider werden beim Abgang auch Teile der Wohnung und Einrichtung lädiert. Der Wohnungsinhaber benötigt aufwändige Schutzkleidung. Verletzungsgefahr!

19 Uhr

Wie ungeheuer witzig! Die Spüle hat leider keinen Deckel und ich sowieso keine Katze, aber nach dem Abflussreinigen sieht sie aus wie … Ich weiß auch nicht, wie meine Mutter das hinkriegt, bei ihr glänzt die Spüle immer wie neu gekauft. Ich müh mich ab, erst sieht alles ganz passabel aus, dann wirds wieder matt und streifig.

 Glänzende Spüle dank Klarspüler

Matte Spülen glänzen wieder, wenn sie mit Klarspüler für die Spülmaschine eingerieben werden. Funktioniert auch beim Fensterputz!

Was meint die Jury?

: Ihr könnt die Spüle auch mit Zahnpasta einreiben, etwas einwirken lassen, abspülen fertig. Glänzt wie neu!

: Mein Tipp: Zum Trockenreiben ein Mikrofasertuch verwenden (auch zwischendurch, damit keine Wasserflecken entstehen). Für gründliche Reinigung Kalkstein verwenden.

: Super Tipp, so putze ich auch immer meine Armaturen im Bad.

: Ist nicht schlecht mit dem Klarspüler, aber umweltfreundlicher geht es mit einer Zitronenscheibe, riecht auch noch frisch!

: Bei bräunlichen Verfärbungen am Abfluss des Spülbeckens (Sieb) z. B. durch Kaffee o. Ä. den Boden des Spülbeckens mit heißem Wasser füllen und ½ Tabs bzw. 1 TL Spülmaschinenreiniger einige Zeit einweichen. Glänzt wieder ohne viel Arbeit!

: Habe ich gerade bei der Spüle ausprobiert. Funktioniert wirklich klasse.

: Wenn ich meine Becken mit Zitronensäure (gegen Kalk) wasche und dann trocken reibe, glänzen sie auch prima.

: Oder einfach mit etwas Scheuermilch einreiben und abspülen.

: Wenn ich mal gerade keine Scheuermilch habe, reinige ich die Spüle mit Backpulver.

: Nach dem Kochen kannst du auch einfach Kartoffelschalen zum Säubern des Spülbeckens benutzen. Mit der Innenseite das Becken einreiben, und es ist wieder sauber. Wegen der Stärke der Kartoffeln ist es wohl so. Und es belastet die Umwelt nicht.

: Auch Orangenschale ist gut, um Spülen zum Glänzen zu bringen, einfach damit abreiben – so entsteht nicht nur Glanz, sondern auch ein guter Geruch. Das sagt euch eine Oma!

19:15 Uhr

Alles im glänzenden Bereich. Essen kocht lecker duftend vor sich hin. Jetzt habe ich sogar noch die Energie, um die Fenster wieder durchsichtig zu machen. Aber ich kann keinen Glasreiniger finden. Was mach ich jetzt?

Hallo, Ingo,

Fensterreinigen ist wie die Frage nach der besten Suchmaschine im Netz. Jeder hat da seine eigenen Vorlieben. Die einen sagen, man dürfe nur mit warmem Wasser putzen, die anderen nehmen ausschließlich kaltes Wasser, mit oder ohne Reinigungsmittel, bei geschlossenen oder geöffneten Fenstern. Manche nehmen Gummiabzieher, manche nur Microfasertücher, andere verwenden beides. Wieder andere reiben die Fenster mit Zeitungspapier trocken, um sie streifen-fusselfrei zu bekommen. Viele sagen, man dürfe nicht bei Sonnenschein putzen. Wenn du nicht sowieso zu denen gehörst, die glauben, Fenster seien selbstreinigend, hier ein nicht ganz alltäglicher Tipp:

Fenster strahlend sauber ohne Streifen   ★ ★ ★ ★ ☆

Ich hab schon alles Erdenkliche ausprobiert, ohne Erfolg. Bis ich aus Versehen mein eigenes Haarshampoo benutzt habe. Einfach in den Wischeimer einen kleinen Schwung von eurem Shampoo und mit einem Fensterputzer die Fenster abziehen. Dann auf die Sonne warten und staunen. Was Besseres gibt es nicht!

Was meint die Jury?

: Welches Shampoo war das denn?

: Bestimmt eines gegen Glas-Schuppen und Molekül-Spliss! :o)

: Habe diesen Tipp mal ausprobiert und ihn gleich meiner Freundin weiterempfohlen. Ich kenne nichts, was besser wirkt und keine Streifen macht. DANKE.

: Ich habs ausprobiert und bin total erstaunt! Selbst bei Sonnenschein ist ein Putzen möglich, super!

: Hab das heute gleich mal ausprobiert und bin total begeistert! Hat super geklappt und sogar hartnäckige Flecken sind total easy weggegangen. Die Fenster hab ich dann mit Zeitungspapier trocken gerieben, so sauber waren sie wohl noch nie :-)

: Schäumen deine Fenster nicht im Regen?

Komplettlösung – Fenster putzen

1. Zuerst den groben Schmutz mit viel Wasser entfernen.

2. Dann die Scheiben mit einem Lappen, Schwamm oder Microfasertuch, Wasser und Reiniger deiner Wahl sauber putzen.

3. Fensterrahmen ebenfalls reinigen.

4. Fenster entweder mit Gummiabzieher, fusselfreiem Tuch oder Zeitungspapier trocken reiben, da bei Selbsttrocknung der Scheiben Streifen entstehen.

5. Fensterrahmen trocken reiben.

19:35 Uhr

Fenster glänzen (habe mir dabei gleich meine Haare gewaschen). Aber verdammt, ich hab die große Kehrwoche vergessen!!!!

Lieber Ingo,

ja, ja diese schwäbische Spezialität. Du kannst das Schild an deiner Wohnungstür ja einfach an eine andere hängen.

Also, große Kehrwoche ist ja schon übel – oder? Treppe wischen, einen unendlich langen Kellergang schrubben und dann noch ums Haus rum kehren! Ätzend! Und das immer im Fokus der übrigen, meist im Rentenalter befindlichen, dahinlauernden Mitbewohner! Lange haben wir nach einem Ausweg gesucht. Eine ganz passable Lösung ist der »Kehrwochenmeister *trotz Handicap*«-Tipp:

Wichtigstes Element ist der frühe Zeitpunkt der Durchführung: Samstagmorgen, möglichst 6 Uhr, eventuell auch früher. Die wenigsten deiner Zielgruppe werden zu dieser Uhrzeit bereits ihre Posten hinterm Vorhang und an den Gucklöchern bezogen haben.

Zuerst geh also auf die Gass und fege die größeren Laub- und Kippenansammlungen zusammen. Ein Langstielfeger und ein ebenfalls verlängertes Schäufele helfen dir rückenschonend.

Dann, nach etwa 5 Minuten, der zweite Akt: Kellergang und Treppe.

Aus den Ecken entfernst du den gröberen Schmutz (Langstielequipment) und benetzt die Wege reichlich mit Wasser.

Der dritte und wichtigste Akt bedarf einiger Vorbereitung. Es wird benötigt: 1 Eimer Wasser, Schrubber, 3–4 Q-Tips oder Ohrabuzzerle, 1 sauberes Tuch (sidolingetränkt). Durchführung: Mit den Ohrabuzzerle stellst du dich an die Klingelanlage (sollte doch jemand so früh schon unterwegs sein, kannst du ihm mit dem Ohrabuzzerle zuwinken). Nun drückst du die Klingel deiner ganz speziellen Mitbewohner. Auf die verschlafene Frage: »Ja? Wer da?«, antwortest du: »Ach, entschuldigen Sie bitte, Frau Hämmerle, ich bin's, ihr Nachbar *dein Name*. Ich mach grad die große Kehrwoche, und beim Putzen der Klingelanlage hat sich das Ohrabuzzerle wohl in Ihrer Klingel verklemmt gehabt, hoffentlich habe ich Sie nicht geweckt?« Das wiederholst du jetzt beliebig oft, aber nicht nochmal bei Frau Hämmerle (nicht übertreiben), außer sie vergisst immer so schnell …

Wenn also deine Lieblingsmitbewohner von dir geweckt wurden, reibe einmal mit dem Sidolinlümple über die Klingelanlage. Mehr ist nicht notwendig, die anderen machen das ja wöchentlich bis zum Exzess.

Dann der letzte Akt. Die Treppe. Hier solltest du schon etwas Sorgfalt aufwenden. Vor allem an der Tür von Frau Hämmerle und Co. Die sind ja nun eh schon wach. Also immer schön mit dem Schrubber dagegen, wobei das Hörvermögen der jeweiligen Mitbewohner hinter der Tür über die Intensität entscheidet. Bestimmt kannst du so dem ein oder anderen Nachbarn auch noch persönlich ein fröhliches »Guten Morgen« ins verschlafene Antlitz rufen. Der Imagegewinn ist jetzt schon enorm.

So weit, so gut. Jetzt fragst du dich, was soll das »*trotz* Handicap«? Geduld, kommt ja schon. Am Vorabend deiner Kehrwochenshow, so etwa gegen 23:00 Uhr, trägst du noch ein paar leere Getränkekisten runter. Wohnst du parterre, statte einfach jemandem ganz oben einen kurzen Besuch ab (»Hen sie mir vielleicht a Tässle Zucker?«), und beim Runtergehen lässt du die leeren Kisten fallen und legst dich daneben. Wenn nicht gleich alle Türen aufgegangen sind, kannst du ja etwas jammern und um Hilfe rufen. Bevor jetzt aber jemand den Notarzt oder den Abdecker bestellt, rappelst du dich auf: »Schon gut, höchstens ein paar Prellungen und eine verstauchte Hand«, sagst du nun und wünschst allen ein »Gut's Nächtle, hoffentlich kann ich mit den Schmerzen schlafen«.

Du wirst sehen, künftig sind die Gesichter um dich herum viel freundlicher, niemand wird mehr an deiner Gewissenhaftigkeit bei der korrekten Durchführung der Kehrwoche zweifeln. Und du kannst sicher sein, hintenherum wird erzählt, was du für ein netter junger Mann bist und überhaupt nicht wehleidig: »Der wär ebbes für mei Mädle.«

19:35 Uhr

Perfekt! Probier ich mal aus. Aber morgen um 6 Uhr liege ich in den Armen von Angelina, und die findet eine Putzorgie bestimmt nicht sexy, was auch immer die Zeitungen behaupten. Jetzt werde ich einfach einen Lappen in Putzmittel tränken und unter die Fußmatten der Nachbarn legen. Das ganze Treppenhaus riecht dann aprilfrisch und wie gerade gewischt!

WASCHBÄR

Bändige deine Waschmaschine!

19:37 Uhr

Was ist das für ein Krach? Hat einer meiner Nachbarn den Trick mit dem Putzlappen entdeckt und randaliert jetzt? Das Klopfen wird immer lauter. Gleich platzt mein Schädel. Aber der Lärm kommt nicht von draußen, sondern aus dem Bad ... Die neue Waschmaschine, die ich mir übers Internet bestellt habe und die gestern geliefert wurde! Warum musste ich sie unbedingt noch ausprobieren, gerade heute, gerade jetzt? Statt mich zu stylen, versuche ich nun im Bad meiner Waschmaschine auszuweichen, die wild durch die Gegend hüpft und dabei einen mordsmäßigen Lärm veranstaltet. Schon fast einen Meter hat sie sich von ihrer ursprünglichen Position fortbewegt. Jetzt reißt sie gerade den Wasserschlauch aus dem Wasserhahn an der Wand. Das auslaufende Wasser vermischt sich mit dem Waschmittel, das sie bereits erfolgreich abgeschüttelt hat. Ich schnappe mir ein Handtuch, doch unaufhaltsam fließt die ganze Soße gen Flur, wo sie mein nagelneuer Sisal-Teppich dankbar aufsaugt. Die Maschine springt derweil weiter lustig von einer Seite auf die andere. Ich gebe das hirnlose Aufwischen auf. Wagemutig weiche ich der verrückt gewordenen Waschmaschine aus, ziehe den Netzstecker und drehe das Wasser ab. Die einzige Möglichkeit, dieses Monster aufzuhalten, meine schöne Wohnung weiter zu zerstören. Die Waschmaschine sinkt in sich zusammen. Die Trommel wird langsamer – besiegt! Was zur Hölle hab ich falsch gemacht? Verzweifelt blättere ich in der durchnässten Bedienungsanleitung. Und zwar von der ersten Seite an. Das kann ja wohl nicht sein, dass die Maschine ein Eigenleben entwickelt. Gleich nach den Sicherheitshinweisen unter dem Punkt »Transportsicherung« lese ich, dass irgendwelche Schrauben, die die Waschtrommel fixieren, an der Rückseite entfernt werden sollen. Ich schaue mir die Maschine an. Und tatsächlich, da sind zwei Schrauben. Mit meinem Schweizer Taschenmesser fummle ich die zwei Übeltäter raus, die die Trommel wohl am Schleudern gehindert haben. Nachdem ich die beiden mit einem bösen Blick abgestraft habe, mache ich mich wieder ans Aufwischen.

Hallo, Ingo,
ein weiser Mann hat mal gesagt: »Sobald man die erste eigene Waschmaschine besitzt, ist man ein richtiger Mann!« Oder so ähnlich. Jedenfalls solltest du dir den Tag in deinem Kalender rot anstreichen, wo du waschtechnisch autark geworden bist. Lass dich von dem kleinen Malheur nicht entmutigen. Eine Waschmaschine ist eine feine Sache. Jetzt, da du immer waschen kannst, wann du willst, solltest du einige Tipps und Tricks beachten, die das Waschen und den Umgang mit der Waschmaschine leichter machen.

Fleck weg

Moderne Waschmittel sind wahre Alleskönner. Sie bekommen mit einem normalen Waschgang in der Regel so ziemlich alle Flecken aus deinen Klamotten wieder raus. Es gibt aber ein paar Spezialfälle, bei denen auch die Waschmaschine versagt. Zum Beispiel, wenn du einen Fleck auf einem Kleidungsstück hast, das nur von Hand gewaschen werden darf oder in die Reinigung muss. Du brauchst den Fummel aber unbedingt morgen früh. In solchen Fällen gibt es ein paar Tricks, die den gröbsten Schaden verhindern können und den Fleck – mal mehr, mal weniger effektiv – manchmal sogar ohne Waschen entfernen.

Erste Hilfe bei Flecken

Frische Flecken solltest du *niemals reiben*, sondern immer nur *tupfen*. Ansonsten entsteht durch das Reiben Wärme, und der Fleck »verschmilzt« regelrecht mit dem Material. Vor allem bei Textilien musst du deshalb aufpassen. Ist ein Fleck erst mal »reingerieben«, bekommst du ihn fast nicht mehr raus.

Deshalb wie folgt vorgehen:
Bei nichtflüssigen Flecken (z. B. ein Stück von einer Torte) entfernst du mit einem Messer im spitzen Winkel die Substanz. Danach gehst du so vor wie weiter unten beschrieben (je nachdem, um was für einen Fleck es sich handelt).

Bei flüssigen Flecken legst du das betroffene Kleidungsstück wenn möglich auf eine saubere Unterlage, nimmst etwas Küchenpapier (Klopapier geht auch), drückst es fest auf den Fleck, so dass der Stoff ausgesaugt wird. Danach gehst du je nach Fleckart vor.

Noch zwei Hinweise:

Misslungene Reinigungsversuche vermindern die Chancen auf ein »Der-Fleck-ist-weg«-Erlebnis.

Flecken »altern«. Deshalb sollte der Fleck so schnell wie möglich entfernt werden. Auch ein ein bis zwei Tage alter Fleck lässt sich besser herausbekommen als einer, der schon einen Monat in deinem Teppich gammelt.

Blut

Wenn möglich, den Fleck so schnell wie möglich mit kaltem (!) Wasser auswaschen. Bloß kein heißes Wasser verwenden, da Blut eiweißhaltig ist. Heißes Wasser würde das Blut fixieren, kaltes hingegen löst das Blut (und allgemein eiweißhaltige Substanzen) besser heraus. Allerdings sind Blutflecken eine Ausnahme. In der Regel hat heißes Wasser die bessere Waschwirkung und ist deshalb besser zur Fleckentfernung geeignet.

Gras

Beim Beach-Volleyball übers Spielfeld hinausgesegelt und voll auf dem Rasen gelandet? Es gibt vielfältige Möglichkeiten, sich unschöne Grasflecken zuzulegen. Ärgerlich nur, dass die Flecken beim Waschen nur schlecht rausgehen. Deshalb den Fleck vor dem Waschen gut mit Gallseife einreiben. Bei besonders hartnäckigen Flecken kannst du noch zusätzlich Fleckenspray auf den Fleck sprühen. Grasflecken lassen sich so schon recht gut dezimieren. Falls du dir unsicher bist, ob das Kleidungsstück die Behandlung verträgt, probiere die Gallseife oder das Fleckenspray erst an an einer Stelle aus, die man nicht sieht.

Fett

Bei Fettflecken gibt es gleich mehrere Möglichkeiten. Zum einen hilft wieder Gallseife. Ansonsten: Mit Waschbenzin betupfen oder mit Spülmittel einreiben und danach, falls möglich, waschen. Wie bei den Grasflecken solltest du bei empfindlichen Textilien vorab die Behandlung aber an einer wenig sichtbaren Stelle oder einem anderen Stück Stoff testen, damit du keine unangenehmen Überraschungen erlebst.

Filzstift- und Kugelschreiber

Hast du den offenen Filzstift auf dem Sofa vergessen und dich reingesetzt, oder ist dir ein Kugelschreiber in der Hemdtasche ausgelaufen? Kein Problem. Der moderne Junggeselle holt sein

Haarspray aus dem Bad und sprüht den Fleck dick ein. 15 Minuten einwirken lassen und mit lauwarmem Wasser ausspülen. Sollte der Fleck dann immer noch nicht verschwunden sein, ganz normal – wenn möglich – in der Waschmaschine waschen. Selbst hartnäckige Edding-Flecken verschwinden, wenn sie zuvor mit Haarspray besprüht worden sind.

Harz

Wenn du Harz auf deinen Kleidungsstücken hast, dann kann man dieses sehr leicht mit einer handelsüblichen Haut- oder Handcreme entfernen. Einfach auf das Harz reiben und ein bisschen verteilen. Das Harz geht dann nach kurzer Zeit weg. Danach wie gewohnt waschen.

Kaugummi

Auch hartnäckig und gar nicht so selten sind Kaugummis in Klamotten. Im Gefrierfach kannst du das Kleidungsstück so lange einfrieren, bis der Kaugummi hart ist. Danach lässt sich das ehedem klebrige Ding leicht herausbrechen. Sportler ohne Gefrierfach nehmen ihr Eisspray dafür. Ist beides nicht in deinem Haushalt anzutreffen, kannst du auch ein starkes Klebeband zu Hilfe nehmen. In mehreren Schritten klebst du immer eine unbenutzte Stelle des Klebebands auf den Kaugummi und löst ihn so nach und nach ab. Je stärker das Klebeband ist, desto besser funktioniert es.

Kragenspeck

Das gute Oberhemd darf nur mit 30° C gewaschen werden, und am Kragen sitzt er auch nach der Wäsche immer noch: der Speckrand! Aua! Geschirrspülmittel – vor dem Waschen gut mit den Fingern in den Kragenrand eingerieben – löst den Speck. Das Hemd danach ganz normal mitwaschen. Hinterher strahlen Kragen und Hemdenbesitzer!

Eine andere Möglichkeit: Bei hartnäckigem Kragenschmutz

verteilst du etwas Haarshampoo auf dem Hemdkragen und reibst das Ganze kurz ein, dann ab in die Waschmaschine. Der Kragen ist nach der Wäsche supersauber, denn das Shampoo löst Körperfett (natürlich nur auf Textilien) ruck, zuck auf.

Öl

Wenn Wagenschmiere, Kettenöl oder Ähnliches auf deinen Kleidern sitzt, einfach mit Bremsreiniger vor dem Waschen besprühen. Bremsreiniger gibt es in jedem Autoteilemarkt und kostet nur ein paar Euro. Wichtig ist, diesen VOR dem Waschen auf den betroffenen Fleck zu sprühen, da der Fleck sonst hineingewaschen wird und nie mehr herausgeht. Evtl. kurz abbürsten und ausdampfen lassen, bevor du das Kleidungsstück in die Waschmaschine steckst, da sonst die ganze Wäsche danach riecht (was aber nach dem Trocknen wieder verflogen ist).

Wenn du nicht gleich die beschmutzten Klamotten waschen kannst, machst du einfach einen Knoten in das entsprechende Kleidungsstück, bevor du es in den Wäschekorb wirfst. So vergisst du das Einsprühen vor dem Waschen nicht, da ja sonst, wie gesagt, der Fleck nie mehr herausgeht.

Den Bremsreiniger nach Möglichkeit nicht auf die Haut bringen, da dieser nicht zwischen Wagenschmiere und dem Fettfilm auf eurer Haut unterscheiden kann. Die Haut wird entfettet und färbt sich weiß. Wenn es trotzdem passiert: eincremen!

Schokolade

Eis auf den Pullover gekleckert, ins Schokobonbon gesetzt? Kein Problem für dich. Wenn der Fleck noch frisch ist, einfach kräftig mit Mineralwasser (mit Kohlensäure!) benässen und so den Fleck »rausschwemmen«, ggf. danach waschen.

Rotwein

Was tun, wenn dir eine Saftflasche oder ein Rotwein auf den Pullover, den Teppich oder die Couch gekippt ist? Wenn der Fleck noch frisch ist, hol dir eine Flasche Mineralwasser und einen feuchten Lappen oder Küchenkrepp. Den Fleck großzügig mit Wasser tränken und dann mit dem Lappen von außen nach innen auftupfen. Und wieder: Nie den Fleck einreiben! In den meisten Fällen lässt sich so das Schlimmste verhindern. Kleidungsstücke am besten sofort in die Waschmaschine packen und waschen.

Cheat – Rotweinfleck

Dieses klassischen Fleckenproblems kann man mit folgenden Methoden Herr werden:

1. Fleck großzügig mit Salz bestreuen, einwirken lassen und dann gründlich ausbürsten.

2. Weißwein auf den Rotweinfleck kippen, einwirken lassen und mit lauwarmem Wasser auswaschen.

3. Fleck mit Sprudel und Küchenrollenpapier behandeln.

4. Bei Hotline der Teppichbodenfirma anrufen.

Tierhaare

»Haarige« Kleidung trocken in den Trockner legen und Kurzprogramm einstellen. Die Tierhaare fangen sich dann im Flusensieb. Etwas umständlicher wird es, wenn man keinen Trockner oder trocknungeeignete Klamotten besitzt: Die Haare mit einem breiten Klebeband entfernen.

Wachs

Ein Stück Küchenrolle oder ein Löschpapier auf den Wachsfleck legen und mit dem Bügeleisen drüberbügeln. Das Papier saugt dann das Wachs auf. Ist Bügeln nicht möglich, kannst du den Fleck aber auch vorsichtig mit Waschbenzin bearbeiten.

Wenn das nicht zur Hand ist, hast du vielleicht Nylonstrümpfe in deinem Haushalt? Wenn ja, schnapp dir einen und zieh ein paar normale Arbeitshandschuhe an. Den Nylonstrumpf darüberziehen und fest über die betroffene Stelle rubbeln. Vorsicht: Das Wachs wird heiß, wenn der Strumpf es aufnimmt!

 Kerzenreste aus Kerzenständern entfernen

Kerzenreste aus dem Kerzenständer entfernst du am einfachsten, indem du den Kerzenständer für ca. 1–2 Stunden in ein Gefrierfach legst. Anschließend lässt sich auch der letzte Rest der abgebrannten Kerze entfernen.

Was meint die Jury?

⠶ Mache ich auch immer so. Früher habe ich immer mit warmem Wasser rumgemacht. Wenn es gefroren ist, geht es ruck, zuck.

⠶ Und was mach ich mit einem sechsarmigen Leuchter, der 1,50 m hoch und im Durchmesser 1,00 m ist? Weiß jemand Rat?

⠶ Wie wäre es, wenn du ihn in eine Schüssel mit Eiswürfeln stellst? Oder im Winter draußen in den Schnee steckst (vorausgesetzt, es ist Winter)?

⠶ Frag mal im Supermarkt oder im Schlachthaus nach, die haben so große Kühlräume. :-)

: Bei »großen Problemen« hilft Vereisungsspray. Gibt's entweder in der Apotheke (als Kühlspray) oder im Baumarkt.

: Alternative: Mit einem Fön das Wachs erwärmen und mit einem Küchentuch abwischen. Dann klappts auch mit dem Monsterkerzenständer.

Rost
Rostflecken kannst du mit Zitronensäure behandeln. Danach aber kräftig ab- bzw. ausspülen.

Obst
Obstflecken behandelst du vor dem Waschen am besten mit Essig oder Zitronensaft. Die Säure knackt die natürlichen Farbstoffe im Obst, und der Fleck geht beim Waschen besser raus.

Rote und dunkle Obstflecken, z. B. von Kirschen oder Holunderbeeren, vor der Säurebehandlung eine Zeit lang in kaltes Wasser legen – je frischer der Fleck ist, desto wirkungsvoller. Bei schönem Wetter kannst du das Kleidungsstück auch feucht in die Sonne legen. Die Flecken bleichen von alleine aus.

 Schuhe in der Waschmaschine waschen

Als Kind musste ich immer meine Schuhe händisch putzen, seit kurzem kenne ich eine viel bequemere Methode: Einfach die Schuhe (besonders Sportschuhe, aber auch Wildlederschuhe) in die Waschmaschine stecken, etwas Waschmittel dazugeben und bei 30 Grad waschen. Kommen sauber heraus, trocknen lassen und bürsten (bei Wildlederschuhen).

Was meint die Jury?

∶ Wenn man das ein paar Mal gemacht hat, wird das Leder brüchig, und man kann die Schuhe wegwerfen. Ich reinige meine Lederschuhe nur mit Bürste und Wasser. Und wenns ganz dick kommt, mit etwas milder Seife (aber dann nach dem Trocknen sofort wieder mit Schuhwachs o. Ä. pflegen).

∶ Ich würde danach aber auf jeden Fall ein Pflegeöl, bei Wildleder am besten eins zum Sprühen, benutzen.

∶ Sportschuhe nie in der Waschmaschine waschen, außer man legt keinen Wert auf eine Dämpfung.

∶ Meine teuren Sportschuhe sind dabei eingelaufen, und die Farbe wurde herausgewaschen (bei 40 Grad Celsius), so dass aus dem eleganten Hellgrau ein bestechendes Rosa wurde. Das mag ja Geschmackssache sein, aber wenn die Zehen eingequetscht werden …

∶ Ich wasche meine Sportschuhe (wohlgemerkt nur Sportschuhe) schon seit Jahren in der Waschmaschine. Ich nehme Einlegesohlen und Schnürsenkel raus und wasche sie separat eingewickelt. Die Schuhe umwickle ich beim Waschen einfach mit einem alten Handtuch oder Kissenbezug.

Über den Umgang mit einer Waschmaschine

Es gibt einige Kleidungsstücke, die können der Waschmaschine wehtun, z. B. Büstenhalter, in die zwei Metallbügel zur Unterstützung eingenäht sind. Diese auf gar keinen Fall einfach in die Waschmaschine stecken. Es kann sonst passieren, dass sich die Bügel lösen und die Waschtrommel beschädigen. Hast du erst einmal Kratzer oder Macken in der Waschtrommel, so besteht die Gefahr, dass sie dort rostet – und du musst wieder in den Waschsalon zum Waschen. Deshalb: Bügel-BHs und ähnliches immer in einen Stoffbeutel stecken. Es gibt im Handel spezielle Beutel mit Reißverschluss, ein kleiner Kissenbezug tut es aber auch. Den Beutel dann ganz normal mitwaschen. So kann nichts kaputtgehen.

Auch wenn du vielleicht nicht allzu viel Platz in deiner Wohnung hast: Auf keinen Fall solltest du getragene Wäsche in der Waschmaschine aufbewahren. In der Waschmaschine ist es feucht, und dein Lieblingspullover schimmelt schneller, als du gucken kannst. Das passiert natürlich auch, wenn man zu faul ist, die gewaschene Wäsche aufzuhängen.

Auch wenn dir ein solches Vorgehen fremd ist, kann es vorkommen, dass deine Wäsche muffig riecht. Das kann an der Waschmaschine liegen. Bakterien, die erst ab einer Temperatur von 60° C sterben, nisten sich ein, wenn du nur mit 30° C oder 40° C wäschst, und verursachen solche Gerüche. Einfach hin und wieder mal ein paar weiße Handtücher und Unterwäsche sammeln und ordentlich bei 90° C durch die Waschmaschine jagen. Da gibt die dickste Bakterie klein bei. Wer eine moderne Waschmaschine hat, braucht sich auch nicht allzu viel Gedanken um die Umwelt machen. Sie benötigt dank fortgeschrittener Technik und guter Wärmedämmung wesentlich weniger Strom als alte Waschmaschinen, um das Wasser auf 90° C zu erwärmen.

Komplettlösung – Waschmaschinenpflege

Die Türdichtung deiner Waschmaschine

An deiner Waschmaschine befindet sich – wenn du keinen Toplader hast – ein dicker Gummiring an der Tür, die Türdichtung. Dort sammelt sich mit der Zeit einiges an: Wäscheklammern und Vergessenes aus Hosentaschen, wie zum Beispiel Münzen oder Büroklammern. Wenn du die Dinge nicht regelmäßig entfernst, fangen sie an zu rosten (sofern sie aus Metall sind). Das schadet der Wäsche und mit der Zeit auch dem Gummiring.

Flusensieb

Von Zeit zu Zeit solltest du das Flusensieb deiner Waschmaschine säubern. Dieses Sieb befindet sich am unteren Ende deiner Waschmaschine. Wie du es herausbekommst und wie es genau gereinigt wird, steht in der Bedienungsanleitung deiner Waschmaschine.

Waschmittelschublade

Die Waschmittelschublade, fachmännisch »Waschmitteleinspülmulde« genannt, solltest du auch hin und wieder mal reinigen. Sie ist meistens herausnehmbar und lässt sich gemütlich unter den Wasserhahn halten. Näheres findest du ebenfalls in der Bedienungsanleitung deiner Waschmaschine.

Waschmaschine reinigen

Das Gehäuse deines Waschvollautomaten kannst du einfach mit einem feuchten Tuch reinigen. Keine Scheuermilch und keine Lösungsmittel verwenden!

Kalkablagerung oder das Märchen vom »Lochfraß« in der Waschmaschine

Offenbar sollen magnetische Kugeln, die man mit in die Waschmaschine legt, Kalkablagerungen in der Waschmaschine vorbeugen. Mag ja alles funktionieren, ist aber überhaupt nicht nötig. Erstens ist Kalk nur halb so schlimm, wie von dem netten Waschmaschinenmann in der Werbung dargestellt, und zweitens können die schweren Magnetkugeln die Waschmaschine beschädigen, da sich durch ihr Gewicht die Trommel unregelmäßig dreht.

Servicetechniker haben uns bestätigt, dass sie noch nie so verkalkte Schläuche und Heizstäbe gesehen haben, wie uns die Werbung weismachen will. Höchstens ein feiner Kalkbelag tritt auf. Und gegen dieses bisschen Kalk bist du bereits bestens gewappnet. Wenn du unseren Tipp mit dem Waschpulver beherzigt hast (Seite 61), dann weißt du bereits, dass das Pulver schon Wasserenthärter enthält, der ab 60° C wirksam wird. Wenn du also regelmäßig mit 60° C wäschst, bist du auf der sicheren Seite. Lebst du in einem Gebiet mit hartem Wasser, kann der Zusatz von extra Wasserenthärtern Sinn machen. In diesem Fall benötigst du etwas weniger Waschmittel, so dass sich die Kosten wieder ausgleichen.

Wir müssen hier auch mal mit dem Irrglauben aufräumen, dass Kalk »Lochfraß« verursacht. Lochfraß ist eine besondere Form der Korrosion, die Edelstahl angreifen kann. Aber Kalk hat rein gar nichts damit zu tun. Kalk lagert sich ab – und das wars auch schon. Er greift nichts an. Im Gegenteil. Ein von Kalk komplett umschlossener Heizstab ist vor Korrosion sogar geschützt. Wobei dies auch nicht unbedingt perfekt für deine Waschmaschine ist, da die Heizleistung durch die auftretende Isolation beeinträchtigt wird.

Sonstiges
Spezielle Tipps wie zum Beispiel eine »Notentleerung« (nein, nicht das was du denkst) oder das Aufstellen der Maschine in frostgefährdeten Räumen kannst du ebenfalls deiner Bedienungsanleitung entnehmen.

BÜGELFALTER

Bügele dein erstes Herrenhemd!

19:45 Uhr
Nackt, bei offenem Fenster, damit der Waschpulvergestank verschwindet, steh ich hier in meiner Wohnung und versuche ein Hemd zu bügeln. Wenn Angelina jetzt kommt, bin ich verloren.

Lieber Ingo!
Herzlichen Glückwunsch zum neuen Bügeleisen.

10 Minuten später

Nach einem halb gebügelten Ärmel tut mir das Kreuz höllisch weh. Alter Schwede, denke ich. Geht das nicht einfacher? Ich zünde mir eine Zigarette an – bei so viel Anstrengung und Schmerzen hab ich mir eine Pause verdient. Ich schaue gedankenverloren den Rauchringen hinterher, die ich andächtig durch mein Zimmer blase. Plötzlich wird der Rauch immer mehr, und es fängt an zu riechen. »Scheiße«, schreie ich und schmeiß das Bügeleisen vom Bügelbrett. Nochmal »Scheiße«, hebe es wieder auf und stelle es auf den Bügeleisenhalter. Mein weißes Hemd hat ein ordentliches Brandloch in Form eines Bügeleisens. »Das darf doch alles nicht wahr sein«, fluche ich, halte das Hemd unter den Wasserhahn und werfe es, weil es keinen Sinn mehr macht, direkt in den Mülleimer. Nach einer Schimpfkanonade beschließe ich, ein anderes Hemd zu bügeln. Bügeln ist die reinste Folter. Plötzlich rauscht es kurz im Fernseher, und ein neues Bild erscheint. Zwei Typen, die mich komisch angrinsen, stehen mitten in einem Raum und winken mir zu. Moment mal, die kenn ich doch …

Servus, Ingo,
das war ja wohl nicht das Gelbe vom Ei, was du da eben abgeliefert hast. Klar ist Bügeln eine mühsame Angelegenheit. Es dauert nun mal seine Zeit, bis ein Herrenhemd glatt ist. Aber oftmals führt kein Weg am Bügelbrett vorbei. Deshalb ist beim Bügeln »optimieren« das oberste Gebot. Wer die Tricks kennt, der spart beim Bügeln wertvolle Sekunden und Minuten.

Bügeln beginnt bereits beim Waschen

Wer sich im Vorfeld etwas Mühe gibt, der hat hinterher weniger Arbeit. Also: Alle Klamotten beim Aufhängen vorher gut ausschlagen und straff aufhängen. Die Falten, die sich beim Trocknen bereits »aushängen«, musst du nachher nicht mehr bügeln. Wenn es bei dir immer viel Wäsche zu bügeln gibt, lass den Wäscheberg nicht in den Himmel wachsen. Es ist unglaublich ätzend, wenn man den ganzen Sonntagnachmittag dasteht und nichts anderes tut außer bügeln. Lieber immer wieder mal eine »kleine Runde« bügeln. Dauert maximal eine halbe Stunde, und du sparst dir den »Dauerbügel-Stress«.

Bügeln ohne Bügelbrett

Wenn du dir kein neues Bügelbrett kaufen willst (zum Beispiel aus Platz- oder Geldmangel) und auch keins in der Verwandtschaft abstauben kannst, musst du nicht verzweifeln. Besorge dir in diesem Fall eine Wolldecke und ein weißes Leintuch. Die Wolldecke auf dem Tisch ausbreiten und das Leintuch glatt darüber legen. Auf dieser Unterlage kannst du perfekt bügeln.

Bügeln auf Reisen

Stell dir vor, du bist auf einer Weiterbildung, und auf der Hinfahrt zum Seminarhotel haben sich deine Hemden im Koffer die eine oder andere unansehnliche Knitterfalte zugelegt. Kein Problem. Ab ins Bad und schön heiß duschen (darf diesmal auch ein bisschen länger sein). Die Hemden und/oder Hosen hängst du dabei auf einen Bügel ins Bad (neben die Dusche!). Der heiße Wasserdampf glättet die Falten, und du bist wieder »businesslike«.

Die richtige Temperatur

Dein Bügeleisen hat vermutlich einen Drehschalter oder etwas Ähnliches. In der Regel ist dieser Schalter beschriftet. Wenn du hinschaust, sollte dort etwas von »Baumwolle«, »Wolle« oder »Seide« stehen. Mit dem Schalter kannst du die Temperatur deines Bügeleisens regeln. Für empfindliche Stoffe wie Seide solltest du eine geringere Temperatureinstellung verwenden als zum Beispiel für Baumwolle. Ansonsten kann dein Bügeleisen hässliche Spuren auf deiner Kleidung hinterlassen.

 ### Feucht bügeln

Wer seine Kleider nicht zu lang trocknen lässt und dann noch leicht feucht bügelt, tut sich wesentlich leichter. Also: Nicht so faul sein und ein paar Stunden, nachdem man die Kleider zum Trocknen aufgehängt hat, bügeln. Man ist schneller fertig mit Bügeln, und außerdem werden die Kleider, vor allem Hemden, wesentlich glatter.

Was meint die Jury?

: Meine Wäschezeit liegt so gegen 20 Uhr, da ich berufstätig bin. Wenn ich die Hemden oder Blusen ein paar Stunden nach dem Aufhängen bügeln müsste, hieße das, entweder um 3 aus den Federn oder gar nicht erst schlafen gehen.

: Alternativ kann man auch einen Zerstäuber benutzen. Den gibts in jedem Haushaltswarengeschäft.

: Sagt mal, habt ihr kein Bügeleisen mit Sprühtaste? Man muss dann zwar öfter nachfüllen, aber es funktioniert sehr gut.

: Übrigens: Mit warmem Wasser statt mit kaltem bügelt es sich noch leichter, da warmes Wasser besser in die Fasern einzieht.

Wer trocknen kann, ist klar im Vorteil

Falls du in der beneidenswerten Lage bist, einen Trockner benutzen zu können, dann trockne die Wäsche, die du bügeln willst, leicht an. Danach die Wäsche wieder aus dem Trockner holen und wie gewohnt bügeln. Auf diese Weise lässt sich der Zeitaufwand beim Bügeln für T-Shirts, Hemden und Pullover beachtlich reduzieren. Allerdings sollte die Trocknertrommel nicht ganz voll sein. Ansonsten sind die Klamotten zwar trockener, aber noch verknitterter als zuvor.

Hemden

Hemden bügeln ist sozusagen die »Königsdisziplin« am Bügelbrett. Also solltest du Bügelprofi in dieser Disziplin werden. Hemden sind für den Mann unverzichtbar. Sei es bei einem Vorstellungsgespräch, einem Meeting, der Hochzeit deines besten Freundes oder der silbernen Hochzeit deiner Eltern. Es macht immer einen guten Eindruck, wenn man(n) ein schönes und gebügeltes Herrenhemd trägt. Für manche Menschen ist Herrenhemdenbügeln zu einer Leidenschaft geworden, und es existieren wissenschaftliche Abhandlungen über die perfekte Bügelfalte. Aber keine Angst. Innerhalb von zehn Minuten lernst du dein erstes Herrenhemd bügeln, und mit etwas Übung sehen deine Hemden genauso gut aus wie jene, die deine Mutti bügelt.

Komplettlösung – Herrenhemden bügeln

Ein Herrenhemd gliedert sich normalerweise in sechs Teile: Kragen, zwei Schulterpassen, Knopfleiste, zwei Ärmel samt Manschetten, Rückenteil und zwei Vorderseiten. Alle Teile werden getrennt voneinander gebügelt. In welcher Reihenfolge du vorgehst, ist dabei relativ egal. Wir möchten hier nur einen Vorschlag geben, der sich unserer Meinung nach bewährt hat. Wichtig ist, dass du immer eine gewisse Spannung hältst. Also immer das Hemd glatt ziehen und dann bügeln.

1. Knöpfe das Hemd auf. Herrenhemden bügelt man nicht »geschlossen«. Das Ergebnis sieht sonst hinterher ziemlich dilettantisch aus.

2. Zuerst nimmst du dir die Ärmelaufschläge vor. Öffne die Manschettenknöpfe und bügle die Manschetten aus.

3. Jetzt den Kragen flach auf dem Brett glatt ziehen und von beiden Seiten bügeln.

4. Als Nächstes sind die Schulterpassen dran. Ziehe sie auf die Spitze des Bügelbretts. So kannst du beide Schulterpassen sehr bequem bügeln.

5. Jetzt nimmst du dir die Ärmel vor. Jeweils einen Ärmel der Naht entlang auf dem Brett ausstrecken. An den Manschetten gut festhalten, so dass der Ärmel straff ist. Nun von der Manschette in Richtung Schulter bügeln. Den Ärmel umdrehen und genauso von der anderen Seite bügeln.

6. Jetzt fehlt nur noch die Knopfleiste, Vorder- und Rückseite. Lege das Hemd so auf das Bügelbrett, dass sich die Knopfleiste parallel zum Bügelbrett am Rand befindet. Bügle nun vorsichtig mit der Spitze deines Bügeleisens die Knopfleiste. Danach kommt die eine Seite der Vorderseite dran, die bereits richtig auf dem Brett liegt. Ziehe nun einfach nach und nach das Hemd um das Bügelbrett herum und bügle. Als Nächstes hast du also die Rückseite auf dem Brett liegen und danach die andere Vorderseite.

Nun hast du ein schönes gebügeltes Herrenhemd. Wer nicht auf rasiermesserscharfe Bügelfalten steht, der braucht jetzt nicht weiterlesen. Alle anderen können ihrem Hemd den letzten Feinschliff verpassen.

7. Ärmel auf dem Bügelbrett so ausbreiten, dass die Manschette ganz rechts am Brettrand liegt.

8. Die Naht des Ärmels suchen und genau an ihr die Falte legen.

9. Von der so entstandenen Nahtfalte des Ärmels den Stoff nach oben glatt streichen. Dies vom Körperteil bis kurz vor die Manschette durchführen.

10. Bügeleisen am Oberarm ansetzen (sodass die Spitze Richtung Manschette zeigt) und langsame Links-rechts-Bewegungen nach vorne machen, dabei besonders die eigentliche Bügelfalte mit viel Dampf bügeln.

11. Hemd anheben und den Ärmel um 90 Grad drehen.

12. Die Manschette so formen, dass die Knöpfe auf dem Brett aufliegen und die zu bügelnde Falte der Manschette kurz hinter dem Knopfloch entsteht.

13. Evtl. (wer es mag) nochmals die bei vielen Hemden gerafften Falten an der Manschette bügeln. Wenn die Bügelfalte des Ärmels richtig gebügelt worden ist, geht eine der beiden Falten der Raffung in die Bügelfalte des Ärmels über.

Hört sich alles extrem pedantisch an. Ist aber echt super, wenn du in einem Meeting sitzt und alle anderen in ihren bügelfreien Hemden mit dem »Fastkeinefaltenstoff« wie durch den Wolf gedreht aussehen und du dir in den Finger schneidest, wenn du über deine selbst gebügelte messerscharfe Bügelfalte fährst.

Der schnelle Hemdentrick ★★★★☆

Wenig bekannt beim Hemdenbügeln ist das gesonderte Bügeln des Sattels. Das ist der obere Teil des Rückenteils. Dies ist aber extrem profimäßig und spart Zeit und Ärger, speziell wenn das Hemd um den Hals nicht so richtig glatt werden will.

Zuerst das Hemd aufknöpfen und den Kragen von innen bügeln. Jetzt gut aufpassen, denn es wird komplizierter. Das Rückenteil eines Oberhemdes besteht aus zwei Teilen: Der obere heißt Sattel oder Passe, den unteren Teil nenne ich im Folgenden »unteres Rückenteil«. Verbunden ist beides mit einer Naht. Das Hemd mit beiden Händen vor sich halten, Vorderteil vorn, Rückenteil hinten, rechts und links die Ärmel, dann rechts und links an die Naht zwischen Sattel und Rückenteil fassen und den Sattel nach vorn knicken, indem man mit dem Daumen den Sattel und mit den übrigen Fingern das untere Rückenteil umfasst. Der Knick liegt in der Naht.

Nun das Hemd vor sich halten. Der Sattel hängt jetzt nach vorne, genau wie das Vorderteil, das untere Rückenteil weiterhin nach hinten. Jetzt auf das Bügelbrett legen. Der Sattel kommt so ganz glatt auf dem Bügelbrett zu liegen, und auch das obere Vorderteil kann um die Halsgegend gut gebügelt werden.

Jetzt kannst du wie gewohnt weiterbügeln.

Was meint die Jury?

⋮   Die Methode klappt prima. Praktiziere ich schon seit einigen Jahren so.

⋮   Das Ganze ist etwas kompliziert beschrieben, geht aber auch einfacher: Das aufgeknöpfte Hemd über die spitze Seite des Bügelbrettes ziehen, und zwar so, dass eine »Schulter« des Hemds auf dem Brett glatt aufliegt. Das Ganze mit der anderen Schulter wiederholen, und schon ist ein großer Teil des Hemdrückens abgebügelt.

: Mit dieser Methode kann Mann seine Jacke auch mal ausziehen, ohne gleich als Single enttarnt zu werden. Die beste Methode, die ich kenne, und auch für Männer erlernbar. Falten haben so keine Chance!

: Mich würde ja mal der »soziale, psychologische, menschliche« Faktor interessieren! WARUM überhaupt bügeln?

: Ganz einfach: Gute Bügelkenntnisse verbessern die Heiratschancen!

Zum Hemd gehört die Hose!

Komplettlösung – Hose bügeln

1. Knöpfe und Reißverschluss an Hose schließen.

2. Beide Hosenbeine sauber übereinanderlegen, so dass die Nähte übereinanderliegen.

3. Das obere Hosenbein über den Bund schlagen und vom unteren Bein die Innenseite bügeln.

4. Dann die Falten vom Bund bis zur Schlitzmitte bügeln.

5. Schritte 3 und 4 nach Umdrehen der Hose beim anderen Bein wiederholen.

6. Nun die Innenseiten und den Schritt mit Dampfstößen befeuchten und dabei ganz leicht mit der Bügeleisensohle am Stoff entlangfahren.

7. Den Bund der Hose über die Schmalseite des Bügeltisches bis über die Hosentasche ziehen und in die Bundfalten hineinbügeln. Hose drehen, bis sie rundum gebügelt ist.

8. Hose sauber zusammenlegen und auf einem Bügel auskühlen lassen.

20:15 Uhr

Jetzt kann Angelina kommen!

LEVEL III
SPARSCHWEIN
Überlebe!

Samstag 17 Uhr

Sie kam nicht. Meldete sich nicht mal. Nichts. Vor lauter Frust und unter Einfluss mehrerer Flaschen Rotwein habe ich gegen Mitternacht die ganze Romantik samt Menü in den Müll gekippt. Heute Morgen bin ich von einem Dauerklingeln geweckt worden. Muss wohl irgendwann unter dem dröhnenden Lärm von *Ramstein* eingeschlafen sein. Frau Hämmerle stand vor der Tür: »Des isch d größde Unverschämtheid, d ganze Nachd d laude Musik und noh no dr schdinkend Müll vor dr Tür. Außerdem hend Sie Kehrwoche. Des isch des Ledzde, hajo, so isch des!« Und so schleppte ich mich dann mit dickem Kopf, weichen Knien und kaputtem Herzen unter den argwöhnischen Blicken meiner lieben Nachbarn kehrend die Treppe hoch und wieder runter. Nun liege ich total ausgepowert und kaputt im Bett. Ich glaube, ich habe mich gestern beim Bügeln erkältet. Jungs, mir geht's so schlecht. Ich sterbe!

Die kleine Junggesellen-Hausapotheke

Um für den Notfall gerüstet zu sein, solltest du an einem sicheren, nicht feuchten Platz aufbewahren:

1. Pflaster und Verbandsmaterial, falls du dich beim Gemüseschnippeln verletzen solltest.

2. Schmerzmittel (Aspirin, Thomapyrin oder Paracetamol), gegen Kater, Kopfschmerz, Fieber und sonstige Schmerzen.

3. Kohletabletten, falls dein gekochtes Menü zu Durchfall führen sollte.

4. Fenistil oder eine andere Anti-Allergikum-Salbe für Verbrennungen, Stiche und andere Hautreizungen.

5. Tabletten gegen Sodbrennen und andere Magenverstimmungen.

6. ACC-Tabletten oder andere Husten- oder Schleimlöser.

7. Schmerzlindernde Salbe für Verstauchungen, Prellungen und Ähnliches.

 Billige Medikamente aus Holland

Wer im grenznahen Bereich von Holland wohnt, kann sich dort Medikamente günstiger besorgen. Den Besuch in Holland kann man gut mit einem Einkauf verbinden, Kaffee ist nämlich auch billiger.

Was meint die Jury

∶ Ich bestelle meine Medikamente über eine holländische Internet-Apotheke. Die Medikamente sind dort viel günstiger. Bei Rezepten zahlt man nur die halbe Gebühr. Außerdem ist ab zwei Rezepten alles portofrei. Man braucht bei Medikamenten, die frei verkäuflich sind, nur die PZN (PharmaZentralNummer) anzugeben, dann kann man sicher sein, das gleiche Medikament wie in Deutschland zu bekommen.

∶ Ich wohne in München und bestelle meine Medikamente nur übers Internet (z. B. www.versandapo.com oder www.docmorris. de). Kann ich wärmstens empfehlen. Die Versandapotheke ist supergünstig, es entstehen keine Portogebühren, und innerhalb von zwei Tagen wird alles geliefert.

: Ich kaufe oft im Ausland meine Medikamente preiswerter ein. Allerdings bleibt es meistens bei Aspirin oder Fenistil-Salbe. Mit Beipackzettel und damit der Möglichkeit, die Inhaltsstoffe zu vergleichen, gar kein Problem.

: Ich will jetzt kein Spielverderber sein, aber meiner Meinung nach ist es »gesünder«, die Arznei in der Apotheke ums Eck zu holen, da hier kompetent beraten werden kann, z.B. über Wechselwirkungen mit anderen Medikamenten oder sonstige Eigenschaften der Arznei.

Sonntag, 12 Uhr

Habe 16 Stunden geschlafen. Fühle mich etwas besser, aber zu schlapp zum Aufstehen, kein Schwein da. Und ich habe Hunger!

Lieber Ingo!
»Du könntest auf der Stelle erfrieren, und keinen würds interessieren« – krank und Single ist eine ungesunde Kombination. Doch in Selbstmitleid ertrinken hilft dir auch nicht weiter. Auch wenn es nur ein schwacher Trost ist: Es geht anderen Singles genauso. (Du siehst die anderen ja immer nur, wenn es ihnen gut geht!) Frag ruhig Freunde oder liebe Nachbarn, ob sie dir etwas mitbringen oder einfach mal vorbeischauen können. Gönn dir viel Ruhe und Schlaf, auch ein Erkältungsbad wirkt manchmal Wunder. Für deinen Hunger empfehlen wir den nächsten Pizzadienst, oder klemm dich vor den Computer:

Einkaufen via Internet

Keine Zeit zum Einkaufen oder null Bock auf Tüten-
schleppen? Bestelle übers Internet deinen Einkauf
und/oder abonniere die wichtigen Dinge des Lebens wie Bier,
Pizza, Klopapier, Kondome etc. Es gibt in den meisten Städten
Einkaufservices, die zum vereinbarten Termin nach Hause liefern.
In Dresden und Umgebung macht das z. B. www.bring-fix.de, ein
ähnliches Angebot gibt es sicher auch in deiner Stadt.

Was meint die Jury?

: Wenn man kein Auto hat, eine ideale Lösung. Am besten nicht
sooft, dafür auf Vorrat bestellen, das spart Gebühren.

: Für Drogerieartikel: www.schlecker.de liefert ab 15 Euro frei
Haus.

: Absoluter Blödsinn, macht nur dick und faul. Ich habe auch
kein Auto und kriege den Einkauf trotzdem nach Hause. Außerdem ist das Online-Einkaufen um einiges teurer.

: … dir kann ich nur wünschen, dass du nie länger krank wirst.
Irgendwann hat man es nämlich satt, dauernd seine Freunde
anzubetteln, etwas mitzubringen, und bestellt einfach übers
Internet.

: Dass Online-Einkauf teurer ist, halte ich für eine echte Fehl-
information. Überlegt doch mal, allein die Ladenmiete kostet
mindestens dreimal so viel wie ein Internetshop. Also: Einfach mal
ausprobieren!

: Ein Tipp vom Öko: Es gibt immer mehr Bauern und landwirt-
schaftliche Betriebe, die frisches Gemüse und Obst für eine Wo-

che nach Hause liefern. Bei www.bioland.de könnt ihr Erzeuger in eurem Umkreis finden, manche bieten sogar Obst- und Gemüsekisten für Singles an!

: Ich habe gelesen, irgendwo gibt es auch wieder Milchmänner.

MEISTERKOCH

Bediene einen Spätzleschwoab!

Dienstag, 17 Uhr

No milk today … Bin drei Tage krankgeschrieben und muss – Gott sei Dank – Angelina nicht sehen. Nach zwei Tagen Pizza habe ich unbändige Lust auf Spätzle, aber auf die meiner Mutter.

Käsespätzle – das Rezept
für 2 Personen:
250 g Mehl
2 Eier
1 TL Salz
ca. ⅛ l Wasser
Käse
Zwiebeln

Du verrührst Mehl, Eier, Salz und Wasser mit einem Kochlöffel in einer Schüssel. Der Teig sollte nicht zu flüssig sein. Dann kochst du Wasser in einem Topf, stellst den Spätzlesdrücker darauf und quetschst die Teigmasse durch. Sobald die Spätzle im kochenden Wasser oben schwimmen, schöpfst du sie ab und gibst sie in eine große Pfanne. Auf eine Spätzleschicht streust du immer etwas Käse (z. B. Emmentaler mit etwas Limburger) und etwas Salz und Pfeffer. Das wiederholst du, bis der ganze Teig verbraucht ist.

Danach stellst du die Pfanne mit geschlossenem Deckel auf den Herd und lässt den Käse bei niedriger Stufe schmelzen. Möglich ist auch, die Spätzle in eine ofenfeste Form zu geben und dann im vorgeheizten Backofen (ca. 150°C) den Käse schmelzen zu lassen. Da müssen natürlich geröstete Zwiebeln drüber.

Spätzle selber machen ★ ★ ★ ★ ★

Unverzichtbar für jeden (schwäbischen) Junggesellenhaushalt ist ein Spätzlesdrücker, ein *Spätzle-
schwoab*. Er sollte aus rostfreiem Metall und auseinandernehm-
bar sein, damit man ihn leichter in die Spülmaschine stellen kann.
Unmittelbar nach Gebrauch sollte man ihn – noch bevor der Teig
angetrocknet ist – auf alle Fälle in Wasser legen, dann kann man
ihn problemlos reinigen.

Das meint die Jury:

⠶ Es gibt im bayrischen und österreichischen Ausland *Spätzles-
reiben* zu kaufen, mit deren Hilfe – genial einfach – der Spätz-
lesteig »durchgerieben« wird. Dabei entstehen keine langen
Spaghetti-Spätzle, sondern Knöpfles-Spätzle, wie es sie auf der
Schwäbischen Alb gibt.

⠶ Noch einfacher geht es meiner Erfahrung nach mit dem
Spätzlehobel. Auch ihn kann man in jedem gut sortierten Haus-
haltsgeschäft ab rund 20 € kaufen oder übers Internet bestellen.

⠶ Die Schwabenvariante ist kostengünstiger: Man nimmt ein
großlöchriges Salatsieb und drückt den Teig mithilfe eines
Silikon-Schabers oder Kochlöffels durch. Die Spätzle sind vielleicht nicht ganz so schön, aber man hat sich das Geld für Spätz-
ledrücker und Co. gespart.

⠶ Das alles ist doch nur was für Möchtegern-Schwaben. Echte
schwäbische Spätzle werden mit Spätzlesbrett und Messer hand-
geschabt!

- **Kochkurs Level 3**
  Wie bei Muttern

Wiener Schnitzel

Das *Schweinchen Dick* von der Kinderkarte steht auch noch bei ausgewachsenen Mägen ganz hoch im Kurs und lässt sich selbst in der kleinsten Küche zaubern. Lass dir beim Metzger oder Fleischer das Kalbsschnitzel (natürlich geht auch Schweinefleisch, dann ist es eben *Wiener Art*) gleich »steaken«. So ersparst du dir das schweißtreibende Flachklopfen, denn das Fleisch sollte 5–8 Millimeter dünn sein, nicht dicker. Mit etwas Salz, Pfeffer und Paprika würzen, anschließend panieren und braten.

Komplettlösung – Schnitzel panieren

Schnitzel sind lecker – aber wie bekommt man diese goldgelbe Kruste dran?

1. Kauf dir ein Schnitzel.

2. Jetzt brauchst du ein Ei, Paniermehl und normales Mehl.

3. Das Ei schlägst du in einen tiefen Teller und verrührst es. Das Paniermehl und das normale Mehl gibst du auch in jeweils einen tiefen Teller.

4. Als Erstes ziehst du das Schnitzel durch das Mehl und schüttelst es danach etwas ab.

5. Dann tunkst du das Schnitzel in das Ei.

6. Zuletzt ziehst du das Schnitzel durch das Paniermehl und sorgst dafür, dass das Schnitzel komplett von der Panierung umhüllt ist.

---

7. Nun brätst du das Schnitzel in der Pfanne in sehr heißem Öl von jeder Seite ca. 2–3 Minuten an, bis die gewünschte Bräune erreicht ist, oder frittierst es in der Fritteuse.

Rinderbraten

für vier Personen:

1 kg Rinderbraten
Rindfleischknochen
Salz, Pfeffer und Paprika
2–3 große Zwiebeln
Tomaten und Suppengrün

Das Fleisch und die Knochen würzt du mit Salz, Pfeffer und Paprika. Dann brätst du zuerst den Braten von jeder Seite in einem großen Topf in sehr heißem Öl an – damit sich die Poren schließen und der Braten saftig bleibt. Danach nimmst du den Braten wieder heraus, brätst die Knochen an und nimmst auch diese wieder aus dem Topf. Nun werden 2–3 große Zwiebeln, in Würfeln oder Scheiben, angebraten. Dann legst du den Braten und die Knochen dazu und füllst den Topf mit Wasser auf, bis der Braten gerade so bedeckt ist. Das Ganze lässt du jetzt mit ein paar Tomaten und etwas Suppengrün 2 Stunden leicht köcheln. Danach nimmst du den Braten und die Knochen wieder heraus und gießt die Soße durch ein Sieb ab. Du kannst das mitgekochte Gemüse ebenfalls herausnehmen oder mit durch das Sieb drücken. Danach bindest du die Soße und schmeckst sie ab. Mit Rotwein und Sahne kannst du den Geschmack weiter verfeinern. Bratenreste lassen sich übrigens prima mit der Soße einfrieren.

Kasseler Braten zu salzig?

 ★ ★ ★ ★ ☆

Wenn dein Kasseler Braten zu salzig schmeckt:
Nach dem Anbraten einfach mit Ananassaft angießen – anstatt mit Wasser (ganz normaler Ananas-Fruchtsaft zum Trinken).

Was meint die Jury?

: Es funktioniert wunderbar!

: Was ist Kasseler?

: Kasseler ist gepökeltes mageres Schweinefleisch. Wird mancherorts auch »Kaiserbraten« genannt. Kann man auch prima zum Fondue nehmen. :-)

: Ananas im Kasseler kannte ich noch nicht, dafür habe ich einen Tipp, wie eine Fleischbrühe zu einem optischen und kulinarischen Leckerbissen wird: Um der Brühe eine kräftige Farbe zu verpassen, kochst du einfach eine ungeschälte, aber gewaschene, Zwiebel mit. Die nimmst du natürlich nach dem Kochen wieder raus.

Rouladen

Rinderrouladen (pro Person eine)
Räucherspeck
Zwiebeln
Petersilie
Essiggurken
Mehl
Salz, Pfeffer
Senf
Zahnstocher

Die Rouladen bestreichst du dünn mit Senf, pfefferst und salzt sie. Dann belegst du sie mit sehr dünnem Räucherspeck, fein geschnittenen Zwiebeln, Petersilie und in dünne Streifen geschnittenen Gewürzgurken. Nun rollst du die Rouladen zusammen und fixierst sie mit Zahnstochern, drehst sie einmal in Mehl und brätst sie dann in heißem Fett gut an. Danach gibst du die Zwiebelscheiben und etwas Mehl in die Pfanne und lässt beides anbräunen. Das Ganze wird mit Wasser abgelöscht und nachgewürzt. Lass die Rouladen nun zugedeckt etwa 1 bis 1½ Stunden schmoren, und schmecke danach die Soße mit Wein ab.

Öl und Fett – Was nehme ich wann?

Fett ist beim Braten und Kochen unentbehrlich und beeinflusst den Geschmack der Gerichte entscheidend. Je nachdem, was du kochen möchtest, wählst du das passende Fett aus.

Butter
Butter hat einen feinen Eigengeschmack, der nicht so stark ist wie beim Olivenöl. Sie wird aus dem pasteurisierten Rahm der Milch hergestellt. Im Handel wird sie hauptsächlich als Sauerrahmbutter angeboten. Bei Sauerrahmbutter wird zu Beginn der Reifung eine Mischkultur von Milchsäurebakterien zugefügt. Süßrahmbutter aus ungesäuertem Rahm hat dagegen ein weniger ausgeprägtes Aroma. Butter eignet sich *zum Dünsten von Gemüse* wie Tomaten, Karotten und Lauch (dünsten heißt: garen bei kleiner Hitze in einem Topf mit Fett und im eigenen Saft). Was zum Beispiel super ankommt, sind in Butter gedünstete Tomaten: Tomaten oben kreuzweise einschneiden, Butterflöckchen reinstecken, Salz, Pfeffer, Knoblauch dazu und in einen Topf legen, wo schon Butter zerlassen wurde. Dazu

passen in Olivenöl gewälzte Spaghetti mit Bärlauchpesto oder auch gegrilltes Fleisch.

So manches Gemüse schmeckt besser, wenn du es *glasierst*. Dabei erhält das Gemüse einen glänzenden Überzug, indem beim Dünsten außer der Butter noch Zucker hinzugefügt wird. Wichtig dabei ist, dass das Gemüse während des Garvorgangs in der Pfanne oder im Topf ständig leicht geschüttelt oder geschwenkt wird, damit sich die Glasur gleichmäßig auf dem Gemüse verteilt. Eine leckere Beilage zu Fleischgerichten sind zum Beispiel in Butter gedünstete Karotten oder Lauchzwiebeln, über die man etwas Honig oder Zucker gibt.

Bei der Butter ist allerdings zu beachten, dass du sie nicht zu stark erhitzt, da sie schnell verbrennt, schwarz und dann ungenießbar wird.

Butterschmalz

Butterschmalz kann stärker erhitzt werden als Butter und eignet sich somit besser zum *Anbraten von Fleisch*, hat aber dennoch diesen leckeren Buttergeschmack.

Schweineschmalz

Schweineschmalz wird aus Speck oder Bauchfett gewonnen. Dieses Fett gibt Bratkartoffeln, Fleisch und Bratwürsten einen würzigen Geschmack, kann hoch erhitzt werden und eignet sich auch *zum Fritieren*.

Zum Braten in der Pfanne ein Stück Schweineschmalz kurz anschmelzen lassen und dann mit einem Küchentuch die Pfanne einreiben. Den Rest Fett im Tuch entfernen, denn Saumagen und Fleischkäse sollen nicht im Fett schwimmen.

Originales Schweinefett ist wohl dosiert gesund, da es wichtige Stoffe wie Linolsäure für den Fettstoffwechsel und Vitamin E enthält und der Cholesteringehalt gering ist.

Olivenöl

Olivenöl ist ein hochwertiges Speiseöl aus Oliven. Es ist wegen seines edlen, ausgeprägten fruchtigen Geschmacks weltweit bekannt und beliebt. Olivenöl passt ausgezeichnet zu Gerichten der mediterranen Küche und ist ein *begehrtes Salatöl*. Man kann fast immer herausschmecken, ob ein Gericht mit Olivenöl zubereitet wurde. (Vorsicht also, wenn du süße Pfannkuchen damit zubereiten möchtest!)

Olivenöl gibt es in verschiedenen Qualitätsstufen. Wir empfehlen dir, Olivenöl mit der Aufschrift »nativ extra« zu kaufen. Die Stiftung Warentest hat jedoch festgestellt, dass hier teilweise Etikettenschwindel betrieben wird. Von 26 getesteten Olivenölen »nativ extra« hätten sieben Stück diese Aufschrift gar nicht tragen dürfen, sechs wurden mit ausreichend und neun Sorten sogar mit mangelhaft bewertet.

Olivenöl schmeckt je nach Herkunft und Verarbeitung unterschiedlich. Es gibt milde Olivenöle für Salate, kräftige zum Braten oder für Hackfleischsauce. Hier ist Ausprobieren angesagt! Du kannst Olivenöl bei Zimmertemperatur lagern oder im Kühlschrank aufbewahren. Du solltest es dann aber einige Zeit vor der Verwendung aus dem Kühlschrank nehmen oder die Flasche unter warmes Wasser halten, da es durch die Kälte dickflüssig und flockig wird.

Margarine

Margarine ist im Gegensatz zur Butter aus pflanzlichem Fett. Sie besteht zum größten Teil aus gehärteten und ungehärteten Pflanzenfetten und Wasser. Die gelbliche Farbe wird durch Färbung mit Karotin erreicht. Der Kaloriengehalt liegt wie bei Butter bei rund 750 Kilokalorien pro 100 Gramm. Aufgrund der gehärteten Fette ist der gesundheitliche Wert von Margarine umstritten. Es wird vermutet, dass das Infarktrisiko dadurch steigt.

Gulasch nach Szegediner Art

für vier Personen

800 g Rindergulasch
1 Dose Sauerkraut
1 Becher Crème fraîche oder saure Sahne
4 Zwiebeln
¼ l Brühe
Salz und Pfeffer
Gewürz für ungarisches Gulasch (gibts zu kaufen)

Das Rindfleisch brätst du mit den geschälten und geschnittenen Zwiebeln an, würzt es mit Salz, Pfeffer und dem Gulaschgewürz. Dann gibst du die Brühe hinzu und lässt das Ganze 30 Minuten köcheln. Nach dieser Zeit lässt du das Sauerkraut gut abtropfen und gibst es locker mit den Händen gezupft zu dem Rindergulasch. Alles lässt du weiter 40 Minuten köcheln. Zum Schluss kippst du den Becher Crème fraîche oder die saure Sahne hinein und lässt das Gulasch nochmals 15 Minuten köcheln.

Als Beilage eignet sich hervorragend Kartoffelpüree.

Gemüse

Fünf Portionen Obst und Gemüse empfehlen Ernährungsberater. Also ran an den Kohl. Hier kommen die grünen Favoriten in deutschen Haushalten.

Komplettlösung – Gemüsezubreitung

Damit beim Gemüsekochen nicht wertvolle Vitamine und Mineralstoffe flöten gehen, achte bei der Zubereitung auf Folgendes:

1. Gemüse nur kurz waschen.

---

2. Geschnittenes Gemüse schnell weiterverarbeiten.

3. Mit wenig Wasser garen.

4. Bei großer Hitze kurz aufkochen lassen und bei milder Hitze weiter garen.

5. Gemüse nicht zu lange kochen. Am besten nur dämpfen oder dünsten, nie zerkochen.

6. Gemüse nicht warm halten, sondern abkühlen lassen und bei Bedarf nochmals kurz erhitzen.

Blumenkohl

Wenn du den Blumenkohl, ähnlich dem Brokkoli, in Röschen teilst und ihn in leicht gesalzenem Wasser vorsichtig weich kochst, kannst du ihn entweder mit einer Buttersoße servieren oder mit Semmelbrösel garnieren.

Für die Buttersoße:
40 g Mehl
in 40 g zerlassener Butter
so lange dünsten, bis sich reichlich Bläschen bilden. Bevor es anfängt gelblich zu werden, löschst du das Mehl mit etwas Blumenkohlbrühe ab. Höchstens 10 Minuten kochen lassen, da die Buttersoße sonst an Geschmack verliert. Vor dem Anrichten schmeckst du die Soße mit Salz und einigen Tropfen Zitronensaft ab.

Semmelbrösel
gibt es fertig zu kaufen, du musst sie nur noch in einer Pfanne in etwas Butter unter ständigem Wenden anbräunen, und schon kannst du sie über den gekochten Blumenkohl streuen.

Blumenkohlauflauf

1 Blumenkohl
2 Becher Sahne oder Vollmilchjoghurt
Mehl
2 Eier
100 g Emmentaler
Butter

Den Blumenkohl kochst du nur halb weich in Wasser und gibst ihn in eine gefettete Auflaufform. Sahne oder Vollmilchjoghurt mit ein wenig Mehl und den Eiern verrühren, mit Salz, Pfeffer und Muskat würzen, geriebenen Käse unterrühren und alles in die Auflaufform über den Blumenkohl gießen. Zum Schluss legst du noch ein paar kleine Butterstücke obendrauf und lässt den Auflauf 20 Minuten im Backofen bei ca. 225° C überbacken. Wenn du es fleischig liebst, kannst du unter den Käse noch zwei Scheiben gekochten Schinken legen.

Apropos Blumenkohl: Das Tolle am Blumenkohl ist ja nicht nur sein Geschmack. Das Auge isst schließlich mit, und deshalb sollte der Blumenkohl auch schön weiß bleiben. Das erreichst du, indem du einfach etwas Zucker, Milch oder Zitronensaft mit ins Kochwasser gibst.

Apfelrotkohl, selbst gemacht

750 g Rotkohl
100 ml Rotweinessig
50 g Butter
1 Zwiebel
3 Äpfel
25 g Zucker
125 ml Instant-Gemüsebrühe
200 ml Rotwein
½ Stange Zimt
½ Lorbeerblatt
3 Wacholderbeeren

2 Pfefferkörner
1–2 Gewürznelken
Pfeffer
Salz

Als Erstes putzt du den Rotkohl und schneidest ihn in feine Streifen. Dann fügst du Essig und Salz hinzu und lässt das Ganze 2 Stunden lang ziehen. Danach gibst du die Butter in einen Topf und dünstest die gewürfelten Zwiebeln und die ebenfalls geschälten, entkernten und gewürfelten Äpfel mit etwas Zucker glasig. Dann gibst du den Rotkohl mit der Flüssigkeit dazu und schmorst ihn an. Jetzt kommen die restlichen Zutaten dazu, alles wird vermengt und 30 Minuten im geschlossenen Topf gegart. Zuletzt entfernst du die Zimtstange, Nelke und das Lorbeerblatt und schmeckst den Rotkohl mit Salz und Pfeffer ab.

Apfelrotkohl, die Turbo-Variante
Wenn du nun aus Zeit- oder Lustmangel zum Fertigrotkohl greifst, hier eine Zubereitungsform, wie er fast wie selbst gemacht schmeckt.

1 *Zwiebel* würfeln und in
etwas *Schmalz* anbraten
1 *säuerlichen Apfel* klein schneiden und dazugeben
den *Rotkohl* (entweder Glas oder Tiefkühl)
mit *2 Lorbeerblättern*
3 Pimentkörnern (Nelkenpfeffer)
2 Nelken
1 ½ Teelöffel Zucker
und einer Prise *Salz* aufkochen
einen Schuss *Apfelmus* dazugeben und alles zusammen dann bei kleiner Flamme eine Stunde köcheln lassen, bis der Apfel zerfallen ist. Ab und zu umrühren nicht vergessen.

Spinat

Beim Spinat kannst du ruhigen Gewissens in die Tiefkühltruhe greifen. Die Variante mit den Nudeln und dem Feta-Käse kennst du bereits. Ganz klassisch geht es aber auch mit Kartoffeln und Spiegelei. Kartoffeln (oder Kartoffelbrei) kochen, ein (oder mehrere Eier) in eine heiße Pfanne hauen und Spiegeleier braten. Den Spinat wie auf der Verpackung beschrieben zubereiten. Ist piepeinfach und schmeckt herrlich.

Du kannst den Spinat natürlich vorher noch mit Sahne oder Milch und etwas Gewürzen wie Salz, Knoblauch, Zwiebeln würzen.

Rosenkohl

Rosenkohl kannst du auf verschiedene Arten zubereiten. Zuerst musst du ihn immer putzen – von den unschönen und gelben Blättchen befreien – und waschen, dann kannst du ihn entweder in viel Salzwasser weich kochen oder in Butter andünsten, ablöschen und zugedeckt so lange dünsten, bis das Wasser fast eingekocht ist und die Röschen weich sind.

Wenn Freunde kommen: *Gemüsefondue*

Für vier Personen
400 g Brokkoli putzen, waschen und in kleine Röschen zerteilen
2 Möhren putzen, schälen und in dünne Scheiben schneiden
500 g Pilze nach Wahl eventuell kurz waschen, trocken tupfen und putzen. Aus den Champignons die Stiele herausdrehen. Die Austernpilze in mundgerechte Stücke schneiden. Die Pilze mit Zitronensaft beträufeln und zusammen mit dem restlichen Gemüse auf einer großen Platte anrichten.

Für die Soße
7 EL Tomatenketchup
1 EL Worcestersoße

4 EL Öl, 2 EL Essig und *1 TL Zucker* miteinander verrühren. Die Soße in vier Portionsschälchen füllen und dies neben die Fondueteller stellen.

Für den Teig
1 Ei trennen. Das Eigelb mit
150 g Mehl und
3 EL Weißwein verrühren und
mit *Salz, Pfeffer* sowie *Paprikapulver* würzen. Das Eiweiß sehr steif schlagen und unter den Teig heben. Diesen ebenfalls auf 4 kleine Portionsschälchen verteilen und neben die Fondueteller stellen.
2 Flaschen Sojaöl in dem Fonduetopf auf dem Herd auf etwa 175°C erhitzen. Den Fonduetopf dann auf das heiße Rechaud stellen.
Die Gemüsestücke und die Pilze einzeln auf Fonduegabeln stecken, in den Teig tauchen und dann im Fett 2 bis 3 Minuten garen. Die Häppchen anschließend gut abtropfen lassen und in die Würzsoße dippen.

Wer nicht auf Fleisch verzichten möchte, kann auch Putenfleisch würfeln oder Schweine- oder Rindfleisch dünn geschnitten dazustellen. Auch bei den Soßen sind der Phantasie keine Grenzen gesetzt, und Fertigsoßen gehen natürlich auch.

Wenn Freunde kommen und wenig Lust auf viel Aufwand vorhanden ist: *das Wokessen*

Woks sind diese runden chinesischen Gemüsepfannen, die manche Menschen auch als Rennobjekte verwenden. Sie werden aus Edelstahl, Eisenblech, Gusseisen oder feuerfestem Porzellan hergestellt. Beschichtete Woks, Woks mit abgeflachtem Boden für Elektroherde sowie elektrisch beheizte Woks sind die modernen Verwandten dieses traditionellen Küchengeräts. Der Vorteil ist, dass du im Wok unheimlich hohe Temperaturen erreichst. Fleisch, Shrimps und Gemüse musst du im Wok wirklich nur ganz kurz erhitzen. Dadurch behält das Gemüse seine Farbe, bleibt schön knackig und vitaminreich. Fleisch wird schön knusprig, bleibt aber saftig. Das Kochen im Wok macht viel Spaß, und man kann den Wok anschließend auf den Tisch stellen und direkt daraus servieren.

Um ein sehr kommunikatives und vitaminreiches Wokessen wie z. B. Hühnchen süß-sauer zu zaubern, benötigst du:
Für vier Personen

4 Hähnchenbrustfilets
1 Bund Lauchzwiebeln
2 Knoblauchzehen
1 Dose Ananas in Stücken – 260 g Ananasfleisch
1 Glas Bambusschösslinge
4 EL helle Sojasoße
2 EL Honig
2 EL Speisestärke
3 EL Öl
4 EL trockenen Sherry
3 EL Essig (im Idealfall Reisessig – oder Weißweinessig)

Du verrührst 1 EL Honig mit je 2 EL Sherry, Sojasoße und Stärkepulver. Die Hähnchenfilets wäschst du kalt ab (wg. evtl. Knochensplitter), tupfst sie trocken und entfernst Fett und Sehnen. Dann schneidest du das Fleisch in mundgerechte Häppchen und mischt sie mit der Honigsoße. Die Lauchzwiebeln putzt du und schneidest sie in Ringe, den Knoblauch ziehst du ab und würfelst ihn fein. Die Ananas gibst du zum Abtropfen in ein Sieb und fängst dabei aber ca. 3 Esslöffel vom Saft für die Soße auf. Die Bambusschösslinge lässt du abtropfen und schneidest sie in feine Streifen.

Den restlichen Honig mischst du mit dem Ananassaft und dem restlichem Sherry sowie der Sojasoße.

Nun kannst du im Wok das Öl erhitzen und das Hühnerfleisch portionsweise anbraten und beiseite stellen. Wenn du alles Fleisch angebraten hast, brätst du die Lauchzwiebeln, die Ananas und den Knoblauch an. Dann schüttest du die Bambusschösslinge noch dazu, gießt die Ananas-Honig-Soße darüber und zuletzt hebst du das Fleisch wieder unter. Dazu passt am besten Basmati-Reis.

Gewürze

Pfeffersäcke – so wurden im Mittelalter die Gewürzhändler verspottet, die mit Pfeffer aus Übersee reich geworden waren. Gewürze spielten damals eine ebenso bedeutende wirtschaftliche und politische Rolle wie heute das Erdöl. Sie wurden nicht nur zum Würzen benötigt, sondern auch als Konservierungsstoffe und als Grundlage für Arzneimittel. In unseren Zeiten stehen diese Kostbarkeiten gut verpackt und zu erschwinglichen Preisen im Supermarkt. Die Kenntnis von Pfeffer und Salz, das früher als »weißes Gold« bezeichnet wurde und im eigentlichen Sinne nicht zu den Gewürzen zählt, setzen wir jetzt einmal voraus. Des Weiteren gehört Paprikapulver und Muskatnuss in jede Junggesellen-Küche. Muskatnuss eignet sich hervorragend für Käsesoßen – wie z. B. in unserem Lasagnerezept Seite 109 – und zu Kohlgerichten. Bei den Gewürzen kommt es vor allem auf die richtige Dosierung an. So können zum Beispiel schon vier Gramm Muskat bei Erwachsenen zu Vergiftungserscheinungen wie Kopfschmerzen, Übelkeit, Gleichgewichtsstörungen und Rauschzuständen mit Halluzinationen führen. Deshalb: Immer schön die Rezeptmenge beachten oder sich langsam an die richtige Dosierung heranschmecken.

Leider können wir dir keinen kompletten Überblick über alle Gewürze geben. Wenn du Gewürze ausprobieren willst, dann solltest du dir öfter mal ein Rezept heraussuchen, in dem ein oder mehrere neue Gewürze benötigt werden.

Der Junggesellengewürzschrank

Diese Gewürze sollten – zumindest in getrockneter Form – in deinem Schrank zu finden sein:

Salz (jodiert)

Pfeffer (die Farbe ist egal – je nach Geschmack)

Paprika (edelsüß oder scharf)

Muskat

Basilikum

Oregano

Majoran

Zimt

Chinesisches Gewürz (gibts im Asia-Laden)

Grillwürze (zum Grillen)

Frische Gewürze

Petersilie wird in erster Linie frisch verwendet. Was also tun, wenn du die grünen Pflänzchen etwas länger aufheben willst? Ganz einfach: Die Petersilie waschen, die Röschen vom Stiel trennen, Gefrierbeutel auf, Petersilie rein. Gefrierschrank auf, Tüte rein. Die Petersilie zerkleinert sich durch den Frost von alleine. Das Kleinschneiden kannst du dir also sparen.

Willst du die Petersilie in den nächsten ein bis drei Tagen verbrauchen, so kannst du die Petersilie auch im Kühlschrank lagern: Die Petersilie anfeuchten und in Küchenpapier wickeln. Das Ganze dann in eine Plastiktüte stecken. Die Petersilie bleibt so bis zu einer Woche frisch und muss nicht eingefroren werden. (Wenn du Überraschungseier sammelst, brauchst du ab sofort die gelben Döschen nicht mehr wegschmeißen. Die benutzt du einfach als Behälter, um gehackte und frische Kräuter einzufrieren.)

Auch eine Möglichkeit: Die Petersilie in einem zu einem Drittel mit Wasser gefüllten Glas im Kühlschrank unterbringen (Stiel natürlich ins Wasser).

Schnittlauch stellst du ebenfalls in ein Wasserglas. Du musst ihn nur, da er sich fast ganz mit Wasser füllt, vor dem Verwenden sorgfältig ausschütteln oder wälzen.

Frisches Basilikum selbst ziehen ★ ★ ★ ★ ★

Basilikum an frischen Tomaten, zu Nudelgerichten oder einfach nur so zur Dekoration leckerer Speisen ist eine herrliche Sache. Was fast keiner weiß, ist, dass Basilikum ganz leicht selbst »gezogen« werden kann. Wenn also beim Kaufmann um die Ecke mal wieder ein Töpfchen für 99 Cent zu haben ist, greif zu! Such einen schönen hellen Platz, und gieße es täglich etwas. Schon bald kannst du das Gewächs etwas ausdünnen, indem du 4–6 Stängel möglichst weit unten abschneidest. Ins Wasser gestellt, bilden sich schon nach 5–7 Tagen Wurzeln aus, die es erlauben, die kleinen Ableger einzutopfen. Wichtig ist, einen Topf zu nehmen, der groß genug ist. 12–14 cm Durchmesser. Beim Einpflanzen sei vorsichtig, dass die filigranen Wurzeln nicht kaputtgehen.

Was meint die Jury?

: Übrigens blüht Basilikum auch schön. Die obersten Triebe mit den Blüten kannst du auch abschneiden und in einer kleinen Schale im Bad oder Kleiderschrank aufbewahren – soll gut gegen Ungeziefer sein und riecht auch gut.

: Zu Zeiten des Überangebots kann man auch die Blätter entweder ganz oder fein gehackt einfrieren. Dazu vorher NICHT waschen – sonst hast du nichts als einen grünen Klumpen!

: Frisches Basilikum braucht vor allem täglich Wasser, wenn es auf der Heizung bzw. in der Nähe steht. Aber nicht übertreiben! Ich hab schon zwei kaputtgegossen. :-(Finger in die Erde: Klebt sie noch leicht an den Fingern, ist es feucht genug.

: Basilikum sollte man übrigens immer mit einer Schere abschneiden (nicht Blätter abzupfen!), am besten über einer Blattgabelung. Dort kommt dann auf jeder Seite ein neuer Trieb heraus, so dass nach einiger Zeit das Basilikum richtig buschig wird und man viel mehr davon hat, als man braucht!

Knoblauch auf Vorrat

Wenn du alleine wohnst, dann ist ein Netz Knoblauch (oder sogar eine Knolle) meist viel zu viel. Probiere es doch mal mit folgender Methode: Schäle gleich mehrere Knoblauchknollen, drücke die Zehen durch die Knoblauchpresse direkt in ein leeres ausgespültes Marmeladenglas. Etwas Salz dazu und mit Olivenöl (neutrales Öl geht auch) auffüllen, Deckel drauf und gut schütteln. So hast du immer Knoblauch zum Würzen zur Hand. Hält sich prima im Kühlschrank und das Öl (ist ja dann »Knoblauchöl«) kannst du auch weiterverwenden.

Kardamom

Wir möchten dir noch ein bei uns bislang wenig bekanntes Gewürz vorstellen: Kardamom! Es kommt ursprünglich aus dem Süden Indiens und ist mittlerweile in der Stuttgarter Markthalle angekommen. Die Samen dieser zu den Ingwergewürzen gehörenden Pflanze besitzen ein süßlich-scharfes Aroma. Bei uns werden die ganzen Fruchtkapseln getrocknet angeboten. Bei Bedarf werden diese zwischen Daumen und Zeigefinger zerdrückt, dabei fallen die Samen heraus, die du dann mit einem Mörser zermahlen kannst.

Wozu kannst du Kardamom verwenden? Wir raten unbedingt zum fröhlichen Testen. Zum Beispiel mit grobem Zucker zerrieben in den Kaffee, Espresso oder Cappuccino – du wirst von den Kniestrümpfen sein – oder ins Müsli und zum Fruchtsalat. Auch als würzige Variante, zu Lamm oder Wild, ganz neue Geschmäcker kommen auf dich zu.

Jetzt noch ein Tipp für die Liebhaber des Schwäbischen: »Kardamom uffs Göschle von daim Mädle gschmiert, omkehrt gild nadürlich au, ond no em Schmadzer druff druckt, des isch ebbes vom Fainschda. Brobiers no glei mol aus, die Begaischderung kennt koine Grenza. Liebe goht durch da Maga (Ranza).«

Für Nicht-Schwaben: Wenn Sie Ihrer Flamme zerbröselten Kardamom auf die Lippen stäuben und sich ihr in küssender Weise nähern, werden anschließend ihre Geschmacksknospen voll des Erstaunens sein.

PUTZTEUFEL

Erstelle einen Putzplan!

Der Putzplan – Objekt hitziger WG-Diskussionen, Dokument guter Vorsätze oder Ausdruck deutscher Spießigkeit – wie auch immer. Wir haben hier einen Plan zusammengestellt, der dir helfen wird, dein Heim in einen Hort der Sauberkeit und Gemütlichkeit zu verwandeln. Unser Arbeitsplan kann natürlich nur ein Vorschlag sein, um deine Hausarbeit effizienter zu verrichten, und hängt von der Größe deiner Wohnung, dem Grad der Verschmutzung, deinem persönlichen Sauberkeitsempfinden, deinem Bewegungsdrang, von Lust und Laune ab.

Wir empfehlen, ihn auf deine Bedürfnisse zurechtzuschneidern, und hast du ihn einmal in dein wöchentliches Workout-Programm integriert, bietet er dir unschätzbare Vorteile: Du fängst nicht immer wieder von neuem an zu überlegen, mit was wo anfangen, und du erwachst auch nicht irgendwann auf einer Müllhalde, wo dir nur noch bleibt, entweder deine Mutter anzurufen oder auszuziehen.

 So reinige ich meine Wohnung am einfachsten

Am besten übers Wochenende verreisen, und Mutti den Wohnungsschlüssel zum Blumengießen geben – funktioniert meistens.

Was meint die Jury?

: Aber ich kenn deine Mutti doch gar nicht!

: Klappt vor allem – zumindest bei meiner Mutter – wenn man vorher ausdrückliches Putzverbot ausspricht.

: Ihr habt die Schwiegermütter vergessen – die putzen noch gründlicher, und sei es nur, um der Schwiegertochter zu zeigen, wie es »richtig geht«.

: Eine putzsüchtige Nachbarin für die Katzenfütterung tut es auch.

: Auch wenn es schulmeisternd klingt: Selbst ist der Mann/die Frau! Ich habe als Mann alleine 100 m² zu warten. Geht hervorragend. Ein Tipp: Weniger Teppich verlegen, dann kann man mit Staubsauger oder Feudel schön agieren, und die Milben bleiben draußen.

: Hallo, bin selber Mutti und Schwiegermutti, aber es fiele mir im Traum nicht ein, die Wohnung meiner Kinder zu putzen. Bei mir kommt auch keiner zum Putzen.

: Mein Sohn macht das seit 5 Jahren so, und ich falle immer wieder darauf rein.

: Ich glaube, Mütter sind mit einem »Schmutzorgan« ausgestattet, sie finden geringste Dreckmengen schon auf große Entfernungen. Kein Wunder, dass sie sich so gut für diesen Tipp eignen.

: Guter Tipp, aber nur, wenn Sohn oder Tochter auch etwas für mich tut, etwas, was ich nicht so gern mache, z. B. Rüschenhemden bügeln oder Marmelade einkochen!

Arbeits-Schritt	Was	Wann	Wo	Wie	Vorsicht	Wie lange
1	Durchlüften.	1–2-mal täglich	in der ganzen Wohnung	Fenster 10 Minuten auflassen	Fliegende Blätter, knallende Türen	5–10 Minuten
2	Bett machen	1-mal morgens	im Schlafzimmer	Kissen und Decke ausschütteln, lüften und wieder schön aufs Bett drapieren	Vor dem Ausschütteln aus dem Fenster Decken nach Büchern, Schmusetieren und sonstigen Bettgenossen untersuchen	5 Minuten
3	Aufräumen	täglich	in der ganzen Wohnung	Hier gilt das Prinzip: Tue es gleich richtig, alles an seinen Ort bringen, keine Zwischenlager bilden	Beim Aufräumen der alten Zeitschriften nicht anfangen zu lesen	20 Minuten
4	Staub wischen	1-mal wöchentlich und nach Bedarf	vor allem in Schlaf- und Wohnräumen	Lappen, Wasser, wenig Spülmittel	Vorsichtig auf Stühle/Leitern steigen, wenn hohe Schränke oder Regale abgewischt werden sollen	10–30 Minuten

Arbeits-Schritt	Was	Wann	Wo	Wie	Vorsicht	Wie lange
5	Staub-saugen bzw. Fegen	1-mal wöchentlich und nach Bedarf	in der ganzen Wohnung	Mit dem Staubsauber bzw. dem Besen	Auch Kleinteile können von Bedeutung sein, also immer schön gucken, was verschlungen wird	15 Minuten
6	Spülen	am besten täglich	in der Küche	Die üblichen Ver-dächtigen: Wasser, Spülmittel und Lappen	Nicht am heißen Wasser verbrennen und Vorsicht bei scharfen Messern, spitzen Gabeln und brüchigem Porzellan	In 15 Minu-ten sollte das erledigt sein
7	Müll raus-bringen	1–3-mal wöchentlich und nach Bedarf	Küche/Bad	Ist der Müll sortiert? Dann Müllbeutel zuknoten und in die Mülltonne stecken	Vor der Nachbarin, wenn du die Sektflasche in die Papiertonne schmeißt	5 Minuten
8	Blumen gießen	1-mal wöchentlich	Da, wo Pflan-zen stehen	Mit einer Gießkanne	Rutschgefahr	5 Minuten

Unsere große Internetgemeinde – euch sei an dieser Stelle nochmals tausendfach gedankt – hat uns mit reichlich Tipps für den Wohnungsputz versorgt. Hier die besten:

Wohn- und Arbeitsbereich

Fernbedienung und Tastatur säubern

Zum Reinigen von allem, was Tasten, Knöpfe, Räder mit Mini-Zwischenräumen hat, nehme ich einen ganz normalen Rasierpinsel. Er hat einen ausreichend großen Durchmesser, die Borsten sind fest genug, aber nicht zu hart, um die Oberflächen zu zerkratzen. Ein paar Mal kreuz und quer über die Fernbedienung oder das Keyboard gepinselt, und ruck, zuck ist der Staub auch in den kleinsten Zwischenräumen weg! Nachteil: Es wirbelt natürlich etwas Staub auf. Aber du kannst ja die Fernbedienung (oder auch je nach körperlicher Konstitution die Stereoanlage) beim Putzen zum Fenster raushalten.

Was meint die Jury?

: Eignet sich auch fürs Cockpit im Auto.

: Ich nehme zum Staubwedeln bei Kleinteilen einen günstig vom Krabbeltisch erstandenen Kosmetikpinsel. Zwischenräume bei Fernbedienungen bekommt man auch gut mit einem feuchten Wattestäbchen sauber.

: Benutze immer einen Lasur-Pinsel: breit und schmal mit längeren Haaren. Eignet sich auch für tiefere Zwischenräumchen (z. B. Tastatur).

: Tastaturen bau ich auseinander und wasche die Tasten in einem Eimer Seifenwasser. Aber immer merken/aufschreiben/fotografieren, welche Taste wohin gehört. Die Platine grob säubern (ausschütteln) oder z. B. mit dem Staubsauger oder einem kleinen Besen reinigen.

: Alternative zur Pinseltechnik: Einfach den Staubsauger nehmen, den kleinen Bürstenaufsatz aus dem beiliegenden Zubehör finden, draufstecken und die staubigen Kleingeräte kreuz und quer absaugen. Das funktioniert super und wirbelt auch keinen Staub auf.

: Für Perfektionisten: In Fotogeschäften gibts eine Putzpumpe zum Reinigen von Objektiven – funzt wunderbar bei Tastaturen und z. B. beim Reinigen von den Fuzzi-Ritzen beim Handy.

: Mein Tipp: 24 Stunden Fernsehen gucken und immer schön zappen, da kann Staub nicht Platz nehmen.

: Deine Fernbedienung möchte ich nicht sehen, da kleben bestimmt schon die Finger fest.

: Nehme auch einen Schminkpinsel, funzt prima. Sollte mal eine Flüssigkeit über ne Fernbedienung gelaufen sein, wird sie demontiert und komplett bis auf die Platine ins Ultraschallbad gelegt (geniale Erfindung). Die Platine selbst reinige ich mit Spiritus (Ethanol), hat schon so manchen hoffnungslosen Fall wiederbelebt.

: Statt alle paar Wochen mühselig die Tastatur zu reinigen (manche sind wirklich ekelig schmutzig!), einfach eine Lage Klarsichtfolie von der Rolle um die Tastatur wickeln. Die verrutscht nicht, ist einfach auszuwechseln, und die Tastatur sieht immer wie neu aus. Trotz Folie ist sie sehr gut zu benutzen.

: Habt Ihr eigentlich nichts Wichtigeres zu tun? Manche eurer Putzaktionen haben schon was Neurotisches, oder?

: Nein, nichts Neurotisches, eigentlich nur alles, was mit minimalem Aufwand das maximale Ergebnis bringt. Kannst du auch was dazu beitragen? Danke!

 **Reinigung von Orientteppichen** ★ ★ ★ ★ ☆

Wenn dein Orientteppich unansehnlich geworden ist, kannst du ihn mit der Oberseite in den Schnee legen und mit dem Teppichklopfer ausklopfen. In schneelosen Zeiten besorge dir je nach Größe des Teppichs 1–2 Pfund Sauerkraut. Mit einem Schrubber tüchtig einmassieren, abtrocknen lassen und kräftig absaugen. Der Teppich sieht aus wie neu, denn die Säure bringt die Farben wieder schön frisch hervor.

Was meint die Jury?

: Mit Sauerkraut? Und dann müffelt die Bude noch jahrelang nach Krautfaß oder?

: Kenne beide Methoden aus Kindheitstagen. Meine Großmutter und meine Mutter haben so ihre Läufer gereinigt. Funktioniert wirklich.

: Ich habe bis vor kurzem meinen Perser immer mit Essigwasser gereinigt. Hat auch gut geklappt. Aber kaum zu glauben: Sauerkraut stinkt weniger, als wenn du Essigwasser nimmst, wenn du es richtig einmassierst, frischst du nicht nur die oberen Spitzen auf, sondern die Reinigung erfolgt auch in der Tiefe.

: Perser, Läufer? Wo bin ich hier?!

Wohl riechender Staubsauger ★ ★ ★ ★ ☆

Stinkts aus dem Staubsauger, gibt es verschiedene Möglichkeiten der Abhilfe. Eine ist das Einsaugen von Waschmittel. Allerdings nur wenig Waschpulver verwenden, da das Mittel bei zu hoher Konzentration einen beißenden Geruch verbreiten kann. Auch sollte es kein Flüssigwaschmittel sein, da dieses den Staubsaugerbeutel beschädigen kann, sondern eines in Pulverform.

Was meint die Jury?

⦂ Wie wäre es mal mit Staubsaugerbeutelwechsel. Den Luftfilter kannst du ebenfalls austauschen oder ihn absaugen, sauber abstauben, ausklopfen, lüften oder mit Druckluft richtig durchblasen. Wenn du deinen Staubsauger gründlich gereinigt und einen neuen Beutel eingesetzt hast, dürfte er eigentlich nicht mehr »stinken«.

⦂ Waschmittelgeruch ist ja nicht jedermanns Sache. Ich empfehle Früchte- oder Pfefferminztee – hat ebenfalls eine wohlriechende Wirkung.

⦂ Wenn du Düftöle oder Duftstäbchen zu Hause hast, kannst du auch ein paar Tropfen deines Lieblingsgeruches auf den Beutel träufeln oder ein bis zwei Duftstäbchen neben den Beutel in den Staubsauger legen.

Wände wie neu ★ ★ ★ ★ ★

Die meisten Wände lassen sich gut mit Wasser und einem milden Allzweckreiniger abwaschen. Spart den Tapezierer.

Was meint die Jury?

⠒ Guter Tipp. Aber wenn sich irgend so ein bewegungsfauler Volltrottel beim Schuheanziehen mal wieder an der Wand abgestützt hat und danach seine Grabscher deutlich zu erkennen sind, kann man das auch mit einem einfachen Radiergummi in Windeseile wegrubbeln.

⠒ Fettflecken an der Wand lassen sich auch entfernen, wenn du ein Löschpapier nimmst und über die Stelle an der Wand bügelst. Das Löschpapier saugt das Fett auf!

⠒ Fettflecken werden mit Kartoffelmehl bestreut, nach dem Einwirken kann man es ausbürsten. Das funktioniert auch bei Flecken im Teppich.

⠒ Hab noch einen Tipp zu diesem Thema, funzt aber höchstwahrscheinlich nur bei weißer Tapete (zumindest nur dort an Flecken getestet, die sich über Jahre gebildet hatten): Chlorfix verdünnen und mit einem Lappen den Fettfleck von der Wand reiben. Klappt bestens, so hab ich meine Wohnung für den Nachmieter etwas freundlicher erscheinen lassen.

⠒ Die neuen Meister-Proper-Schwämmchen sind der Hammer. Damit kriegst du alles von den Wänden ab.

⠒ Fettflecken werden wie neu, wenn man sie täglich mit Butter einschmiert.

Cheat – Holzmöbelpflege

- Echtholzmöbel pflegst du am besten mit einem Öl (erhältlich im Handel)

- Furnierte Möbel (das sind die häufigsten) behandelst du mit Möbelpolitur oder mit Möbelspray

- Falls du lackierte Möbel hast, kannst du diese einfach mit normalem Spülwasser (frisches) oder mit Glasreiniger säubern

- Nie »scharfe« Reiniger verwenden, da sonst die Oberfläche zerkratzt

Küche

 Schränke abwischen

Am besten und einfachsten lässt sich diese Fettschmiere oben auf den Küchenschränken und der Dunstabzugshaube mit einem in Öl getränkten Lappen entfernen. Dann die Schrankoberfläche mit einfachem Spülmittelwasser nochmals abwischen und fertig.

Was meint die Jury?

⁚ Hab ich sofort ausprobiert. Funktioniert bestens.

⁚ ... wenn es dann immer noch nicht klappt, kann man das Öl kurz erhitzen und mit einem Schwämmchen auf die völlig verdreckten Stellen auftragen. Als ich umzog, habe ich damit meine lange vernachlässigten Oberschränke wieder knallsauber gekriegt.

⠄ Mit Öl hab ich es noch nicht probiert, ich nehme Autoscheiben-reiniger. Damit geht jedes Fett ab.

⠄ Also das Einfachste ist, alte Zeitungen auf die Schränke zu legen und diese hin und wieder mal auszuwechseln … kein Putzen, kein Schmieren und überhaupt nicht zeitaufwendig!

⠄ Auf meinen Küchenschränken habe ich Frischhaltefolie liegen. Ich klebe sie an einigen Stellen mit Tesafilm fest. So kann sie bei einem Windstoß (Durchzug in der Küche) nicht verrutschen. Wenn man Zeitungspapier nimmt und es nicht oft genug wechselt, kann es durchfetten. Dann hat man das Problem, dass man das Zeitungspapier auch noch schwer abbekommt.

⠄ Also ich habe immer Geschirrhandtücher auf den Schränken liegen. Sie sind billiger als Folie, denn sie können wiederverwendet werden, und weggeflogen ist mir noch kein einziges. ;o)

⠄ Wer guckt schon auf die Schränke? Wäre froh, wenn mir das einer erklärt. Erkenne den Sinn einer solchen Aktion nicht ganz …

⠄ Ich glaube, das Problem ist, dass die hartnäckige Fett-Staub-Schicht auf den Schränken sehr schwer zu reinigen ist. Hab allerdings auch eine Weile gebraucht, um zu kapieren, wohin das Papier gelegt wird. Ich dachte anfangs auf die Arbeitsfläche …

Edelstahlglanz ohne Streifen ★ ★ ★ ★ ★

 Nach dem Reinigen von z. B. Dunstabzugshauben oder Kühlschranktüren aus Edelstahl einfach etwas Baby-Penatenöl auf einen Lappen geben und die Edelstahlober-flächen leicht damit einreiben. So haben Fingerabdrücke keine Chance mehr.

Was meint die Jury?

: Funktioniert wirklich und riecht auch noch gut.

: Die Edelstahlteile in meiner Küche glänzen wieder. Perfekt!

: Heute ausprobiert, und ich flippe aus! So leicht anzuwenden und so strahlend das Ergebnis. DANKE für den tollen Tipp.

: Ich verzweifle an meiner Dunstabzugshaube! Auch der Trick mit dem Öl funktioniert nicht. Egal, mit welchem Stahlreiniger ich sie putze, immer bleiben Streifen, und der nächste Lappen wird wieder schwarz. Mit dem Öl (zugegeben, ich habe Nivea-Hautöl benutzt) wieder das Gleiche: Fingerabdrücke und Streifen sieht man trotzdem noch. Wer kann mir helfen, dieses Rätsel zu lösen? Rettet meine Dunstabzugshaube, sonst schmeiß ich sie eines Tages raus!

: Mein Tipp: ein wenig Vaseline auf einem Küchentuch einreiben und dann mit einem sauberen Küchentuch nachreiben.

: Habe eine neue Haube bekommen und dabei lag eine Flasche Lampenöl – funktioniert einwandfrei. ;-)

 Backofen reinigen

Ich hatte kürzlich noch Ceranfeldreiniger auf meinem Putzlappen und habe damit kurz über die verspritzten Backofen-Ausschübe gewischt. Sie wurden ohne großes Reiben und Schrubben blitzblank. Danach habe ich damit auch den Backofen innen geputzt und selbst der eingebrannte Schmutz ließ sich damit problemlos entfernen.

Was meint die Jury?

⁚   Was ist das und wo kaufe ich es?

⁚   Das ist ein Reiniger für Cerankochplatten, flüssig in der Flasche zu kaufen in Drogerie- und in einigen Supermärkten.

⁚   Ich habe gestern damit meinen Backofen gereinigt, und es ging super. Ich war total baff. Wenn es richtig eingebrannt ist, sollte man allerdings noch einen Metallschwamm zu Hilfe nehmen.

⁚   Um Verschmutzung zu vermeiden, kommt aber bitte nie auf die Idee, Alufolie direkt auf den Backofenboden zu legen. Die Oberflächenbeschichtung reagiert mit der Alufolie. Das steht auch in der Anleitung zu deinem Backofen.

⁚   Richtig. Bei mir hat sich die Alufolie in den Herdboden richtig fies eingebrannt.

⁚   Sollte der Gitterrost von eurem Backofen verkrustet sein, könnt ihr ihn am besten, schnellsten und billigsten mit Soda und einem Schwamm (blaue Seite) reinigen. Soda gibt es in der Drogerie.

⁚   Ich finde, mit verseifter Stahlwolle (Abrazo oder Ako-Pads) hat jeder Grillrost seinen Schrecken verloren.

Cheat – saubere Küche

Art der Verschmutzung	Gegenmittel
Eingebranntes	Wasser mit Spülmittel, Backpulver, Essig oder Essigessenz, Waschmittel, Speisenatron, Soda oder sogar Abflussreiniger, je nach Verschmutzungsgrad einweichen oder aufkochen lassen und spülen.
Kalkrückstände	Wasser mit Essig oder Essigessenz, Zitronensäure, Früchtetee, Glühwein oder Backpulver und das Ganze einwirken lassen und nachspülen oder evtl. aufkochen.
Tee- und Kaffeerückstände	Wasser mit Spülmaschinenpulver, Backpulver, Salz oder Gebissreiniger einwirken lassen und ausspülen.
Verschmutzte Spüle	Mit Klarspüler, Zahnpasta, Zitronenscheiben, Orangenscheiben, Kartoffelschalen oder Scheuermilch einreiben und sauber abspülen.

Unangenehme Gerüche aus dem Kühlschrank vertreiben

★ ★ ★ ★ ☆

Du nimmst ein Stück Holzkohle, legst es in den Kühlschrank, und schon verschwinden die lästigen Gerüche von Käse, Fisch etc. Das ist billig, schimmelt nicht und kann auch nicht verschüttet werden.

Was meint die Jury?

: Wenn der Kühlschrank unangenehm riecht, gibt es einen kleinen, aber feinen Trick: Einfach eine Schale mit Zitronenwasser hineinstellen – das hilft!

: Man kann auch Natron auf einen kleinen Teller schütten und in den Kühlschrank stellen.

: Alternativ zum Zitronensaft kann auch etwas Milch helfen, die Milch bindet die Gerüche. Muss aber spätestens jeden zweiten Tag gewechselt werden!

: Na prima! Du knallst einmal den Kühlschrank zu, und schon ist die ganze Soße im Gemüsefach. Besser: einen Würfel Hefe offen in den Kühlschrank legen. Er saugt Gerüche auf. Wenn er anfängt zu schimmeln, tauschst du ihn einfach aus.

: Gerüche im Kühlschrank entstehen in der Regel durch vergammeltes Essen; fauliges Gemüse, Eier, verdorbenes Fleisch und Fisch stinken am schlimmsten. Wie wärs also einfach mal mit leer räumen und ordentlich sauber putzen! Abgelaufene Lebensmittel aus dem Kühlschrank entfernen, Flüssigkeiten, Ränder von Milchflaschen etc. wegwischen.

Wasserkocher entkalken

★ ★ ★ ★ ☆

Supertipp für essiggurkenessende Teetrinker: Sobald du alle Gurken aufgefuttert hast, einfach die übrige Brühe aus dem Gurkenglas in den Wasserkocher kippen. Nach Bedarf mit Wasser so weit auffüllen, bis die Kalkgrenze erreicht ist. Über Nacht stehen lassen, morgens ist der Wasserkocher wieder blitzeblank!

Was meint die Jury?

⋮ Oder eben einfach gleich Essig nehmen!

⋮ Das funktioniert mit jeder Art von Säure, nur sollte sie nicht so stark sein, dass sie den Wasserkocher auflöst. :-) Der Reinigungsprozess lässt sich auf ca. 10 Minuten verkürzen, wenn man das Essiggurkenwasser im Wasserkocher zum Kochen bringt.

⋮ Mein Wasserkocher aus Metall ist stets sauber und kalkfrei, weil ich statt Zitronensäure oder Essig einfach Früchtetee verwende. Koche einfach Früchtetee (keinen aromatisierten schwarzen Tee) im Wasserkocher und schütte ihn nach dem Erkalten wieder aus.

⋮ Und warum sollte ich jetzt Tee statt Essig oder Zitronensäure nehmen?

⋮ Ey, ich hab praktisch nie Zitronensäure, und schon gar nicht Essig im Haus, aber nen Beutel Früchtetee find ich immer. Also, toller Tipp.

⋮ Hatte gestern ein überraschendes Erlebnis mit Glühwein. Habe diesen in meinem Wasserkocher heiß gemacht, und als die Tassen voll waren, bemerkte ich, dass jeglicher Kalk verschwunden war und mein Wasserkocher aussah wie frisch aus dem Laden. So sauber habe ich ihn noch nicht mal mit »Antikalk« bekommen. Das nenne ich mal eine günstige Alternative. Fragt mich aber nicht nach den Gründen. Vielleicht die Weinsäure?

Thermoskannenreinigung ★ ★ ★ ★ ★

Tee und Kaffeereste in Thermoskannen bekommt man weg, indem man eine halbe Portion Spülmaschinenpulver oder -Tabs mit heißem Wasser übergießt. Einfach über Nacht einwirken lassen, und die Thermoskanne ist wie neu.

Was meint die Jury?

⁚ Guter Tipp. Aber sehr viel preiswerter und schonender funktioniert es mit einem Tütchen Backpulver.

⁚ Leute, ich schraube die Thermoskannen auf und stelle alle Einzelteile in die Spülmaschine! So kann ich noch sehr viel mehr mit abwaschen mit einer halben Tablette. Wird garantiert wie neu!

⁚ Man kann auch ein bisschen Kochsalz in die Thermoskanne streuen und dann mit einer Spülbürste ausreiben.

⁚ Ich habe immer Gebissreiniger ohne Minzgeschmack zum Reinigen zu Hause. Wasser in die Vasen (besonders die engen, wo keiner mit der Hand hineinkommt) oder Thermoskannen, je nach Bedarf ½ oder 1 Tablette dazu und stehen lassen. Anschließend klar nachspülen. Glänzen wie neu. Auch für Toiletten ist das super, am besten über Nacht zwei Tabletten wirken lassen.

⁚ Habe mit Gebissreinigern meine Thermoskanne zum Blinken gebracht, aber hatte dann ein weitaus größeres Problem am Hals.

Als meine Freundin (noch ganz frisch) nach dem ersten gemeinsamen Wochenende bei mir anrief, fragte sie mich völlig konsterniert, warum ich denn bitte in aller Welt Corega-Tabs in meinem Badschrank aufbewahre. Ich – nicht auf den Mund gefallen – habe sie gefragt, ob sie denn meine Zähne im Glas auf dem Nachttisch nicht gesehen hätte. Also, viel fehlte da nicht mehr, und ich wäre wieder solo gewesen. Ich konnte sie nur noch mit Mühe davon überzeugen, dass bei mir noch nichts zum Rausnehmen ist! (Bin 30.) Überlegt euch bitte gut, wo ihr das Zeug aufhebt, wenn ihr eure Lady das erste Mal alleine ins Bad lasst.

PS: Was sucht frau eigentlich in meinen Schränken?

⠆ Also, Jungs, wenn ihr wüsstet, was wir Frauen so alles durchsuchen, dann würdet ihr die Tür vom Badezimmerschrank freiwillig aushängen.

⠆ Badezimmerschränke angucken ist doch noch harmlos. Außerdem muss frau doch auch sichergehen, dass sie sich keinen Psychopathen mit Arsen im Schrank geangelt hat! :-)

⠆ Hey, ich hab im Badschrank immer eine Murmel. Dann hört man auch von außen, wenn jemand den Schrank durchstöbert.

⠆ Wieso hebst du das Entkalkungsmittel im Badschrank auf? Das gehört unter die Spüle.

⠆ Die würde ich auch nie durchsuchen. Im Gegensatz zum Badschrank. Das ist Pflicht.

⠆ Was machen Frauen, wenn Mann keinen Badschrank hat?

⠆ Eine männliche Single-Wohnung so zu sterilisieren, dass ein weiblicher Besuch nichts findet, ist wohl kaum möglich.

: Stell dir vor, sie hätte zwei Zahnbürsten im Becher entdeckt. Das wäre ein echter Erklärungsnotstand.

: Eure Probleme möchte ich haben! Ich wäre froh, wenn eine Frau meinen Badezimmerschrank genauer unter die Lupe nehmen würde. Aber es kommt ja noch nicht einmal eine Frau in die Nähe meiner Wohnung, geschweige denn meines Bades!

Bad und WC

**Badreinigung
mit Apfelsinenschale** ★ ★ ★ ★ ★

Um das Waschbecken sauber zu bekommen, kannst du es mit der Innenseite einer Apfelsinenschale einreiben. Danach mit einem Mikrofasertuch polieren. Durch die Apfelsine bekommt das Bad auch noch einen frischen Duft.

Was meint die Jury?

: Es gibt auch Putzmittel zu kaufen, die vorwiegend Orangenöl enthalten. Man braucht nur wenig davon.

: Ich finde die Idee auch gut, da man ja häufig Orangen isst und die Schale sonst sowieso wegwirft!

: Ich habe wenig Zeit, um stundenlang das Bad mit Apfelsinenschalen zu reinigen, wofür gibt es Kalksprays?

: Mit Zitronenschalen (hat man immer da) nach dem Auspressen die Armaturen (Wasserhähne etc.) einreiben, einwirken lassen, nachspülen – spart jedes Putz- und Entkalkungsmittel.

: Habs grad ausprobiert, klappt echt super! Allerdings hab ich das Waschbecken mit Wasser und einem Tuch vorgereinigt, die Kiddies verkleckern immer Zahnpasta.

: Und danach zur Heizungszeit die Orangenschale noch auf die Heizung, das riecht lecker!

Schimmel im Bad

Neue Wohnung, alter Schimmel/neuer Schimmel? Domestos oder ein ähnliches Produkt in eine kleine Sprühflasche/Zerstäuber füllen und großzügig auf den Schimmelbefall (Silikonfugen, auch vergilbte und Fliesenfugen) sprühen, eine Nacht einwirken lassen und danach nur mit reichlich Wasser spülen. Nicht kratzen, sonst wird lediglich die Fuge aufgeraut und Schimmel bildet sich schneller. Der unangenehme Geruch verschwindet nach dem Abspülen recht schnell.

Was meint die Jury?

: Das nutzt doch nichts, wenn einmal Schimmelbefall ist, gibt es kein Heilmittel. Das ist alles nur temporär! Am besten ist: Fugen raus und neu versiegeln. In Zukunft immer nach dem Duschen Fliesen kurz trocken reiben!

: Und was macht man, wenn der Schimmel nicht in den Fugen, sondern in der angeblich mit wasserabweisender Farbe gestrichenen Tapete sitzt?

: Bei Schimmelbefall in Zimmerecken und an Wänden sollte man seine Lüftungsgewohnheiten ändern. Bei jedem Maler bekommt man außerdem Mittel, die vorhandenen Schimmel abtöten und ausschwemmen.

⋮ Nur weil man die Schimmelflecken erfolgreich überstrichen hat, mit welcher Chemie auch immer, heißt das noch lange nicht, dass da kein Schimmel mehr ist.
Fakt ist: Schimmelsporen sind stark gesundheitsgefährdend und krebserregend. Schimmel niemals im trockenen Zustand abbürsten! Wenn man Schimmel in Schlafräumen hat, raus aus dem Zimmer, woanders schlafen, bis der Schimmel richtig entfernt ist!

⋮ Die Schimmelbekämpfung sollte stets schnell und gründlich erfolgen. Chemische Mittel helfen nicht mehr wie Essig-Essenz oder Salmiak – sie schaden nur eurer Gesundheit. Entfernt am besten die befallenen Oberflächen in weiterem Umkreis. Ist der Schimmel älter, solltet ihr unbedingt prüfen lassen, ob er bereits in tiefer gelegene Schichten abgewandert ist. Wenn das der Fall ist, müsst ihr möglicherweise den Putz großflächig entfernen. In der Regel gehen vom Schimmelpilz keine gesundheitlichen Gefahren aus. Einige selten vorkommende Arten können jedoch tödlich wirken.

⋮ Schön, und welche?

⋮ Vielleicht sollte man einfach der Ursache vom Schimmel auf den Grund gehen. Denn meistens ist nicht das falsche Lüften am Schimmel schuld, sondern schlechte Isolierungen. Wärmedämmverbundsystem in Überdicke, da kann die Wand, nicht mehr atmen, die Feuchtigkeit kondensiert in der Wand, und nach einem ½ Jahr winkt einem der Schimmel aus allen Ecken entgegen.

⋮ Ich bearbeite die Dusche immer vorm Duschen mit Zitronenspüli. Hat drei Vorteile: Schimmel kann erst gar nicht entstehen, zweitens ist die Dusche schon geputzt, und drittens riechen die Füße so herrlich.

⋮ Na wenigstens schimmeln deine Füße nicht.

Cheat – Schimmelvermeidung

Schimmel in der Wohnung kann durchaus gewünscht sein. Aber nur z. B. bei Rocquefort-Käse. An Wänden, Fliesen, Kacheln, Silikonfugen, Möbeln und sonstigen festen und beweglichen Teilen deiner Wohnung hat Schimmel jedoch nichts verloren. Denn Schimmel sieht nicht nur schlecht aus, er ist auch gesundheitsgefährdend.

Schimmel gedeiht besonders
- bei Feuchtigkeit mit geringer Luftbewegung, z. B. in Bädern, Duschen, Küchen etc.
- bei Wärme
- bei vorliegender Nahrung in Form organischer Ablagerungen, z. B. Rückstände von Seife, Shampoo, Duschgel, Badezusatz, Kochdunst etc.

Schimmel lässt sich meist durch Stoßlüften vermeiden, das heißt: je nach Feuchtigkeitsaufkommen (baden, duschen, Wäsche trocknen, kochen) alle 2 bis 4 Stunden die Fenster für 5 bis 10 Minuten ganz öffnen. Die Wohnung soll nicht langsam abgekühlt werden (gekipptes Fenster), sondern Luft soll komplett ausgetauscht werden (Stoßlüftung).

Wer ein Hygrometer besitzt, sollte darauf achten, dass die Luftfeuchte 50 Prozent nicht überschreitet. Die Außenwände sollten nicht vollgestellt oder -gehängt werden, da sie immer genügend belüftet sein sollten. Bei schwerem Schimmelproblem sollte der Fachmann zu Rate gezogen werden. Das Umweltbundesamt hat eine Broschüre zu diesem Thema herausgegeben: www.umweltbundesamt.de.

**Keine beschlagenen Spiegel mehr
nach dem Duschen oder Baden** ★ ★ ★ ☆ ☆

Reibe den Spiegel mit ganz normaler Seife trocken ein. Die Seifenschlieren polierst du dann mit einem trockenen Tuch, bis keine Streifen mehr sichtbar sind. Somit verteilst du die Seife auf dem ganzen Spiegel. Es kann nun noch so sehr im Bad dampfen, der Spiegel bleibt klar!

Was meint die Jury?

∶ Es gibt auch beheizte Spiegel.

∶ Die Methode eignet sich auch gut zum Brilleputzen.

∶ Beheizte Brille?

WASCHBÄR

Richte deine Schlafstätte!

Mittwoch, 22 Uhr

Morgen muss ich wieder arbeiten und möchte Angelina und ihren dämlichen Kolleginnen selbstsicher und gelassen gegenübertreten. Nur habe ich meine haushaltlichen Pflichten in den letzten Tagen doch stark vernachlässigt. Sauber liegt im Schrank nur noch mein Mickey-Mouse-Sweatshirt und eine grellrote Fahrradleggins. Zum Waschen muss ich Spüli nehmen, einkaufen war ich nämlich auch nicht.

22:45 Uhr

Alarm! Überall Schaum in meiner Wohnung! Waschmaschine hört nicht auf mit Blubbern!

Lieber Ingo!
Lade doch ein paar Freunde zu einer Schaumparty ein. Mitzubringen sind Badebekleidung und etwas zu trinken. Funktioniert natürlich nur, wenn es dir egal ist, dass du dir bald eine neue Wohnung suchen kannst.
Die weitaus unspaßigere, dafür wohnungserhaltende Methode: Pumpe das Wasser ab (ein Blick in die Bedienungsanleitung deiner Waschmaschine sagt dir, wie) und hole die Klamotten raus. Danach lässt du die Waschmaschine ohne Inhalt laufen – und zwar so lange und oft, bis kein Schaum mehr da ist. Die nassen Kleidungsstücke solltest du erst morgen waschen, wenn du Waschpulver gekauft hast. Also freunde dich mit Mickey Mouse an oder überzeuge deinen Arzt, dich noch drei Tage krankzuschreiben. Dann kannst du auch deine Wohnung

wieder etwas auf Vordermann bringen und die muffelige Bettwäsche waschen.

Bettgeflüster

»Das Bett, das früher eine in den Boden eingelassene Lagerstätte darstellte, ist im Gegensatz zum Streu-, Fell- oder Mattenlager eine erhöht angeordnete Liegestatt und gilt als das erste Möbel.« In vielen Junggesellenhaushalten bildet es zudem den Mittelpunkt des Wohnens und wird entsprechend frequentiert. Damit es nicht zum Freudenlager von Krümeln, Haus- und Staubmilben und Schlimmerem wird, ist eine regelmäßige Reinigung vonnöten, die sich nicht darin beschränkt, mit spitzen Fingern die Bettdecke zurechtzuzuppeln.

Cheat – Bettpflege

1. Täglich Betten lüften, ausschütteln und wieder sauber hinlegen und glatt streichen, da sich Milben und ähnliche kleine Tiere in warmen Ecken und Falten wohl fühlen.

2. Alle zwei Wochen Bettwäsche wechseln und waschen. Bei dieser Gelegenheit auch die Matratze gründlich absaugen, den Matratzenschoner (solltest du einen haben) ausschütteln und absaugen und den Lattenrost abstauben und abwischen.

3. Wenn du deine Bettwäsche wäschst, dann solltest du sie einmal abwechselnd von links und dann wieder von rechts waschen. So verhinderst du, dass sich in den Ecken Dreck- oder Staubreste bilden. Bevor du deine Bettwäsche in die Waschmaschine stopfst, solltest du alle Kissen- und Deckenbezüge zuknöpfen. Ansonsten verirren sich gerne mal eine Socke oder andere Klamotten darin.

Daunendecken in der Maschine waschen

★ ★ ★ ★ ★

Trotz gegenläufiger Meinungen ist es kein Problem, Daunendecken und -kissen in der Waschmaschine zu waschen. Als Waschmittel solltest du allerdings ausschließlich Daunenwaschmittel – ersatzweise eventuell ein neutrales Haarshampoo, aber bloß kein Vollwaschmittel – verwenden und den Fein- oder Wollwaschgang wählen.

Nach dem Waschen das Kissen oder die Decke bei niedriger Temperatur in einen Trockner stecken. Danach ist alles wieder schön locker. Falls es trotzdem verklumpt, einfach mal einen Tennisball mit in den Trockner legen.

Was meint die Jury?

⋮ Funktioniert super. Habe statt des Tennisballs einen Turnschuh genommen, der »tritt« auch die hartnäckigsten Klumpen heraus. Für irgendwas muss er ja gut sein.

⋮ Wichtig ist, dass Waschmaschine und Trockner eine große Trommel besitzen. Wenn das nicht der Fall ist, kann man auch mal in einen Waschsalon gehen.

⋮ Vorsicht! Mir ist mal ein Daunenkissen in der Waschmaschine regelrecht geplatzt. Die Daunen haben die Waschmaschine verstopft. Totalschaden. Am besten das Kissen vor dem Waschen in einen Wäschesack oder in einen Kissenbezug mit Reißverschluss stecken.

⋮ Na super, habe gestern für einen Haufen Kohle die Daunendecken in die Reinigung gegeben! Hatte eigentlich schon überlegt, ob ich mir neue kaufe.

: Wer keinen Trockner hat, kann das Federkissen nach dem Waschen in der Waschmaschine antrocknen lassen, dann einfach eine Naht lösen, so dass die Düse eines Föns hindurchpasst, und losfönen. So wird alles nach dem Waschen wieder luftig und ohne Klumpen. Danach nur nicht vergessen, die Naht wieder zuzunähen! :)

: Ihr könnt die Decke auch auf einen Wäscheständer legen und ab und zu wenden. Bei schönem Wetter nix wie raus, dann habt ihr die Aprilfrische gratis.

Gardinen und Vorhänge

Am Ende unseres Waschkurses möchten wir noch ein für jüngere Menschen eher exotischeres Thema ansprechen: Es geht um Gardinen. Diese werden nämlich mit der Zeit immer unansehnlicher und – vor allem in Raucherwohnungen – gerne grau oder gelblich. Auch wenn Gardinenwaschen vielleicht nicht zu den aktuellen Problemen in deinem Haushalt gehört: Glaub uns, irgendwann willst du diese hässlichen grauen Dinger wieder schön weiß bekommen!

Das Problem bei ehemals weißen Gardinen ist, dass oftmals das Vollwaschmittel die vergilbten Gardinen auch nicht mehr richtig »aufweißen« kann. Deshalb hier ein paar Tricks:

Weiße Gardinen mit Gebissreiniger waschen ★ ★ ★ ★ ★

Zu den Gardinen und dem normalen Waschpulver einfach 5–6 Gebissreiniger mit in die Maschine geben und wie gewohnt waschen. Die Gardinen werden wieder richtig weiß, besonders gut für Raucherwohnungen.

Was meint die Jury?

⋮ Große Klasse, vielen Dank für den Tipp!

⋮ Wenn du in das Fach für den Hauptwaschgang ein halbes Glas Cola (kann ruhig abgestanden sein) schüttest, bekommst du auch angegilbte Gardinen wieder supersauber und -hell. Die Phosphorsäure, die in Cola ist, reinigt sogar Urinstein und Rost.

⋮ Wo um alles in der Welt hängen deine Gardinen?

⋮ Um deine Gardinen wieder weiß zu bekommen, kannst du auch einfach eine Tüte Backpulver (je nach Verschmutzung auch mehr) dem Waschmittel hinzuschütten und mit 40° C waschen. Danach sollten die Gardinen in fast neuem weißen Glanz erstrahlen.

⋮ Ab mit den Gardinen in die Badewanne oder ins Duschbecken, Wasser drauf und pro Gardine ca. eine Tintenpatrone öffnen und auf die Gardinen geben. Keine Panik, sie werden nicht blau. Das Wasser verdünnt die Tinte. 30 Minuten einweichen lassen. Danach die Gardinen wie gewohnt waschen. Du wirst sehen, so weiß waren sie noch nie. Der Effekt kommt von der stark verdünnten blauen Farbe. Ein (fast nicht sichtbarer) Blaustich lässt für das Auge eine weiße Fläche weißer erscheinen. Einfach genial!

Cheat – Gardinenreinigung

1. Gardinen abhängen.

2. Die Röllchen von den Gardinen mit einer Schnur zusammenbinden und/oder in eine alte Tennissocke stecken, damit sie sich nicht in dem Gardinenstoff verfangen.

3. Gardinen nicht über 40 Grad waschen und nichts anderes mitwaschen, Verfärbungsgefahr! Außerdem zerknittern zu heiß gewaschene Gardinen auch schneller.

4. Nur mit wenig Umdrehungen oder besser gar nicht schleudern.

5. Gardinen feucht oder sogar nass direkt wieder vor die Fenster hängen, dann zerknittern sie nicht.

6. Wenn du nicht willst, dass dein Fußboden nass wird, einfach ein paar Zeitungen unter den aufgehängten Gardinen auslegen.

BÜGELFALTER

Werde Weltmeister am Bügelbrett!

Sonntag, 17 Uhr

Auf meiner Stoffhose steht: »links bügeln« – bin aber Rechtshänder.

Mensch, Ingo,
dir ist wohl kein Argument zu lau, um dich vorm Bügeln zu drücken. Deshalb hier noch mal unser gesammeltes Bügelwissen.

Cheat – Bügeltricks

1. Feucht bügeln, fast alles lässt sich feucht einfacher bügeln.

2. Zum Sprühen am besten warmes Wasser verwenden und evtl. etwas Essig ins Wasser.

3. Etikett des zu bügelnden Stückes ansehen, zu hohe Temperaturen schaden vielen Stoffen.

4. Bedruckte Sachen vorsichtshalber immer links bügeln.

5. Seide und Leinen ebenfalls immer links bügeln, Leinen beginnt sonst zu glänzen.

6. Empfindliche Stoffe immer mit einem sauberen, leicht feuchten Tuch bügeln.

Bügeleisenpflege

Auch dein altes Bügeleisen, das du vielleicht irgendwann mal von Mutti geschenkt bekommen hast, weil sie sich ein neues gekauft hat, muss mal gereinigt werden. Wenn du ein Dampfbügeleisen hast, dann kann es vorkommen, dass das Bügeleisen verkalkt. In diesem Fall solltest du, falls möglich, einen Blick in die Bedienungsanleitung werfen. Wenn dort »manuelle Entkalkung« erlaubt ist, dann nimmst du dir eine gebräuchliche Säure (Essig oder Zitronensaft), mischst sie mit Wasser im Verhältnis 1:1 bis 1:2 und füllst das Gemisch in dein Bügeleisen. Nun gibt es zwei Möglichkeiten: Entweder du lässt das Bügeleisen ein paar Stunden stehen oder du dampfst es ordentlich durch. Danach mit klarem Wasser nachdampfen, damit keine Rückstände zurückbleiben.

Verklebtes Bügeleisen reinigen ★ ★ ★ ★ ★

Ist das Bügeleisen verklebt, wickelst du einfach einen Kerzenstummel in ein Tuch. Damit einige Male über das heiße Bügeleisen streichen. Es ist danach so sauber wie kaum zuvor.

Was meint die Jury?

⠸ Wir hatten Plastik am Bügeleisen, ging ganz wunderbar mit der Kerze.

⠸ Diesen Tipp hätte ich früher gebraucht. Jetzt hab ich das tolle Bügeleisenreinigungsset von … ausprobiert und mir meine Bügelfläche toll zerkratzt. Lasst die Finger von solchen Dingen!

⠸ Bin begeistert, der Trick mit der Kerze war phantastisch! Ich dachte wirklich, dass ich mein Bügeleisen wegwerfen muss. Ich hatte versehentlich ein Faschingskostüm zu heiß gebügelt und alle Kunststoffpartikel waren eingebrannt.

Welcher Partytyp bist du?

Um 23 Uhr klingelt es an deiner Tür. Du willst eigentlich gerade ins Bett. Müde und in Boxershorts öffnest du. Zwei Freunde und drei Flaschen Wein ziehen an dir vorbei. Was machst du?

Du simulierst einen Hustenanfall und sagst, du hättest die Spanische Grippe.	1 Punkt
»Supi, ich hol noch die Mädels aus der WG im ersten Stock.«	3 Punkte
Zusammen mit einer großen Schale Popcorn schaut ihr euch eine DVD an.	2 Punkte

Du bist auf eine 70er-Jahre-Party eingeladen. Was ziehst du an?

Die Afro-Perücke und die superenge Schlaghose von deinem Vater liegen immer griffbereit im Schrank.	3 Punkte
Du leihst dir von deinem Nachbarn seine hässliche Krawatte.	2 Punkte
»Ich hasse Mottopartys.«	1 Punkt

Um was soll sich der Partytalk drehen?

Um die neusten Bücher von Nick Hornby und Benjamin von Stuckrad-Barre.	1 Punkt
Um die neuste Frisur von David Beckham.	2 Punkte
Um die neueste CD von – ich versteh nichts es ist einfach viel zu laut …	3 Punkte

Die absoluten Stimmungskiller sind ...
uneingeladene Gäste, die plötzlich auftauchen
und besoffen zu Dieter Thomas Kuhn abtanzen.   1 Punkt
ein Stromausfall.   3 Punkte
nervende Nachbarn.   2 Punkte

Die absoluten Highlights auf einer Party sind ...
uneingeladene Gäste, die plötzlich auftauchen
und besoffen zu Dieter Thomas Kuhn abtanzen.   3 Punkte
ein Stromausfall.   1 Punkt
nervende Nachbarn.   2 Punkte

Woran erkennst du, dass deine Einladung ein Erfolg war?
Du hast sehr interessante Gespräche geführt,
deren Inhalt dich noch lange beschäftigt.   1 Punkt
Du wachst am Spätnachmittag auf, schlängelst
dich zwischen noch schlafenden Partygästen
(von denen du die meisten irgendwie nicht kennst)
hindurch in die Küche, wo sich der angesagteste
DJ der Stadt gerade seinen ersten Kaffee reinzieht.   3 Punkte
Fiona und Lukas laden dich zur Hochzeit ein.
Sie haben sich auf deiner Fete kennen gelernt.   2 Punkte

6–8 Punkte
Bei dir zählt Qualität statt Quantität. Laute Partys und banaler
Small Talk sind dir ein Graus. Nur leiser Jazz darf die Gespräche
deiner mit Sorgfalt ausgewählten Gäste untermalen.

9–12 Punkte
Du liebst es gemütlich und überschaubar. Nette Leute, gute Stimmung, nur kein Partystress. Und wenn ihr keinen Bock zum Reden habt, knallt ihr euch zum Ablästern und Abfuttern vor die Glotze.

13–18 Punkte

Party, Party! Du lässt kein Event aus. Groß, hungrig und verrückt muss deine Party sein und vor allem die, von der die Szene in einem Jahr noch spricht.

Partybasics

Es gibt viele Möglichkeiten, sich den Abend zu versauen, deshalb sei wählerisch. Wenn du nun mal kein Partyluder bist, das ohne Schaumparty oder Miss-Wet-T-Shirt-Contest das Wochenende überlebt, und lieber einen gemütlichen Kneipenabend verlebst, dann steh dazu. Laut Internet-Umfrage des Münchner Hochschulmagazins *Mayers* tun das übrigens 44 Prozent der Studenten. Also don't worry – ist gar nicht so peinlich.

Wenn du dich aber auf das Abenteuer einlassen und selbst eine Party geben möchtest, haben wir dir hier ein paar Dinge zusammengestellt, die dir bei der Ausführung helfen können.

Die Gäste

Spontane Partys sind manchmal die besten. Du hast eine Prüfung unerwartet gut bestanden, das Wetter und die Laune sind so gut, und du schickst deinen engsten Freunden und ein paar Leuten, die dir gerade einfallen, eine SMS (»Heute feiern wir bei mir – alle sind da, nur du fehlst noch!«). Zwei Stunden später drängeln sich doppelt so viele in deiner Wohnung zwischen mitgebrachtem Kartoffelsalat und gestapelten Bierkästen. Die Stimmung ist ausgelassen, die Bude qualmt. Das ist das ideale Szenario, allerdings kann es bei denselben Voraussetzungen auch ganz anders ablaufen, und du sitzt mit ein paar Hanseln (die anderen hatten alle etwas anderes vor) nur dumm rum.

Wenn du also den Ablauf des Abends besser im Griff haben

möchtest, gehört zu einer Party etwas Zeit für die Planung. Zuerst solltest du dir überlegen, ob das, was dir an Party vorschwebt, mit deinem Potenzial (deinen Gästen, deiner Wohnung, deinem Geldbeutel) zu leisten ist. Eine weitere Frage ist: Wen lade ich ein? In erster Linie solltest du Leute einladen, die du auf deiner Party gerne haben willst – so einfach ist das. Darüber hinaus solltest du darauf achten, dass die »Mischung« stimmt. Welche Bedürfnisse, Vorlieben und Geschmäcker haben die Gäste? Kennen sich die Gäste bereits? Wenn nicht, was kann ich tun, damit sie sich besser kennen lernen können. All diese Fragen müssen vorher bedacht werden. Das ist bei jeder Party unterschiedlich. Es sollten zum Beispiel keine Gäste gleichzeitig eingeladen werden, die sich nicht ausstehen können. Weiterhin ist es problematisch, wenn sich die meisten kennen und nur ein paar wenige »Fremde« dabei sind – die finden dann nur schwer Anschluss und sollten besonders vom Gastgeber umsorgt werden.

Bei Partys, bei denen sich die Gäste gewissermaßen vorbereiten müssen (Geburtstag, Mottoparty), macht es Sinn, mindestens eine Woche vorher Bescheid zu geben, dann haben die Gäste noch genug Zeit, um Geschenke einzukaufen oder sonstige Vorkehrungen zu treffen. So kannst du auch den einen oder anderen Gast schon mal fragen, ob er zum Beispiel einen Salat machen kann.

Ist keine Vorbereitung seitens der Gäste notwendig, reicht es auch, zwei Tage vorher einzuladen (mündlich, telefonisch, per SMS, per E-Mail).

Die Location

Es gibt Partys, da hat der Gastgeber seine Wohnung in eine Party-lounge verwandelt, und die Gäste drängeln sich in der viel zu engen Küche zwischen leeren Flaschen und Nudelsalatresten. Wenn die Stimmung stimmt, seis drum. Es gibt keinen Königsweg zum gelungenen Fest. Du kannst allein eine animierende Umgebung schaffen, die eine ausgelassene Stimmung begünstigen kann. Ein mit Möbeln und Stapeln von Büchern vollgestopftes Zimmer, beleuchtet allein von der Halogen-Schreibtischlampe und dem knallig bunten Bildschirmschoner, stellt schon hohe Ansprüche an das Spaß- und Fantasiepotenzial deiner Gäste, soll aus dem Abend eine Tanzorgie werden. Also aufräumen, Platz schaffen, unsexy Gegenstände – wie die augenblickliche Seminararbeit, den Wäscheständer etc. – verbannen und mit Kerzen, indirekter Beleuchtung und Dekogegenständen Atmosphäre schaffen.

Sitzen?

Lädst du zum Raclette ein, braucht natürlich jeder einen Stuhl. Bei einer Tanzfete kann das gemütliche Sofa zum Auffangbecken für bewegungs- und redefaule Gäste werden, die den ganzen Abend mit dem Bier zwischen den Beinen auf die anderen Gäste extrem stimmungslähmend wirken. Hier sind Stehtische eine gute Empfehlung, die sich mit leeren Getränkekisten auf Tischen auch selbst bauen lassen. Tuch oder Tischdecke drauf, kleine Kerze dazustellen – so halten sie ein Sektglas aus, dienen aber nicht dazu, sich draufzusetzen oder anzulehnen. Die Meute bleibt in Bewegung, und das gibt der ganzen Party Schwung.

Für den entspannten Fernseh- oder Videoabend hingegen sind das gemütliche Sofa oder ausreichend bequeme Sitz- und Liegemöglichkeiten natürlich ein Muss.

 **Kerzen brennen länger** ★ ★ ★ ★ ☆

Du planst ein romantisches Candle-Light-Dinner oder eine nur kerzenbeschienene schummrige 70er-Jahre-Party und hast keinen Bock, dauernd die Beleuchtung zu reaktivieren, dann solltest du die Kerzen vor ihrem Auftritt ins Gefrierfach legen. Warum? Ganz einfach: Kerzen brennen länger, wenn du sie vorher einfrierst. Teelichter erreichen fast die doppelte Brenndauer. Stabkerzen halten fast dreimal so lang wie üblich.

Was meint die Jury?

: Klappt super und jetzt hab ich endlich auch Licht in der Tiefkühltruhe. :)

: Es geht auch noch anders: Bei brennender Kerze eine Miniprise
Salzkörnchen ins flüssige Wachs rieseln lassen ... Trick ist uralt.

: Hab ich ausprobiert. Nach zwei Monaten vergessen und die
Kerzen mit Spargel verwechselt ... lecker!

: Mit Teelichtern klappt es tatsächlich, Brenndauer plus 3 Stunden. Bei den Stabkerzen (–18° C, ca. ein Monat) hat mich anfangs
das leise Knistern nicht groß gestört – schließlich müssen sie ja
erst die Raumtemperatur annehmen –, aber die herabfallenden
Wachsstücke (Frostbruch!) haben dann doch die romantische
Stimmung etwas eingeschränkt.

Der Sound

Nichts ist wichtiger für eine Party, auf der richtig abgetanzt werden soll, als der optimale Sound. Grundvoraussetzung dafür ist
erst mal die richtige funktionierende Technik, die du unbedingt
am Abend zuvor schon mal austestest. Ob Chartshow, Rock, Cross-
over, Punk, Oldies, Back To The 70s, Hardrock, Reggae, Grunge,
Hip Hop, NDW (Neue Deutsche Welle), House, Techno, Dance-
floor – die Musik muss gut abgestimmt sein. Am besten engagierst
du einen DJ, der direkt auf die Vibrations von der Tanzfläche reagieren kann. Aber Vorsicht: Frage niemanden, der sich hinter dem
Plattenteller selbst verwirklichen und allen anderen beweisen will,
welch ausgefallenen Musikgeschmack er hat. Nervig kann es auch
werden, wenn mehrere Gäste die Musikauswahl übernehmen und
den ganzen Abend durch die Musikgeschichte zappen.

Für eine durchtanzte Nacht brauchst du nicht gleich das gesamte Semester einladen, schon zehn Paar Füße können dein Parkett in Schwingung bringen. Der Funke muss überspringen. Das passiert oder auch nicht, hüte dich dringend davor, als Gastgeber deine Gäste ständig zum Tanzen zu animieren. Das tötet jede Stimmung, und du machst dich zum Affen.

Wie erstelle ich eine Playlist?

Vorbereitung: Wenn nicht schon geschehen, wandle die Audiodaten (z. B. CD) mit einem Rip-Programm (z. B. CDEX = Freeware) in komprimierte Audiodaten (mp3-Format) um (Urheberrechte beachten!). Hast du keinen Computer, frag einen Freund.

Je nach der Technik, die auf der Party zum Abspielen zur Verfügung steht:

1. mp3-Player (iPod o. Ä.): Lade die Titel im mp3-Format auf den mp3-Player, viele Geräte unterstützen keine Wiedergabelisten, deshalb Reihenfolge beachten.

2. CD- bzw. DVD-Player, mp3-tauglich: Brenne die Titel auf eine CD/DVD, auch hier ist meist keine Wiedergabeliste möglich, deshalb entweder die Dateien vorher sortieren oder die Shuffle-Funktion des Players benutzen. Auf eine CD passen (je nach Qualität) ca. 7–8 Stunden Musik. Auf eine normale DVD (4,7 GB) ungefähr das Siebenfache.

3. Computer: Erstelle eine Playlist (mit Windows Media Player, Winamp). Hier richtet sich die Länge natürlich nach dem vorhandenen »Musikvorrat«. In der Regel ist das die komfortabelste Lösung, da mithilfe der Wiedergabeliste ein schnelles Wechseln zwischen Liedern möglich ist und

schnell auf unterschiedliche Stimmungen/Wünsche reagiert werden kann. Allerdings solltest du dafür sorgen, dass nicht ständig die Gäste am PC rumfummeln.

Tarzan sucht Jane*

Spiele können die lahmste Party auf Trab bringen und neue Lieben sich finden lassen. Wenn sie aber nicht gut durchdacht und auf die Stimmung und das Publikum abgestimmt werden, können sie zur größten Peinlichkeit mutieren. Spiele haben grundsätzlich immer etwas Peinliches, weil man Menschen aus der Deckung zwingt und ihnen Dinge zumutet, die sie vielleicht zuletzt vor Verlust ihrer Milchzähne gemacht haben. Um diese Peinlichkeit zu nehmen, muss der Spielleiter, der Gastgeber – also *du* – überzeugt davon sein, dass dieses Spiel jetzt der absolute Bringer ist. Einmal angefangen, musst du es durchziehen und alle dazu motivieren mitzumachen. Nichts ist schlimmer, als wenn sich ein paar Gäste vor den Augen der anderen und einem verunsicherten Gastgeber zum Deppen machen lassen. Also bevor du die Spielankündigung in die Runde schreist, checke die Stimmung der Gäste, wenn du irgendwelche Zweifel hast oder dich nicht sicher fühlst: Lass es!

* Bei Tarzan sucht Jane bekommt jeder Gast einen Zettel mit dem Namen einer bekannten Persönlichkeit auf den Rücken geklebt. Die Aufgabe ist es nun, seinen Partner zu finden (Tarzan sucht Jane, Dick sucht Doof etc.). Erschwert wird das Ganze, da niemand weiß, wer er selbst ist, und nur durch Fragen, die er den anderen Gästen stellt, seine eigene Identität herausfinden kann. Die Befragten dürfen nur mit Ja oder Nein antworten. Ist der Partner gefunden, kann gemütlich angestoßen werden, bevor dann der Tanz eröffnet wird.

Mehr Spiele z. B. unter www.feiern.net oder www.spielekiste.de

Motto

Egal für welches Motto du dich entscheidest, es muss klar transportiert und auch durchgehalten werden bei der ganzen Partyplanung. Kündigst du im Winter eine Beachparty an, dann sieh zu, dass du deine Bude schon um 20 Uhr auf 28 Grad bringst und auch sonst für südländische Atmosphäre sorgst. Überlege dir auch gut, wen du einlädst, und drohe unsicheren Kandidaten, die sich jedem Motto verweigern, mit der Ausladung. Als Gast ist es wenig ruhmreich, als einziger Gladiator unter lauter Jeansträgern den Abend zu fristen.

Wenn du das beachtest, die nötige Zeit und Fantasie investierst, können solche Partys der absolute Hit werden. Verkleidungen locken die Menschen hinter ihrer Fassade hervor und sorgen für Gesprächsstoff. Wer möchte sich nicht mal in langen blonden Haaren ausprobieren oder unerkannt schwitzend hinter einer Gorillamaske verstecken.

Futter

Wer sich bei einer Party aufs Essen freut, ist jenseits der Verfallsgrenze. Klar, wir wohlstandsverwöhnten Babyboomerkinder müssen uns nicht bei Freunden und Verwandten satt essen, und es kommt auch nicht gut an, wenn du deiner Angebeteten bei der Begrüßung mit dem Hähnchenschenkel zuwinkst. Doch irgendwie enttäuschend ist es schon: Man kommt schön spät auf die Party und bräuchte, um richtig einzusteigen, umgehend Energiezufuhr, doch das Buffet ist total abgefressen. Also auch hier wie bei der Deko, ein nettes Essensangebot kann den Gesamteindruck deiner Fete noch toppen. Für größere Feierlichkeiten eignet sich hier ein Buffet. Du kannst die Türen in deiner Wohnung aushängen und als Buffettisch verwenden. Dadurch wird auch deine ganze Wohnung etwas geräumiger und offener.

Auch ein Tapeziertisch eignet sich für diesen Zweck. Dieser muss nicht in seiner nackten Schönheit erstrahlen, sondern kann entsprechend (dem Motto) dekoriert sein. Kalte und warme Speisen, daneben etwas Geschirr und vielleicht zu später Stunde noch eine heiße Suppe, diese Partyzutaten aus Mutters Zeiten kommen auch heute noch gut an. Einige taugliche Rezepte findest du hier im Buch, weitere lernst du kennen, wenn du deine Gäste bittest, etwas mitzubringen. Doch Vorsicht: Willst du nicht zehn Nudelsalate oder zwanzig Tiramisu im Angebot haben, sprich die Mitbringsel zuvor mit deinen Gästen ab.

Cheat – Partybuffet

So könnte dein Partybuffet aussehen: (alle Rezepte in deinem Lieblingsbuch [also hier] zu finden)

Krabbencocktail	Seite 97
Tomatensalat	Seite 102
Paprika-Mais-Salat	Seite 101
Spargeltorte	Seite 97
Lammspieße mit Dip	Seite 231
Panierte Schnitzel	Seite 161
Frikadellen	Seite 111
dazu Baguette oder Kräuterbaguette frisch aus dem Backofen	
Mousse au Chocolat	Seite 115
Sahnequark	Seite 114
Mitternachtskuchen	Seite 220

Mitternachtskuchen ★★★★☆

Setze deinen Gästen um Mitternacht noch einen Marmor- oder Schokokuchen vor. Der kann ohne Probleme aus einer Backmischung sein. Das ist den meisten Gästen dank kontinuierlichem Alkoholgenuss sowieso egal und kommt allemal besser an als irgendwelche Chips oder Salzstangen.

Was meint die Jury?

⠸ Hab ich letztens gemacht. Der Kuchen war nix wie weg!

⠸ Netter Mitternachtssnack – nur ich würde wohl einen eigenen Kuchen backen.

Flüssiges

Stell dir vor, in deiner Bude tanzt der Bär, und das Bier ist aus. Um solchem Mega-GAU vorzubeugen, ist Planung gefragt. Wer trinkt was und wie viel? Doch bei aller Alkoholwonne die alkoholfreien Getränke, den Kaffee und die Milch nicht vergessen.

Melodka ★★★★★

Wenn du eine Party veranstalten willst, egal ob es kalt oder warm draußen bzw. drinnen ist, dieses Rezept erfrischt oder wärmt dich und deine Gäste gleichzeitig auf. Du brauchst:

1 Wassermelone (Größe ist egal)
1 Flasche Wodka
1 Trichter

Einige Tage vor der Party (je eher, desto besser) stopfst du den Trichter in die Wassermelone. Anschließend Tag für Tag etwas Wodka hineinfüllen. Die Wassermelone muss dabei ständig gekühlt werden. Am Tag der Party hast du deine Melodka. Durch den Trichter nimmt die Wassermelone den Wodka auf und speichert ihn im Fruchtfleisch, das dann häppchenweise genossen werden kann.

Was meint die Jury?

: Habe ich in Polen vor paar Jahren kennen gelernt. Ist echt superlecker.

: Kenn ich aus Griechenland: Einfach ein flaschenhalsgroßes Loch oben in die Melone machen (oben ist da, wo der Himmel ist, wenn die Melone »von selbst« steht) und die geöffnete Wodkaflasche in die Melone schrauben (bzw. besser die Melone auf die Flasche schrauben und dann umdrehen). Einen Tag warten, kühlen, fertig.

: Die Anleitung ist in Ordnung, aber man hat das Problem, dass der Wodka sich überwiegend nur in der Mitte der Melone konzentriert. Deswegen mein Tipp: Man nehme eine dünne Stricknadel und steche vorsichtig vom Loch des Trichters kleine Gänge in verschiedene Richtungen. So verteilt sich der Wodka besser.

: Hier noch ein kleiner Tipp, wie man die ganze Prozedur etwas beschleunigen kann. Man nehme eine möglichst große Spritze mit langer Hohlnadel (bekommt man in jeder Apotheke). Damit dann einfach den Wodka in die Melone spritzen (quasi als »Wodka-Injektion«). Hat den Vorteil, dass es nur ein paar Minuten dauert und man nicht den ganzen Kühlschrank mit der geilen Frucht blockiert. Profis kühlen den Wodka vorher noch ab, dann verteilt er sich besser.

Cocktails sind auf jeder Party, die etwas auf sich hält, unabdingbar. Hier ein paar Mischungen:

Long Island Ice Tea (Originalrezept)
2 cl Cointreau
2 cl Gin
2 cl Rum
2 cl Tequila
2 cl Wodka
2 cl Zitronensaft
Coca-Cola

Alle Zutaten bis auf die Cola mit einigen Eiswürfeln in den Shaker geben und kräftig schütteln. Ein großes Longdrinkglas etwa zur Hälfte mit gestoßenem Eis füllen, die Mischung aus dem Shaker dazugeben und je nach Geschmack mit der Cola auffüllen.

Dieser Drink wird auch sehr gerne abgewandelt. Hier ein paar Variationsvorschläge:

Long Island Ice Tea 1
Starker, süßer, fruchtiger Drink, der aber sicher kein typischer Long Island Ice Tea ist
4 cl Wodka
4 cl weißer Rum
4 cl Triple Sec
2 cl Gin
1,5 cl Midori
1 cl Zuckersirup
1 cl Zitronensaft
Zubereitung: im Longdrinkglas mit Eiswürfeln und Cola auffüllen

Long Island Ice Tea 2

Starker, etwas saurer und erfrischender Long Island Ice Tea. Erinnert tatsächlich etwas an Eistee (mit Tequila).

2 cl weißer Rum
2 cl weißer Tequila
2 cl Cointreau
2 cl Gin
2 cl Wodka
4 cl Zitronensaft

Zubereitung: shaken
Glas: Longdrinkglas
mit 8 cl Cola auffüllen

Long Island Ice Tea 3

Süß-aromatischer, fruchtiger Long Island Ice Tea

1,5 cl Wodka
1,5 cl Triple Sec
1,5 cl weißer Rum
1,5 cl Gin
1,5 cl Tequila
1 cl Zitronensaft
1 cl Limettensaft
1 cl Zuckersirup
1 cl Orangensaft

Garnitur: Zitronenscheibe
Zubereitung: shaken
Glas: Longdrinkglas
mit 1 Schuss Cola auffüllen

Long Island Ice Tea 4

Fruchtig-süßer, harmonischer Long Island Ice Tea, der trotz des hohen Alkoholgehalts relativ leicht erscheint.

1,5 cl Gin
1,5 cl Wodka
1,5 cl Tequila
1,5 cl Triple Sec
1,5 cl weißer Rum
1,5 cl Limettensaft
1,5 cl Zitronensaft
1,5 cl Zuckersirup

Garnitur: Zitronenschale
Zubereitung: shaken
Glas: Longdrinkglas
Mit 1 Schuss Cola auffüllen

Sex on the beach

Ein Cocktail für das Karibikfeeling auf dem heimischen Balkon.

ca. 3 cl Pfirsichlikör
ca. 3 cl Wodka
ca. 6 cl Ananassaft
ca. 3 cl Kirschsaft
ca. 3 cl Orangensaft

Alternativ kann man auch Maracujasaft statt Ananassaft nehmen. Außerdem verfeinern manche Barkeeper den Drink mit einem Schuss weißem Rum.

Alles (am besten gut gekühlt) in einen Shaker kippen, ein paar Eiswürfel dazu, das Ganze kräftig schütteln und in ein Longdrinkglas gießen. Wenn man das Ergebnis dann noch mit der obligatorischen Orangenscheibe und einem dicken Strohhalm versieht, hilft das schon mal über das allsommerliche Fernweh hinweg.

Weltpremiere! Dirk Dussler, der – unserer Meinung nach – die besten Cocktails Ulms mixt, hat exklusiv für dieses Buch diese beiden Cocktails kreiert. Mixen und genießen … Wenn du mal in Ulm vorbeischauen solltest, kannst du den Meister in Aktion erleben – in seiner Cocktailbar »Manhattan« (Infos und Wegbeschreibung unter www.cocktails-ulm.de)

»*The Gentleman*«
(fruchtig, herb)
2 cl Wodka
2 cl Red Orange (Bols; Blutorangen-Likör)
2 cl Cointreau
1 cl Zitrone
6 cl Orangensaft
6 cl Maracujasaft
Alle Zutaten in dieser Reihenfolge zusammen mit Eis in den Shaker geben und schütteln.

»*The Lady*«
(cremig, süß)
3 cl Baileys
2 cl Havanna Club (3 Jahre; oder ein anderer brauner Rum)
2 cl Malibu
2 cl Sahne
6 cl Bananensaft
6 cl Ananassaft
Alle Zutaten in dieser Reihenfolge zusammen mit Eis in den Shaker geben und schütteln.

Partyquette

Einige Dinge sollten tabu auf deiner Party sein:

- ein betrunkener oder gar eingeschlafener Gastgeber
- ein notorischer Auf- und Wegräumer oder Fensteraufreißer
- irgendwelche dummen Anweisungen, wie »Schuhe aus«. »Rauchfreie Fete« vorher ankündigen
- zu laute Musik
- zu leise Musik
- Schlägereien oder handfeste Streits (hier musst du als Gastgeber schnell reagieren)

Party-Checkliste

Motto/Grund der Feier _____

Personenanzahl _____

Einladungen _____

_____

Räumlichkeiten:

Toilette (geputzt, aufgeräumt,
frische Handtücher, genügend Klopapier) _____

Deko/Licht _____

Sitzmöglichkeiten _____

Essmöglichkeiten _____

Buffettisch _____

Abstellmöglichkeiten _____

Tanzfläche _____

Plätze zum Stehen, Smalltalken _____

Getränke:

nichtalkoholische Getränke _____

alkoholische Getränke _____

Empfangscocktail _____

Bar _____

Eiswürfel _____

alles gekühlt? _____

warme Getränke _____

Gläser, Tassen _____

genügend von allem? _____

Essen:

warmes Essen _____

kaltes Essen _____

Süßes und Pikantes _____

Mitternachtsessen _____

für jeden was dabei? _____

Teller, Besteck, Servietten _____

   genügend? _____

Stimmung:

  Musik _____

    Technik _____

    Musikauswahl _____

  Spiele _____

  Übernachtungsmöglichkeiten? _____

    Kissen _____

    Decken _____

Sonstiges:

  Aschenbecher _____

  Kerzen _____

  Aspirin _____

  Reinigungsmittel für den Notfall _____

  Taxinummer _____

Freiluftfeiern

Als Alternative zur alkohol- und nikotingetränkten Luft bietet sich die Fete im Freien an. Eine lauschige Sommernacht unter Lampions und Sternenzelt oder ein glühweingeschwängertes Silvester irgendwo im Schnee. Grillen verleiht diesen Festen dazu etwas Archaisches, was besonders Männern gefällt. Und echte Männer grillen bekanntlich über offenem Feuer, am liebsten auf Kohle. Gas-Griller werden von Kohle-Grillern schon als Weicheier angesehen. Für Elektro-Griller haben beide jedoch nur ein mitleidiges Lächeln übrig. Bei den Gerätschaften besteht große Auswahl: Vom billigen Einmalgrill bis zum massiven Standgerät für die große Gartenparty bietet der Handel eine breite Palette an.

Hier einige Grillbasics, die überall und für jede Außentemperatur gelten:

Cheat – Gut grillen

Grillgut ist wesentlich schneller gar als gekochtes oder gebratenes Fleisch, denn der Grill macht mächtig Dampf: 180° C bis 300° C Oberflächentemperatur sind kein Pappenstiel. Das garantiert leckere Steaks: außen knusprig und innen saftig. Der Fett- und Wasseranteil reduziert sich beim Grillen erheblich. Das kann bei Wurst und Fleisch zu einem Gewichtsverlust um bis zu 30 Prozent führen. Zudem wird zur Zubereitung kein Fett benötigt. Also eine gesunde Sache!

Allerdings gibt es Einschränkungen. Nitrosamine und Benzpyren sind krebserregende Substanzen, die entstehen, wenn Fett oder Wasser auf die Glut tropft. Der entstehende Rauch setzt sich am Grillgut ab und zieht sogar bis zum Nachbarn rüber. Vor allem die beliebte Kruste am Fleisch enthält pro Kilo 5,8 bis

8 Mikrogramm davon. Das ist so viel wie im Rauch von 600 Zigaretten. Wer auf das rustikale Grill-Feeling verzichten kann, dafür aber gesund grillen will, benutzt Alufolie oder Aluminium-Schalen.

Außerdem solltest du beim Grillen beachten:

- Kein Pökelfleisch. Das Nitrit im Pökelsalz verbindet sich unter Hitze mit dem Eiweiß aus dem Fleisch zu Nitrosaminen (krebserregend).

- Kalbfleisch und Wild haben auf dem Grill nichts zu suchen, es trocknet aus und schmeckt nicht mehr.

- Schweinefleisch und Geflügel gut durchgaren, damit eventuelle Krankheitserreger abgetötet werden.

- Butter, Margarine, Sonnenblumen-, Weizenkeim- und Maiskeimöl solltest du nicht verwenden, da das bei hohen Temperaturen gesundheitsschädlich sein kann (Butter und Margarine zersetzen sich schnell und die in den Ölen enthaltenen an sich gesunden ungesättigten Fettsäuren oxidieren unter Hitzeeinfluss zu gesättigten Verbindungen, die nicht mehr so gesund sind). Lieber Erdnuss-, Olivenöl oder industriell hergestellte Mischöle verwenden (die halten den Temperaturen stand). Die anderen Öle lieber beim Salatdressing nutzen.

- Auch mal Gemüse grillen!

- Spiritus, Terpentin, Benzin und andere explosive Flüssigkeiten haben nichts am Grill verloren – Explosionsgefahr. Lieber mit dem Blasebalg das Durchbrennen der Holzkohle beschleunigen. (Die Aktion »Das sichere Haus« hat allein in München 4000 Unfälle beim Grillen registriert.)

Grillrezepte

Lammspieße mit Avocado-Dip

Zutaten für 12 Spieße:
1 kg Gulaschfleisch vom Lamm
3 Äpfel
100 g Bacon
12 Schalotten
24 Salbeiblätter
Für den Dip:
1 unbehandelte Zitrone
2 reife Avocados
2 Knoblauchzehen
Salz, Pfeffer
eine Prise Zucker
100 g Crème fraîche
1 Bund glatte Petersilie
300 g Tomaten

Das Fleisch schneidest du in dünne Scheiben. Dann halbierst du die Äpfel, entfernst das Kerngehäuse und achtelst die Äpfel und umwickelst sie mit Speck. Dann schälst und halbierst du die Schalotten. Nun stopfst du abwechselnd Fleisch, Äpfel, Salbeiblätter und Schalotten auf Spieße.

Danach reibst du die Zitronenschale ab und presst den Saft aus. Avocados halbieren, schälen und die Steine entfernen. Das Fruchtfleisch mit Zitronensaft und -schale, durchgepresstem Knoblauch, Salz, Zucker und Crème fraîche pürieren. Dann hackst du die Petersilie, entkernst die Tomaten und würfelst sie. Beides vermischst du gut mit dem Avocadopüree und schmeckst es ab.

Die Spieße grillst du dann auf dem heißen Grill rundherum ca. 12 bis 13 Minuten. Salzen, pfeffern und mit dem Dip servieren.

Grillmarinade mal selbst gemacht

Wenn du Zeit hast, dann mariniere dir deine Schnitzel und Steaks doch mal selbst. Im Supermarkt oder beim Metzger besorgst du dir ausnahmsweise mal kein mariniertes Fleisch, sondern nur »natur«. Für diese Marinade brauchst du folgende Zutaten:

8 EL Olivenöl

4 EL herben Weißwein (wenns sein muss auch Rotwein)

3 EL Zitronensaft

½ TL schwarzen Pfeffer

1 TL Salz

1 Lorbeerblatt

Fleisch und Fisch marinieren ★ ★ ★ ★ ★

Fleisch oder Fisch lässt sich einfach und gleichmäßig marinieren, wenn man es zusammen mit der Marinade in eine ausreichend große Plastiktüte gibt. Danach sollte möglichst die ganze Luft aus der Tüte gezogen werden. Ich mache das immer mit einem dicken Strohhalm. Danach knote ich das Ganze zu, schüttele es kräftig und lasse es einige Zeit im Kühlschrank liegen. So ist das Fleisch immer rundum mit Marinade bedeckt und man muss es nicht ständig umdrehen.

Was meint die Jury?

⋮ Ich mache das immer mit verschließbaren Gefrierbeuteln. Aber das mit dem Strohhalm finde ich eine gute Idee.

Steak- und Grillsoße

Schon mal daran gedacht, eine Grillsoße selbst herzustellen? Ist gar nicht so schwer. Du brauchst:

2 Becher saure Sahne

4 Knoblauchzehen

4 EL Dill fein gehackt (ersatzweise getrockneter)
Salz, Pfeffer
Einfach den Knoblauch fein hacken, mit saurer Sahne und dem Dill mischen und mit Salz und Pfeffer abschmecken. Ein paar Stunden ziehen lassen. Fertig.

Alle Zutaten in einem Gefrierbeutel vermischen und dein Fleisch darin einige Stunden einlegen.

Gegrillter Feta

Auch vegetarische Grillgerichte sind immer wieder ein Hochgenuss. Gegrillter Feta gehört dabei zu den absoluten Klassikern. Pro Person benötigst du:

½ Feta-Käse (gibts abgepackt in jedem Supermarkt)
2 Tomaten
1 Zwiebelscheibe
Pfeffer
etwas Thymian in Olivenöl angerührt
Alufolie

Du legst den Feta-Käse in die Mitte eines quadratischen Stücks Alufolie. Den Käse bestückst du mit Tomaten- und Zwiebelscheiben. Salzen und pfeffern und einen Esslöffel von dem Olivenöl mit Thymian darübergeben. Jetzt verschließt du das Paket nach oben hin mit der Folie. Es sollte gut verpackt sein. Falls ein Riss in der Folie ist, lieber mit noch einer Schicht Alufolie umwickeln. Ansonsten läuft dir das Öl raus. 30 Minuten auf den Grill legen – macht satt und schmeckt bombastisch. Mit der gleichen Methode kannst du auch Zwiebeln oder Mais grillen.

Gegrillter Spargel

Und noch etwas für unsere vegetarischen Grillfreunde. Hier die Zutaten:

Spargel
Kräuterbutter
Alufolie

Zuerst putzt und schälst du eine Hand voll frischen (wichtig) Spargel (etwa 6–10 Stangen, je nach Dicke – also so viel, dass man das Ganze noch knapp mit einer Hand umfassen kann). Dann packst du den Spargel mit reichlich Kräuterbutter und in Alufolie zu einem dichten Päckchen und legst es auf den Grill. Nach ca. 10 Minuten ist der Spargel noch mit Biss, wer ihn weicher mag, einfach länger liegen lassen.

Versuche mit Spargel aus dem Glas oder aus der Dose haben sich als nicht wirklich lecker herausgestellt.

Honigbananen

Auf einem Grill lassen sich auch unglaubliche süße Schlemmereien zubereiten. Für diesen einfachen, aber fantastischen Nachtisch brauchst du eine geschälte Banane. Die kommt auf ein Stück Alufolie. Auf die Banane gibst du zwei Teelöffel Honig, etwas Zimt und eine Prise schwarzen Pfeffer(!). Der Honig verläuft von selbst, muss also nicht verstrichen werden. Je nach Geschmack noch einen Esslöffel Rum drüber. Das Ganze verschließen und für ungefähr 10 Minuten auf den Grill. Vorsicht, Suchtgefahr!

Kleine Abwandlung: Wer es lieber schokoladig mag, nimmt statt Honig einfach Nutella.

EIN JAHR SPÄTER

Hallo, Hans-Jörg und Bernhard,
wie geht es euch denn so? Es ist inzwischen schon eine Zeit her, seit ihr euch mit euren Tipps und Ratschlägen in mein Leben eingemischt habt. Danke dafür, inzwischen komm ich gut zurecht. Meint zumindest meine Freundin! Ja, richtig gehört! Die Süße von meiner Party im letzten Jahr, erinnert ihr euch noch? Sie heißt Kathrin. Vielleicht ziehen wir bald zusammen. Das Einzige, was mich etwas zweifeln lässt, ist, dass sie nun überhaupt nicht an haushaltlichen Dingen interessiert ist, obwohl sie noch nicht mal Milch kochen kann. Sie lächelt mich immer nur nett an und sagt: »Mach mal, Ingo!«

FRAG MUTTI

Das Sparbuch

Inhalt

So funktioniert unser Sparbuch 240

Intro 241

Wie hoch ist deine Sparkompetenz? 245

Sparen @ Finanzen 249

Sparen @ Mobilität 275

Sparen @ Home 297

Sparen @ Professional 347

Sparen @ Kommunikation 379

Sparen @ Körperpflege 417

Sparen @ Freizeit 443

Outro 483

Websiteempfehlungen 485

Wo finde ich was? 487

So funktioniert unser Sparbuch

Ohne die vielen Internet-Muttis und ihre Tipps und Ideen wäre das Sparbuch nicht möglich gewesen. Vielen Dank dafür und für eure anhaltende Frag-Mutti-Begeisterung! Unsere Internetgemeinde bildet auch die unbestechliche Jury, die jeden Tipp ausprobiert und treffend kommentiert. Um eine Einschätzung hier im Buch schon auf den ersten Blick zu ermöglichen, sind die Tipps, je nach Ausrichtung, mit folgenden Icons ausgestattet:

👓	Spart Nerven	⚡	Spart Energie
🏺	Spart Zeit	💣	Spart nix, macht aber Spaß
💰	Spart Kohle	🥄	Schmeckt lecker

Trotz sorgfältiger Prüfung können wir natürlich nicht für jeden Tipp die Hand ins Feuer legen und sind für Anregungen und Kritik dankbar.

Euer
Bernhard und Hans-Jörg

Intro

Ingo: Wie die Zeit vergeht! Heute sind Kathrin und ich genau ein Jahr verheiratet. Zum ersten Hochzeitstag habe ich mir was ganz Besonderes einfallen lassen: Meine Süße bekommt einen extrageilen Plasma-TV, *42" 106 cm Auflösung: 1024 × 768 (× GA) Format: 16:9 Kontrast: 10 000:1, Anschlüsse: 2 × HDMI, Komponenten (YUV), 2 × SCART, VGA, S-Video Maße (B × H × T): 102 × 70.5 × 9.5 cm, Gewicht: 30 kg.* Kathrin sieht doch wahnsinnig gerne diese ganzen alten Kino-Schinken und die endlosen Tier- und Naturdokus. Das Premiere-Abo ist dann schon eher was für mich, aber ich bin mir sicher: Die Mega-Glotze mit gefühlten 20 Metern Bildschirmdiagonale wird sie bestimmt umhauen. Wie ich ihr allerdings schonend beibringe, dass ich heute auch noch einen nigelnagelneuen Alfa Romeo Spider geleast habe, weiß ich ehrlich gesagt auch nicht so recht.

Kathrin: Jaja, vor einem knappen Jahr lagen Ingo und ich noch am Strand. Mann, hatten wir einen Kater. Der wurde nur noch durch den mächtigen Jetlag getoppt! Inzwischen sind wir allerdings schwer im Alltag gelandet. Wenigstens ich, denn Schatzi fehlt es manchmal noch an Bodenhaftung. Neulich habe ich doch tatsächlich festgestellt, dass Ingo keine Privathaftpflicht abgeschlossen hat. Da habe ich ihm ordentlich den Kopf gewaschen. Das geht nicht, wenn da mal was passiert, habe ich gesagt. Schließlich sind wir doch eine Zugewinngemeinschaft, wie es so romantisch heißt. Jedenfalls habe ich daraufhin unsere Absicherung in die Hand genommen. Ein wirklich netter Vertreter einer Versicherungsgruppe, Herr König oder so ähnlich, hat mich beraten, und jetzt sind wir rundum bestens versorgt. Allerdings habe ich ein wenig den Überblick verloren, bei all den Lebensunfähigkeits- und Berufsratspflichtversicherungen. Na, Ingo wird mir heute Abend sicher helfen, das alles auseinanderzuklamüsern …

Muttis: Na, das kann ja ein harmonischer Abend werden ...

Einige Stunden später

Ingo: Unser erster Hochzeitstag war eine einzige Pleite und endete mit einem handfesten Streit. Ich kann aber auch immer noch nicht glauben, was sich Kathrin von der Versicherung alles hat aufschwätzen lassen. Wir können wahrscheinlich nicht mal mehr niesen, ohne gegen eine Zerrung der Bauchmuskeln versichert zu sein! Aber vor allem ist unser Konto dadurch definitiv leergeräumt. Fünf Millionen Versicherungen, dazu noch die neue Glotze und die ersten Raten fürs Cabrio – wir sind wahrscheinlich schon tief in den roten Zahlen – und der Monat hat gerade erst begonnen.

Kathrin: Unglaublich, dieser Technikjunkie! Was denkt der sich eigentlich? Ich sorge mich um unsere Zukunft, und der haut die Kohle mit beiden Händen nur so raus. Plasma-Bildschirm! Zum Hochzeitstag! Demnächst schenkt er mir zu Weihnachten ein Hightech-Bügelbrett! Und als er mir dann noch stolz einen Autoschlüssel präsentierte, war's endgültig aus! Wir haben uns nur noch angebrüllt – an unserem Hochzeitstag! Später ging's dann wieder, aber etwas lässt sich nicht so schnell aus der Welt schaffen: Wir haben ein fettes finanzielles Problem.

Ingo & Kathrin:
Muttis, helft uns!

Muttis: Da ist der Katzenjammer groß. Aber keine Bange, wir sind bei euch. Vielleicht ein kleiner Trost vorweg: So wie euch geht es einer Menge Leute, und wenn ihr das Problem schon mal erkannt habt, ist das die halbe Miete. Es ist ja auch nicht immer leicht, seine Kröten zusammenzuhalten. Und gerade in den ersten Jahren des Berufslebens will einem jeder alles Mögliche verkaufen. Zudem sind wir alle noch nicht mit den wahnsinnigen Ersparnissen ausgestattet. Deshalb haben wir Muttis uns entschlossen, für Ingo, Kathrin und alle anderen Leser hier die besten Spartipps aller Zeiten zusammenzustellen. Dabei geht es nicht nur um das Geldsparen (sozusagen ja unsere schwäbische Kernkompetenz!), sondern auch um Tipps, wie ihr Nerven, Zeit und Energie sparen könnt. Und zwar zu Hause, im Job, in eurer Freizeit – einfach überall!

Wie hoch ist deine Sparkompetenz?

Beantworte die folgenden Fragen und erfahre alles über die Abgründe in deiner Seele – und auf deinem Girokonto!

1. *Du gehst durch die Straßen einer Stadt. Da fragt dich ein junger, etwas ungepflegter Mann mit extravaganter Frisur und einem räudigen Köter an seiner Seite nach einem bescheidenen monetären Zuschuss zu seinem Lebensabend.*

a) Du klärst ihn darüber auf, dass du aus Schwaben kommst. Der Hund jault auf, und der junge Mann wendet sich anderen Passanten zu. (10 Punkte)
b) Du suchst zielgerichtet nach Münzen im Wert von weniger als 50 Cent. (13 Punkte)
c) Du drückst ihm erleichtert dein ganzes Bargeld sowie all deine Scheck- und Kreditkarten in die Hand, um dich anschließend in einem Kloster auf dein Leben als buddhistischer Bettelmönch vorzubereiten. (0 Punkte)

2. *Ein freundlicher Mensch von einem Kreditinstitut deines Vertrauens ruft an und möchte sich mit dir treffen, um mit dir deine gesamte finanzielle und versicherungstechnische Situation inklusive Versorgungslücke bei der Rente durchzusprechen.*

a) Du klärst ihn darüber auf, dass du aus Schwaben kommst. Der Mensch entschuldigt sich und legt auf. (10 Punkte)
b) Du sagst: »Ah, da bin ich aber froh, dass es nur Sie sind – und nicht schon wieder einer dieser unfreundlichen Menschen vom Inkassodienst!« (2 Punkte)
c) Du verwickelst ihn in ein komplexes Gespräch über Hedgefonds, Junk Bonds und die Entwicklung der zwölf wichtigsten Aktien-

indizes weltweit während der vergangenen fünfzig Jahre. Nach einer halben Stunde fragt er dich nach den neuesten Tipps für die Geldanlage. (20 Punkte)

3. *Du hast gerade deinen halben Monatslohn an einem Bankautomaten abgehoben. Als du dich umdrehst, blickst du in die Mündung einer Pistole, und das maskierte Gesicht eines Straßenräubers fordert dich auf, sofort die Kohle rüberwachsen zu lassen. Der Mann hat einen leichten schwäbischen Akzent.*

a) Du klärst ihn darüber auf, dass du auch aus Schwaben kommst. Der Räuber entschuldigt sich und zieht Leine. (10 Punkte)

b) Du verwickelst ihn in ein Gespräch über das Spätzleschaben unter besonderer Berücksichtigung des Einsatzes von kraftsparenden Maschinen. Nach einer halben Stunde einigst du dich mit dem Mann auf fünfzig Euro für deine gebrauchte Spätzlepresse (du hast sie von deiner Oma geerbt). (20 Punkte)

c) Du freust dich sehr, den neuen Karategriff, den du letzte Woche gelernt hast, mit einem freiwilligen Sparringspartner auszuprobieren. Danach nimmst du aus einsichtigen Gründen die Feuerwaffe an dich, um sie meistbietend bei eBay zu versteigern. (5 Punkte)

4. *In deinem Supermarkt streikt der Automat für Pfandrückgabe plötzlich. Und das, nachdem du ihm gerade Flaschen im Wert von fast 15 Euro verfüttert hast.*

a) Du klärst den Manager des Marktes darüber auf, dass du Schwabe bist. Er entschuldigt sich und überreicht dir einen Einkaufsgutschein über 20 Euro. (10 Punkte)

b) Nach einigen gezielten Tritten und Knüffen gibt das Gerät seinen Geist komplett auf, aber das ist dir auch egal, weil du längst vom Kassierer aus dem Geschäft geworfen wurdest. (1 Punkt)

c) Du verwickelst die Dame aus der Schlange, die sich hinter dir gebildet hat, in ein Gespräch über Pro und Kontra von Bodenstaubsaugern. Schließlich zeigt sie sich sehr interessiert an deinem

Gerät aus den frühen Achtzigern (von der Großtante), und ihr einigt euch auf einen Preis von 65 Euro. (20 Punkte)

Auswertung Rechne nun deine Punkte zusammen.

Von 8 bis 39 Punkte: Man könnte dich als hoffnungsfrohen, aber teilweise noch recht dilettantischen Anfänger im Studienfach »Sparen« bezeichnen. Schwein gehabt, dass es für diese Studienrichtung weder Numerus clausus noch Zulassungstests gibt. Aber: Du kannst mächtig aufholen. In jedem Fall hast du bisher nicht am falschen Ende gespart, sondern dir dieses wirklich instruktive Buch gegönnt. Weiter so!

Genau 40 Punkte: Okay, sage jetzt nichts – du bist sicher aus Schwaben. Zum Thema Sparen kann man dir jedenfalls nichts mehr vormachen. Aber warum hast du dir dann dieses Buch gekauft? Richtig, weil du natürlich weißt, dass hier die absoluten Profitipps zu finden sind. Und als echter Schwabe willst du dich fortwährend in deinem Kerngeschäft verbessern. Weise Entscheidung!

Von 41 bis 60 Punkte: Respekt! Dir kann man nichts verkaufen, was du nicht direkt mit Gewinn wieder verscherbeln kannst. Und wir würden uns freuen, so ein Schnäppchen gemacht zu haben. Jedenfalls bist du wirklich gewieft in deinen ökonomischen Taten. Aber: Geld ist doch nicht alles. Gerade die Tipps, wie man Zeit, Nerven und Energie sparen kann, können dich echt weiterbringen. Oder hast du das Buch etwa nur gekauft, weil du die Erstauflage später teuer verchecken willst, du Cleverle?

Sparen @ Finanzen

Ingo: Nach dem heftigen Streit gestern Abend haben wir uns vorgenommen, grundlegend etwas zu ändern in unserem Leben. Jawohl! Allerdings fällt mir gerade nicht mehr ein, was es eigentlich war –

Kathrin: Ich glaube es nicht, Ingo! Wir müssen sparen! Unser Konto ist auf dem Niveau des Death Valley, nämlich deutlich unter Null! Und in etwa genauso ausgetrocknet.

Ingo: War doch nur ein Scherz! Okay, wir müssen sparen, und zwar dringend. Irgendwie ist uns in dem ganzen Alltagschaos der Überblick verloren gegangen. Wir zählen auf eure Unterstützung, liebe Muttis!

Liebe Kathrin, lieber Ingo,
das machen wir natürlich sehr gerne, gerade auch, weil wir
Schwaben sind! So wie wir das sehen, habt ihr ja zunächst ein
kleines Liquiditätsproblem, vulgo: Ihr seid total blank. Fangen
wir also damit an, dass ihr ein wenig Ordnung in eure Finanzen
bekommt.

 ### Spart euch die Schuldenfalle!

Manchmal ist es nicht einfach, den Durchblick zu behalten. Gerade als Azubi, Berufsanfänger, Student oder als junge Familie. Nur eines ist klar: Die Kohle wird knapper. Ent-

scheidend ist es jetzt, eine klare Bilanz über eure finanzielle Situation zu ziehen. Füllt deshalb untenstehende Tabelle aus, am besten zunächst mit Bleistift. Nachdem ihr Ausgaben und Einnahmen aufgerechnet und voneinander abgezogen habt, wisst ihr genau, wo ihr steht.

Anhand dieser kleinen Haushaltsaufstellung könnt ihr klar sehen, ob ihr finanziell Schiffbruch erleidet oder ob euch vielleicht nur einige Extrakosten aus dem Gleichgewicht gebracht haben.

Monatliche Einnahmen (netto)	*monatliche Ausgaben*
Lohn/Gehalt/BAföG	Kaltmiete zzgl. Nebenkosten
Lohn/Gehalt/BAföG Partner	Heizung
Nebenbeschäftigung	Strom
Nebenbeschäftigung Partner	Telefon
Rente(n)	Rundfunkgebühren
Rente(n) Partner	Hausratversicherung
Krankengeld	Haftpflichtversicherung
ALG	Lebensversicherung
Wohngeld	Sonstige Versicherungen
Kindergeld	Unterhaltszahlungen
Erziehungsgeld	Fahrtkosten Bus/Bahn
Elterngeld	Kfz-Versicherung
Sonstiges	Kfz-Steuern
	Benzin/Diesel

	Monatliche Einnahmen (netto)		monatliche Ausgaben
Sonstiges		Lebensmittel	
		Genussmittel (Zigaretten, Alkohole)	
		Sparen/Bausparen	
		Kredite	
		Hobbys	
Gesamteinnahmen:		*Gesamtausgaben:* *Differenz:*	

Zur Auswertung: Sollten eure Ausgaben höher sein als die Einnahmen, dann besteht dringender Handlungsbedarf. Hier sind die beiden möglichen Strategien.

1. Weniger ausgeben: Dies gilt für alle absolut notwendigen Dinge des Lebens. Hierzu zählen wir neben Essen, Trinken und Wohnen auch die Vorsorge fürs Alter, die Kommunikation und die Mobilität. In diesen Bereichen solltet ihr die größten Geldfresser identifizieren. Beim Einkaufen von Lebensmitteln kann man sehr effektiv sparen (siehe Seite 298). Bei der Telekommunikation bedeutet eine gute Angebotsrecherche echtes Geld (siehe Seite 402). Die Vorsorge fürs Alter kann man von Fachleuten checken lassen. Wir empfehlen hier die Angebote der Verbraucherzentralen. Sie sind unabhängig und preiswert. Schwieriger wird es schon beim Wohnen und der Mobilität: Teurer Lebensraum belastet das Budget nachhaltig, aber eine billigere Wohnung ist oft auch kleiner, schlechter gelegen und so weiter. Außerdem kostet der Umzug ebenfalls viel Geld.

Gleiches gilt fürs Auto. Ein verbrauchsarmer Wagen kann nicht ohne Neuinvestitionen angeschafft werden. Bis zur Amortisation der Ausgaben können da Jahre vergehen. Aber: Brauchst du das Auto wirklich (siehe Seiten 276)?

2. Gar nichts ausgeben: Für alle anderen Dinge des Lebens ist die Regel extrem simpel – lasst es einfach! Rauchen, Alkohol und andere Drogen schaden euch nur. Also, warum dafür auch noch Geld ausgeben? Auch bei den Hobbys kann man sich im Konsumverzicht üben. Es muss nicht der neueste iPod oder das leichteste Mountainbike sein. Und das teure Fitness-Studio kann durch einen Sportverein ersetzt werden (siehe Seite 474). Okay, wir wissen, solche Tipps klingen unlustig. Aber habt ihr nun Ebbe in der Kasse oder nicht?

Puh, das Ergebnis ist abtörnend! Wir geben einfach deutlich zu viel Geld aus, und zwar für Leasing, CDs, Abo-Gebühren für Premiere, Raten für den neuen Fernseher.

… Klamotten, SMS, Fitness-Studio, Versicherungen! Insgesamt haben wir ein monatliches Loch von mehreren hundert Euro. Das kann nicht gut gehen, das sehe sogar ich ein.

Ja, so ist das, wenn am Ende des Geldes noch so viel Monat übrig bleibt. Hart, aber ungerecht. Doch Schluss mit Jammern, denn hier kommt die gute Nachricht: Ihr besitzt reichlich Sparpotenzial. Viel Geld geht völlig unnötig hinaus. Mit unseren Profitipps könnt ihr viel sparen, ohne dabei auf alles verzichten zu müssen. Und wenn ihr damit erst mal angefangen habt, dann macht es euch schnell richtig Spaß! Das hat zunächst mal viel mit Selbstdisziplin und gutem Finanzmanagement zu tun.

Welche Versicherungen kann ich mir sparen – und welche nicht?

Nach dem Besuch eines netten Menschen von einer großen Versicherungsgesellschaft ist ja oft gar nichts mehr klar. Durchs Internet kann man sich stundenlang klicken und erfährt minütlich Neues. Effektiv ist beides nicht. Also, was tun, wenn man sich durch den Versicherungsdschungel graben muss?

Was brauche ich denn nun wirklich an Policen? Und was kann ich mir sparen? Wir bringen da etwas Licht ins Dunkel und geben euch einen ersten Überblick:

Must be

Krankenversicherung	Gesetzlich oder privat – egal, Hauptsache versichert. Grund? Schon ein mittlerer Krankenhausaufenthalt plus OP geht in die Zehntausende Euro. Ganz zu schweigen von den Kosten bei ernsthaften Erkrankungen oder Verletzungen.
Haftpflichtversicherung	Für Privatpersonen (hier sollten auch die Kinder ab sieben Jahre inbegriffen sein) und natürlich auch für Kfz-Halter.

Should be

Berufsunfähigkeits-versicherung	Jaja, die ist wirklich wichtig! Gerade Neulinge im Arbeitsalltag sollten die BU abschließen, denn zu einem späteren Zeitpunkt wird es nur teurer. Oder ihr kommt gar nicht mehr rein, beispielsweise bei auftretenden chronischen Erkrankungen. (siehe Seite 271).

| Auslands-krankenversicherung | Viele Versicherungen bezahlen nur die Behandlung vor Ort. Der gesamte Rücktransport geht dann zu euren Kosten. Je nach Schwere der Erkrankung kann das zu enormen Kosten für den Heimflug führen. Also, besser dagegen versichern. Zusatzversicherungen bietet eure Krankenkasse an. |

Could be

Hausratversicherung	Definitiv nicht überlebensnotwendig. Aber wenn ihr euch eure Wohnungseinrichtung schon ein paar Euro habt kosten lassen, dann wollt ihr sie vielleicht auch gegen Brand, Diebstahl, Vandalismus und so weiter versichern lassen.
Risikolebens-versicherung	Schließen klassischerweise junge Familien ab, sodass für den schlimmen Fall des Todes zumindest ein gewisses finanzielles Polster besteht. Für Paare nur begrenzt sinnvoll.
Unfallversicherung	Nur notwendig, wenn du nicht berufstätig bist (dann nämlich abgedeckt durch BU). Betrifft also Studenten, Azubis, Hausfrauen und -männer sowie Kinder.
Reiserücktritts-versicherung	Auch hier eine klare Einschränkung: Rentiert sich nur bei wirklich teuren Reisen. Den Malle-Trip für 299 Euro würden wir nicht wirklich versichern.

Let it be

Reisegepäckversicherung	Schließen oft zu viele Fälle aus, sodass der Geschädigte in die Röhre guckt.
Private Arbeitslosen-versicherung	Ist zu teuer. Grund: Zu wenig Rendite. Da spart man besser selbst.
Kapital-Lebens-versicherung	Dafür gibt es keine Steuerermäßigungen mehr, und das macht diese Spar- und Vorsorgeform definitiv unattraktiv. Sie ist nicht rentabel und unflexibel. Also Finger weg.

Private Renten-versicherung	Hier warnen Experten dringend vor einem Abschluss. Die Bedingungen für die Versicherungsnehmer sind denkbar schlecht, es gibt kaum Garantien, und die Kosten sind unklar.

Keine böse Überraschung mehr, wenn die Versicherung fällig wird

Die Autoversicherung wird meistens vierteljährlich fällig. So kann es in dem Monat, in dem dann die Rechnung abgebucht wird, schon mal eng auf dem Konto werden. Besonders dann, wenn man gar nicht daran gedacht hat und in den Überziehungskredit rutscht.

Mein Tipp: Sämtliche Versicherungen und Kfz-Steuer, die im Jahr fällig werden, addieren, durch zwölf teilen, und diesen Betrag dann jeden Monat aufs Sparbuch überweisen. Wird dann eine Versicherung fällig, ist das Geld schon auf dem Sparbuch und kann einfach aufs Konto umgebucht werden.

Und schon gibt es keine bösen Überraschungen mehr.

Das meint die Jury:

● Diese Idee kann ich nur unterstützen! Die Versicherungen bieten meist aufgrund des Verwaltungsaufwandes einen Rabatt von bis zu fünf Prozent, wenn man einmal im Jahr zahlt. Rechnet man dies auf alle Versicherungen hoch, kommt ein nettes Sümmchen zusammen.

● Vorsicht: Wenn man arbeitslos wird, und das Geld ist auf einem Sparbuch, dann gilt das Angesparte als Vermögen, und das Amt interessiert es nicht, wofür das Geld gedacht ist.

• Bei Arbeitslosengeld I spielt Privatvermögen gar keine Rolle. Ans Eingemachte geht es erst bei Arbeitslosengeld II beziehungsweise Hartz IV.

• Wer wegen einer Versicherungsprämie von vielleicht 50 Euro auf einen Überziehungskredit zurückgreift, hat entweder zu viele sinnlose Versicherungen oder sollte an anderer Stelle sparen, etwa bei Zigaretten oder Alkohol!

• Es ist doch gut, wenn man ein Extra-Konto für solche unvermeidlichen Kosten hat. Das monatliche Beiseitelegen spart bares Geld, nicht nur die fünf Prozent Ratenzahlungszuschlag, sondern auch noch gut drei Prozent Habenzinsen bei Ansparung auf einem Tagesgeldkonto. Haben oder nicht haben?

• Ja und vielleicht noch für die Miete ein Konto, für die GEZ (ist ja auch happig jedes Jahr), für den Kleintierzüchterverein und da und dort noch ein Extra-Konto – da hat man doch irgendwann überhaupt keinen Durchblick mehr.

• Ich denke mal, ein Girokonto, ein Rücklagen-Sparkonto für unangenehme Sachen wie Versicherungen, Steuern und andere Fixkosten und eins für die angenehmen Dinge des Lebens – machen zusammen drei Konten, und das ist sicherlich nicht zu unübersichtlich. Klar, man muss sich zwingen, das Beiseitegelegte auch für den eigentlichen Zweck dort zu lassen. Und wenn es doch nicht anders geht, später eben wieder auffüllen, und wenn auch das nicht funktioniert, dann lebt man wohl über seine Verhältnisse.

• Also, wenn ich die Kommentare hier so lese, wird mir langsam klar, warum alle Welt pleite ist und ich immer Geld habe: Scheinbar ist es bei fast allen absolut unüblich, Geld zurückzulegen – erschreckend! Leute, wenn ihr nicht mal das bisschen Selbstdisziplin habt, frage ich mich, wie ihr durch den Rest eures Lebens kommen wollt.

● Arm, aber lustig!

● Der Tipp ist sehr gut! Ich will das mal an einem Beispiel erklären. Ausgangspunkt ist: Beitrag 1000 Euro. Zahlweise halbjährlich, Aufschlag drei Prozent. Da die Versicherung ja sofort 500 Euro haben will und man trotzdem 30 Euro Zinsen zahlen muss, würde der Zinssatz bei sechs Prozent liegen. Dies würde aber nur gelten, wenn die Versicherung nach zwölf Monaten die nächste Rate will. Sie will aber schon nach sechs Monaten die restlichen 500 Mäuse haben. So dass man 30 Euro Zinsen dafür bezahlt, dass die Versicherung einem für sechs Monate die Summe von 500 Euro stundet. Anders ausgedrückt: Der effektive Zinssatz liegt bei zwölf Prozent.

Schöne Idee. Aber im Moment haben wir nichts, was wir auf irgendein Extrakonto parken könnten – im Gegenteil: Wir zahlen ein Vermögen, weil wir sogar den Dispo überzogen haben. Und erhöhen wollte die Bank den Rahmen auch nicht.

Vielleicht hilft euch dieser Tipp:

Günstiger Kredit vom Arbeitgeber

Wenn ihr euch etwas Größeres leisten wollt oder vielleicht den Dispo auf eurem Konto überzogen habt, dann fragt doch vorher bei eurem Arbeitgeber nach, ob der einen Kredit gewähren kann. Wenn er das tut, sind die Konditionen oft deutlich besser als bei Banken oder anderen Kredithaien, tschuldigung, Instituten.

Das meint die Jury:

● Richtig, ein wertvoller Hinweis. Ich war selbst mal überschuldet und knapp vor der Insolvenz. Jahrelang habe ich mich dann mit der Rückzahlung der Schulden bei verschiedenen Banken gequält.

Schließlich kam mein Chef sogar von sich aus auf mich zu und hat mir angeboten, die Restschuld zu deutlich besseren Zinsen zu übernehmen. Das war eine enorme Erleichterung.

● Bin selbständig und gebe mir grundsätzlich keinen Kredit.

● Ich frage meistens meine Eltern. Die geben mir die Kohle mit den besten Konditionen. *g*

Rechtsschutzversicherung als Werbungskosten angeben

Bei der Steuererklärung kann man die Rechtsschutzversicherung nicht als Sonderausgaben ansetzen. Allerdings haben viele einen kompletten Rechtsschutz für: Verkehr, Privat, Familie und Beruf. Die Kosten für den Berufsrechtsschutz kann man aber als Werbungskosten bei der Anlage N geltend machen. Da der genaue Betrag für den Berufsrechtsschutz meistens nicht angegeben ist, nimmt man (bei der Konstellation Verkehr/Privat/Beruf) ein Drittel der Rechtsschutzversicherungsbeiträge und setzt den Betrag bei den Werbungskosten an. Nicht vergessen: Nachweis beilegen (Kopie).

Das meint die Jury:

● Viele Versicherungen weisen auch den genauen Anteil der Berufsrechtsschutzversicherung auf Anfrage gesondert aus. Einfach mal anrufen und sich für die Steuererklärung einen Nachweis ausstellen lassen. Gehört bei der Versicherung zum Kundenservice.

● Völlig falsch. Man kann *keine* Rechtsschutzversicherung als normaler Arbeitnehmer geltend machen! Du kannst es zwar ins Formular eintragen – es wird dir aber schneller gestrichen, als du gucken kannst.

● Versicherungen sind nur dann »absetzbar«, wenn sie nicht deinen Spaß an Rechthaberei finanzieren oder gar deinen Hausstand sichern sollen. Das sind reine Vermögens(ab)sicherungen, und da hat Vater Staat kein Interesse dran. Ausnahme: Versicherungen, die dein Gebäude selbst betreffen, aber nicht den Inhalt. Nicht bluffen lassen von Klinkendrückern. ;-)

Etwas anderes sind Versicherungen, die mehr oder weniger zwangsläufig anfallen, wie etwa Haftpflichtversicherungen – von denen sogar jeglicher Art: vom Pferd bis zur Jagdhaftpflicht. Dies schreibt euch ein examinierter Stbv!

● Tja, dann hab ich wohl schon jahrelang für sämtliche Mandanten falsche Bescheide bekommen. Denn bisher wurden doch tatsächlich wie oben beschrieben ausgewiesene Rechtsschutzbeiträge anerkannt (zusätzlich sogar die Hälfte der Unfallversicherung). Im »Finanztest Steuern 2006« steht es auch für alle »Normalos« so drin. Dies schreibt eine kleine blonde examinierte Steuerfa.

● Stimmt, daran habe ich nicht gedacht. Ich frage nicht nach und gebe ein Drittel an.

● Ich als Versicherungskaufmann kann euch bestätigen, dass die Rechtsschutzversicherung absetzbar ist! Meinen Kunden stelle ich die Bescheinigungen auf Wunsch detailliert aus, sodass man auf einen Prozentsatz von 41,83 kommt (bei Privat-, Berufs- und Verkehrsrechtsschutz)! Wer etwas anderes behauptet, hat von Finanzen und Versicherungen keine Ahnung.

● Jede bessere Versicherung wird – zumindest auf Anfrage – den Beitragsanteil ausweisen, der sich auf den beruflichen Rechtsschutz bezieht. Dieser ist im Rahmen der Werbungskosten abziehbar, was natürlich nur Sinn macht, wenn man Werbungskosten hat, die auch den Pauschalbetrag übersteigen.

● Kleiner Tipp zu Steuer und Finanzamt: Ein Geschäft ist erst dann ein Geschäft, wenn ich dem Finanzamt nachweisen kann, dass es kein Geschäft war! Kenner wissen, von was ich rede.

Einkommensteuererklärung: 💰💰💰 👓
Lohnsteuerhilfe statt Steuerberater

Lohnsteuerhilfevereine sind in der Regel wesentlich billiger als Steuerberater! Vergangenes Jahr habe ich einen Lohnsteuerhilfeverein ausprobiert. Der Steuerberater dort hatte zwar keinen Anzug an, aber für die Ersparnis könnte ich ihm auch noch einen kaufen. :-)

Die Preise sind vom eigenen Einkommen abhängig, liegen aber ca. zwischen 51 und 230 Euro pro Jahr. Eventuell kommt noch eine einmalige Aufnahmegebühr hinzu, die von Verein zu Verein unterschiedlich ist. Die Vereine dürfen aber nur für Arbeitnehmer tätig werden. Also einfach mal in der Suchmaschine nach Lohnsteuerhilfe suchen.

Das meint die Jury:

● Wieso einen Lohnsteuerhilfeverein? Kauf dir doch einfach ein Programm für deine Steuererklärung. Damit kannst du deine Steuererklärung am PC erstellen, ausdrucken oder – wenn du möchtest – auch per Internet zum Finanzamt senden.

● Stimmt. Da ich Steuerfachangestellte bin, weiß ich, dass die Programme völlig ausreichen – selbst für Laien!

● Lohnsteuerhilfevereine muss man sich gut aussuchen: Es gibt leider viele schwarze Schafe, die dich abzocken wollen. Mein Tipp: Belege sammeln bis der Arzt kommt (auch die Gebissrechnung deines Kanarienvogels) und den ganzen Ramsch an das Finanzamt schicken (Ordnung fördert allerdings den Anerkennungswillen der Beamten). Die Leute verstehen ihr Fach. Für reine Lohnempfänger rechnet sich aber der Gang zum Steuerberater in den seltensten Fällen, da es nur um wenige Euro geht.

● Die Beratung kann nie ersetzt werden, frag mal dein gekauftes Programm bei einer kurzfristigen Änderung in deinem Leben! Was? Keine Antwort?

● Vorsicht bei Nachbarschaftshilfe! Wenn das Finanzamt davon erfährt, kriegt man Ärger. Es ist verboten, anderen bei der Lohnsteuererklärung zu helfen.

● Hä? Ich mache seit vier Jahren für Leute im Bekanntenkreis ohne PC deren Steuererklärung und reiche die erforderlichen Unterlagen beim Finanzamt ein. Meist habe ich für sechs Leute die Unterlagen abzugeben, bin aber deswegen noch nie in Schwierigkeiten gekommen.

● Lies mal die Paragraphen zwei bis sechs des Steuerberatungsgesetzes. Danach solltest du vielleicht nochmal überdenken, ob die Hilfestellung bei der Erstellung der Einkommensteuererklärung durch jede Person möglich ist. Die Steuerberaterkammer freut sich über die Bußgeldeinnahmen.

● Die Menschen beim Lohnsteuerhilfeverein haben aber leider keine Ahnung. Da investiere ich lieber ein paar Euro mehr.

● Da kann ich nur lachen. Ich bin seit fast zwölf Jahren Beratungsstellenleiter im Lohnsteuerhilfeverein und versuche seitdem, alles für meine Mandanten (die ja meine Arbeitgeber sind) herauszuholen. Ich denke, dass es in jeder Branche sowohl Könner als auch Nichtkönner gibt. Zu den vielen tollen Programmen – egal ob für 6,99 Euro oder 80 Euro: Ich arbeite nach wie vor nur mit selbst erstellten und jährlich aktualisierten Programmen, da die Eingabe in gekaufte Programme viel zu kompliziert ist.

● Ein Wort zu allen, die meinen, die Steuerberatung wäre viel zu teuer, jeder Lohnempfänger könne sie alleine machen. Nur weiter so – Vater Staat kann damit sehr gut leben, dass keine Rückerstattung zu viel gezahlter Steuern beantragt wird. Aus meiner Erfahrung kann ich nur sagen: Bei jedem vierten Steuerbescheid gehe ich in Einspruch und hole dort noch Geld raus. Welche Möglichkeiten hat Otto Normalverbraucher, einen Steuerbescheid zu prüfen? Hier geht die Geiz-ist-geil-Methode nach hinten los.

Vielen Dank, Jungs. Das sind ja schon mal ein paar sehr hilfreiche Tipps. Und wenn man erst mal damit anfängt, fallen einem auch ständig Sachen ein, bei denen man sparen kann. Als ich neulich etwa Shoppen war, wurde mir eine Kundenkarte angeboten, bei der ich Punkte sammeln kann und nette Rabatte bekomme.

Wie in Flensburg?

Nein, Bonuspunkte, keine Strafpunkte. Ich fand das einleuchtend.

Na, ich bin da nicht so sicher. Ist das nicht auch einfach Verarsche? So von wegen Leute ausspionieren? Immerhin können die sich ja merken, was du wo gekauft hast.

Das würde mich bei dir auch mal interessieren: Was du wo gekauft hast! Dann wüssten wir vielleicht besser, wo die ganze Kohle hingeht!

Na, nicht gleich wieder streiten. Ingo hat vielleicht nicht so unrecht mit seiner Skepsis. Wir haben uns diese Kundenkarten mal genauer angeschaut ...

Kundenkarten –
Spartipp oder Bauernfängerei?

Beim Döner an der Ecke ist sie schon seit vielen Jahren beliebt, die Kundenkarte. Dort ist sie von nicht zu überbietender Einfachheit: Kaufst du zehn Döner, bekommst du einen umsonst. Inzwischen werden wir aber auch von den großen Kaufhäusern, Tankstellen und Einkaufszentren mit Bonussystemen gelockt. Zum Verständnis dieses Systems benötigt man jedoch eher einen Abschluss in Jura, BWL und Astrophysik. Was ist dran an »Happy Digits«, »Payback« & Co? Spart man als Kunde wirklich Geld oder hat man hinterher nur einen verstopften Briefkasten, der vor lauter Werbekatalogen überquillt?

Grob gesprochen ist zumeist ein Tauschgeschäft gemeint, das über Kundenkarten an uns Kunden herangetragen wird. Man tauscht Informationen gegen Rabatte. Wir erhalten die Rabatte, das Unternehmen bekommt dafür Hinweise über unser Einkaufsverhalten. Damit lässt sich prima ein so genanntes Kundenprofil erstellen. Die Unternehmen können dich dann sehr gezielt mit Werbung für bestimmte Produkte ansprechen, die du häufig bei ihnen kaufst. So weit, so klar.

Natürlich hast du finanzielle Vorteile von diesen Karten. Die Rabatte sind echt, die Prämien, die du über Bonuspunkte erwerben kannst, sind ebenfalls echt. Also kann man hier sparen. Allerdings rechneten Stiftung Warentest und Verbraucherschützer nach: Nur magere 0,25 bis maximal drei Prozent Nachlässe erhalten die Kunden in der Regel durch die großen Bonuskartensysteme. Das ist tatsächlich nicht viel. Oft kann es lohnender sein, die Ware in einem anderen Geschäft zu kaufen, weil dort der Preis auch ohne Bonus niedriger ist. Allerdings gilt das nicht für alle Kartenanbieter. Und bei Sachpreisen ist eine genaue Berechnung der Rabatthöhe sowieso nicht möglich.

Gelegentlich besitzt eine Kundenkarte weitere Vorteile: In einigen Kaufhäusern kann man mit ihr Kleidung zur Auswahl mit nach Hause nehmen, dort anprobieren und dann wieder zurückbringen. Ein bekanntes skandinavisches Möbelhaus beglückt seine »Familienmitglieder« mit einer Transportversicherung und kostenlosen Papiertüten. Manche Unternehmen informieren ihre Karten-Kunden bevorzugt und frühzeitig über Angebote und Schnäppchen.

Nun zur anderen Seite des Tauschhandels: Gerade bei den großen Rabattsystemen übergibt man den Anbietern eine Menge persönlicher Daten. Was die Unternehmen damit anstellen, steht meist relativ unverständlich im Kleingedruckten, das gerne mal überlesen wird. Bekannt wurde beispielsweise ein Fall, in dem dort die Weitergabe der Informationen an »unberechtigte Dritte« ausgeschlossen wurde. Was dort nicht stand: Wer für die Daten zahlt, ist hingegen ein »berechtigter Dritter«, erhält also gegen Cash alle Informationen über mich, die ich dem Kartenanbieter übermittelt habe.

Natürlich kann dir das jetzt einfach Wurst sein. Ich habe doch nichts zu verbergen, wirst du dir vielleicht jetzt denken. Das ist natürlich schön für dich. Doch unserer Meinung nach gilt hier auch, was schon für das Internet gilt: Sei vorsichtig bei den Informationen über dich, die du teilweise über Jahre hinweg öffentlich zugänglich machst. Vor zehn Jahren hätte auch noch niemand daran gedacht, dass inzwischen jeder halbwegs gewiefte Personaler bei einer Bewerbung ein Internetprofil von dir über Google erstellt. Und ob da die Fotos von der irren Party zu Silvester 2004 noch so gut kommen …

Deshalb gilt: Immer genau die Geschäftsbedingungen prüfen. Gibt das Unternehmen die Daten an Dritte weiter oder werden sie nur intern verwendet? Es kann auch sein, dass die Daten innerhalb einer Unternehmensgruppe oder einem Zusammenschluss aus mehreren Unternehmen verteilt werden.

So passiert es schnell, dass die Adresse die große Runde macht, und der Briefkasten läuft über.

Zusammenfassend lässt sich sagen: Nichts falsch machen kann man bei Bonuskarten einzelner Unternehmen, bei denen du keinerlei persönliche Daten hinterlegen musst. Sie dienen ausschließlich der Kundenbindung, du erhältst deinen festgeschriebenen Rabatt, basta. Bei allen weiteren Kartensystemen ist zumindest Skepsis angebracht. Wer dabei genau hinschaut, kann durchaus sparen. Doch der Ertrag scheint begrenzt zu sein.

Nicht zu unterschätzen ist auch der Jäger- und Sammeltrieb. Eine Freundin besitzt inzwischen zehn verschiedene Töpfe (sie lebt allein), nur weil es diese so günstig für eine bestimmte Anzahl von Bonuspunkten in ihrem Supermarkt gibt.

Ja, Vorsicht auch in anderen Bereichen, wo noch etwas scheinbar ultimativ Günstiges auf das Angebot »draufgepackt« wird, um es scheinbar attraktiver zu machen.

Bei Baufinanzierung auf den Gesamteffektivzins achten!

Viele Banken und Bausparkassen locken ihre Kunden immer wieder mit so genannten Sonderkreditprogrammen. Doch Vorsicht. Die Konditionen sind oft irreführend.

Die Sparraten für den Bausparvertrag sind im so genannten anfänglichen Effektivzins nicht enthalten. Unterm Strich ist es meist teuer. Lasst euch bei so genannten Bausparangeboten/Kombiprodukten immer den Gesamteffektivzins inklusive aller Kosten schriftlich geben. Wohl gemerkt: nicht den Effektivzins, sondern den Gesamteffektivzins. Ihr werdet euch wundern.

Bausparen ist als Voraussparen grundsätzlich sehr sinnvoll, nicht aber zum Sofortfinanzieren.

Das meint die Jury:

● Hat mich in meiner Entscheidung bestärkt, ein entsprechendes Angebot von einem Berater einer Bausparkasse abzulehnen.

● Vollkommen korrekt, der Tipp. Überhaupt immer schön nach den Kosten von Bausparverträgen, Lebensversicherungen und so weiter fragen. Denn die werden oft nicht richtig offengelegt, aber hier wird eure Rendite beschnitten!

Kosten? Was meinen die mit »Kosten«? Das, was ich da monatlich reinzahle?

Nein, das sind deine Beiträge. Aber die Versicherungsgesellschaft zieht einen Betrag X für Verwaltung und so ab. Das steht natürlich nicht fett auf der ersten Seite, sondern meist versteckt im berüchtigten Kleingedruckten. Doch genau an dieser Stelle lohnt sich der Vergleich. Wer sparen will, sucht sich Anbieter, die hier geringe Beträge verlangen.

Ach, dieses ganze Versicherungsgedöns ist mir sowieso ziemlich schnurz. Ich lebe doch total entspannt im Hier und Jetzt. Was in 20 Jahren passiert, ist mir ehrlich gesagt ziemlich schnuppe.

Hallo! Jemand zu Hause bei dir da oben? Wenn du dich jetzt nicht darum kümmerst, dann wirst du das in 20 Jahren bitter bereuen. Schon mal was von »Versorgungslücke« gehört?

Das kenne ich! Am Samstagabend, meine Kumpels und ich sitzen vor der Sportschau. Plötzlich ist das Bier alle, keine Flasche mehr aufzutreiben. Am Schluss muss immer einer zur nächsten Tanke fahren – das ist eine echte Versorgungslücke! Kommt immer wieder vor. Toll, wenn es da endlich mal eine Versicherung dagegen gibt.

Du kaufst das Bier an der Tankstelle? Kein Wunder, dass unsere Haushaltskasse am Wochenanfang immer so leer ist!

Ingo, Ingo, was soll mal aus dir werden, wenn du groß bist?

Ach, ich werde mal Millionär! Ich weiß zwar noch nicht wie. Aber vielleicht habt ihr ja einen Tipp?

Nicht wirklich, Ingo, sonst würden wir längst auf genau der Südseeinsel liegen, auf der du mit Kathrin gewesen bist. Aber schau mal, wir rechnen dir mal etwas vor.

 ## Mit 50 Euro pro Monat zum Millionär?

Kann man mit 50 Euro pro Monat irgendwann Millionär werden? Wir rechnen euch verschiedene Anlagemöglichkeiten durch – natürlich ohne Gewähr, denn Zinssätze und Aktienkurse sind nicht vorhersehbar.

	10 Jahre	20 Jahre	30 Jahre	50 Jahre	70 Jahre	Millionär?
Sparstrumpf (0 %)	6000	12000	18000	30000	42000	Nö
Tagesgeld (3 %)	7782	16587	29383	68992	140990	Nö

	10 Jahre	20 Jahre	30 Jahre	50 Jahre	70 Jahre	Millionär?
Schatzbriefe (5 %)	7831	20 505	41 150	99 508	364 130	Nö
Aktienfonds (DAX)* (etwa 8 %)	9172	28 866	71 383	361 349	1 712 868	Jaaaa!!!!

* Eine Berechnung der erwartbaren durchschnittlichen Wertsteigerung ist natürlich komplett unmöglich. Hier ist ein grober Durchschnittswert angenommen, berechnet aufgrund der historischen Entwicklung des DAX unter bestimmten Annahmen (Gebühren etc.). Mehr Infos hierzu: http://verbraucherschutz.wtal.de/historische-rendite-deutscher-aktien.htm

Fazit: Ist nicht ganz einfach, mit 50 Kröten monatlich mal Millionär zu werden. Man braucht in jedem Fall einen extrem langen Atem und etwas Glück bei der Geldanlage. Ach ja, und versteuert ist das alles natürlich auch noch nicht ;-)

In 70 Jahren? Super, da kann ich mir dann endlich einen neuen Rollstuhl für die Ausfahrten im Altersheim leisten, wenn ich das überhaupt erleben sollte.

Ich finde das sehr spannend, danke, Jungs! Das mit dem Zinseszins ist immer so abstrakt, aber wenn man mal konkrete Zahlen sieht, dann leuchtet es ein, warum man früh mit dem Sparen anfangen soll.

Okay, Sparen ist ja gut. Aber diese ganzen Versicherungen, die du dir da hast aufschwätzen lassen, die halte ich doch zum größten Teil für überflüssig.

Nicht alle Versicherungen sind überflüssig. Und manche sind auch einfach unvermeidbar. Wie etwa die Kfz-Versicherung.

Jährlich Kfz-Versicherung testen 💰💰💰💰

Unser Finanzberater hat uns neulich diesen Tipp gegeben: Jährlich im November die Kfz-Versicherung zu testen. Das macht etwa die Stiftung Warentest für 15 Euro. Das Ergebnis war beeindruckend. Obwohl wir bei einem billigen Direktversicherer waren, fand die Stiftung Warentest einen Anbieter, der knapp 100 Euro billiger ist! PS: Bis zum 30. November jeden Jahres kann man wechseln!

Das meint die Jury:

● Abgesehen davon sollte man sich angewöhnen, alle Versicherungen einmal im Jahr zu prüfen – auch bei anderen Versicherungen gibt es durch neue Tarife/Rabattmöglichkeiten Sparpotenzial – oft genug muss man nicht einmal wechseln, selbst bei der eigenen Versicherung kann man durch einfaches Nachfragen mehrere Euro sparen.

● Dasselbe gilt für Strom und in Grenzen für Gas.

● Guter Tipp, habe ich gerade gemacht. Ersparnis: 113 Euro im Jahr!

Autoversicherung günstiger auf dem Land

Wer bei der Autoversicherung sparen will und noch einen Wohnsitz in einer ländlichen Gegend anmelden könnte (bei den Eltern z. B.), der sollte seine Karre auf jeden Fall dort anmelden. Das kann bei der Autoversicherung pro Monat zwischen zehn und 15 Euro günstiger sein. Probiert es selbst aus bei Online-Versicherungsvergleichen. Ein einfacher Wechsel von HH (Hamburg) auf OD (Oldesloe) ist ein gutes und lohnendes Beispiel.

Das meint die Jury:

● »Nach dem bisher geltenden Zulassungsrecht galt das Standortprinzip, nach dem ein Fahrzeug dort zuzulassen war, wo sein regelmäßiger Standort ist. Nach § 46 Abs. 2 FZV ist für Privatpersonen nun ausschließlich die Zulassungsbehörde des Hauptwohnsitzes zuständig; eine Zulassung am Zweitwohnsitz wegen einer günstigeren Regionalklasse ist jetzt nicht mehr möglich.« Siehe auch: www.stvzo.de

● Um den Zweitwohnsitz geht es ja nicht. Das geht nämlich in der Tat nicht mehr. Man kann aber das Auto bei den Eltern anmelden. Dann sollte der Versicherungsnehmer, also der Vater oder die Mutter, selbst kein Auto haben. Und man sollte beachten, dass die Unfallfreiheit auch eine Rolle bei der Berechnung spielt. Die gute Mutti würde nämlich bei 100 Prozent anfangen, auch wenn man selbst auf 70 Prozent runter ist. Man ist dann nur noch der Fahrer, aber nicht mehr der Halter. Ganz nebenbei fragen Versicherungen auch nach dem Fahrer und dem Halter. Im Schadensfall können sie die Leistungserbringung verweigern, weil der Fahrer nicht der Eigentümer des Fahrzeuges ist. Dafür ist dann seine Haftpflichtversicherung zuständig, die aber einen Vogel zeigen wird. Heikle Sache, die viel Vertrauen fordert.

● Mit dem Zweitwohnsitz geht das in der Tat nicht. Sollte man aber – und sei es nur für kurze Zeit – seinen Hauptwohnsitz dort haben, dann kann man sein Auto dort legal ummelden. Dumm nur, wenn man beim erneuten Ummelden an den alten Hauptwohnsitz vergisst, das Auto wieder zurückzumelden. Dann läuft die Versicherung nämlich auf dem billigeren Tarif weiter. Aber es wird ja schon jeder aufpassen, dass er das nicht vergisst, und bei den Fragen auf dem Einwohnermeldeamt genau nachdenken, ob er ein Auto hat – dort nein sagen und das Auto am alten Hauptwohnsitz angemeldet lassen, das wäre nämlich nicht legal … ;-)

Jo, das kann man schon mal vergessen, so was! Aber mal ehrlich, dieser Herr König von der St.-Pauli-Ludwigsburger-Versicherung hat Kathrin einfach viel zu viel aufgeschwätzt: Berufshaftpflicht, Glasbruch-, Fahrradversicherungen, irgendwelche Reisepakete, Insassenunfallversicherung, Berufsunfähigkeit –

Stopp, die Berufsunfähigkeit ist tatsächlich auf keinen Fall unnötig! Die ist sogar extrem wichtig, seit der Gesetzgeber hier den großen Schwaben markiert.

Achtung!
Nicht am falschen Ende sparen

Die Berufsunfähigkeitsversicherung (BU) – besser heute als morgen abschließen

Wer sich nicht frühzeitig eine Berufsunfähigkeitsrente zulegt, hat definitiv am falschen Ende gespart. Seit einigen Jahren hat unser Vater Staat nämlich die finanzielle Absicherung von Menschen, die wegen Krankheiten oder Behinderungen berufsunfähig werden, radikal zusammengekürzt. Das Ergebnis: Heute erhält man in diesem schlimmen Fall nur noch höchstens 750 Euro Rente aus staatlichen Kassen. Das ist zum Leben zu wenig und zum Sterben zu viel, wie es so treffend heißt. Deshalb sollte sich heute absolut jeder eine BU zulegen. Sie gilt mit der Privathaftpflicht und der Krankenversicherung als unbedingtes Muss für Singles und junge Paare! Zudem empfiehlt es sich dringend, dies frühzeitig zu tun. Warum? Aus zwei einleuchtenden Gründen: Erstens bezahlt man als junger Mensch einen deutlich niedrigeren Beitragssatz. Und zweitens steigt ab den Dreißigern die Gefahr, an einer chronischen Krankheit zu leiden. Sobald du so etwas hast, nimmt dich keine Versicherung der Welt mehr auf, egal wie schwer die Erkrankung tatsächlich ist. Du hast sozusagen alle Chancen verspielt.

Bei der BU stehen euch verschiedene Möglichkeiten offen: eine reine BU, eine BU in Verbindung mit einer Risikolebensversicherung (hier wird dein Todesfall versichert) oder eine BU in Verbindung mit einer Kapitallebensversicherung (hier sparst du über einen sehr langen Zeitraum Kapital an). Nur von letzterem Modell raten manche Experten ab. Bei den Anbietern für eine reine BU liegen die Beitragssätze teilweise sehr weit auseinander. Ja, da hilft alles nichts – am besten arbeitet ihr euch in die Materie ein und lest vor allem das Kleingedruckte gründlich. Unabhängige Analysten sind sich jedenfalls einig, dass Beitragshöhe und Qualität der Leistungen nicht immer ursächlich miteinander zusammenhängen. Also kann man hier doch auch wieder etwas Geld sparen, nur eben am richtigen Ende!

Hier sind noch ein paar Punkte, auf die ihr achten solltet, bevor ihr den Vertrag unterschreibt:

● »Verzicht auf abstrakte Verweisung«: Kurz und knapp bedeutet abstrakte Verweisung, dass dich die Versicherung im Versicherungsfall auf (irgend-)einen anderen Beruf verweisen kann. Wer das nicht möchte, sollte darauf achten, dass diese Klausel enthalten ist.

● »Verpflichtung zur Umschulung«: Auch das ist aus unserer Sicht eine heikle Sache. Denn solltest du im Vertrag dazu verpflichtet sein, erlischt nach der Maßnahme die Zahlungspflicht – auch wenn du keinen Arbeitsplatz finden solltest!

● »Dynamisierung der Rente«: Um auf die Inflation zu reagieren, sollte eine Steigerung in die Rente eingebaut werden. Sprich: Es sollte auf die Dauer mehr Kohle rüberkommen.

- »Arztanordnungsklausel«: Ist diese Klausel enthalten, kann dich die Versicherung zu einem Arzt ihrer Wahl schicken. Das ist natürlich nicht so gut. Besser ist es, bei deinem bisherigen Doc bleiben zu können, der dir wohlgesonnen ist.

- »Stundung der Beiträge während der Prüfung des Anspruchs«: Dies wiederum halten wir für gut. Solltest du einen Antrag auf Berufsunfähigkeit einreichen, werden deine Beitragszahlungen so lange ausgesetzt, bis es zu einer Anerkennung oder Ablehnung kommt. Du sparst also Kohle.

- »Auszahlungsbedingungen«: Perfekt ist es, wenn du im Zahlungsfall das Geld rückwirkend ab dem Tag erhältst, an dem du berufsunfähig geworden bist.

- »Versicherungs- und Leistungsdauer«: Die Versicherung sollte den Zeitraum bis zum Eintritt in den Ruhestand absichern. Manche Versicherungen gelten nur bis zum 55. Lebensjahr. Nicht gut!

- »Nachversicherungsgarantie«: Bei bestimmten Ereignissen bieten manche Versicherer eine Nachversicherung. Dies kann etwa die Geburt eines Kindes sein oder ein Jobwechsel mit einer saftigen Einkommenssteigerung. Eine solche Garantie ist also gut.

Diese Liste ist natürlich nicht vollständig, es kommt immer auf den Einzelfall an, weshalb wir eine zusätzliche individuelle Prüfung (durch einen Fachmann!) empfehlen.

Ja, genau, das ist voll wichtig! Ich habe keine Lust, dich durchzufüttern, wenn du mal nicht mehr arbeiten kannst. Bei deinem Grundumsatz reicht es dann höchstens noch für Hundefutter.

Ein bisschen recht hat Ingo allerdings schon. Der Bund der Versicherten (BdV) etwa hat kürzlich wieder vorgerechnet, dass in deutschen Haushalten Tausende Euros im Jahr in unnötige oder überteuerte Policen fließen. Paradebeispiel sei etwa die Reisegepäckversicherung. Hier schränken die meisten Versicherungen den Versicherungsfall so stark ein, dass man am Ende für den Verlust des Gepäckstücks wahrscheinlich sowieso keine Kohle sieht. Der Grund: Gerade bei Reisegepäck wurden die Versicherungen wohl viel betrogen. Ein anderes Beispiel ist die Krankenhaustagegeldversicherung. Hier erhält man nur für die Tage im Krankenhaus zusätzliche Leistungen. Oft genug ist man nach einem Aufenthalt in der Klinik noch längere Zeit zu Hause. Das finanziert aber nur eine Krankentagegeldversicherung. Bei der ersten Variante, so der BdV, stünden Beiträge und Leistungen in keinem vernünftigen Verhältnis.

Wie wild weiterklicken …

… anleger-zirkel.de
… banktip.de
… bundderversicherten.de
… finanztest.de
… forum-schuldenberatung.de
… stiftung-warentest.de
… stu-kv.de
… tarifchecks.de
… verbraucher.de

Sparen @ Mobilität

Ingo: Was für ein besch… Tag! Gerade habe ich meinen Alfa Romeo Spider beim Händler zurückgegeben. Kathrin hat mir dermaßen die Hölle heiß gemacht. Dabei war die Finanzierung doch so günstig. Null Prozent effektiver Jahreszins! Quasi geschenkt also. Nur meiner Liebsten konnte ich das nicht so ganz plausibel machen. Schließlich wären jeden Monat fast 300 Euro vom Konto weggegangen. Ohne Sprit und Versicherung, versteht sich. »Wo sind da bitte schön deine null Prozent?«, hat sie mich gefragt. Na, am Ende habe ich dann eingesehen, dass das in unserer Situation nicht mehr tragbar ist. Ich wusste erst gar nicht, ob man aus dem Leasingvertrag wieder herauskommt. Aber glücklicherweise hat uns Kathrins Vater seinen Anwalt »ausgeliehen«. Und der sagte: Bis zwei Wochen nach Abschluss kann man den Leasingvertrag noch rückgängig machen. Also bin ich schweren Herzens hin und habe meinen roten Traumflitzer zurückgegeben. Mann, war das bitter.

Kathrin: Ja, es war schon ein wirklich schönes Auto. Aber wir haben doch auch noch meinen hübschen Polo.

Ingo: Aua! Was für ein Abstieg! In den kann man nicht einsteigen, den muss man sich anziehen, so klein ist der!

Kathrin: Wenn er dir nicht passt, kannst du ja mit den ÖVis fahren! Sind sowieso die billigere Variante, stimmt es, Muttis?

Muttis: Ganz recht, Kathrin. Billiger, umweltfreundlicher, aber eben nicht mit diesem Hauch von *dolce far niente*, den ein italienischer Sportwagen hat. Doch hier geht es schließlich um die Fakten und nicht ums Image.

Was kostet uns der Personenverkehr?

Es ist gar nicht so einfach, die reinen Endverbraucherkosten im Nah- und Fernverkehr zu bestimmen. Nach einer längeren Recherche konnten wir folgende Tabelle zusammenstellen. Die Ergebnisse sind zum Teil doch erstaunlich: Der Bus schneidet als Verkehrsmittel sowohl vom Verbrauch als auch vom CO_2-Ausstoß sehr gut ab, besser sogar als die Bahn. Ungeschlagen ist natürlich das Rad, wenn auch nur bedingt für Strecken über zehn Kilometer einsetzbar. Für die eigene Gesundheit tut man dabei in jedem Falle etwas. Interessant übrigens: Auf dem Rad ist die Feinstaub-Belastung deutlich geringer als in einem Pkw. Der Grund ist wohl die geschlossene Fahrgastzelle, in der sich das schädliche Gemisch lange hält.

	Durchschnitts-geschwindigkeit (km/h)	Verbrauch (Liter Benzin/ 100 km)	Preis (€/km)	Emission (mg CO_2/km)
Rad	15	0	0,01**	0
Bus	60	2,4	—*	56
Bahn	140	3,1	0,15	79
Auto	75	6,2	0,47	202
Flugzeug	500	5,8	—*	369

Quellen: Die Grünen, Umweltbundesamt, Bayerisches Landesamt für Umwelt, Wikipedia
 * Durchschnittswerte nicht seriös zu ermitteln.
** Symbolischer Cent für Abnutzung.

Bei Bahnen und Bussen besteht ein erheblicher Unterschied zwischen Fern- und Nahverkehr. Hier wurde das Mittel genommen.

Das ist doch nicht euer Ernst, Muttis! Soll ich jetzt die ganze Zeit Rad fahren? Geht übrigens gar nicht, denn gerade neulich wurde mir mein altes Fahrrad, mit dem ich durch die Stadt geeiert bin, einfach so geklaut.

»Einfach so geklaut.« Die Wahrheit ist, dass Ingo mit seinen Kumpels mal wieder ein paar Hopfenkaltschalen zu viel konsumiert hatte. Und als sie dann von Kneipe zu Kneipe zogen, hat mein lieber Mann wohl sein Fahrrad nicht richtig abgeschlossen. Und dann war es halt weg. Klarer Fall von selber schuld!

Das bescheuerte Schloss funktioniert nicht richtig. Man kann nie sehen, wann es wirklich schließt. Zudem war es sehr nebelig an diesem Abend. Das hat sicher auch den Dieb ermuntert.

Vor allem deine alkoholische Benebelung hat ihn ermuntert!

Ingo, gegen den Nebel können wir nichts machen. Aber gute Schlösser sind tatsächlich gar nicht so teuer, wie Deutschlands Warenprüfer Nummer eins herausgefunden haben. Wir fassen das mal für dich zusammen.

Fahrrad effektiv mit einem Schloss sichern – und Geld sparen

Wer die Situation schon mal erlebt hat, hasst sie: Es ist spät, man möchte nur noch nach Hause radeln, um sich ins warme Bett zu kuscheln. Doch der treue Drahtesel steht nicht mehr da, wo man ihn vor wenigen Stunden abgestellt hat. Kurze Zeit später hat man hinter alle Ecken in der näheren Umgebung geschaut und ist sich nun sicher: Das Fahrrad wurde geklaut!

Dieses Schicksal ereilt in Deutschland mindestens 400 000 Menschen jährlich. So viele Diebstähle meldet die Polizei in etwa, eine hohe Dunkelziffer kann zudem angenommen werden. Wer sich dagegen schützen will, kann das in allererster Linie mit einem sicheren Schloss tun. Nur, welches Schloss ist tatsächlich gefeit gegen schurkische Angriffe? Und was kostet mich der Spaß? Überraschenderweise erstaunlich wenig.

Erfahrungsgemäß arbeitet ein Fahrraddieb unter einem gewissen Zeitdruck. Je länger er an dem Schloss hantiert, desto größer wird die Entdeckungsgefahr. Experten von der Polizei und der Stiftung Warentest gehen davon aus, dass der normale Langfinger im Schnitt drei Minuten investiert, um die Sicherung zu knacken. Hält das Schloss stand, macht er sich mit leeren Händen aus dem Staub. So lange sollte eine Sicherung also mindestens halten, um dem Fahrradbesitzer nicht nur als unnötiger Ballast zu dienen.

Bei den angebotenen Modellen schneiden gerade dünne **Kabelschlösser** für wenige Euro sehr schlecht ab. Diese Vorrichtungen – im Radler-Jargon ironisch »Geschenkbänder« genannt – lassen sich mit einem Seitenschneider oder einer Metallsäge innerhalb von Sekunden knacken. Massive **Bügelschlösser** stehen hier am anderen Ende der Skala: Sie sind extrem widerstandsfähig und lassen sich zwar auch aufbrechen, aber nur unter enormem Zeit- und Kraftaufwand. Allerdings sind diese Modelle sehr schwer und unflexibel. Die einschlägigen Anbieter wollen für solche Produkte oft deutlich über 50 Euro. Aber die Überraschung: Die Stiftung Warentest nennt in ihren Tests gute Modelle ab 18 Euro!

Wohlgemerkt: Auch das stärkste Schloss nutzt sehr wenig, wenn das Rad damit nicht an einem festen Gegenstand (Straßenschild, Zaun usw.) angebunden ist. Deshalb bietet der Markt eine flexible Alternative: so genannte **Panzerkabelschlösser**. Sie bestehen aus deutlich widerstandsfähigerem Stahl als die einfachen Kabelschlösser und sind trotzdem leicht biegsam. Die Preise für ausreichend hohe Qualität beginnen hier sogar schon bei zehn Euro. Wir empfehlen für weitere Informationen die Homepage der Stiftung Warentest, die in regelmäßigen Abständen die gängigen Modelle auf dem Markt testet.

Noch ein Tipp: Mit guten Schlössern kann man nicht nur eine Menge Ärger und die Ausgaben für ein neues Rad sparen. Auch die Beiträge zur Fahrraddiebstahlversicherung lassen sich senken – falls man eine solche Police hat. Welche Produkte die Versicherungen akzeptieren, könnt ihr auf der Homepage des Verbandes der Schadenverhütung VdS nachlesen: www.vds.de/Zweiradschloesser.585.0.html

Fahrrad einfach sichern in üblichen Fahrradständern

Es gibt die verschiedensten Konstruktionen von Fahrradständern. Leider allzu häufig findet sich die Variante »Metallrohrständer mit Klemmschlitzen« für das Vorderrad. Sichere Bügelschlösser sind meistens zu kurz, um den Rahmen mit einzubeziehen. Was nun? Die Lösung ist so einfach!

Man stelle das Fahrrad einfach mit dem Hinterrad in den Klemmschlitz, und dann kann man das Fahrrad auch mit einem Bügelschloss mit Metallrohr und Rahmen sicher verbinden.

Das meint die Jury:

● Und dafür ist dann, wenn ich wiederkomme, mein teures Vorderrad mit Nabendynamo weg.

● Ich würde ja nie mein teures Rad in so einen Fahrradständer stellen, da das Risiko zu groß ist, dass mir das Laufrad verbiegt. Lieber danebenstellen und mit dem Ständer abschließen.

● Da steht aber schon mein Hollandrad!

● Ich stelle es immer dazwischen, so bekomme ich Vorderradrahmen und Ständer zusammen.

● Habe mir auch für 20 Euro meine Schnellspanner gegen ein ebenfalls sehr leichtes Aluminiumsystem ausgetauscht, bei dem man einen Fünfkantschlüssel hat. Passt nur auf dieses System.

Interessant! Aber noch eine Frage: Mir fliegt immer wieder die Kette herunter, und bis ich die wieder drauf habe, sehen meine Finger aus wie nach einer Zehn-Stunden-Schicht Ölwechsel. Habt ihr da vielleicht einen Tipp für mich?

Kein Problem. Zum Thema Sauberkeit wissen wir Schwaben immer einiges zu sagen.

Schmierfett vom Fahrrad mit Sonnencreme »wegzaubern«

Jeder kennt das: Kette am Fahrrad rausgesprungen, mit Mühe und Not wieder reingefummelt, und nun sehen die Finger aus wie Sau. Die Lösung: Einfach Sonnencreme nehmen (die billigste ist gut genug!), kräftig die Hände damit einreiben und etwas einmassieren. Danach ein Stück Küchenpapier nehmen und das Ganze gründlich abreiben. Jetzt noch mal kurz die Hände mit Wasser und Seife waschen, abtrocknen und fertig!

● Genauso zu empfehlen ist die gute alte Gallseife. Wie mit normaler Seife Hände einreiben, zwei Minuten rumschrubben – fertig ...

● Finde ich gut. Und riecht auch noch angenehm!

● Dafür braucht man keine Sonnencreme. Es funktioniert sogar noch besser mit Pflanzenöl, Butter, Margarine und jedem anderen Fett.

● Aber man bekommt keinen Sonnenbrand beim Kettenwechsel!

● Geht auch so: Bevor ich eine solche Arbeit mache, reibe ich mir die Hände mit Palmolive dünn ein und lasse das Zeug einziehen. Dann geht's an die Arbeit. Wenn die getan ist: Warmes Wasser nehmen und die Hände normal ohne irgendeine Seife waschen. Das Fett und der Schmutz ziehen durch Palmolive nicht in die Haut ein und lassen sich sehr gut entfernen.

Fahrrad mit Backofenreiniger putzen

Fahrradputzen ist immer sehr aufwändig. Leichter geht es mit Backofenreiniger. Fahrrad mit Backofenspray einsprühen, einwirken lassen und dann mit klarem Wasser abspülen. Fertig.

Das meint die Jury:

● Nicht ganz so »scharf« und umweltbelastend wäre womöglich Badreiniger-Spray.

● Das glaub ich, ohne es auszuprobieren! Ofenreiniger ist ein Teufelszeug.

● Rate davon ab: Das Zeug entfettet sehr stark und greift Kunststoffteile an.

● Meine Güte, wie lange wollt ihr denn euren alten Drahtesel treten? Gibt doch so schöne neue Modelle jedes Jahr, da muss das alte doch keine 20 Jahre halten. Also her mit dem kunststoff- und gummiangreifenden Schaum! Hauptsache ohne viel Mühe sauber.

● Äh, man könnte doch auch mit dem dreckigen Fahrrad durch die Gegend heizen – wozu eigentlich putzen? *pfeif*

● Typischer Fall von Putzwahn.

● Ich habe es gleich ausprobiert. Es hat gewirkt. Was der Lack oder die verchromten Teile dazu sagen, sehen wir in einigen Wochen. Backöfen sind innen emailliert und widerstandsfähiger als jeder Lack. Auf die Dauer ist es auch ein teures Vergnügen.

● Noch ein Tipp von mir: Ich nehm zum Ölen, Putzen und so weiter alte Socken. Frottee geht am besten! Über die Hand ziehen und los. Die Hände bleiben fast komplett sauber. Die ganz Mutigen können sogar die dreckigen Socken nehmen, man putzt ja eh an der frischen Luft.

● Das hab ich mal aus Mangel an Putz-»Krempel« versucht. Klappt 1a!

● Selten so einen Schwachsinn gelesen! Wahrscheinlich reinigst du deine Intimzonen auch mit dem Zeugs? Ist auf jeden Fall der sicherste Weg, das Bike zu ruinieren!

Ich sehe ja ein, dass ich in der Stadt mit dem Fahrrad fahren sollte. Aber alles, was über fünf Kilometer Streckenlänge geht, ist mir echt zu anstrengend. Außerdem kommt man im Sommer total ins Schwitzen. Toll, wenn ich zum Geschäftstermin muss und mein Hemd klebt mir schweißnass am Rücken. Und im Winter friert man sich auf dem Rad den Arsch ab! Jetzt mal ehrlich: Können wir nicht auch beim Autofahren noch Kohle sparen?

Klaro, da gibt es schon einige Möglichkeiten. Fangen wir mit dem Klassiker an, den jeder von uns morgens und abends runterbeten sollte:

Intelligentes Autofahren

Bei den steigenden Benzin- und Dieselpreisen hilft es vor allem, die Fahrweise auf »sparsam« umzustellen. Das bedeutet jetzt nicht, dass du ab sofort langsam durch die Lande gurken musst, aber mit ein paar Tricks lassen sich 10 bis 20 Prozent Spritkosten einsparen.

1. An der Ampel: Motor aus! Bereits ab einer Wartezeit von 15 Sekunden lohnt sich das, hat der Auto Club Europa nachgerechnet.

2. Früh hochschalten, mit niedrigen Drehzahlen fahren: Wer seinen Motor nicht ständig voll »durchdappt«, spart richtig Sprit. Gleich nach dem Anfahren bei 20 in den zweiten Gang, bei 30 in den dritten, bei 40 in den vierten und bei 50 in den fünften.

3. Mit 130 auf der Autobahn fahren. Bei 200 km/h kannst du auch Fünfzig-Euro-Scheine verbrennen.

4. Wenn die Ampel rot ist, nicht bis kurz vor die Ampel düsen und dann abbremsen, sondern schon vorher Fuß vom Gas (keine Kupplung drücken!) und ausrollen lassen. Der Motor verbraucht in diesen Sekunden keinen Sprit.

Das meint die Jury:

- Spritsparendste Fahrweise = mit dem Fahrrad fahren.

- Oder auf Erdgas umsteigen. Infos und eine Tankstellenliste findet ihr unter: www.erdgasfahrzeuge.de

- Nummer 1 beobachte ich immer wieder gerne an dem Bahn-übergang. Wo man oft bis zu fünf Minuten steht und die Leute munter ihre Abgase in die Luft schleudern.

- Bravo, fünf Punkte – möge es sich rumsprechen!

- Ich verstehe nicht, dass heute jeder Kleinwagen 150 PS haben muss und die Leute gleichzeitig über hohe Spritpreise jammern.

- Weiß jemand, ob es spritsparender ist, wenn man den Gang bei einer längeren Bergabfahrt rausnimmt oder drin lässt?

- Moderne Autos haben Schubabschaltung. Da ist es auf jeden Fall sinnvoller, den Gang drin zu lassen, dann ist der Verbrauch nahezu Null. Allerdings bremst dann der Motor. (Schont aber auch die Bremsen.)

- Es ist ein Irrsinn, dass man ein Fahrzeug mit 1,5 Tonnen be-schleunigen und abbremsen muss, um eine Person von durch-schnittlich 75 kg von A nach B zu bringen. Rechnet man den Verbrauch pro Person/100 km aus, so ist dies die teuerste Art zu reisen. Die Spritpreise müssten wesentlich teurer werden, damit die Industrie endlich wirklich alternative Konzepte entwickelt.

- Amen.

- Und wenn ich das alles schon seit Jahren tue, wie spare ich dann noch mehr? Immer wieder dieselbe Leier!

● Ist ja nicht jeder so schlau wie du. Die Tipps sind zwar schon länger bekannt, aber darum nicht falsch. Was soll das Gemeckere?

● Den Wagen unausgekuppelt ausrollen zu lassen spart zwar etwas Benzin, der Motor arbeitet aber im Schiebebetrieb, das heißt, alle Lager, Wellen und Übertragungen werden in Gegenrichtung belastet. Da Benzin neben Kraft auch Kühlung liefert, würde ich bei längerer Bergabfahrt nicht unbedingt dauerhaft mit Schub-abschaltung fahren. Die Ersparnis beim Benzin erkauft man sich mit höherem Verschleiß.

● Schon vor Jahren gab es im Fernsehen einen Studio-Test: Am selben Auto wurde zweimal der Verbrauch genau gemessen, erst eine Minute Leerlauf, dann eine Minute sooft wie möglich Motor starten und wieder ausschalten (natürlich ohne Gas zu geben!). Ergebnis: Trotz ständigen Startens wurde weniger verbraucht als im Leerlauf, und erst recht, wenn die Wartephase zehn Sekunden oder länger ist. Die anwesenden Techniker versicherten, dass das häufigere Starten keinen erhöhten Verschleiß in der normalen Lebensdauer aller Teile verursacht. Voraussetzung ist natürlich, dass die Batterie noch genug »Saft« zum Starten hat – so sollen sich ja schon Fahrer bei hektischen Startversuchen aus Versehen selbst eingeschlossen haben, und dann schaffte die Batterie es nicht mehr, die Zentralverriegelung wieder zu öffnen! *ggg*

● Das einzig Störende an dieser Sparmethode: Das Radio geht dabei jedes Mal aus und nach sofortigem Wiedereinschalten der Zündung erst mit Verzögerung wieder an.

Sparen beim Tanken

Ich beobachte fast täglich die Preise an den Tankstellen. Mein Fazit: Man kann sehr häufig montags am günstigsten tanken. Zum Wochenende (ab Mittwoch) klettern die Preise in der Regel wieder nach oben. Wer also unbedingt am Wochenende tanken muss, sollte nur so viel tanken, dass es bis zum Montag ausreicht. Meist ist es dann zwei bis drei Cents günstiger.

Das meint die Jury:

● Ein Freund von mir arbeitet an einer Tankstelle und bestätigt das. Montagnachmittags ist es am günstigsten, dann gehen die Preise wieder rauf, bis zum nächsten Montag.

● Bei uns sind die Tankstellen am Montag nicht wirklich billiger. Der billigste Tanktag war häufig der Donnerstag. Aber von billig kann man nun eh nicht mehr sprechen. Wo es geht, benutze ich das Fahrrad.

● Am besten ins Ausland fahren zum Tanken. Ganz einfach!

● Hmm, ich wohne in Kassel …

● Ich arbeite an einer Tankstelle, und eigentlich ist es so, dass das Benzin zum Wochenende billiger wird!

● Na ja, das scheint wohl regional unterschiedlich zu sein, bei uns tankt man dienstags bis freitags am billigsten.

● Bei uns an der südlichen Nordsee Nähe Niederlande ist Mittwoch der günstigste Tag zum Tanken.

● Womit wir die Woche zusammenhätten.

● Und morgens ist es teurer als abends!

● Ich spare Benzin, indem ich alle zehn Geschwindigkeitskilometer einen Gang höher schalte. In der Stadt fahre ich zum Beispiel schon im fünften Gang. Außerdem kann man bei roten Ampeln ruhig einmal den Motor abstellen. Und zur Uni fahre ich mit einer Fahrgemeinschaft.

● Ich tanke schon seit langem nicht mehr in Deutschland. Bayreuth ist nicht so weit weg von Tschechien. So mach ich regelmäßig einen Abstecher rüber ins Nachbarland. Sind zwar 80 Kilometer einfach, aber als Raucher lohnt die Fahrt doch. Noch einen 20-Liter-Kanister in den Kofferraum – so komm ich gut zwei Wochen über die Runden.

● Was wirklich hilft, ist ein entsprechender Fahrstil. Das bringt mindestens 20 Prozent Einsparung im Vergleich zu einem Euro pro Tankfüllung! Also: 80 bis 100 Sachen statt 150!

● Na, ein bisschen Spaß soll es ja auch noch machen. Deshalb sage ich: 200 km/h fahren, und dafür tanke ich montags um sieben.

● Mit folgender Taktik kann man richtig Kohle sparen, ohne das ewige Auf und Ab im Auge behalten zu müssen: Man tankt immer zu den momentan günstigsten Preisen randvoll und überbrückt so teure Spritphasen!

● Ach nee, is wohl was für die Hausfrau, die einmal im Jahr tankt und dann ihre Karre sagenhafte 1000 Meter zum Aldi schaukelt …

● Verstehe die ganzen Tipps nicht – ich tanke seit Jahren für 25 Euro, es wird nicht teurer.

● … und dieser Witz nicht besser!

»Leichter« Auto fahren

Wer weniger Gepäck im Auto hat, braucht weniger Sprit. Also: Vor dem Losfahren Kofferraum auf und alles Unnötige raus.

Das meint die Jury:

● Aber nicht vergessen: den Kofferraum wieder zumachen!

● Stimmt, ich kenne auch Leute, die ihre Bier- und Sprudelkisten aus Bequemlichkeit nie aus dem Auto nehmen.

● Finde den Tipp überflüssig. Meiner Meinung nach weiß jeder, dass durch mehr Gewicht mehr Sprit verbraucht wird.

● Wie heißt das hier? Richtig: Frag Mutti! Schau doch einfach mal bei »Frag Menschen mit Mörderinsiderwissen, das noch keiner kennt.de« nach.

● Und was mach ich dann mit meinem dicken Freund?

● Den spannst du vor das Auto und lässt ihn ziehen. Spart hundert Prozent Sprit.

● Ein Liter Kraftstoff wiegt ein knappes Kilo. Also einfach nur die Hälfte tanken, und schon sind es fast 30 Kilo weniger. Genial, oder? Und man muss nicht so viel an der Kasse bezahlen.

● Das erinnert mich daran, dass ich vor vielen Jahren mal einen alten, gammeligen Kadett sah, auf den der Besitzer hinten von Hand draufgepinselt hatte: »Können Sie auch den Wert Ihres Autos mit einer Tankfüllung verdoppeln?!«

Bei der Autowäsche keine Unterbodenwäsche

Nachdem mein Auto vor kurzem zur Werkstatt musste wegen »korrodierter Kontakte« hat mich der Werkstattleiter darüber aufgeklärt, dass Unterbodenwäsche in der Waschstraße keine gute Idee sei. Denn die Motoren sollten möglichst wenig Wasser abbekommen. Ich Depp habe immer brav den Waschgang mit Unterbodenwäsche gewählt, weil ich dachte, ich tue meinem Auto etwas Gutes. Das hat zusätzliches Geld gekostet und mir jetzt eine Werkstattrechnung von 120 Euro eingebracht. Also: Besser auf die Unterbodenwäsche verzichten, spart doppelt Geld!

Das meint die Jury:

● Ich denke, dass die meisten Autos einen Unterbodenschutz haben. Deswegen und damit Marder nicht reinklettern können.

● Dann lass dein Auto bei Regenwetter immer schön in der Garage.

● Als Fachmann muss ich sagen, das ist völliger Quatsch. Man sollte es zwar nicht zu oft machen, aber gerade nach salzhaltigen Wintertagen ist es ratsam. Allerdings nur bei Plustemperaturen!!!

● Der Werkstattleiter sagte: Einmal am Ende des Winters, um das Salz abzuwaschen. Aber ansonsten wäre es unnötig.

Sparen beim Scheibenwischerkauf

Es ist vielleicht nicht so bekannt, aber man muss nicht unbedingt die kompletten Wischer ersetzen, wenn sie mal abgenudelt sind. Im Fachhandel bekommt man für kleines Geld die Gummis, die man dann mit ein wenig Fingerspitzengefühl einzeln auswechseln kann.

Und es gibt sogar noch eine schlichtere Lösung: Wenn der Wischer nicht mehr hundertprozentig will, einfach das Fahrerseitenblatt auf die Beifahrerseite montieren (für das Sichtfeld reicht das dicke) und dann nur auf der Fahrerseite ein neues einsetzen. Wenn das am Ende ist, das Ganze von vorn. Bumms, Hälfte gespart! Funktioniert natürlich nur bei Autos, bei denen Fahrer- und Beifahrerwischer identisch sind.

Das sagt die Jury:

● Man kann auch am falschen Ende sparen. Gleich verklickert uns jemand, wie man die Bremsen mit etwas Klebstoff wieder auf Vordermann bringt.

● Genau, gute Scheibenwischer kosten zwar gutes Geld, aber sie sind es wert.

● Ich kenne viele, die das so machen. In einem gewissen Rahmen ist das durchaus erlaubt.

● Wo ist das Problem? Wir machen das immer so. Viele Leute sind einfach zu bequem, um Geld zu sparen.

● Jeder soll selbst entscheiden, wie er Sicherheit »lebt«. Dieser Tipp aber ist geeignet, sich und andere zu gefährden.

● Ist doch besser, wenn der Beifahrer nicht so genau sieht, was auf ihn zukommt. Das beugt einem Herzinfarkt vor – bei meiner Fahrweise jedenfalls.

● Getreu dem Motto: »Ich möchte friedlich im Schlaf sterben wie mein Großvater und nicht hysterisch schreiend wie sein Beifahrer.«

● Lest doch erst mal den Tipp richtig, da heißt es: »Funktioniert natürlich nur bei Autos, bei denen Fahrer- und Beifahrerwischer identisch sind.«

● Habe ich schon eben nicht verstanden!?

● Ein gutes Sichtfeld ist vor allem in der dunklen Jahreszeit wichtig. Durch die rechte Hälfte der Windschutzscheibe sehen wir Passanten und Kinder, die über die Straße wollen. Also: Das Leben dieser Menschen ist mir wichtiger als ein paar Euros!

● Von dem Vorhaben, nur die Gummis zu tauschen, kann ich nur abraten. Ich habe das vor kurzem versucht, und es ist ein Desaster. Die Scheibe wird nur teilweise freigeschaufelt, und bei mittelschwerem Regen sieht man kaum etwas.

Also, bei Kathrins Polo ist die Windschutzscheibe so klein, die braucht sowieso nur einen Scheibenwischer.

Wenn du weiter mein Auto so schlechtmachst, dann kannst du in Zukunft einfach mit der Bahn fahren!

Bahnfahren ist immer spaßig. Hansi hat mal einen schönen Bock geschossen – damals, als er noch jung und unerfahren war.

Schaffner Schlau

Dass Sparen manchmal teuer und peinlich werden kann, habe ich vor ein paar Jahren erleben müssen. Ein Freund leistete gerade seinen staatsbürgerlichen Dienst fern der Heimat im Norden ab. Dank seines Zivi-Ausweises war er jedoch berechtigt, den Weg von seinem schwäbischen Zuhause zum Dienstort mit der Bahn kostenlos zurückzulegen. Sehr praktisch, auch für alle seine Freunde, denn der Ausweis war damals noch ohne Lichtbild! So kam auch ich zu sehr kostengünstigen Reisen mit der Deutschen Bahn, denn selbst wenn der Schaffner nach dem Personalausweis fragen sollte, konnten wir den ja schließlich noch vergessen haben. Das funktionierte auch eine Zeit ganz prima, bis ich eines Morgens kurz vor Stuttgart an einen sehr gewieften Schaffner geriet. Dazu muss man noch wissen, dass auf dem Zivi-Ausweis die PK-Nummer stand. Die wiederum zum Teil aus dem Geburtsdatum des Inhabers aufgebaut war. Also etwa: PK GZT03091978888000, der 3. September 1978. Nicht ganz übersichtlich, aber für ein geübtes Auge durchaus zu erkennen.

»Da hend Sie schöns Weddr zum Feieret, hajo, so isch des«, lachte mir der Schaffner in breitem Schwäbisch entgegen, als er mir den Zivi-Ausweis nach der Kontrolle zurückgab. Ich schaute reflexartig aus dem Fenster. Tatsächlich: Da draußen herrschte bestes Wetter. Aber was meinte er mit »feiern«? Suchend blickte ich mich um, ob diese Bemerkung einem anderen gegolten haben mochte. Gelangweiltes Desinteresse in allen Sitzreihen. Nur der kleine dicke Junge von gegenüber schien sich ebenfalls zu fragen, was es an mir zu feiern gab.

Als mein Blick wieder das Gesicht des Schaffners traf, stellte ich fest, dass der gute Mann mich scharf musterte.

»Sie hend wohl den eigene Geburdschdag vergesse?«

Den Rest der Szene, meine haltlosen Erklärungen und die dann unter großem Interesse aller Mitreisenden lautstark durchgeführte Schwarzfahrerenttarnung, erspare ich euch besser.

Ach ja, eins noch: Zwar habe ich bei dieser Aktion herbe materielle Verluste erlitten. Auf der zwischenmenschlichen Ebene konnte ich dagegen schwer punkten. Dass einer seiner Kumpels noch vor seiner Oma morgens kurz vor neun an seinen 19. Geburtstag denkt, darüber freute sich mein Freund noch lange nach seiner Zivi-Zeit!

Wir haben hier noch einen echten Zeit- und Ärgerspartipp beim Bahnfahren.

Schnell und einfach Fahrkarten kaufen an DB-Automaten

Inhaber einer Bahncard können ganz einfach Fahrkarten am Automaten kaufen, weil der inzwischen in der Lage ist, bis zu fünf Verbindungen zu speichern. Wie geht es? Am Anfang des Buchungsprozesses mit der Bahncard anmelden. Dann erscheinen diese Verbindungen, aus denen du dann nur noch auswählen musst.

Das meint die Jury:

● Wenn ich endlich mal mit dieser blöden Karte bezahlen könnte, wie sie es immer anpreisen, dann wäre ich schon zufrieden. Denn selbst nach mehrmaligem Hin und Her wird mir die Bezahlung mit Bahncard an Automaten verweigert. Aber wirklich keine schlechte Idee, vor allem weil die Automaten alles andere als schnell zu bedienen sind.

● Ja, den Gedanken mit dem Bezahlen hatte ich auch schon, aber man sollte die DB ja nicht überfordern. Wahrscheinlich würde dann aber wieder eine PIN dazukommen – als ob wir uns nicht schon genug Passwörter merken müssten.

● Das gibt es schon eine Weile. Du registrierst dich online für den Lastschrifteinzug und legst eine Mobile/Online-PIN fest. Mit der kannst du dann sowohl übers Handy als auch an den Automaten bezahlen. Funktioniert recht gut.

● Ich bin inzwischen so fix im Bedienen des Automaten, dass ich keine gespeicherten Verbindungen brauche. Außerdem benutze ich immer die Kreditkarte, da muss man keine PIN eingeben und spart damit nochmal 30 Sekunden. Damit sind Bestzeiten unter zwei Minuten möglich!

Im Winter ist das Bahn- und Busfahren immer so kalt! Das ist einfach die Hölle.

Schon mal damit probiert?

Der Wartewärmer – warmer Po statt Hämorriden

Gerade im Winter sind die Bänke in Wartehäuschen von Bus und Bahn oft sehr, sehr kalt. Ich stehe aber nicht gern eine halbe Stunde, wenn mir die Bahn grad weggefahren ist. Deshalb habe ich in meiner Einkaufstasche und in meiner Handtasche jeweils immer ein Stück Alufolie. Die ist leicht und lässt sich sehr klein zusammenfalten. Außerdem ist sie billig. Ich falte die Alufolie auf und setze mich drauf. Weil die Folie die Körperwärme reflektiert, wird einem so nicht kalt am Allerwertesten, und ich sitze ganz angenehm warm. Probiert es aus!

Das meint die Jury:

● Ich habe das im Fußballstadion ausprobiert. Ganz große Klasse!

● Endlich! Mein Freund kommt jeden Winter mit neuen Sitzbänken nach Hause, und ich muss sie ihm vom Hintern ziehen, ich danke dir, endlich können wir uns wieder außerhalb der Garage lieben.

● Besser ist es, ein bisschen hin und her zu gehen. Dann werden auch die Füße warm, und der Kreislauf bleibt in Schwung.

● Sehr praktisch, ich hab es schon ausprobiert.

● Da wird einem warm ums Herz! Funktioniert super!

● Und was soll das jetzt bitte schön mit Hämorriden zu tun haben? Die kommen ja nicht von der Kälte.

Wie wild weiterklicken …

…adfc.de
…bahnsinn.com
…clever-tanken.de
…mitbahnzentrale.de
…spritmonitor.de

Sparen @ Home

Ingo: Spitze, durch eure Tipps geht es uns kohlemäßig echt wieder besser! Jetzt können wir uns ein wenig locker machen, gell, Kathrin?

Kathrin: Pustekuchen! Wie war das gestern? Da kam der Herr nach Hause, hat in der Wohnung alle Lichter plus Stereoanlage und Fernseher angeschaltet, um dann friedlich eine Runde auf dem Sofa zu pennen.

Ingo: Mensch, ich wollt nur ein paar Minuten chillen! Aber du hast mich ja gleich wieder geweckt.

Kathrin: Ja, weil du nämlich völlig verdrängt hattest, dass du mit Einkaufen dran warst! Und als du dann in die Puschen gekommen bist, war es kurz nach acht. Alle billigen Supermärkte waren da gerade zu. Bis auf den schweineteuren Rund-um-die-Uhr-Laden am Hauptbahnhof! Zudem hattest du beim Einkaufen einen solchen Kohldampf, dass du mit zehn Tüten Chips nach Hause gekommen bist! Also, ich sehe da noch erhebliches Sparpotenzial, Liebling. Oder was meint ihr, Muttis?

Muttis: Hungrig einkaufen ist immer eine fatale Sache. Sollte man nicht machen. Und Kathrin hat natürlich recht. Gerade in den eigenen vier Wänden gibt es jede Menge Möglichkeiten, richtig Geld, Energie und Nerven zu sparen. Fangen wir doch direkt beim Einkaufen an.

Hunderte Euro sparen durch intelligentes Einkaufen

Studiert die wöchentlichen Postwurfsendungen der einzelnen Lebensmitteldiscounter. Kauft nur gezielt die Sonderangebote, bei Badartikeln, Waschpulver und nicht verderblichen Waren gleich die dreifache Menge. Immer die Kassenzettel aufbewahren und sich die Preise gut einprägen, denn man muss ein Preisgefühl für seinen persönlichen Einkaufszettel entwickeln. So kann man wirklich Geld sparen, das ist einfacher und effizienter als das Führen eines Haushaltsbuches. Bei mir führt das zu einigen Hundert Euro Jahresersparnis.

Das meint die Jury:

● Dass man nicht den teuersten Kram kaufen sollte, passt schon. Aber ich stehe eigentlich nicht auf Tipps, die so zeitaufwändig sind. Was ich in der Zeit an Geld verdienen könnte …

● Ich komme abends um sieben Uhr aus dem Büro und hab dann keine Lust, noch in zehn Geschäfte zu latschen. Da ist mir meine Freizeit viel zu schade!

● Achtung: Nicht alles, was nach Sonderangebot aussieht, ist eines. So kleben einige dreiste Discounter Sonderpreis-Schildchen auf teure Waren, um damit den Eindruck zu erwecken, es handele sich um ein Sonderangebot. Beliebt ist es ebenfalls, den Preis kurzfristig zu erhöhen, dann wieder auf den Normalpreis zu senken – und das Ganze dann als Sonderangebot auszugeben. Fazit: Augen auf beim Kauf!

● Richtig! Habe ich auch schon erlebt. Die Marmelade mit Aufkleber am Regal »Neuer Preis – jetzt noch günstiger« war tatsächlich zehn Cent teurer – Abzocke halt.

● … und manchmal steht dicht neben den »Sonderangeboten« der gleiche Artikel nur in einer anderen Verpackungsgröße, aber nicht heruntergesetzt, und wenn du dann im Blindflug zugreifst, haben sie dich schon abgezockt.

● Für den Palm gibt es ein hervorragendes Programm, mit dem man Einkaufslisten anlegen und die Preise für unterschiedliche Geschäfte speichern kann. Damit sieht man sofort, was in welchem Geschäft am billigsten ist. Es heißt »HandyShopper«. Wenn man ein Sonderangebot sieht, kann man sofort nachgucken, wie viel die Ware etwa bei Aldi kostet und ob es sich lohnt, das zu kaufen.

● Haushaltsbücher können doch nur Arbeitslose, Hausfrauen oder -männer und Rentner führen. So ein Zeitaufwand! Man sollte einfach so viel wie möglich in Billigläden kaufen.

● Das sind genau die Läden, die die schlimmsten Arbeitsbedingungen haben. Sollte zumindest mal erwähnt und bedacht werden.

● Gelegenheitsschnäppchen zu nutzen hat sich bei mir gerade beim frühzeitigen Einkauf von Geschenken bewährt. So brauche ich nicht unbedingt etwa zu Weihnachten irgendwelchen Müll zu kaufen, nur weil die Zeit drängt. Außerdem verteilen sich die Kosten auf Monate und fallen nicht nur im Dezember an. Allerdings braucht man etwas Platz zum Lagern der Sachen.

● Apropos Weihnachten: Schmuck und weihnachtliche Accessoires gibt es direkt nach dem Fest am günstigsten. Also schon fürs nächste Jahr vorsorgen.

● Wir könnten ja auch Weihnachten an Ostern feiern, dann müssten wir nicht so lange warten.

● Habt ihr mal ausgerechnet, wie viele Stunden mit Suchen, Vergleichen und »Schnäppchenjagd« draufgehen, um die paar Euro zu sparen? Und auf welchen Stundenlohn kommt ihr dabei?

● Jaja, da ist natürlich was dran. Aber einmal im Leben eine Stunde lang mit einer Liste von 20 Produkten herumrennen und drei bis vier Anbieter vergleichen – das lohnt sich nachhaltig. Ich habe vor fünf Jahren Drogeristen verglichen und weiß seither: Die Discounter sind kein bisschen billiger, die tun nur so. Und eine zweite Erkenntnis aus meiner Vergleichsaktion: In manchen Supermärkten sind die Lebensmittel zwar günstig, wer aber dort noch Drogeriesachen kauft, der lässt sich das Gesparte sofort wieder aus der Tasche ziehen.

● Genau, ein großer Teil der Ware aus den Werbeprospekten ist oft nicht reduziert. Geschätzt gerade mal die Hälfte der beworbenen Artikel sind wirklich billiger. Ich arbeite in einem großen Drogeriemarkt, und da sehe ich es immer wieder beim Stecken der Etiketten.

Schnäppchen bei Wurst, Käse und Brot 💰💰💰💰

Die Supermärkte mit einer Wurst- und Käsetheke verkaufen zum Wochenende hin in Tüten abgepackte Käse- und Wurst-Reststücke zum stark reduzierten Preis. Es sind Scheiben verschiedener Wurst- und Käsesorten dabei, sodass man alles mal probieren kann. Ist auch klasse für selbstgemachte Pizza!

Beim Bäcker kann man auch sparen. Viele verkaufen das Brot und die Brötchen oder Teilchen vom Vortag zum halben Preis. Die Ware ist genauso genießbar wie die frische Ware. Eingefroren kann man das Brot zudem noch Monate lagern.

Wenn nichts ausliegt, einfach mal danach fragen.

Das meint die Jury:

● Gut, aber wusste ich schon!

● Wo ist da der Tipp?

● Der Tipp ist, dass man für die beschriebenen Waren nachfragen muss, denn sie liegen nicht immer offen im Laden herum.

● Manche schämen sich ja auch, nach »Pizza-Salami« oder »Anschnitten« zu fragen. Es kann vorkommen, dass die Anschnitte in Tüten abgepackt auf dem Verkaufstresen oder in einem gesonderten Bereich des Kühlregals liegen. Dann ist es natürlich einfacher. Ansonsten einfach nachfragen. Da bricht einem schon kein Zacken aus der Krone.

● Habe mal erlebt, dass sich zwei um das letzte Wurstpaket stritten. Die sind nämlich sehr beliebt. Ich nehme sie gern für Aufläufe oder Salate, Pizza oder auch Nudelsaucen. Fragen lohnt sich übrigens auch beim Metzger.

● Bei uns gibt's so genannte Kuchenränder beim Bäcker. Das sind die Ränder vom Blechkuchen, die sonst in den Müll oder Ofen wandern würden. Für Kinderfeiern immer lustig, aber nicht jeder Bäcker macht das.

● Beim Bäcker hole ich immer superbillige Schnittbrotreste. Das sind die Brotscheiben, die bei der Schneidemaschine anfallen und gesammelt werden. Meistens sind da jede Menge frische schöne Brotscheiben dabei, die ich für uns aussortiere und einfriere. Den Rest bekommen die Ziegen.

● Welche Ziegen?

Preise runter kurz vor Ladenschluss am Samstag

Viele Supermärkte setzen ihre Artikel am Samstag kurz vor Ladenschluss herunter. Vor Feiertagen gibt es manchmal sogar Gebäck umsonst. Obst und Gemüse sind am Samstagabend auch billig. Bei größeren Mengen kann man das Ganze ja auch einfrieren (Frischgemüse vor dem Einfrieren blanchieren). Der Preisvorteil beträgt meist über 50 Prozent!

Das meint die Jury:

● Stimmt, ich habe auch schon gute Erfahrungen damit gemacht.

● Gerade im Hartz-IV-Zeitalter ein toller Tipp!

● Ich habe es bei zwei großen Lebensmittelketten ausprobiert, aber ohne Erfolg.

● Probiere es mal bei deinem Lebensmittelhändler um die Ecke.

● Bei mir hat es geklappt. Bekam gestern schönen Kopfsalat für neun Cent, morgens kostete der noch 69 Cent! Und das ist die gleiche Lieferung wie morgens.

● Funktioniert, ist allerdings unberechenbar. In meinem Supermarkt machen sie es manchmal, manchmal auch nicht.

● Wenn man davon absieht, dass es Samstag kurz vor Feierabend auf den Gemüse- und Obsttheken nur noch die letzten Überbleibsel gibt. Wer mit den Basics wie Äpfeln und Möhren zufrieden ist, kann Glück haben. Wenn man aber zumindest noch ein bisschen Auswahl haben will, wird man so spät nicht glücklich.

Sparen und trotzdem Markenwaren kaufen

Wenn ihr euch beim Einkaufen im Discounter die Verpackungen genau anschaut (Zutatenliste, Nährwertangaben, Design, Herstellungsort, Veterinärkontrollnummer) –, werdet ihr feststellen, dass sich viele Markenprodukte hinter den Eigenmarken verbergen. Die so genannte Veterinärkontrollnummer ist in der EU auf allen Molkerei-, Fisch-, Geflügel- und Fleischprodukten Pflicht. Sie bezeichnet den Ort, an dem die Waren zuletzt bearbeitet wurden. Wenn man dann etwa auf zwei unterschiedlichen Frischkäsen dieselbe Veterinärkontrollnummer findet, stammt der Käse vom selben Hersteller (das heißt aber nicht, dass es auch der gleiche Käse ist!).

Das meint die Jury:

● Die Quintessenz von Markengeilheit und Geiz-ist-geil-Mentalität.

● Es ist doch total egal, ob Marke oder nicht. Hauptsache, es schmeckt und die Qualität stimmt.

● Oft stehen auch die Originalhersteller auf der Verpackung.

● Stimmt. Billiger ist es deshalb, weil die wesentlich größere Margen kaufen und meist auch auf aufwändigen Sechsfarbdruck verzichten.

● Man kann sich unter www.vetlex.com die entsprechenden Betriebslisten herunterladen, wie sie von der EU und BRD veröffentlicht werden.

● Hier in Österreich gewinnt Hofer (Aldi) schon seit Jahren diverse Qualitätsvergleiche in Konsumententests. Und Freunde in der Konsumgüterindustrie bestätigen mir, welche klingenden

Marken hinter den Hofer-/Aldi-Produkten stehen (ist natürlich »geheim«).

● Oft sind die Eigenmarken der Discounter oder Ketten selbst sehr gut. Schließlich verkaufen sie es unter eigenem Namen und können Mängel nicht einfach auf Lieferanten schieben.

● Für Markenware wird Werbung gemacht, für markenfreie Ware nicht. Das ist der ganze Unterschied. Und leider kaufen die meisten Leute das, wofür Werbung gemacht wird.

● Gleicher Hersteller heißt doch nicht gleiche Qualität! Ich habe in einem Bericht gelesen, dass die Hersteller für ihre Billigprodukte oft andere Zutaten nehmen.

Was man zu Hause haben sollte – Sparen durch Vorratshaltung

Wenn sich der Monat dem Ende zuneigt, und der Geldbeutel immer dünner wird, stellt man oft fest, was man eigentlich noch alles braucht, um die restlichen Tage zu »überleben«. Gut ist es dann, wenn man das Nötigste zu Hause hat.

Zuerst Gewürze: Klar, man sollte ein gewisses Sortiment im Hause haben. Ich habe zudem auf meinem Balkon einen Blumenkasten mit Kräutern bepflanzt. Das kostete mich einmalig etwa 20 Euro inklusive Kasten, Erde und Pflanzen. (Besser ist es, man setzt die Topfgewürze in einen Kasten, so vertrocknen sie nicht so schnell, wenn man mal das Gießen vergisst.) Für jeden Salat, für jeden Braten, aber auch für eine Nudelsoße braucht man Gewürze. Insofern hat sich der Kasten nach spätestens zwei Monaten amortisiert.

Nun die weiteren Basics: Mehl sollte man zu Hause haben, sowohl zum Backen als auch für Saucen (etwa für eine Bechamelsauce, die eine Gemüselasagne zum Gedicht macht), ferner Trockenhefe, Zucker, Öl und Essig, Senf, zwei Becher Sahne, einen Becher

Schmand oder saure Sahne und nach Möglichkeit Eier, Zwiebeln und gegebenenfalls für Singles ein Kilo Kartoffeln. Des Weiteren Nudeln, Tomatenmark und Reis, ein paar Liter H-Milch und ein Pfund Butter in Reserve.

Wer einen Tiefkühler hat, sollte pro Monat etwa acht Mahlzeiten mit Fleisch einkalkulieren und dementsprechend einkaufen. Am variabelsten einzusetzen sind Schweineschnitzel, Hackfleisch und Putenbrust. Aber auch Fischfilets (unpaniert) bieten eine tolle Abwechslung, kosten nicht viel und lassen sich prima einfrieren.

Ansonsten den Tiefkühler mit verschiedenen Gemüsesorten bestücken – Brokkoli für tolle Nudelgerichte, Blumenkohl für Gratins oder Suppen, Rosenkohl oder Rotkohl als Beilagen. Das Gemüse gibt es meistens in Kilopackungen, sie kosten wenig und sind – wichtig für Faulpelze – schon geputzt und mundgerecht geschnitten. (Experten behaupten sogar, dass Tiefkühlgemüse einen höheren Vitamingehalt habe als »normales« Grünzeug.)

PS: Was man nicht braucht sind Pommes, Pizzen, Fertiglasagnen. Man braucht auch kein Maggi oder Knorrfix, denn man hat eigentlich alles im Haus. Ein Monatseinkauf dieser Größenordnung liegt bei etwa 60 Euro, weitere 80 bis 100 Euro reichen dann bequem für Frischeinkäufe.

Das meint die Jury:

● Ich brauche keine Sahne, Schmand oder Hefe zum Überleben – und noch nie, wirklich noch nie habe ich selbstgezogene Kräuter vermisst!

● Hefe benötige ich schon für einen Pizzateig, Schmand für Soßen und Sahne zum geschmacklichen Abrunden. Dafür spare ich mir die Fertiggerichte.

● Vielen Dank für diesen Beitrag! Er ist klasse. Ich richte mich zwar nicht danach, aber ich habe ihn sehr gerne gelesen ;-). Leider hast du ja schon einen Freund. Stimmt doch, oder?

● Also, für Studenten sind Kartoffeln, Zwiebeln, Fett und Nudeln überlebenswichtig. Und natürlich noch Salz. Sonst kann sich ein Student, wenn er keine Sponsoren hat, kaum mehr an Vorrat leisten. Variationen können durchaus möglich sein, falls man noch irgendwo Reste einer Tafel Schokolade findet.

● Ich möchte noch etwas ergänzen für Leute, denen leider sogar ein Gummibaum eingeht: Von Iglo gibt es so kleine Päckchen mit frischen Kräutern im Tiefkühlfach des Supermarktes. Die sind nicht teuer und sehr praktisch. Einfach ins Tiefkühlfach legen. Sie sind ewig haltbar. (Die Kräuter sind nicht getrocknet, sondern nur gefroren, sodass man das Essen nicht ewig kochen muss, damit der Geschmack entsteht.)

Außerdem habe ich immer eine bunte Auswahl an Nudeln und Ölen (etwa Olivenöl für Pastasaucen, Sesamöl für schnelle Gerichte aus dem Wok, Distelöl, wenn man ein geschmacksneutrales Öl benötigt oder sonstiges Pflanzenöl für Salate) in meinen Küchenschränken auf Vorrat.

● Wem Hefeteig selber machen nicht liegt, der kann sich auch fertige Backmischungen kaufen und im Schrank lagern. Für echte Notzeiten ist man dann bestens vorbereitet.

● Blumenkohl, Rosenkohl und Rotkohl? Ja, will ich denn ewig leben? Ein Tipp, wie man auf dem Balkon Pizzen anbaut, das wär mal was.

Tolle Tipps, vielen Dank! Na, Ingo, alles schön gemerkt?

Wie? Ich habe gerade nicht zugehört – nein, war nur ein Scherz! Ja, das ist alles ja gut und recht. Aber wo bleibt denn der Spaß beim Sparen?

Ja, die Witzschigkeit, die darf auch nicht fehlen. Wie wär's denn mit dieser kleinen Spiel-Spaß-und-Spar-Anwendung? Die Jury war jedenfalls begeistert.

Spaß-Sparen beim Einkauf zu zweit oder zu dritt

Einer geht zum Uldi, der andere zum Lidle (ein Dritter zum Adaka und, und, und). Jeder hat eine Billig-Handfunke (am besten mit Ohrhörer) dabei. Wenn die Geschäfte nicht ewig voneinander entfernt sind, klappt die Verbindung, und man kann so die Preise online vergleichen. Der billigste gewinnt.

Noch was: Mit dem Taschenrechner kann man so genannte »Sonderposten« in Großpackungen enttarnen. Denn oft ist es günstiger, zwei kleine als eine große Einheit zu nehmen.

Das meint die Jury:

● Kommt natürlich cool, wenn man im Supermarkt steht und in seinen Kragen flüstert: »Roger: Margarine: 99 Cent. Over.«

● Vergleichen bei so genannten Sonderposten in Großpackungen geht bei Lebensmitteln auch ohne Taschenrechner. Weil nämlich am Preisschild angegeben sein muss, wie viel 100 g oder 1000 g oder 100 ml kosten.

● Na ja, den Tipp halte ich jetzt mal für maßlos übertrieben.

● Witzisch!

● Hm, ich bin, was die Reichweite dieser Geräte betrifft, eher skeptisch. Davon mal abgesehen befindet sich dann jeder dieser Low-Price-Agenten in einem Gebäude, was die Funkwellenausbreitung zudem behindert. Hat das jemand von euch tatsächlich schon mal probiert?

● Ich achte beim Einkaufen immer auf den Preis (greife also nicht einfach blind nach einem Produkt). Beim regelmäßigen Einkauf bekommt man so auch ein Gefühl dafür, wo was billig ist.

● Wieso extra ein Funkgerät kaufen? Ein Handy tut's auch. Am besten geht man nur am Monatsanfang einkaufen, weil man da noch Freiminuten hat.

● Oder wir bauen uns so ein Büchsen-Telefon.

● Hey, daraus könnte man DAS Partyspiel machen. Werde es mal testen.

● Alles klar! Und demnächst probieren wir es in drei unterschiedlichen Discos oder Bars aus. Da kann man dann austesten, wo es die besten Mädels gibt.

● Und die stehen dann bestimmt auf solche Billig-Sherlock-Holmes!

Die zehn Gebote des Kassenschlangen-Trottels

So mancher Mensch, der vor einem in der Kassenschlange steht, benimmt sich so unerklärlich dumm, dass man ihn ohrfeigen könnte. Doch das wäre unfair. Denn er hält sich nur an die folgenden Gebote:

1. Du sollst deine Waren nicht sofort aufs Band legen, sondern erst, wenn zwischen ihnen und denen deines Vordermanns zwei Meter freien Platzes herrschen. Dann aber sollst du sie ganz hinten aufs

Band legen. Der Anblick des ungenutzten Raumes vor dir aber soll deine Hinterleute lehren, ihre Ungeduld zu beherrschen.

2. Flaschen sollst du nicht längs auf das Laufband legen, auf dass sie bleiben, wo sie sind. Sondern du sollst sie hinstellen, auf dass sie umfallen, wenn das Band anläuft, und sich mit den Waren deines Hintermannes vermählen. Wenn sie aber umgefallen sind, sollst du dies erst nach längerer Zeit bemerken. Dann aber sollst du sie wieder hinstellen, auf dass sie erneut umfallen. Deinen Hintermann aber soll dies lehren, dass die Trennung weltlicher Güter in Mein und Dein nur eitel Narrenspiel sei.

3. Willst du deine Flaschen unbedingt hinlegen, so lege sie nicht LÄNGS, sondern QUER zum Band, auf dass sie dir davonrollen und sich mit den Waren deines Hintermannes ... siehe oben. Dies aber tue nur, wenn du zugleich sorgsam darauf bedacht bist,

4. keinen Trennklotz hinter deine Waren zu legen.

5. Die Gebote 2 bis 4 gelten speziell für leere, federleichte Discounter-Einwegpfandflaschen, die du an der Kasse abgeben willst. Solche Flaschen sollst du nicht kleinknautschen, sodass sie im Sammelsack Platz sparen könnten. Du sollst ihnen vielmehr ihr volles Volumen belassen, auf dass die Kassiererin sich alle zehn Minuten erheben und den Sammelsack austauschen muss. Sie wird dies freudig tun, denn es trainiert ihre Kniegelenke. Deine Hinterleute aber lehrt es Geduld.

6. Beim Schlangestehen bedenke: Der Mensch soll nicht vorhersehen, was künftig sei. Wird die Kassiererin von dir Geld sehen wollen? Oder wird sie dich durchwinken, dir dabei ihren Lieblingswitz erzählen oder einen Bauchtanz auf dem Drehstuhl hinlegen? Du kannst es nicht wissen. Also zähle beim Warten KEIN Kleingeld heraus, ja überlege nicht einmal, wo dein Geldbeutel steckt oder ob du ihn überhaupt dabei hast.

7. Sondern beginne erst dann, all deine Taschen nach ihm abzutasten, wenn du wie vom Donner gerührt erfährst, dass die Kassiererin DOCH Geld von dir will.

8. Krumme Kleinstbeträge aber zahle nicht passend, sondern mit einem Zweihundert-Euro-Schein. Denn siehe: Spielt nicht jeder Mensch auf der Bühne des Lebens mehrere Rollen, und ist nicht das Schönste dabei der Rollenwechsel? So auch für die Kassiererin. Mit Freuden klopft sie alle drei Minuten eine neue Münzrolle auf. Deine Hinterleute aber ... du weißt Bescheid!

9. Wenn du aber dennoch Kupfergeld loswerden willst, so soll dir diese Idee nicht früher kommen, als bis die Kassiererin bereits den Fünfziger wechselt. Du sollst dabei sagen: »Oder ... Moment, ich glaub, sieben Cent hab ich doch passend ...« Deine Hinterleute aber ...

10. Überprüfe zum Schluss deinen Kassenbon sorgsam auf Unregelmäßigkeiten. Findest du welche, so lasse dir ausführlich von der Kassiererin erörtern, dass der richtige Platz für Beschwerden die Infotheke sei. Stelle erst im Zuge dieses Gesprächs fest, dass du dich verrechnet hast und der Bon doch stimmt.

Wer diese Gebote als Tipp auffassen will, der möge sich (frei nach Kants kategorischem Imperativ) fragen, ob er wollen kann, dass das ALLE so machen, und seine Schlüsse daraus ziehen.

Das meint die Jury:

● Warum beherrscht immer der Mensch vor mir an der Kasse diese Gebote?

● Auf dass ein Kunde nicht hoffärtig wird und sich klüger und schneller als die Kassiererin wähnt, wurde er wie Sisyphos mit einer lebenslänglichen Aufgabe bedacht, die er aber nie erfüllen kann.

Denn sooft der Kunde mit beharrlichem Bemühen versucht, passend zu bezahlen, indem er die verwirrend blinkenden, tückischen Kupfermünzen, die jeden Tag ihren Wert zu ändern scheinen, aufgrund komplizierter, weil fast schon vergessener, arithmetischer Überlegungen aus der kleinen, dunklen Geldkatze fischt – sooft sieht er sich dem strengen Gericht der übrigen Kunden ausgesetzt und muss dann mit Demut zur Kenntnis nehmen, dass eine jede Marketenderin in der Beherrschung des Wechselwesens IMMER flinker sein wird als er.

Doch der Mensch wäre nicht Mensch, wenn er es beim nächsten Markttage nicht wieder versuchen würde.

● Verzeiht meine Hoffart, doch mich will bedünken, ich beherrschte diese Kunst. Zumindest bei Kleineinkäufen entsinne ich mich gar oft treulich der Einzelpreise meiner Waren (oder zumindest dessen, ob sie mit –5 oder –9 enden). Keine Hybris, vielmehr menschenmöglich scheint es mir, binnen fünf Minuten Wartezeit solchermaßen die erforderliche Kupfercentzahl zu addieren und mit den Ressourcen des Kleingeldfaches abzugleichen. Und wiewohl ich einst im Grundkurs Mathe schmählich unterpunktete: Noch stets lag ich an der Kasse richtig, zahlte flink wie der Wind, und nie traf mich ein Bannstrahl aus dem Auge der Marktfrau oder des Hintermannes.

● Potztausend! Darf ich »Doktor« sagen? Mir scheint, ihr seid mit dem Teufel im Bunde. Noch ehe der wohlfeile Tand die Hände der Marketenderin verlässt, springt euch schon die rechte Schar Münzen aufs Tablett. Wehe dem, der diese Geister nicht mehr beherrscht!

Ich dagegen, als ein kleiner, fahrender Skolar, halte mich fern von solcher Magie – gebe der Marktfrau stets einen reichlichen Batzen und erfreue mich an der geschwinden Abwicklung unseres kleinen Handels.

Doch fiel mir während des Wartens in der Menschenschlange bei so manchem Marktbesucher wiederholt ein Gebrechen auf, dergestalt, dass wohl die halbe Körperseite gelähmt und damit unbrauchbar geworden war. Daher gebrauchen diese bedauernswerten Geschöpfe nur jeweils EINEN Arm beim Einladen ihrer Waren in das metallene Gefährt. Man möchte helfen und gar edel das erworbene Gut mit einladen, wenn nicht bei diesen Menschen bereits das Gebrechen auch in ihre Seele gefahren wäre, auf dass sie einen nicht selten fast anknurren und mit lästerlichen Ausdrücken belegen. Daher preiset den Allmächtigen, ihr alle, die ihr noch munter mit beiden Armen euer Tagwerk verrichten könnt. Halleluja!

• Schon klar, woanders herrschen Kriege, und wir wälzen hier solche Probleme ;-)

• Sehr beliebt ist es auch, das Gemüse nicht abzuwiegen. So kann man einen gemütlichen Spaziergang zur Information machen, um sich den Aufkleber mit dem Barcode zu holen. Kleiner Tipp: Immer die am weitesten entfernte Kasse nehmen.

• Und hier noch ein Tipp für den gehässigen Rentner: Immer schön zur Mittagszeit einkaufen gehen. Dann sind nämlich viele hektische Arbeitnehmer in ihren kurzen Mittagspausen unterwegs.

• Ich möchte noch anmerken, dass es keineswegs »Trennklotz« heißt, sondern korrekterweise »Warentrennstab«!

• Und du hast noch einige Dinge vergessen: schreiende Kinder, 12-jährige Schnapskäufer ohne Ausweis, die berühmten »Oh, ich hab noch eben was vergessen«-Einkäufer, die erst zehn Minuten später zum Bezahlen wiederkommen, die Leute, die 1,50 Euro mit EC-Karte zahlen, die Leute, die 12,50 Euro mit 11,37 bezahlen wollen – und mein Favorit: DIE BLÖDE KUH, DIE EINEM STÄNDIG MIT DEM WAGEN IN DIE HACKEN FÄHRT!
Okay, *beruhigt*, geht schon wieder!

● 1,50 Euro ist für Kartenzahlung doch voll in Ordnung. Aber das begreift man in Deutschland ja nicht. Hier in Lettland bezahle ich laufend Centbeträge elektronisch – und das ist völlig normal! Niemand wirft einem böse Blicke zu, niemand beschwert sich. Herrlich!

● Ich denke, dass besonders Männer das schon sehr gern praktizieren. Ich hasse einkaufende Männer!

● Hm, ich bin selber im Einzelhandel tätig und kann Punkt 8 nicht ganz zustimmen. Ich hab's lieber, wenn die Leute mir große Scheine geben. Denn bis die meisten Schnarchnasen ihr passendes Geld zusammengezählt haben (denn siehe Punkt 6), hab ich dreimal gewechselt.

● Na ja, ich kann da nicht so lachen. Schlimm sind die Leute, die total hetzen! Wenn man die Ware in den Wagen geschmissen bekommt, weil man nicht schnell genug einpackt, dann werde ich wütend. Mein Tipp vom Balu: Probier es mal mit Gemütlichkeit, mit Ruhe und Gemütlichkeit. Ist viel besser für die Nerven!

● Also, die Kritiken an der Kartenzahlung kann ich nicht ganz nachvollziehen. Der Kunde kann doch nichts dafür, dass der Vorgang in einigen Märkten extrem lange dauert. Oldy zeigt mir jedenfalls, dass es auch superschnell gehen kann: Karte rein, Geheimzahl eintippen, Quittung ziehen und tschüs (Karte raus war noch irgendwo dazwischen). Das geht auf jeden Fall schneller als Kleingeld suchen, der Kassiererin geben, die es dann einsortiert, die Kasse schließt und dir die Quittung gibt.

● Ganz doll lieb hat die Vorsitzende eines Fünf-Personen-Haushalts auch die Zeitgenossen, die unmittelbar nachdem sie den ersten von etwa 86 Artikeln aufs Band gelegt hat, anfangen ihren nicht minder vollen Wagen mit Minimalabstand auszupacken.

● Solange die Läden mich nerven mit willkürlich gewählten krummen Preisen (1,99 statt 2,00. Oder 1,55 statt 1,50), werden auch ihre Kassierer/-innen von mir beim Zusammensammeln des Kleingeldes aus meinem unübersichtlichen Portemonnaie genervt. Aber Hoffnung ist in Sicht, bald gibt es nur noch Automaten, an denen man gutgelaunt vorbeifährt. Und wir werden noch mehr Zeit haben, uns an die kleinen, nebensächlichen Nervereien aus den guten, alten Tagen zu erinnern.

● Noch ein Tipp: Wenn dein Einkaufswagen überquillt und der Kunde nach dir nur eine Kleinigkeit hat, frage ihn:
»Ist das alles, was Sie haben?«
Er wird es dir freudig bestätigen.
Antworte ihm: »Na prima, dann haben Sie ja jetzt genug Zeit, um zu überlegen, ob Sie was vergessen haben.«

● Und hier noch der Satz aller Sätze, der Lieblings-Aphorismus eines jeden Einkäufers 60+: »Moment, 96 Cent kann ich Ihnen geben.«

Ja, genau, so macht das Freude!

Also für mich ist das weniger eine Frage von Spaß. Bei zwölf Prozent Überziehungszinsen auf dem Girokonto habe ich wenig Sinn für Humor.

Es ist halt jeder ganz unterschiedlich.

Ich nicht!

Schon klar, Ingo! Trotzdem ist es doch spannend, wie unterschiedlich die verschiedenen Sparansätze sind. Wie haben schon die alten Griechen gesagt? Erkenne dich selbst! Deshalb haben wir euch mal eine kleine Typologie der Sparer zusammengestellt. Na, wo würdet ihr euch einordnen?

Welcher Spar-Typ bin ich?

Der klassische Schwabe
Klar, dieser Menschentyp ist nicht nur bei uns im Ländle zu
finden. Aber das Klischee des Schwaben ist halt so eingängig,
weshalb wir diesen Typen nach unseren lieben Landsleuten
benannt haben. Du bist sparsam, vielleicht sogar einen Tick
geizig, und das in allen Belangen des Lebens. Dabei hast du
das eigentlich in keiner Weise nötig. Denn längst hast du eine
Eigentumswohnung, einen gut bezahlten Job beim Daimler
(um im Bild zu bleiben) und deine Aktienfonds. Trotzdem
versuchst du manchmal mit geradezu religiösem Eifer, möglichst billig, äh, preiswert zu kaufen und zu leben.

Der passionierte Schnäppchenjäger
Wenn es den bekannten Werbeslogan für einen großen Elek-
tronikmarkt noch nicht gäbe – spätestens für dich hätte man
ihn erfinden müssen. Du bist ein Bluthund und durchwühlst
mit Hingabe das Internet nach den niedrigsten Preisen für
deinen aktuellen Gegenstand der Begierde. Das kann eine
Stereoanlage sein, ein gebrauchtes Auto oder auch nur ein
Paar Jeans. Egal, es muss in jedem Fall das billigste Angebot
bei bestmöglicher Qualität sein, und zwar mindestens in der
ganzen Milchstraße. Manchmal zieht sich das über Monate.
Und gelegentlich vergisst du darüber sogar, warum du dir die
Stereoanlage, das Auto oder die Jeans eigentlich kaufen wolltest.

Der sparsame Student
Du sparst hauptsächlich aus einer gewissen Zwangslage heraus. Egal, ob du nun Student bist oder gerade arbeitslos oder

dein gesamtes Vermögen beim Roulette draufgegangen ist: Du musst jeden Cent mehrfach umdrehen, bevor du ihn ausgeben kannst. Das heißt nicht, dass dir Sparen keinen Spaß macht. Aber zunächst geht es dir darum, möglichst billig zu leben. Natürlich möchtest du keinen Schrott kaufen. Aber im Zweifelsfall schlägt der Preis halt doch die Qualität.

Der paradoxe Sparer
Deine Sparsamkeit ist auf den ersten Blick etwas widersprüchlich. Denn du kaufst nur das Teuerste. Deine Argumentation: Besser einmal viel Geld ausgeben, als ständig Müll zu kaufen. Das spart Zeit, Ärger und am Ende sogar noch Geld. Denn die Sachen halten einfach länger. Deine Einstellung wirkt nach außen gelegentlich etwas snobistisch. Deine Argumentation hat einige Stärken, aber natürlich bleibt die Frage: Ist das Teuerste auch immer die beste Qualität?

Na ja, ich bin wahrscheinlich eine Mischung aus sparsamem Student und paradoxem Sparer.

Ich habe schon etwas vom klassischen Schwaben in mir. Aber Schnäppchenjagen macht mich auch an!

Dann ergänzt ihr euch ja perfekt!

Das ist ja tröstlich. Der gestrige Abend ging nämlich gar nicht so harmonisch weiter. Ich habe versucht, aus den Nahrungsmittelresten in der Küche was zum Essen zu zaubern. Das war wirklich schwer! Nach einer eingehenden Rasterfahndung fanden sich genau eine verschrumpelte Salatgurke, eine Dose Tomaten, zwei dunkelbraune Bananen, fünfeinhalb altersschwache Kartoffeln und ein knochentrockner Rest Edamer Käse. Und natürlich die vier Tüten Chips, die unser Logistikprofi aus der Bahnhofsapotheke mitgebracht hatte.

Chips? Da hätten wir für euch ein super Rezept! Ist eigentlich mit Cornflakes, aber funzt sicher auch mit den knusprigen Kartoffelscheiben:

Panierung muss nicht immer Panierung sein

Wer gerne ein Wiener Schnitzel essen würde, aber gerade keine Panierung im Haus hat, muss ab sofort nicht mehr verzweifeln. Denn Panierung lässt sich aus allerlei Dingen leicht und schmackhaft selbst herstellen. So sorgen beispielsweise zerkleinerte Cornflakes (am besten die ohne Zucker) für eine äußerst charmante Kruste. Auch selbst zerkleinertes Knäckebrot wird zum munteren Geschmackserlebnis. Am besten zerstampft man die künftige Panierung entweder im Mörser oder aber mit dem Zauberstab.

Das meint die Jury:

● Cornflakes schmecken echt gut!

● Statt Ei kann auch Dosenmilch verwendet werden.

● Geilo!

● Dachte immer, es hieße Panade. Aber der Tipp ist gut, und die Panade (oder Panierung oder wie auch immer) mit Cornflakes lecker!

● Endlich mal richtiger Sprachgebrauch! In der Umgangssprache wird diese Umhüllung meist Panade genannt, was aber nicht richtig ist. Die Panade ist ein Bindemittel, während die Panierung eine

Umhüllung ist! Abgesehen davon sind Cornflakes viel gesünder als der Brotkrümelmist!

● Man kann es auch auf dem Fußboden ein bis zwei Mal wenden. Dann schmeckt es schön »crunchy«.

Leider hatten wir gestern Abend keine Schnitzel mehr. Nur noch die paar ollen Kartoffeln. Die habe ich stundenlang gekocht, damit sie genießbar wurden.

Und damit die diversen Kleinstlebewesen in den Kartoffeln den Geist aufgaben, hihi!

Das könnt ihr auch schneller haben!

Blitzschnelle Kartoffeln  *in der Mikrowelle*

Man wäscht die mittelgroßen Kartoffeln ab und packt sie noch nass in einen Gefrierbeutel. Aus diesem drückt man dann so viel Luft wie möglich heraus. Nun knotet man den Beutel stramm zu und sticht mit der Gabel einige Löcher hinein (damit Wasserdampf entweichen kann). Nun die Kartoffeln in die 800-Watt-Mikrowelle und auf drei Minuten einstellen. Fertig. Geht superschnell und schmeckt toll.

Das meint die Jury:

● Habe ich direkt ausprobiert, klappt echt super. Fünf Punkte!

● Super Tipp. Echt praktisch!

● Das ist toll, habe es probiert, und jetzt gibt es fast einmal die Woche Kartoffeln.

● Hat ganz gut geklappt. Allerdings haben die Kartoffeln innen kleine Hohlräume entwickelt – bisschen seltsam …

● Verschmokelt der Gefrierbeutel nicht in der Mikrowelle, weil der aus Plastik ist?!

● Nee, verschmokelt nicht. Kannst du sogar öfter benutzen.

● Klingt trotzdem nicht sonderlich gesund. Was stattdessen auch funktioniert: Auf die nassen Kartoffeln ein doppeltes Küchenkrepp legen und das Ganze ein paar Minuten in die Mikrowelle legen.

● Funktionuckelt spitze!

● Die schmecken auf jeden Fall gut, nur die Zeit variiert, je nachdem, ob es alte oder neue Kartoffeln sind. Und nach Größe. Und das Ganze funktioniert auch in einer kleinen Keramikschüssel mit Deckel.

● Das neue Mikrowellengeschirr von Flupper (jaja, ich weiß) ist ganz hervorragend geeignet für diese Art der Zubereitung. Im Deckel ist ein Silikon-Ventil, das bei zu hohem Druck automatisch etwas Dampf entweichen lässt.

Zum Thema Essen hat auch Bernhard noch eine hübsche Geschichte gehört.

Suppe mit Katzenfutter

Eine Freundin – nennen wir sie Petra – hat mir neulich diese wirklich krasse Story aufgetischt: Es war Feiertag, alle Läden hatten geschlossen, und Petra hatte es total verpennt! Es fiel ihr erst auf, als sie mit dem Fahrrad vor dem verschlossenen Supermarkt stand. Zudem hatte sich ihre kleine Tochter einen Virus eingefangen und lag mit Fieber im Bett. Deshalb kam es nicht in Frage, noch über die Tanke in fünf Kilometer Entfernung zu fahren. Zu Hause gab es noch eine Notration Kartoffeln und gekörnte Brühe. Also würde es halt Suppe geben. Aber: Die kleine Patientin war einfach scharf auf Fleisch. »Sonst esse ich die Suppe nicht!«, sagte sie kategorisch. Nach gründlicher Inspektion aller Schränke fanden sich nur noch ein paar Zwiebeln. Und eine Dose Katzenfutter.

Die Mutter schüttelte energisch den Kopf, doch es war für die Katz. Die ersten Tränen begannen zu fließen. Außerdem hatte das Töchterchen ein schlagendes Argument: Die Mutter hatte ihr noch vor ein paar Wochen erzählt, dass man für die Herstellung des Katzenfutters nur bestes Fleisch verwendete, weil Katzen so gut riechen können und jedes schlechte Futter stehen lassen würden.

Wenn man den Inhalt der Dose in der Pfanne gut durchbriet, was sollte da schon passieren? Petra kochte also in einem Topf die Kartoffeln und stellte sie zur Seite. Die Zwiebeln und ein wenig Knobi wurden mit dem Fleisch in der Pfanne angebraten. Etwas seltsam war es schon, das Fleisch und die Zwiebeln zu den gestampften Kartoffeln zu schütten und das Ganze mit Brühe aufzugießen. Doch es roch wirklich gut! Der Knobi duftete, ein paar getrocknete Kräuter und Chilipulver verfeinerten die Suppe. Und dann kam das Probieren an die Reihe. Mit gerunzelter Stirn führte Petra einen kleinen Löffel an die Lippen – das schmeckte gut! Und auch die Tochter war begeistert, und die beiden amüsierten sich beim Essen köstlich.

Inzwischen war eine Waschmaschine durchgelaufen, Petra ging in den Garten, um die Wäsche aufzuhängen. Der Tochter ging es schon viel besser. Als Petra wieder ins Wohnzimmer kam, saß da ihre Schwiegermutter am Tisch. Über einen Teller Suppe gebeugt! Sie war überraschend vorbeigekommen, um nach dem kranken Kind zu schauen. Dieses hatte sie gleich zu einem Teller Suppe überredet. Petra blieb fast das Herz stehen, als ihre Tochter stolz grinste und die Zutaten aufzählte. Hinter dem Rücken der Schwiegermutter wedelte sie mit den Händen, um ihre Tochter zum Schweigen zu bringen. Doch die grinste nur und sagte das Wort: »Katzenfutter!« Mit dem Löffel im Mund erstarrte die Schwiegermutter. Während Petra nervös lachte und alles abstritt, lief die Tochter zum Mülleimer und zeigte ihrer Oma stolz die Dose. Danach ist ihre Schwiegermutter nie wieder überraschend zum Essen aufgetaucht.

Und hier kommen noch Tipps für die All-Times-Klassiker-Gerichte von jungen Menschen mit schmalem Geldbeutel, wenig Zeit und beschränkten Kochkünsten: Ravioli, Milchreis & Co.!

Töpfe spülen sparen beim Ravioli-Kochen

Dosenfutter kann man nicht direkt in der Dose erhitzen, weil sonst die Dose platzt oder die Beschichtung an der Doseninnenseite schmilzt. In einen Topf gekippt, brennt es aber meistens an, weil man gerade bei Frag Mutti surft. Also, offene Dose aufrecht in einen großen Topf, Wasser dazu bis drei Finger breit unterm Dosenrand, mindestens 15 Minuten kochen. Brennt nicht an, Topf geht schnell zu spülen, Ravioli sind heiß.

Das meint die Jury:

● Nimmt man kleine Dosen, etwa mit Fertiggulasch oder so, kann man die geschlossene Dose in einen Frühstücksbeutel packen (falls die Dose platzt). Gummi drum, damit es nicht ausläuft, und gleichzeitig im selben Topf die Nudeln kochen. Oder den Reis. Oder die Kartoffeln.

● Das kann doch nur aus einer Studenten-WG kommen, tststs. Sollte aber funktionieren. Kleiner Tipp: Man kann auch einfach mit einem spitzen Gegenstand (Korkenzieher) die Dose oben einstechen, dann platzt nix, und das Wasser läuft nur minimal in die Dose.

● Dosenfutter ist gemein! Das schmeckt doch alles wie vorgekaut!

● Buäh, also da schrubb ich lieber Töpfe!

● Es lebe die deutsche Esskultur! Beim Dinieren aber nicht die Stoffservietten vergessen und die silbernen Kerzenleuchter sowie die Messerbänkchen. Mahlzeit!

● Manchmal geht es halt gar nicht anders, als schnell eine Dose warmzumachen, weil man keine Zeit zum Kochen hat. Kann mir nicht vorstellen, dass es sooo viele Leute gibt, die noch nie Dosenfraß warmgemacht haben, weil sie immer genug Zeit zum Kochen und Spülen haben.

● Dose auf, Fraß in die Mikrowelle, nach zwei Minuten fertig.

● Mein Tipp: Frühstücksbeutel weglassen, und die Sauce gleich mit den Nudeln mischen. Man muss nicht mal mehr umrühren.

Schnelle Hähnchensuppe
schön mild

Drei bis vier Hähnchenkeulen in einem hohen Topf etwa zu drei Vierteln mit Wasser bedecken, Salz zufügen und garkochen (etwa 30 Minuten). In einem separaten Topf eine kleine Tasse Reis in leicht gesalzenem Wasser (doppelte Menge wie Reis) kochen. In der Zwischenzeit zwei Karotten schälen, vier bis fünf frische braune Champignons putzen, Stielansätze abschneiden. Die Keulen herausnehmen und abkühlen lassen. Das Gemüse in Scheiben schneiden und in der Hähnchenbrühe garen.

Von den Keulen nun die Haut entfernen, das Fleisch von den Knochen lösen und in mundgerechte Stücke schneiden und wieder in die Brühe geben. Wenn der Reis gar ist, das Wasser abseihen und den Reis ebenfalls zur Brühe geben. Ich persönlich schmecke die Suppe nur mit Salz und ein bisschen Koriander ab, eventuell noch etwas Pfeffer. Letztendlich sind Gewürze aber Geschmackssache. Also selber probieren und mir berichten.

Zum Schluss zwei Eier verquirlen und mit einer Gabel in die Suppe einrühren. Fertig! Falls die Brühe etwas zu wässrig schmeckt, kann noch mit Hühnerpaste oder Hühnerbrühe nachgeholfen werden. Nehmt aber bitte unbedingt frische Champignons, keinesfalls die aus dem Glas bei diesem Gericht!

Besonders für kalte, ungemütliche Tage geeignet – heizt innerlich richtig schön auf.

Das meint die Jury:

● Lecker, Reissuppe erinnert mich an meine Kindheit. Habe ich schon Ewigkeiten nicht mehr gegessen. Wird demnächst mal wieder gekocht. Fünf Punkte!

● Meine westfälische Mutter bereitete die Hühnerbrühe auch »süß« zu, nämlich mit Rosinen, Backpflaumen und Zimt.

● Tolle Suppe, werde sie gleich mal ausprobieren und schreib sie dann in mein Kochbüchlein.

● Super Tipp! Aber drei bis vier Hähnchenkeulen reichen fast für ne Kompanie. Hatten mit zwei Keulen schon vier normale Portionen. Statt Eiern ist auch ein Schuss Sojasauce zu empfehlen. Ingwer und vor allem Knoblauch ist ja fast ein Muss!

Knuspriger Bacon aus der Mikrowelle

Man glaubt es kaum, aber Bacon bekommt man auch in der Mikrowelle schön knusprig. Einfach die Baconscheiben auf ein Stück Küchenkrepp und für ein bis zwei Minuten in die Mikrowelle legen. Ich hab eine mit 600 Watt, es hat knapp zwei Minuten gedauert. Ist total lecker zu Rühr- oder Spiegelei, und man hat kein »Gespritze« in der Küche. Ist ein »WeightWatchers«-Tipp, um Fett zu sparen, da dieses gleich im Küchenkrepp aufgesaugt wird, und der Bacon so nicht im Fett schwimmt.

Das sagt die Jury:

● Was man nicht noch alles lernen kann. Supi!

● Ach? Das ist ja klasse. Wird schnellstmöglich ausprobiert.

● Warum sprichst du nicht Deutsch ?

● Tststs, was hättest du denn gern auf Deutsch?
Bacon = Speck. Oder vielleicht: WeightWatchers = Gewichtsgucker.

● Hab ich auch schon mal gemacht. Geht schnell und schmeckt sehr gut.

● Noch knuspriger wird der Bacon oder auch Speck genannt, wenn man etwas Sand in die Pfanne gibt!

● Sand?

● Genau! Und wenn man den Speck (bzw. Bacon) gleich ganz durch Sand ersetzt, dann isses suuuper knusprig und absolut fettfrei.

● Jo, und wenn man den Speck etwas länger in der Mikrowelle lässt, hat man auch Sand – schwarzen Sand!

● Super Tipp, machen wir auch immer mit Mettwürsten ;-)

Milchreis im Bett kochen

Beim Kochen von Milchreis den Reis direkt in die Milch geben (auf 0,5 l Milch 125 g Reis), dann Zucker rein und aufkochen. Etwa zehn Minuten kochen und dann je nach Menge ein bis zwei Stunden ins Bett stellen. Nach etwa der Hälfte der Zeit umrühren und eventuell noch Milch nachkippen. Das spart einiges an Energie.

Das meint die Jury:

● Klappt auch bei normalem Reis, der ist aber eher schneller fertig.

● Toll, der Reis kann also nicht anbrennen, aber Zeit brauchst du ohne Ende.

● Dauert mir zu lange.

● Früher nannte man das Kochkiste. Heute könnte man diese auch prima mit einer Mikrowelle kombinieren – morgens aufsetzen, irgendwann essen.

● Ganz Ungeduldige kaufen Fertig-Paps-Milchreis-mit-Glukose-schock.

● Also, das Bett ist etwas umständlich. Aber man kann den Topf über Nacht in eine dicke warme Decke einwickeln, wenn man abends kocht. Und voilà! Am nächsten Morgen hat man frischen warmen Milchreis.

● Hat meine Mama für uns gemacht, wenn sie am frühen Nachmittag nicht da war, aber morgens Zeit zum Kochen hatte. Und wenn wir aus der Schule kamen, war das Essen fertig.

● So brennt Milchreis garantiert nicht an: Milch, Zucker und Reis verrühren, in ein tiefes Backblech gießen und bei 180 ° C in den Ofen. Und man muss nicht mal umrühren ;-)

● Tolle Idee, aber habt ihr schon mal nachts im Tiefschlaf mit einem Topf Milchreis gekämpft, den ihr im Bett vergessen habt?

Vielleicht lässt sich zu Hause doch noch an anderer Stelle Energie sparen ohne klebrige Überraschungen.

Richtig, mein Energieverbrauch ist eindeutig am niedrigsten, wenn ich auf dem Sofa liege!

Und ich dir dann noch das Bier reiche, stimmt es?

In der eigenen Wohnung ist das Energiesparpotenzial tatsächlich enorm hoch. Ihr verbraucht zusammen pro Jahr etwa 3000 kWh. Als Singlehaushalt ist der Verbrauch pro Kopf sogar noch höher: da kommen etwa 1800 kWh zusammen. Klaro: Bei zwei Personen läuft eben meistens nur ein Kühlschrank, ein Fernseher, eine Spülmaschine. Das macht den Unterschied.

Da sparen wir also durch unsere gemeinsame Wohnung bereits 600 kWh im Jahr?

Yep. Das entspricht zur Zeit etwa 200 Euro Ersparnis. Aber natürlich ist da noch mehr drin. Beispiel Stand-by bei Elektrogeräten: Geht man davon aus, dass beim Stand-by-Betrieb eines Gerätes die Leistung 10 Watt pro Stunde beträgt und dass zugleich eine Kilowattstunde Strom 0,30 Euro kostet, so lassen sich pro Gerät im Jahr 87,6 kWh beziehungsweise rund 26 Euro einsparen. Dies entspricht einer Menge von fünf Pizzen! Wir haben euch das mal in einer netten Tabelle zusammengestellt:

Stromsparpotenziale im Haushalt*

	Licht	E-Geräte (Stand-by-Modus)	Kühlschrank	Gesamt
normaler Verbrauch (kWh/Jahr)	320 kWh	bis zu 430 kWh	600 kWh	
Maßnahme	Energiesparbirnen	Kein Stand-by-Betrieb	Raumtemperatur in der Küche um 2° C senken	
Einsparpotenzial (Prozent)	80 %	100 %	8 %	
Geldvorteil (Euro/Jahr)	rund 75 Euro	bis zu 130 Euro	etwa 20 Euro	bis zu 225 Euro

* Ausgehend von einem normalen Zweipersonenhaushalt mit 3000 kWh Verbrauch im Jahr sowie einem Strompreis von 0,30 Euro pro kWh.

Das ist ja richtig Geld! Und außerdem ja noch gut für die Umwelt!

Ingo, seit wann denkst du an die Umwelt? Aber stimmt schon. Beim Energiesparen fängt man am besten bei sich selbst an! Gerade zum Thema Kühlschrank erhitzen sich die Tipp-Gemüter besonders:

Strom sparen im Kühlschrank durch Vollpacken

Den Kühlschrank sollte man (auch als Single, der wenig Vorräte braucht) immer ziemlich vollpacken. Und dazu bieten sich Getränke in Flaschen oder Tetra-Packs an: lange haltbar und wirksam wie Kühlakkus!

Erklärung: Bei jedem Öffnen (möglichst selten und kurz öffnen!) entweicht die kalte Luft aus dem leeren Kühlschrank, weil sie schwerer als die warme Zimmerluft ist. (Siehe Prinzip Heißluftballon: Warme Luft steigt nach oben.) Danach muss der Kühlschrank jedes Mal wieder die hereingeströmte warme Luft (es würde ja sonst ein Unterdruck entstehen!) herunterkühlen, also läuft er öfter und länger.

Wenn man den Leerraum mit einem Getränkevorrat füllt, muss der Inhalt nur einmal heruntergekühlt werden und speichert die Kälte dann (trotz Öffnens) – bis man die Getränke verbraucht.

Das meint die Jury:

● Prost auf die öko-korrekte Sparsamkeit!

● Klingt einleuchtend.

● Ein A++ Kühlschrank, und schon spare ich.

● Es ist egal, wie viel Plus-Zeichen und Sternchen du hast, das Prinzip ist bei jedem Kühlschrank gleich!

Strom sparen im Kühlschrank im Winter

Zu zwei Dritteln mit Wasser gefüllte PET-Flaschen kann man wenn es nachts friert nach draußen stellen. Wenn der Inhalt gefroren ist, fest zudrehen und ins oberste Fach des Kühlschranks legen (nach oben, weil kalte Luft durch ihre Schwere nach unten strömt). Fertig sind die kostenlosen Kühlakkus, die nun für einige Stunden ihre Kälte abgeben und den Stromverbrauch des Kühlschranks minimieren! In der Zeit können schon die nächsten Kühlakkus draußen frieren.

Das meint die Jury:

● Super! Echt einfach durchzuführen und dennoch genial!

● Durch das zusätzliche Türöffnen beim Hineinstellen und Hinausnehmen geht mehr »Kühle« verloren als die PET bringt – *denk*.

● Also, Pfennigfuchsen oder Centw***** ist ja nett. Aber ich fand den Tipp schon abstrus, aber der Kommentar, dass beim Auf- und Zumachen alles noch viel schlimmer wird … Kerlchens, ihr wisst hoffentlich, warum ihr Singles seid?

● Ziemlich aufwändig, aber könnte funktionieren!

● LOL! Bei meinem kleinen Kühlschrank ist das Ding halb voll mit den Kühlflaschen.

● Jedem sein (Vor-)Urteil – es soll ja niemand zum Sparen gezwungen werden! Und was bitte schön ist daran aufwändig, zwei Flaschen mit Wasser zu füllen und auf das Fensterbrett oder den Balkon zu stellen? Die wahren Pfennigfuchser können ja die Kühlakkus dann in den Kühlschrank legen, wenn sie ihn sowieso öffnen, um noch anderes hineinzustellen oder herauszuholen.

● Statt einige Flaschen in den Kühlschrank reinzustellen, nehm ich lieber einen kleineren Kühlschrank, da spar ich noch mehr.

● Ich find den Tipp gut. Hoffentlich erinnere ich mich daran, wenn es wieder kalt wird. Einziges Problem: meine Mitbewohnerin. Die hält mich dann wieder für etwas bekloppter.

● Einen Kühlschrank der besten Energiesparklasse kaufen, käme da wahrscheinlich auf Dauer besser und effizienter, zumal in Deutschland die Winter nicht mehr so kalt werden, als dass auf der Fensterbank irgendwas frieren würde.

● Wie wäre es, den Regler im Winter einfach auf Stufe eins runterzudrehen?

● Stell deinen Kühlschrank mit den Wasserflaschen von drinnen nach draußen. So sparst du dir den Zirkus mit Umräumen der Zusatzkälteakkus.

● Das Argument ist schlicht falsch. Die Wärmekapazität von Wasser ist so viel höher als die von Luft, dass sich die Aktion bei gut gekühlten Flaschen lohnt.

● Im Kühlschrank arbeitet eine Wärmepumpe, die Wärme aus dem Inneren nach außen transportiert. Ist es im Kühlschrank kälter als außerhalb, wird dazu Energie benötigt – dass bessere Kühlschränke eventuell weniger brauchen, ändert nichts an dieser Tatsache.

● Den Regler im Winter runterstellen ist keine gute Idee, denn der Regler bestimmt über ein Thermostat die Temperatur im Kühlschrank (unabhängig von der Außentemperatur). Auch im Winter werden die Lebensmittel bei höheren Temperaturen schneller schlecht.

● Der Strom ist in der Miete mit drinnen, also eh alles egal (Vorsicht, Ironie!).

● Wenn mein Freund mal so pfennigfuchst, werde ich ihm die gefrorenen Flaschen nachts im Tiefschlaf auf den Bauch legen.

● Habe keinen Kühlschrank. Stelle einfach meine Lebensmittel aufs Fensterbrett. Jemand noch besser im Sparen?

● Wenn schon manche als Pfennigfuchser abgetan werden, dann macht es doch im Namen des Klimaschutzes. Ist sowieso voll Banane, die Räume zu heizen, um danach wieder etwas runterzukühlen. Ein Gefrierfach ist deshalb im Keller besser aufgehoben. Oder im Supermarkt. Wenn der bald 24/7 offen ist, dann erst recht.

● Physikalisch funktioniert dieser Tipp absolut. Um ein Kilogramm Wasser von 70° auf 1° Celsius zu kühlen, brauchst du etwa gleich viel Energie, wie von +1° zu −1° Celsius. Die drei Kilogramm Eis könnten also 70 Kilogramm Kühlschrankinhalt um 3° Celsius kühlen.

● Es ist falsch, dass es dem Kühlschrank egal ist, wie kalt es draußen ist, wenn es eine Kühlgefrierkombi ist: Die meisten Kombis haben nur einen Kreislauf, und ist die Umgebung zu kalt (schon bei 18° Celsius kann es Probleme geben), kühlt das Ding zu viel oder sogar zu wenig für die Tiefe. Das steht im Netz und stimmt auch: Manche Geräte heizen dann mit der Glühlampe den Innenraum auf, damit es wieder stimmt. Pervers, aber so ist die Technik.

Kühlschrank im Winter abschalten

In der kalten Jahreszeit kann man dem Kühlschrank oder sogar dem Tiefkühler einen kleinen Urlaub gönnen: alle zu kühlenden Lebensmittel raus in ein lichtundurchlässiges Gefäß, und ab damit auf den Balkon in eine Ecke, wo kein Sonnenschein hinkommt. Gut abdecken, und schon hat man einen natürlichen Kühlschrank. Den anderen natürlich abschalten und abtauen, sonst spart man gar nichts.

Das meint die Jury:

● Das geht doch auch im Sommer, nur halten dann die Lebensmittel nicht sooo lange :-)

● Abtauen mache ich immer nur, wenn ich mich eigentlich auf eine Prüfung vorbereiten müsste.

● Klar ist der Tipp genauso alt wie klasse. Aber diese Bequemlichkeit der Menschen! Ich praktiziere das seit vielen Jahren und muss sagen, es funktioniert prima. Leute mit Haus und Garten können im Herbst eine Grube ausheben und diese für diesen Zweck nutzen. Übrigens ein schöner Nebeneffekt: Der Kühlschrank wird wahrscheinlich eine höhere Lebenserwartung haben.

● Doofkram! Bei mir hat's heute minus 12° C! Da friert doch alles ein! Der Tipp taugt nur für Tauwetter in Spitzbergen. Minus 12 Punkte!

● Der Tipp ist fast so gut wie Grillen auf dem Motorblock eines laufenden Pkw-Motors. Achtung, nur machen, wenn du sowieso gerade fahren musst, denn sonst sparst du auch hier nicht.

- Na ja, wer zum Frühstücken gerne Hammer und Meißel benutzt, kann bei –15 °C gerne alles rausstellen. Marmelade aufs Brot, dann nur noch mit Stichsäge und Schraubstock. *lach*

- Besser das Ganze im Keller aufbewahren. Habe mehrere Jahre OHNE Kühlschrank gelebt und hatte keine Probleme damit.

- Ja, weil du wahrscheinlich immer bei Mutti zum Essen warst!

Zum Thema (Eigen-)Energie sparen fällt mir auch noch ein supertoller Tipp ein: Einfach nicht mehr selber waschen, sondern die dreckigen Klamotten bei Mutti abliefern! Wie von Zauberhand ist dann alles gewaschen, getrocknet und gebügelt, wenn ich in ein paar Tagen wieder auftauche. Das spart enorm viel Zeit, Energie, Geld und Nerven.

Hey, wann wollen wir eigentlich mal erwachsen werden? Mit 50?

Na, wenn das dein einziges Kriterium für Erwachsensein ist: Am besten erst mit 70, wenn ich ins Altersheim muss. Dann geht das nahtlos ineinander über.

Hallo! Wir schreiben unsere Bücher doch gerade für alle, die keine Muttis oder Vatis zur Verfügung haben! Deshalb geht es gleich weiter mit Spartipps beim Waschen, Putzen und Spülen.

Tabs für die Geschirrspülmaschine halbieren

Wer bares Geld sparen will, halbiert einfach die Tabs für die Spülmaschine – und spart. Ein halber Tab reinigt genauso gut wie ein ganzer.

Das meint die Jury:

● Wie halbieren?

● Ganz einfach: noch in der Verpackung auf ein Holzbrettchen legen, ein scharfes Messer auf dem Tab platzieren, Handtuch über die Klinge legen und mit der flachen Hand draufschlagen. Schon ist der Tab halbiert.

● Pulver ist besser, denn das kann man genauer dosieren. Je nach Bedarf (Verschmutzungsgrad) mal mehr, mal weniger.

● Hab den Tipp gleich ausprobiert, und er funzt einwandfrei. Picobello sauber, wie mit einem ganzen Tab.

● Beim Sparprogramm benutze ich immer einen halben Tab – und das Geschirr wird einwandfrei sauber.

● Vorsicht bei der Unterdosierung von Spülmitteln! Wenn irgendwann die Leitungen mit Fett verstopft sind, kommt es euch viel teurer als die ganzen Tabs. Außerdem gibt es gute Tabs von den Discountern – pro Stück 0,03 Euro. Der ganze Aufwand wegen anderthalb Cent?

Weniger Waschmittel und Seife verbrauchen durch Soda

Wenn kein weiches Wasser aus der Leitung kommt, kann man sparen, wenn man (statt der Vorwäsche) die Wäsche in der Waschmaschine vor dem Waschen über Nacht einweicht – und zwar in einer Lösung aus Wasser und Waschsoda. Aber das Soda muss unbedingt vorher einige Zeit mit dem Wasser reagieren, damit der Kalk herausgelöst wird. Genaue Angaben stehen auf der Soda-Packung oder im Internet.

Das meint die Jury:

● Was nützt mir eingespartes Waschpulver, wenn ich dafür was anderes kaufen muss?

● Eingespartes Waschpulver nützt in dem Fall viel, denn das Waschsoda ist erstens superbillig und zweitens absolut umweltfreundlich.

● Kann ich auch farbige und dunkle Wäsche damit problemlos einweichen? Habe nämlich Waschsoda gekauft, da ich den Mief aus verschwitzter Wäsche nicht mehr herausbekomme. Habe es allerdings noch nicht ausprobiert.

● Klappt hervorragend. Keine Sorge wegen der hässlichen Brühe, die beim Einweichen entsteht!

● Muss man denn unbedingt über Nacht einweichen? Ich wasche mit Waschnüssen und möchte gerne bei weißer Sechzig-Grad-Wäsche einen Teelöffel Soda ins Waschmittelfach geben. Bringt das was?

● Bei stark verschmutzter Wäsche bringt Einweichen sehr viel. Ich weiche meine Wäsche mit Waschpulver und einem Löffel aufgelöstem Soda ein, und das mit durchschlagendem Erfolg.

● Maschine ohne Vorwäsche zehn Minuten laufen lassen und sich in Ruhe zur Nacht betten. Noch Entkalker dazu, und man braucht kaum Waschmittel.

● Einer der besten Tipps überhaupt! Waschsoda is sooo billig und sooo ergiebig und eignet sich auch in Wasser gelöst hervorragend zum Reinigen von Friteusen, fettigen Backblechen und Pfannen – ein absolut empfehlenswerter Allesreiniger.

Perlonstrumpf als Staubtuch

Teure Staubwischtücher für den Fußboden kann man sich sparen. Die ausgedienten Perlonstrumpfhosen erfüllen den gleichen Zweck. Die sind auch für Laminatböden oder Parkett bestens geeignet. Einfach die Strumpfhosen über den Mob oder Besen spannen und damit den Boden wischen. Der Staub wird angezogen wie ein Magnet.

Das meint die Jury:

● Strumpfhosen brauche ich nur für meine Geldgeschäfte. Ohne erkennen mich die Kassiererinnen doch kaum!

● Mit den Nylons mache ich auch Waschbecken und so weiter sauber. Wirken wie Microfasertücher.

● Kann ich nur bestätigen. Bevor ich ausgediente Nylonstrumpfhosen wegschmeiße, wasche ich damit einmal die Bade- und Duschwanne durch. Sind noch besser als die Microtücher.

● Zum Pflegen meiner lackierten Holzoberflächen benutze ich einen farblosen Schuhglanz-Schwamm, der eigentlich zur Lederpflege gedacht ist. Ist günstig und geht schnell!

Lackierte Holzoberflächen? Ich putze ja nicht mal meine Schuhe!

Genau das wäre aber mal angesagt. Und noch'n paar richtig gute Ideen: Hemden, T-Shirts und Hosen bügeln. Und abgefallene Knöpfe wieder annähen.

Das dauert doch Tage!

Nicht unbedingt, Ingo. Wir haben da so unsere Tricks:

Bügeln mit Zeitungspapier

Die Hose exakt auf dem Bügelbrett ausrichten. Zeitungspapier auflegen und dann bügeln (nicht befeuchten!). Keine Angst, die Druckerschwärze wird nicht auf die Hose übertragen, wenn man darauf achtet, dass Hose und Papier trocken sind. Weiße Hosen vorsichtshalber nicht so bügeln :-).

Geht superschnell, die Bügelfalten halten gut und man muss nicht in noch feuchte Beinkleider steigen.

Das meint die Jury:

● Das klappt auch mit Backpapier. Wenn man das Backpapier danach vorsichtig zusammenfaltet, kann man es sogar mehrmals verwenden.

Knitterfalten mit dem Föhn bekämpfen

Wenn Klamotten lange im Schrank oder im Koffer lagen, sind viele Knitterfalten drin. Der einfache und schnelle Tipp: T-Shirt oder Ähnliches auf einen Bügel hängen und föhnen.

Das meint die Jury:

● Guter Tipp vor allem für unterwegs, zu Hause kann man die Klamotten auch kurz in den Trockner werfen.

● Klappt das auch bei faltiger Haut?

● Wenn du den Föhn durch den Sandstrahler ersetzt.

● Gute Idee! Oder mit einem feinen Zerstäuber Wasser ansprühen und glattstreichen – trocknet schnell (eventuell auch föhnen).

Knöpfe mit farblosem Nagellack fixieren

Wenn du nicht gerne Hemden- oder andere Knöpfe annähst, kannst du dir diese Arbeit sparen, indem du die Knöpfe bei neuen Hemden mit farblosem Nagellack bestreichst, sodass sich die Fäden vollsaugen.

Das meint die Jury:

● Gute Idee!

● Knöpfe, die mit Zahnseide (ungewachst) angenäht sind, halten auch lange.

● Ich verwende dazu seit Jahren weißen, wasserfesten Holzleim, da ich keinen Nagellack besitze. Es genügt, nur die Knopffäden etwas zu benetzen, sodass diese zusammenkleben.

● Holzleim!? Weißt du, wie danach mein neues Hemd aussieht, dann stört auch der fehlende Knopf nicht mehr!

Wow, eindrucksvoll! Gibt's denn noch mehr Zeitsparmöglichkeiten?

Kleidung? Lasst die Männer ran!

Du hast muffige, dreckige Kleidung …

Eine Frau würde nun die Wäsche nehmen, sie nach einer Woche noch stinkiger aus dem Wäschekorb ins Waschbecken verfrachten, sie dort ordentlichst durchrubbeln, bis das Wasser die Farbe des

Kleidungsstücks angenommen hat, und dieses dann in die Waschmaschine tun. Nach etlichen Stunden Umherschleuderns und purer Durchnässung wird das Kleidungsstück dann an einem Wäscheständer gekreuzigt, und da das noch nicht genug ist, wird das arme Stück Kleidung zu guter Letzt noch mit einer 250° C heißen Eisenplatte konfrontiert!

Der Mann dagegen legt sein Kleidungsstück über einen Stuhl und kann es nach drei bis vier Tagen wieder benutzen. Bei mir hat es bisher immer funktioniert.

Das meint die Jury:

● Guter Tipp. Denn, wie wir alle wissen, bleiben Dreck und Schweiß am Stuhl haften. Wozu also waschen? Einfach nach drei bis vier Wochen den Stuhl auf den Sperrmüll werfen und so Geruch und Dreck loswerden.

● Bah, was für eine Sauerei.

● Wenigstens mal jemand, der sich zu helfen weiß, wenn die Waschmaschine ausfällt. Gut so!

● Wäscht sich der Mann oder häng ich den auch über den Stuhl?

● Ich stelle meine Hose abends immer ins Eck!

● Stinkige Kleidung, besonders, wenn diese nicht waschbar ist, legt man in die Gefriertruhe und schüttelt sie nach dem Herausnehmen gut aus.

● Der Tipp könnte von meinem ältesten Sohn stammen – gruselig, aber lustig !

● … du hast einfach noch nicht gemerkt, dass Mutti ab und an in deinem Zimmer die Klamotten einsammelt.

Zeit sparen nach dem Duschen

Wer eine Glasduschabtrennung und kalkhaltiges Wasser hat, kennt das Problem: Die Duschabtrennung muss, wenn sie einigermaßen manierlich aussehen soll, nach jedem Duschen zumindest mit dem Abzieher gereinigt werden.

Ich reibe unsere Abtrennung mit Regenabweiser, erhältlich im Autozubehörmarkt, ein. Einfach wie beschrieben auftragen, und das Wasser perlt beim Duschen prima ab. Das anschließende Abziehen kann man sich sparen.

Das meint die Jury:

● Klingt gut. Werde ich mal ausprobieren. Die herkömmlichen Reiniger gegen Kalk sind ja nicht so zu empfehlen.

● Ich mache das auch immer. Ist wirklich sehr empfehlenswert. Und verringert den Arbeitsaufwand um einiges.

● Hi, super Tipp. Muss ich zuvor die Abtrennung voll entkalken und mit Glasreiniger vorputzen?

● Ich hab die Dusche vorher gründlich entkalkt und gereinigt, sonst hält das Zeug wahrscheinlich nicht.

● Habe mir das Zeugs besorgt und kann nur bestätigen: Spitze! Selbst die Waschbecken und die Fenster glänzen sehr lange. Tropfen rollen einfach von der Oberfläche.

Schneller duschen
mit Duschtraining

Wer beim Duschen Wasser sparen will, der nimmt eine Eieruhr mit ins Bad (bzw. in die Dusche, wenn der Zeitmesser wasserdicht ist). Die Uhr auf eine bestimmte Zeit (etwa drei bis fünf Minuten) stellen und dann trainieren: Bis die Eieruhr abgelaufen ist, sollte man fertig sein.

Das meint die Jury:

● Lustige Idee, sich daraus einen Sport zu machen!
Früher beim Camping in Spanien musste man Duschmarken kaufen, damit man warmes Wasser bekam. Die Dusche lief dann etwa vier Minuten. Mit etwas Koordination konnten wir mit fünf Personen für einen Duschchip duschen (und waren immer alleine in der Dusche !!!) ;-)

● Mir macht es aber Spaß, mich manchmal etwas länger zu duschen.

● Noch'n Tipp: Beim Einseifen Wasser abstellen.

● Wer beim Duschen Wasser sparen will, lässt es halt nicht die ganze Zeit laufen. Jetzt auch noch in der Dusche mit der Hektik anzufangen, halte ich für groben Unfug.

● Ihr könnt ja, bevor ihr in die Dusche geht, das Frühstücksei ins kochende Wasser legen. Dann die Eieruhr auf drei Minuten, und ihr habt nicht nur Wasser gespart, sondern auch noch ein perfektes Drei-Minuten-Ei!

Na, das ist dann wohl Multi-Tasking für Fortgeschrittene. Wo bleibt die Wellness? Sollen wir uns vielleicht auch noch beim Sex beeilen?

Du hast ja recht, Kathrin, man kann alles auf die Spitze treiben …

Populäre Fehlentscheidungen beim Zeitsparen

Eine Top-Ten-Liste

1. Fast Food
2. Express-Dienst der Post
3. Sofortkredit
4. DSL
5. Kurzurlaub
6. Zeitmaschine
7. Warp-Antrieb
8. Short Message System
9. Ikea
10. Quickie

Super, also vielen Dank, Muttis! Das hilft uns jetzt wirklich weiter!

Ja, echt wahr! Toll!

Halt, halt, nicht so schnell. Das Beste haben wir uns nämlich für den Schluss aufgehoben. Die Antwort auf eine Frage, die uns allen schon lange unter den Nägeln brennt! Die Lösung eines Rätsels, das schon Tausende junger Menschen an den Rand des Abgrunds und darüber hinaus getrieben hat. Ein tiefer Schluck aus dem Quell der Erkenntnis …

Mensch, hört doch auf zu labern! Um was geht es denn?

Seht selbst!

Wann ist Wasser gar?

Den rechten Zeigefinger etwa fünf Sekunden in das Wasser halten. Wenn sich die Haut leicht abschält, ist das Wasser gar.

Das meint die Jury:

● Schön. Darf ich die abgeschälte Haut als Beilage servieren?

● Man kann es auch daran sehen, dass das Wasser nicht am Topfdeckel kleben bleibt, wenn man es auf selbigen gibt.

● Alternativ zur Fingermethode hat sich auch Folgendes bewährt: Einfach einen Hamster, ein Meerschweinchen oder ein Kaninchen ins Wasser zu werfen. Nach fünf Sekunden hören die jämmerlichen Quiekgeräusche auf, dann ist das Wasser gar.

● Wirf das Wasser einfach an die Wand. Wenn sich die Tapete verfärbt und ablöst, kann man davon ausgehen, dass es gar ist.

● Ihr Witzbolde! Wenn das von Kindern gelesen wird und die testen das aus …

● … und erst die Tierschützer!

● Geht das auch mit dem linken Ringfinger?

● Man kann es sich auch in den Schritt kippen, und wenn's wehtut, ist es gar.

● Super!

● Kurz mit einem Zahnstocher in das heiße Nass stechen. Geht dieser Vorgang leicht von der Hand, ist das Wasser wohl gar.

● Kleiner Tipp: Wenn das Wasser schwarz ist, dann ist es zu spät.

● Wasser ist gar, wenn es eine Haut bildet, in der die meisten Vitamine und Mineralstoffe sitzen. Dann muss man nur noch eine Prise Kochsalz einwerfen und vorsichtig durch ein Sieb abgießen.

● Nein, nein! Man muss das Wasser auf die Hälfte einkochen lassen! Erst dann ist es garantiert gut durch. Und lecker!

● Der Tipp funktioniert. Aber nicht vergessen: Regelmäßiges Umrühren verhindert das Anbrennen des Wassers.

● Auuuuuuuuuuuuaaaaaaaaahhhhhhhhh.

● Wenn ihr nicht das gesamte Wasser verbraucht, könnt ihr es auch einfrieren, heißes Wasser kann man immer gebrauchen.

● Ich dachte immer, das Wasser sei gar, wenn es beim Anschnitt nicht mehr rötlich gefärbt ist. (Falls man sein Wasser nicht lieber medium oder englisch haben möchte.)

● Also, ich habe jetzt schon den dritten Hamster reingeworfen. Immerhin hat es diesmal nur noch zehn Sekunden gedauert, bis er still war. Dann ist es wohl gleich so weit, oder?

● Einfach ein paar Eiswürfel hineingeben. Nach deren vollständiger Auflösung das Wasser noch etwa zwei bis drei Stunden kochen lassen. Wenn die Blasen beim Hineinstechen leicht zerplatzen, ist es wahrscheinlich gar.

● Wenn es zu lange dauert, bis das Wasser gar ist, kann man es auch in einen Schnellkochtopf umfüllen.

● Mal ne andere Frage: Wie kriege ich denn einen Kochtopf sauber, in dem mir Wasser angebrannt ist, habe dieses Problem öfter.

● Einfach den Topf noch mal mit frischem Wasser auffüllen und zurück auf die Herdplatte. Das frische Wasser löst das angebrannte Wasser, und der Topf ist schnell wieder sauber.

● Es ist ja alles richtig, was ihr da schreibt, doch würde ich das Wasser im halbgaren Zustand dem Topf entnehmen, in Alufolie einwickeln und noch zehn Minuten stehen lassen. Warum das Ganze? So bleibt das Wasser schön saftig und nach den zehn Minuten ist es auch vollständig durchgegart. Würde man das Wasser ganz im Topf garen, wird es trocken und zäh. Und das mag ja bekanntlich niemand!

● Danke für den Tipp. Ich lasse das Wasser meist 10 bis 15 Minuten im Topf und stelle es danach für etwa 30 Minuten in den Backofen bei 190° Celsius. Es wird schön knusprig und bleibt innen saftig. Eine Variante ist auch: Etwas Wassergeschmack beifügen für ein etwas intensiveres Geschmackserlebnis!

● Ach, ihr habt doch alle keine Ahnung. Wasser ist erst dann richtig genießbar, wenn man reingespuckt hat und sich das Ganze RECHTS herumdreht. Gilt aber nur für die nördliche Halbkugel. Südlich des Äquators dreht es sich LINKS herum.

● Es geht viel schneller, wenn man das Wasser in der Mikrowelle garen lässt. Dazu nimmt man einen Edelstahltopf und füllt diesen mit Wasser, dann stellt man ihn für etwa 40 Minuten in die Mikrobenwelle (damit es auch wirklich gar wird). In der Zeit kann man neues Wasser einkaufen gehen. Wenn man dann zurückkommt und die Feuerwehr vor dem Haus parkt, ist das Wasser gar.

● Wasser kann man aber zum Beispiel auch wie Früchte einfach trocknen. Auf diese Weise hält es sich sehr lange. Vorsicht aber, wenn man von getrocknetem Wasser zu viel isst, das kann wie bei Trockenfrüchten zu Durchfall führen.

● Kauft euch doch einfach ein Bratenthermometer, dann könnt ihr die Kerntemperatur messen.

● Übrigens: Wenn man altes Brot in Wasser aufbewahrt, dann wird es nicht hart!

Wie wild weiterklicken

… haushaltstipps.net
… putzen.de
… stromtip.de
… spargeraete.de
… verbraucherzentrale.de

Sparen @ Professional

Ingo: Umpf, was für ein Höllentag im Büro! Heute ging aber auch alles schief! In der U-Bahn bin ich eingedöst und erst an der Endstation aufgewacht. Die Dame bei uns am Empfang hat ganz schön streng geguckt, als ich endlich kurz vor zehn im Büro aufgekreuzt bin. Beim ersten Kaffee habe ich mir dann die Sahne zielgerichtet auf meiner Krawatte verteilt. Und kurz darauf rief mich schließlich der Chef zu sich. Ich musste mein Jacket quasi bis unter das Kinn zuknöpfen, damit er die Bescherung nicht sah!

»Ist Ihnen kalt?«, fragte er mich und knallte mir einen zehn Zentimeter dicken Stapel Blätter vor die Nase. Der Kollege ist krank geworden oder hat Kinder gekriegt oder ist in die Fremdenlegion gegangen. Egal, habe ich schon verdrängt. Jedenfalls war das der Projektentwurf, den er zurückgelassen hatte. Und nun soll ich das ganze Ding in einer großen Sitzung beim Kunden »pitchen« – morgen! Danach konnte ich vor Panik erst mal keinen klaren Gedanken fassen. Und jetzt sitze ich hier mit dem Haufen Papier und sehe absolut kein Land!

Muttis: Lieber Ingo, man wächst mit seinen Aufgaben und Jammern hilft definitiv nichts. Also: Zunächst musst du dir einen Überblick verschaffen. Das geht jetzt nur mit Speedreading.

Schneller lesen – Speedreading für Anfänger

Wer kennt das Problem nicht? Es ist Abend, vor dir auf dem Schreibtisch liegt eine unglaubliche Menge Papier, das bis zum nächsten Morgen durchgelesen und verstanden sein will.

Denn dann droht das Referat, der Vortrag, die Prüfung, der Pitch. Für die geschätzten 500 Seiten hast du lachhaft wenig Zeit. Jetzt ist guter Rat teuer. Aber nicht bei uns! Wir stellen hier eine Strategie vor, die dir hilft, in dieser vertrackten Situation jede Menge Zeit und Nerven zu sparen.

1. Zeitplan erstellen
Mach dir zunächst einen knallharten Zeitplan. Wie viele Stunden kannst du realistischerweise noch konzentriert arbeiten, ohne am nächsten Tag auszusehen wie dein eigener Opa? Teile dir nun diesen Zeitraum klar ein. Jeder anstehende Arbeitsschritt (etwa Recherche, Lesen, Zusammenfassen, Schreiben, Probevortrag) sollte einen klaren Anfang und ein klares Ende haben. An das du dich sklavisch hältst!

2. Struktur erfassen
Versuche nun, die Struktur des Textes zu verstehen. Schnappe dir also das Inhaltsverzeichnis oder – wenn es das nicht gibt –, notiere dir die Zwischenüberschriften aus dem Text. Werde dir nun anhand dieser Struktur darüber klar, was der Autor wahrscheinlich sagen will. Bei einem Sachtext will der Verfasser meistens ein oder mehrere Argumente oder Sachverhalte darlegen. Am besten notierst du dir in knappen Stichworten, was deiner Meinung nach Zweck dieses Textes ist. Völlig wurscht, ob das hinterher falsch war – in jedem Fall kannst du später darauf zurückkommen.

3. Zusammenfassung suchen
Oft hat ein Sachtext eine Art Zusammenfassung. Okay, das steht selten in fetten Buchstaben darüber. Aber es lohnt sich, danach Ausschau zu halten. Meistens findet sich so etwas am Ende. Das Inhaltsverzeichnis gibt dir vielleicht einen weiteren Hinweis. Natürlich kannst du jetzt auch das allwissende Internet befragen. Dort gibt es beispielsweise so nützliche Seiten

wie getabstract.com, wo man für Geld Zusammenfassungen von unzähligen Büchern herunterladen kann. Das ist nützlich, aber nicht billig. Aber wie gesagt: Oft hat das auch der Autor schon im Text selbst besorgt.

4. Speedreading

Achtung, anschnallen! Jetzt kommt der anstrengende Teil. Mit Speedreading kommst du in Hochgeschwindigkeit durch den Text, allerdings ist volle Konzentration gefragt. Zunächst sollten die Rahmenbedingungen stimmen: Gute Beleuchtung, Lesehilfen (Lineal oder Ähnliches), ein Ausdruck auf einem hochwertigen Drucker (nicht am Bildschirm lesen!) und eine gewohnte Schriftart (wenn du sie dir selbst aussuchen kannst). Und so funktioniert das Schnellschmökern: Lese den Text nicht Wort für Wort, sondern in Wortgruppen, Sätzen oder sogar Absätzen. Dabei ist neben voller Konzentration auch ein wenig Intuition gefragt. Denn mit der Zeit lernst du intuitiv, die wichtigen von den unwichtigen Sätzen und Absätzen zu unterscheiden.

Leider ist das Ganze auch ein wenig Übungssache. Also wird aus dir vielleicht nicht auf Anhieb ein Michael Schumacher des Lesens. Trotzdem ist das Speedreading eine lohnenswerte Technik, die man immer wieder gebrauchen kann.

5. Mut zur Lücke

Zu guter Letzt gilt auch hier, was im Leben immer wieder nützlich ist: der Mut zur Lücke. Niemand kann immer alles wissen. Auch du nicht. Sei entscheidungsfreudig und lass einfach immer mal etwas weg. Vertraue auch hier auf deine Intuition. Oder auf das Unwissen deiner Zuhörer, Prüfer und Chefs. Es kommt in erster Linie darauf an, dich selbstbewusst zu präsentieren. Verschiedene Studien belegen, dass bei der zwischenmenschlichen Kommunikation nicht der Inhalt, sondern die Form entscheidend ist. Das als Trost.

Okay, vielen Dank, das ist schon mal der erste Schritt. Aber ich muss euch noch ein Geständnis machen.

Geständnis? Ist Kathrin schwanger?

Blödsinn! Nein, ich habe keine Ahnung, was ein Pitch eigentlich sein soll. Außer dass mein Vater beim Golfen immer pitched oder pitchen tut oder pitch macht oder wie auch immer. In jedem Fall drischt er mit dem Schläger auf diese kleinen weißen Bälle. Aber das hat mein Boss mit Sicherheit nicht gemeint. Ich war aber so eingeschüchtert, dass ich mich nicht getraut habe nachzufragen. Könntet ihr mir da helfen?

Klaro!

Zeitsparen beim Reden – der Pitch

Was ist das nun wieder? Ganz einfach: die Espresso-Version eines zehnminütigen Referates – reduziert auf maximal fünf Sätze. Ganz ohne Powerpoint und doppelten Boden. In den Zeiten der fortgesetzten Beschleunigung wird diese Vortragstechnik immer wichtiger. Entstanden ist der Pitch oder auch Elevator Pitch, so die Legende, in den 1980er-Jahren, als junge ehrgeizige Mitarbeiter in großen Unternehmen mit ihren Ideen nicht zum Big Boss vordringen konnten, weil der von seiner Sekretärin abgeschirmt wurde. Die Lösung: Man passte den Chef am Aufzug ab, stieg mit ihm ein – und genoss etwa 60 Sekunden ungeteilte Aufmerksamkeit. Heute wird diese Technik immer öfter verwendet – zur Eröffnung von Verkaufsgesprächen etwa oder in den kreativen Branchen – und entsprechend von Arbeitgebern erwartet.

Ganz klar, es gibt Leichteres, als ein Projekt in einer Minute so zusammenzufassen, dass dein Gegenüber alles kapiert und ebenso wahnsinnig begeistert ist wie du selbst. Aber es geht! Hier eine kleine Anleitung:

Erster Schritt: Erste Fassung niederschreiben – und kürzen.
Hier kommt es noch nicht auf Kürze an. Schreib es auf, sodass da am Schluss vielleicht drei Seiten Text stehen. Dann machst du dich ans Kürzen: Streiche alle Nebensätze, die nicht unbedingt notwendig sind, alle Füllwörter, alle überflüssigen Aussagen, alle Erklärungen, die nicht absolut essenziell sind. Damit kommst du wahrscheinlich auf eine Seite Text. Das ist natürlich immer noch zu viel.

Zweiter Schritt: Gib dem Text eine klare Struktur – und kürze weiter.
Werde dir nun über die Logik deines Vortrages klar. Am besten orientierst du dich an der AIDA-Formel: Errege Aufmerksamkeit, wecke Interesse und Verlangen – und skizziere schließlich den nächsten Handlungsschritt (Attention, Interest, Desire, Action). Wenn du deinen Text an diese Struktur angepasst hast, kürze ihn nochmals.

Dritter Schritt: Übe deinen Vortrag – und optimiere die Sprache.
Jetzt heißt es: Ran an den Speck. Trage deinen Pitch vor. Spätestens jetzt merkst du, wo es sprachlich noch hakt. Eliminiere lange und zusammengesetzte Worte. Vermeide passivische Formulierungen und verwende nie »man« als Subjekt eines Satzes. Der Konjunktiv ist ebenfalls tabu – er suggeriert Unsicherheit. Stoppe die Zeit, die du brauchst. Zwei Minuten? Zu lang, weiter kürzen! Und ganz zum Schluss: Trage es als Generalprobe deinem Freund oder deiner Freundin vor.

Alles paletti? Auch hier ist alles eine Sache der Übung. Dein erster Pitch wird dich endlose Vorbereitungen kosten. Aber beim nächsten Mal geht es schon viel schneller. Und irgendwann schüttelst du das einfach so aus dem Ärmel. Versprochen!

Keine Langeweile mehr im Aufzug

Wenn du mal wieder Fahrstuhl fährst und kein Chef da ist, dem du etwas pitchen kannst, hier ein paar Vorschläge gegen Aufzugslangeweile:

– Wenn außer dir nur noch eine andere Person im Aufzug ist, tippe ihr auf die Schulter und tu dann so, als wärst du es nicht gewesen.
– Drück auf einen Knopf, und lasse es aussehen, als ob er dir einen elektrischen Schlag verpasst. Dann lächle und wiederhole das Ganze.
– Biete anderen Leuten an, für sie die Knöpfe zu drücken, aber drücke die falschen.
– Halte die Türen offen und erkläre, dass du auf einen Freund wartest. Nach einer Weile lässt du die Türen schließen und sagst: »Hallo Jörg, wie war dein Tag?«
– Lass einen Stift fallen und warte, bis ihn jemand für dich aufheben will, dann brüll ihn an: »Das ist meiner!«
– Stell deinen Schreibtisch in den Aufzug und frage alle Leute, die hereinkommen, ob sie einen Termin haben.
– Lege eine Schachtel in eine Ecke, und wenn jemand den Aufzug betritt, frag ihn, ob er auch so ein seltsames Ticken hört.
– Tu so, als wärst du eine Stewardess, und übe das Verhalten im Notfall und den sicheren Ausstieg mit den Fahrgästen.
– Frage die Leute: »Haben Sie das auch gerade gespürt?«
– Stelle dich ganz nah an jemanden heran und schnüffle gelegentlich an ihm herum.

– Wenn die Türen schließen, erkläre den anderen: »Es ist alles okay. Keine Panik, die Türen werden sich wieder öffnen!«
– Schlage nach nicht existenten Fliegen.
– Mach ein schmerzverzerrtes Gesicht, während du auf deine Stirn schlägst und murmelst: »Seid doch still, seid doch endlich alle still!«
– Öffne deinen Geldbeutel, schau hinein und frage: »Kriegt ihr auch genug Luft da drin?«
– Stehe still und bewegungslos in einer Ecke, schau die Wand an und bleib dort einfach die ganze Zeit stehen.
– Trage eine Handpuppe bei dir und benutze sie, um mit den andern zu reden.
– Starre eine Weile lang einen anderen Passagier an, grinse und erkläre nach einer Weile: »Also, *ich* trage frische Socken.«
– Male mit weißer Kreide ein kleines Quadrat auf den Boden und erkläre den anderen Fahrgästen, dass dies deine Zone ist.

Das meint die Jury:

● Mit ein bisschen Glück gibt es freie Kost und Logis. Entweder in der Klapse oder hinter Gittern.

● Wie langweilig muss eigentlich jemandem sein, um so etwas zu machen?

● ... genial! Das mach ich mal, wenn ich mit meiner Freundin shoppen muss!

● Hmm, bei uns gibt es nur fünf Stockwerke, das ist zu wenig.

Sehr witzig! Meine Sitzung war übrigens ganz okay, lief nicht schlecht, das Ganze.

Nicht schlecht? Die waren doch alle ganz begeistert von deiner Idee. Sind nicht sogar einige aufgestanden und haben applaudiert?

Doch, doch. Stimmt schon, ich habe mit meiner Präsentation das Rennen gemacht. Hinterher hat der Chef mich gelobt und mir gleich mein erstes Projekt in Eigenverantwortung verpasst. Das ist natürlich eigentlich richtig super. Wenn da nicht dieses Kick-off-Meeting wäre …

Was ist damit?

Na ja, ich habe so etwas noch nie gemacht! Eine Sitzung leiten.

Zeit und Ärger sparen bei Meetings

»Sind Sie einsam? Arbeiten Sie allein? Treffen Sie ungern Entscheidungen?

Dann machen Sie doch eine Sitzung! Sie können dann sehen, wie andere Leute in Ruhe schlafen, Entscheidungen verschieben, sich wichtig fühlen, ihre Kollegen beeindrucken oder langweilen. Und all dies während der Arbeitszeit. Sitzungen sind die praktischste Alternative zur Arbeit!«

Ja, das ist leider Alltag in vielen deutschen Arbeitsstätten. Nervende, langweilige und völlig unproduktive Meetings. Doch es geht auch anders!

Hier sind die wichtigsten Tipps, damit ihr in Sitzungen nicht untergeht, sondern alles im Griff habt:

1. Bereite dich vor – und bleib locker
Vorbereitung ist sehr wichtig: Welche Ziele möchtest du in der Sitzung erreichen? Wer wird an der Sitzung teilnehmen? Wie werden die Kollegen auf deine Vorschläge reagieren? Welchen Verlauf wird die Sitzung nehmen? Nur wenn du dir intensiv

darüber Gedanken gemacht hast, kannst du es während des Meetings locker angehen lassen. Das überträgt sich auf alle anderen Teilnehmer. Und so wirst du einen souveränen Eindruck hinterlassen.

2. Halte dich an die Spielregeln – und brich sie gelegentlich
Es gelten auch für dich die üblichen Spielregeln: Lass die Kollegen ausreden, halte keine Monologe, werde nicht persönlich in der Diskussion. Aber wie immer im Leben ist es auch hier manchmal notwendig, die Grenzen zu übertreten. Einen labernden Vielredner muss man irgendwann stoppen. Außerdem möchtest du dich präsentieren, weshalb du die knappe Redezeit durchaus mal überziehen kannst. Und wenn dir jemand partout schräg von der Seite kommt, darf man auch mal etwas lauter werden.

3. Beginne pünktlich – und überziehe nicht
Wenn du schon mit Verspätung in die Sitzung startest, stehst du von Anfang an unter Druck. Denn wenige Dinge nerven so wie ein endloses Meeting. Das Treffen sollte einen klar definierten Anfangs- und Endpunkt haben. Und an die hältst du dich auch. Als Rahmenwert kannst du maximal 90 Minuten ansetzen. Nach dieser Zeitspanne ist definitiv jeder im Raum kurz vor dem Tiefschlaf.

4. Sei hart – aber sachlich
Hart in der Sache, herzlich im Ton. Das wäre der Idealfall. Aber das ist natürlich schon sehr viel verlangt. Deshalb versuche es zunächst mit Sachlichkeit, ohne deinen eigenen Standpunkt aufzugeben. Ein guter Trick ist es, bei scharfen Angriffen auf die eigene Position inhaltliche Rückfragen zu stellen: »Können Sie mir erklären, wie Sie das genau gemeint haben?« Das nimmt den Druck aus der Diskussion und gibt dir Zeit, über deine Reaktion nachzudenken.

5. Protokolliere gründlich – aber nicht alles
Auch wenn es einen offiziellen Protokollführer gibt, solltest du dir ebenfalls Notizen machen. Am besten ist es, wenn du selbst die abschließende schriftliche Inhaltsangabe verfasst und an die Teilnehmer verschickst. Der Grund: So kannst du die diskutierten Sachverhalte noch geringfügig, aber manchmal entscheidend modifizieren. Sollte dir deshalb jemand einen Vorwurf machen, kannst du dich auf die Position zurückziehen, dass es lediglich falsch notiert war. Wenn sich allerdings keiner beschwert, dann gilt deine Version. Und du hast gewonnen.

Ihr habt aber auch auf alles eine Antwort! Mal sehen … ich komme morgens zum Beispiel immer so schlecht aus den Federn …

Aufstehen musst du schon selbst. Aber für danach haben wir hier noch etwas.

Speed-Frühstücken

Unter der Woche ist die Zeit zum Frühstücken knapp. Hier mein Tipp: Am Vorabend benötigtes Geschirr und unverderbliche Zutaten (Teller, Tassen, Löffel, Messer, Zuckerdose, Salzstreuer) auf ein Tablett stellen oder direkt auf den Tisch und die Kaffeemaschine vorbereiten (Kaffeepulver, Wasser). Im Übrigen brauchen vier Scheiben Toast im Gerät genau zwei Minuten. Der Kaffee läuft etwa acht Minuten und vier Frühstückseier im Kocher komplett (mit Abschrecken) etwa zehn Minuten. So organisiert, schafft man Frühstück in maximal 12 bis 15 Minuten für vier Personen. Bei zwei Leuten geht es etwas schneller.

● Ich glaube nicht, dass so ein Hetz-Frühstück sonderlich gesund ist. Dann doch lieber die Sachen einpacken, auf die Arbeit oder in die Uni mitnehmen und dort in Ruhe essen.

● Andere (angeblich ungesunde) Alternative: gar nicht frühstücken oder einfach eine Viertelstunde früher aufstehen.

● Bei uns wird der Tisch auch schon immer abends gedeckt, das spart morgens Zeit. Allerdings verwenden wir die gewonnene Zeit dann zum gemütlichen Frühstücken.

● Der Tipp ist im Großen und Ganzen nicht schlecht, aber das Kaffeepulver würde ich nicht am Vorabend in die Kaffeemaschine schütten, da der Kaffee dadurch an Aroma verliert.

● Schon drüber nachgedacht, dass mir die Zeit, die ich abends zum Tischdecken nutze, an Schlaf fehlt, für den ich dann am Morgen länger im Bett bleibe?

● Zeit kann man nicht sparen, nur anders nutzen.

Schneller wach werden: Der gesunde Wachmacher

Jeder kennt das: Morgens Kaffee in den Magen schütten macht zwar wach, aber es dauert sicher eine halbe Stunde. Kaltes Wasser ins Gesicht hilft manchmal, aber es überbrückt die Zeit zwischen Aufstehen und der Wirkung des Kaffees nicht. Also was tun?

Kaltes Wasser ist schon ein guter Anfang, aber man sollte es trinken, statt es ins Gesicht zu kippen. Klingt komisch, ist aber so. Ein Glas kaltes Wasser macht innerhalb von drei Minuten wach! Damit ist dann auch die Zeit, bis der Kaffee wirkt, überbrückt, und es hat die nette Nebenwirkung, dass man es billig aus dem Wasserhahn kriegt, wenn man sparen muss.

Das meint die Jury:

● Ich persönlich habe immer eine Flasche stilles Mineralwasser im Kühlschrank.

● Einfach früher ins Bett gehen.

● Ich musste mich zwar 20 Sekunden nach dem Glas Wasser übergeben, aber wach war ich!

● Morgens eiskaltes Wasser auf nüchternen Magen über zehn Jahre verursacht mindestens eine chronische Gastritis! Ich nehme nur Privatpatienten. Grüße von einem Gastroenterologen.

● Ich bin inzwischen zum Radiowecker übergegangen, der so anspringt, dass ich 'ne halbe Stunde zum Wachwerden habe. Und dann noch drei Lieder Zeit, um durch die Küche zu tanzen. Denn TANZEN MACHT WACH! Geht natürlich nur, wenn man sich einigermaßen ästhetisch bewegen kann (gelingt mir nach dem Aufstehen wahrscheinlich nicht sofort) oder tolerante (blinde) Mitbewohner hat.

● Das mit dem Wecker macht mein Freund auch so. Nur der, der davon viel zu früh wach wird, bin ich!

● Wasser ist in der Tat eine gute Idee, aber nur lauwarmes! Der Magen kriegt sonst wirklich einen Schock – denk mal an die warmen Länder dieser Erde: Dort trinkt man immer Tee, also ein warmes Getränk!

● Ein Glas Wasser am Morgen wirkt wie eine Dusche von innen. Aber es muss warm und still sein! Das ist gut.

- Ich würde einfache Morgengymnastik bevorzugen.

Ein Glas Wasser – wie aufregend …

Dir würde es sicher guttun! Bis du aus den Federn bist, habe ich ja längst den Tisch gedeckt und für den Kaffee gesorgt. Zeitmanagement ist ja nicht gerade deine stärkste Disziplin!

Da können wir Abhilfe schaffen!

Zeitmanagement im Job – spar dir die schlimmsten Zeitfresser!

Nur wer seine Feinde kennt, kann sie schlagen. Sagte schon Nachbar Meier beim Unkrautjäten. Und genauso ist es auch mit den großen Zeitfressern im Arbeitsleben: Kennen und ausmerzen, heißt hier die Losung. Deshalb kommen hier die entscheidenden Informationen – knapp und zeitsparend, versteht sich!

Planlosigkeit!
Was nervt?
Der Tag beginnt irgendwie zwischen Mails, Besprechungen und Kaffeepausen, plötzlich ist Mittagspause, danach wieder einige Mails und Besprechungen – und schon ist ein Arbeitstag futsch.
Das hilft!
Mache dir eine Prioritätenliste. Am besten zu Beginn der Woche. Führe die Liste jeden Tag: Ergänze und streiche die entsprechenden Posten. Das gibt deinem Arbeitstag mehr Struktur.

Unordnung!
Was nervt?
Wo war noch diese bescheuerte Gesprächsnotiz? Ach, da ist ja die Anfrage, die ich gestern dringend gebraucht hätte – hoppla, wo kommt denn diese Rechnung her? Egal, aber was wollte ich eigentlich?
Das hilft!
Führe ein intelligentes Ablagesystem ein. Hole dir dazu einfach Tipps von erfahrenen Kolleginnen und Kollegen. Man muss das Rad ja nicht neu erfinden. Und: Dann halte dich auch an dein Ablagesystem!

Gutmütigkeit!
Was nervt?
Der Kollege hat doch schon Ringe unter den Augen vom vielen Arbeiten. Die Sekretärin bekommt es einfach nicht hin. Der Azubi ist doch eigentlich zu unerfahren. Also wirst du den Job übernehmen. Obwohl du deine Überstunden längst nicht mehr zählst und selbst hundemüde bist.
Das hilft!
Nein sagen, und zwar immer wieder. Ist nicht leicht, aber die einzige Möglichkeit. Übe es zu Hause mit dem Partner oder Mitbewohner. Wenn selbst das nicht klappt, such dir einen Coach oder probiere eine Verhaltenstherapie. Auf die Dauer macht dich das sonst krank.

Eigensinn
Was nervt?
Kein Mensch ist eine Insel, sagen die Angelsachsen. Du schon. Dein Mantra: Ich schaffe das schon allein, vielen Dank! Jede Präsentation, jedes Protokoll, jede Projektbeschreibung muss von dir persönlich gemacht werden. Denn schließlich weißt nur du selbst, wie es am besten geht.

Nerven und Zeit sparen: Zettelwirtschaft

Es gibt Informationen, die man im Büro immer zur Hand haben muss. Oft stehen die auf kleinen Zetteln, die dann überall rumliegen und rumkleben.

Ordnung in diesen Zettelkrieg bringt eine transparente Bürounterlage (diese Plastikdinger, die leider meistens blau, rot, grün oder grau sind). Alle wichtigen Informationen, wenn möglich auf kleine Schrift reduziert, darunterschieben. Immer im Blick und trotzdem ordentlich!

Das meint die Jury:

● Durchsichtige Unterlagen gibt es gelegentlich für kleines Geld oft um den Schulanfang herum im Angebot.

● Eine kleine Erweiterung zu der Zettelwirtschaft wäre ein Schreibheft, wie man es aus der Schule kennt, Größe egal. Jeden Eintrag durchnummerieren und nach Erledigung ausstreichen. Alles ist dann kompakt dokumentiert und geht nicht verloren.

● Wozu die fortlaufenden Nummern?

- Durchnummerieren ist immer wichtig, und sei's für die Moral! Jawoll!

- Ich benutze immer noch die gute, alte Pinnwand. Ein Blick darauf und ein Aha, ja!

Berühmte Zeitsparer der Weltgeschichte
Eine weder ernsthafte noch repräsentative Übersicht

Schneller joggen: Der Läufer von Marathon
Der wahre »Vorläufer« heutiger Zeitsparer war in Wirklichkeit gar kein Marathonisti – nach der ursprünglichen Überlieferung lief der Bote Philippides Ende August des Jahres 490 v. Chr. nämlich 245 Kilometer, und zwar in weniger als zwei Tagen! Zum Vergleich: Der gemeine antike Grieche benötigte für diese Strecke in dieser Zeit bestimmt zwei Wochen. Philippides überbrachte ein Hilfsgesuch der Athener nach Sparta, denn die griechischen Stadtstaaten wurden durch die Streitkräfte des Achämenidenreiches bedroht. Doch die Spartaner hatten wohl eine ziemlich coole Party am Laufen und wollten die Festivitäten nicht für solche Kinkerlitzchen unterbrechen. Erst 400 Jahre später bastelte man die Legende vom Marathon-Mann um. Nun sollte der schnelle Läufer lediglich ca. 40 Kilometer von Marathon nach Athen zurückgelegt haben, um dort von der Niederlage der eigenen Mannen zu berichten. Anschließend brach er tot zusammen.

Schneller segeln: Christoph Kolumbus
Der wagemutige Mann aus Genua war ein begnadeter Zeitsparer. Mit seiner Westroute wollte er Indien deutlich schneller erreichen als über den langwierigen Weg um Afrikas Südspitze oder über den noch entbehrungsreicheren Handelsweg der

Seidenstraße. Am 3. August 1492 stach er mit drei Schiffen in See und stieß schon gut zwei Monate später, am 12. Oktober auf Land. Das war um Monate schneller als die beiden anderen Routen! Einziger Schönheitsfehler: Er war gar nicht in Indien angelandet, sondern hatte zufälligerweise Amerika entdeckt. Bis Januar 1493 erholte sich Kolumbus dann bei ein wenig Insel-Hopping (Bahamas, Kuba, Haiti) von den Strapazen des Entdeckens, verlor ein Schiff (die berühmte »Santa Maria«) und kehrte schließlich in dem festen Glauben zurück, die Direttissima nach Indien gefunden zu haben.

Schneller untergehen: der Kapitän der »Titanic«
Ein mythischer Stoff, um den sich viele Legenden ranken. Warum war die »Titanic« mit voller Geschwindigkeit bei Nacht und Neumond durch ein Feld mit gewaltigen Eisbergen gedampft? Es wird berichtet, dass in jenen Stunden am 15. April 1912 Bruce Ismay von der Reederei White Star Line Kapitän Edward John Smith gedrängt haben soll, das Tempo nicht zu drosseln. Der Grund: Man wollte der Weltöffentlichkeit (die sich übrigens vor dem Untergang gar nicht so wahnsinnig für das »größte Schiff der Welt« interessiert hatte) die Leistungsfähigkeit des neuen Luxusliners demonstrieren. Ismay stritt hinterher alles ab, und Käpt'n Smith war mit seinem Schiff untergegangen, konnte also nichts dazu sagen. Experten sind sich jedoch einig, dass die Entscheidung von Smith, trotz zahlreicher Eiswarnungen Kurs und Geschwindigkeit beizubehalten, das abrupte Ende des Schiffes besiegelte. Smith war allerdings kein Anfänger, und er wurde posthum von allen Vorwürfen freigesprochen. Anscheinend fuhren Anfang des 20. Jahrhunderts alle Schiffe mit einem entsprechenden Affenzahn durch solche Eisfelder. Insgesamt keine gute Idee, bei der fehlenden Ausstattung an technischen Geräten. Jenes Eisfeld, an dem die »Titanic« scheiterte, war zudem größer

als damals gewohnt. Das Ergebnis: ein extrem effizientes Versenken des als »unsinkbar« geltenden Dampfers. Dumm gelaufen: Laut Gerüchten sollte die Jungfernfahrt der »Titanic« die letzte Fahrt von Smith vor der wohlverdienten Rente sein. Vielleicht hatte er es deshalb so eilig.

Schneller überfallen: Adolf Hitler

Seine Vasallen nannten ihn den »größten Feldherrn aller Zeiten«, weil er den »Blitzkrieg« über Europa gebracht hatte. War im Ersten Weltkrieg noch der Grabenkieg *en vogue* (man schlug sich teilweise jahrelang in einem aufreibenden Stellungskampf um wenige Meter Frontverlauf), so setzte die Führung von Nazi-Deutschland zu Beginn des Zweiten Weltkriegs ein zumindest militärisch überzeugendes Konzept um: den »Blitzkrieg« (wahrscheinlich das einzige deutsche Wort, das mehr Engländer kennen als Deutsche). Damit überfiel der »Führer« halb Europa, raubte es aus und ließ dabei Millionen von Menschen ermorden. Die raschen Erfolge (für die Niederwerfung Polens hatte Deutschland gerade mal drei Wochen gebraucht, Frankreich fiel in sechs Wochen) waren jedoch bald Vergangenheit. Nach dem Überfall der deutschen Truppen auf die Sowjetunion entwickelte sich eine lange kriegerische Auseinandersetzung, die von den Deutschen als Vernichtungskrieg geführt wurde. Natürlich hat Hitler den Begriff und das Konzept nicht selbst erfunden und sich später sogar davon distanziert. Doch einige Jahre hatte er damit ziemlich fragwürdigen Erfolg – als grausamster Zeitsparer aller Zeiten.

Schneller zerfallen: Michail Gorbatschow

Es könnte locker als das Motto aller Zeitsparer durchgehen: »Wer zu spät kommt, den bestraft das Leben.« Am 6. Oktober 1989 feierte die DDR ihren 40. Geburtstag. Mit von der Partie: Michail Gorbatschow, Kreml-Chef und Vollblut-Reformer. Das Treffen zwischen den beiden sozialistischen Brüdern war trotz des feierlichen Anlasses frostig. Die Betonköpfe der SED lehnten Gorbis Perestroika ab. Der russische Verbündete drängte auf Öffnung. Am Ende ging ein Satz um die Welt, der allen klarmachte, wo die Sowjetunion stand – und der den Zusammenbruch des so genannten Ostblocks und die deutsche Wiedervereinigung rasant beschleunigte. Erstaunlicherweise kamen diese Worte jedoch niemals aus dem Mund des obersten Glasnostikers. Mit einem unglaublichen Gespür für die weltpolitische Situation und die Macht der Worte formulierte Gorbatschows persönlicher Sprecher Gennadi Gerassimow wenige Stunden nach dem Treffen der beiden Staatschefs jenen Satz, den heute jeder mit Gorbatschow verbindet. Der PR-Mann aus dem Kreml spitzte dabei einige Aussagen seines Chefs deutlich und prägnant zu. Jahre später kommentierte der ehemalige Staatschef die Interpretation seines Untergebenen trocken: »Das hat der Gerassimow zu Ende gedacht.«

Magnetwand billig aus Eisenplatte bauen

Wer in seinem Büro eine Magnet(pinn)wand aufhängen möchte, wird über die deftigen Preise einer solchen Tafel überrascht sein. Viel günstiger und meiner Ansicht nach auch schöner geht es mit einer einfachen verzinkten Eisenplatte aus dem Baumarkt. Solche Platten gibt es in verschiedenen Größen. Wichtig: Keinesfalls eine Aluplatte nehmen, auch wenn sie heller und leichter ist. Aluminium ist kein ferromagnetisches Metall, Magnete haften daran nicht.

Um die Platte an der Wand zu befestigen, gibt es zwei Möglichkeiten:

1. Mit einem Stahlbohrer zwei Löcher in die Platte und in die Wand zwei starke Nägel oder besser Schrauben mit Dübeln.

2. Platte hinten mit doppelseitigem Klebeband bekleben und dann einfach gegen die Wand drücken. Aber Vorsicht: Die Position der Platte muss ganz genau stimmen, eine Korrektur ist nicht mehr möglich. Und ein Entfernen der Platte hat zur Folge, dass die Tapete in der Regel ruiniert ist.

Wer kreativ ist, kann die Platte vor dem Aufhängen auch mit einem Sprühlack bunt einfärben oder mit einer Schablone Motive draufsprühen. Lack schützt auch die Platte selbst. Lässt man die Platte dagegen unbehandelt, kann das Zink die Wand unter der Platte verschmutzen.

Das meint die Jury:

● Eine Alternative sind Regalböden. Die gibt es um ein Vielfaches tiefer als die herkömmlichen 60 bis 80 Zentimeter.

● Die Aufhängung kann meistens mittels einer Dachlatte bewerkstelligt werden. Ähnlich den Küchenschränken. Leicht einkeilen.

● Wenn man gerade sowieso am Tapezieren ist, kann man die Platte auch einfach an der Wand befestigen und darüber tapezieren – so geschehen bei uns im Büro. So wird noch nicht mal die Optik gestört und die Magnete haften trotzdem sehr gut.

● Eisenplatten (verzinkte Blechtafeln) kauft man nicht im Baumarkt, sondern im Eisenhandel beziehungsweise Schlosserbedarf. Dort wird der Preis nach Gewicht berechnet, hinzu kommt ein kleiner Aufschlag für den Zuschnitt. Vielleicht kann man das Blech erst am nächsten Tag abholen, dafür ist es maßgenau zugeschnitten. Man kann sich auch die Ränder abkanten oder umbördeln lassen.

Was ja schon nervt am Arbeitsleben: Diese endlosen Wasch- und Bügelorgien, damit man am nächsten Tag im Büro ja auch wieder schick und adrett aussieht.

Ja, das kannst du laut sagen: Anzüge, Hemden, Krawatten – endlos! Am liebsten würde ich immer alles in die Reinigung bringen, aber was das kostet! Und außerdem habe ich den Eindruck, dass das chemische Reinigen nicht gerade so gesund ist für den Stoff. Ein Anzug war schon nach dreimaliger Reinigung so dünn, dass ich ihn wegschmeißen konnte!

Da gibt es durchaus auch andere Möglichkeiten!

Anzüge billig selber reinigen

Ich habe einen sehr lukrativen Job im Büro. Was dabei nervt ist das dauernde Reinigen von Anzügen! Es ist teuer und nicht immer effektiv. Deshalb mein Tipp: Anzüge (egal welcher Art oder Marke) in warmes Wasser mit Wollwaschmittel legen (auch Sakkos!). Eine Weile liegen lassen und nicht rubbeln. Danach einfach auf einen Bügel hängen und mit der Dusche abbrausen. Nicht auswringen, sondern nur abtropfen lassen. Nach einem Tag ist der Anzug meistens trocken. Auf diese Weise bekommt man selbst Probleme wie Katzenurin (für jede Reinigung eine unlösbare Aufgabe) in den Griff. Falten danach einfach mit einem Dampfbügeleisen wegdampfen. Funktioniert bei mir schon seit Jahren ohne Probleme!

Das meint die Jury:

● Wo arbeitest du denn? In der Tierhandlung?

● Lies doch genau: »im Büro«. Vielleicht hat er oder sie ja Katzen zu Hause.

● Wer Katzen hat, nimmt den Geruch von Katzenurin nicht so stark wahr, weil man sich mit der Zeit dran gewöhnt.

- Um was geht es hier eigentlich? Um Katzen? Oder Haustiere im Büro oder ums Reinigen von Anzügen?

- Guter Tipp! Man kann Geld sparen, und die Sakkos duften auch noch besser als aus der Reinigung!

Erspar dir Rückenschmerzen – lieber zappeln!

Kleine Kinder machen es uns vor, sie zappeln beim Sitzen. Das hilft gegen Verspannungen und einseitige Belastungen der Muskulatur. Damit das Zappeln besser klappt, habe ich meinen Bürostuhl gegen einen Gymnastikball ausgetauscht, und damit hüpfe ich leicht auf und ab oder bewege die Hüfte kreisförmig, wenn ich am Schreibtisch sitze.

Falls ihr davon Rückenschmerzen bekommen solltet, so ist das der Muskelkater, der lässt aber bald nach.

Das meint die Jury:

- Da werde ich ja seekrank von dem Gehopse.

- Hab es probiert und sitze auf so einem Ball wie ein Sack Kartoffeln. Fazit: Rücken extrem krumm, mehr Schmerzen.

- Ich hab meinen Ball im Büro wieder weggeräumt. Mir hat geholfen, dass ich beim Bauchtanz eine gerade Haltung gelernt habe. Seither sitze ich in meinem Bürostuhl sehr aufrecht, mir machen Stühle oder Bänke ohne Rückenlehne nichts aus, und ich habe kaum mehr Rückenschmerzen.

- Hast du den Bauchtanz auch bei der Arbeit gemacht?

● Ich war in einer Schulklasse, in der wir ein Jahr lang für die gesamte Klasse Bälle hatten. Ist leider daran gescheitert, dass sich die Lehrer beschwerten, es wäre einfach nicht möglich, sich vorne zu konzentrieren, wenn die 30 Gesichter, die einen angucken, die ganze Zeit auf- und abhüpfen.

● Besorgt euch einen Bürostuhl mit Holzschale, die sind bequemer als die mit Polster: Auf der glatten Oberfläche kann man leichter zwischendurch die Sitzposition ändern, das macht man unbewusst alle paar Minuten – wenn es geht. Auf dem Stoffpolster wird der Körper immer durch die Reibung zwischen Kleidung und Polsterstoff daran gehindert. Ich sitze nun schon 20 Jahre auf einem Holz-Bürostuhl, täglich zehn bis zwölf Stunden.

● Tut dir auf deinem Fakir-Bürostuhl nicht der Popo weh?

Druckertinte von den Fingern entfernen

Schätze mal, dass das schon sehr, sehr vielen Leuten passiert ist, die bereits eine Druckerpatrone nachgefüllt haben: Ein Tröpfchen kommt auf einen Finger, und schon erstrahlt er als ganzer (so wie in meinem Fall) in wundervollem Schwarz.

Das Zeug ist nun aber auf herkömmlichem Weg (Seife, Nagellackentferner, Terpentin und so weiter) absolut nicht von der Haut zu bekommen! Was also tun?

Bei mir hat folgendes Rezept perfekt funktioniert:

1. Die betroffene Stelle ordentlich dick mit normaler Seife eincremen.

2. Einige Minuten einwirken lassen (ich hab noch einen Gummihandschuh drübergezogen).

3. Mit einem Bimsstein (das sind Steine zum Entfernen von Hornhaut) den Fleck wegrubbeln – fertig!

Das meint die Jury:

● Stimmt! Bimsstein hilft immer gut. Auch gegen gelbe Raucher-finger.

● Guter Tipp, wenn es schon zu spät ist! Klüger wäre es vermut-lich, die Gummihandschuhe VORHER anzuziehen.

● Funtzt auch mit ein bisschen Waschpulver, einfach ein wenig in warmem Wasser auflösen, Hände darin baden und weg ist die Tinte (auch unter dem Fingernagel!).

● So 'n Blödsinn – wo soll ich im Büro Gummihandschuhe her-kriegen? Waschpulver gibt es hier auch nicht – und außerdem hab ich auch keine Zeit zum Einweichen, alles muss fix gehen.

● Der Tipp mit dem Waschpulver war klasse. 98 Prozent der Tinte sind innerhalb von zwei Minuten weggegangen. Und die Finger riechen jetzt nach »frühlingsfrisch«.

Vielen Dank für die tollen Tipps, aber ich bin einfach ziemlich gefrustet in meinem Job. Irgendwie habe ich da keine Perspektive mehr. Mein Chef hat mir am Anfang alles Mögliche versprochen. Aber bis heute ist davon herzlich wenig eingetroffen. Und wenn ich mir anschaue, wie demotiviert alle in der Abteilung sind … man hangelt sich von Kaffeepause zu Kaffeepause. Nee, ich glau-be, da muss ich bald weg. Wenn nur nicht das Bewerben so auf-wändig wäre! Ich weiß ja genau, wie das alles funktioniert, das habt ihr mir ja schon längst erklärt, Muttis. Aber gibt es nicht doch eine Möglichkeit, diesen ganzen Bewerbungsklimbim etwas einfacher zu gestalten?

Die arbeitssparende Bewerbung

Okay, zuerst die schlechte Nachricht: Eine Bewerbung macht immer Arbeit! Aber natürlich kann man gewisse Dinge optimieren. Und mit etwas Übung geht es auch deutlich schneller. Außerdem spart man viel Aufwand, indem man nur die richtigen Dinge tut.

Wir werden euch die besten Möglichkeiten aufzeigen, eure Energiereserven zu schonen und trotzdem die bestmögliche Figur abzugeben:

Nur auf passende Anzeigen bewerben!

Als Allererstes: die Anzeige gaaaaanz genau lesen. Und dann noch mal lesen. Und dann stellst du dir folgende zwei Fragen: Welche Qualifikationen erwartet der Laden von mir? Und kann ich diese Anforderungen erfüllen? Wenn dein Profil weniger als 90 Prozent Passung aufweist, dann ist es zumindest sehr unwahrscheinlich, dass du zum Vorstellungsgespräch eingeladen wirst. Diese Bewerbung kannst du dir also sparen – es sei denn, du möchtest üben, oder dir ist einfach langweilig.

Weniger Worte machen!

Das ist ein hinterlistiger Tipp: Weil es oft schwieriger ist, sich kurz zu fassen als rumzulabern. Aber trotzdem solltest du beim Anschreiben ruhig mit Worten geizen. Mehr als eine Seite? Dann musst du kürzen. Am besten vermeidest du zunächst alle Floskeln (»Hiermit möchte ich mich blabla«). Dadurch wird dein Text schon deutlich kürzer. Nur: Manchmal erschreckend, wie wenig Inhalt bleibt, wenn die Textbausteine fehlen, gell? Aber genau darum geht es, denn nun musst du wirklich darüber nachdenken, warum du der Richtige für dieses Unternehmen bist.

Korrektur lesen lassen!
Der Teufel steckt im Detail. Für Selbstgeschriebenes ist man oft komplett blind. Da aber ein kleiner Formfehler schon genügt, um deine Bewerbung durchfallen zu lassen, solltest du sie in jedem Fall von einer dritten Person mit Kenntnissen der neuen (!) deutschen Rechtschreibung Korrektur lesen lassen. Das erspart viel unnötigen Aufwand und Frust. Manchmal hilft es auch den Text rückwärts zu lesen, dann wird man beim Korrekturlesen nicht vom Inhalt abgelenkt.

Wenn möglich online bewerben!
Viele Unternehmen bitten inzwischen bereits um eine Bewerbung auf elektronischem Weg. Das solltest du nutzen! Denn nicht nur die Portokosten und die teuren Bewerbungsmappen entfallen damit. Du musst auch nicht zum nächsten Briefkasten latschen oder – weil du keine Briefmarken mehr hast – deine kostbare Freizeit in der Warteschlange vor dem Postschalter verbringen. Richtig große Firmen bieten zudem eine Art Bewerbungsdatenbank, in der du dein Profil speichern kannst – und per Mail informiert wirst, wenn neue Stellenangebote auftauchen, die zu deinem Profil passen.

Vielleicht sollte ich ja auch wieder mein abgebrochenes Jura-Studium aufnehmen und nebenbei etwas jobben. Irgendwie schaff ich das schon, wenn nicht, kann ich mir ja Unterstützung holen.

Mit Ghostwritern und Papermills zum Magister

Sven Zähringer (Name geändert) hat ein Problem. Er muss sich sein Studium durch Jobben finanzieren. Oft genug kollidiert seine Arbeit in der Kneipe mit den Anforderungen des Lehramtstudiums an einer Universität in Baden-Württemberg. Und jetzt steht die Zulassungsarbeit vor der Tür. Bereits vor einigen Semestern hatte er sich eine Seminararbeit von einer Kommilitonin schreiben lassen. Für etwa 200 Euro. »Das sind für mich zwei Abende in der Kneipe«, sagt Sven. Die Rechnung ging auf. Niemandem fiel etwas auf. Auch für die »Zula« will er nun auf den Dienst von Ghostwritern zurückgreifen.

An seine erste »Ghostwriterin« war er durch Zufall geraten, »eine Freundin meines Bruders«. Doch in Zeiten des Internets geht das einfacher. Füttert man Begriffe wie »Hausarbeit« oder »Seminararbeit« in eine Suchmaschine ein, dann listet das Programm in Sekunden eine lange Reihe von Portalen auf, die dem geplagten Studenten einen Ausweg aus seinem Dilemma versprechen: Dort bieten akademische Ghostwriter ihre Dienste an. Zudem gibt es Datenbanken mit kompletten Arbeiten zum Download – neudeutsch: Papermills.

Eine typische Papiermühle ist die Seite hausarbeiten.de. Dort stehen nach eigenen Angaben gut 60 000 wissenschaftliche Texte zum Herunterladen zur Verfügung. Von A wie Afrikawissenschaft bis W wie Wirtschaftswissenschaft. Hausarbeiten, Referate, Diplomarbeiten. Für schlappe 6,99 Euro gibt es beispielsweise eine Seminararbeit zum Thema »Die Wiedergabe deutscher Modalpartikel im Englischen«, verfasst 2003, Umfang: 17 Seiten, Note: 1,7.

Magister- oder Diplomarbeiten kosten rund 50 Euro.

Die Betreiber dieser Seite, der Verlag für Akademische Texte, verwahrt sich natürlich dagegen, dass die Texte übernommen und unter eigenem Namen als wissenschaftliche Arbeit an einer Hochschule eingereicht werden könnten. »Wir weisen ausdrücklich darauf hin, dass wir Betrug nicht unterstützen«, heißt es in den FAQs. »Unsere Seiten dienen als Online-Archiv allein der Sammlung wertvoller und wissenschaftlicher Informationen.« Und die Betreiber betonen: »Sollte einem Benutzer eine Urheberrechtsverletzung durch die Veröffentlichung eines Textes in unserem Archiv auffallen, bitten wir um eine kurze Nachricht. Die Arbeit wird dann aus dem Archiv entfernt.«

Jochen Petzold ist Dozent des anglistischen Seminars an der Uni Freiburg. Er ist einer der offensivsten Kämpfer gegen den um sich greifenden »Plagiatismus«. »Es ärgert mich maßlos, wenn jemand versucht, mich zu bescheißen«, sagt er offen. In letzter Zeit seien die Fälle von Betrug zwar leicht zurückgegangen, berichtet der Wissenschaftler. Im Schnitt ist aber immer noch eine Arbeit pro Veranstaltung auffällig. »Es sind leider vor allem Studenten aus dem osteuropäischen Ausland, die sich nicht an die Regeln halten«, sagt Petzold. Warum das so ist, darüber kann der Dozent auch nur Mutmaßungen anstellen: »Vielleicht lernen die dort eine andere Art von wissenschaftlichem Arbeiten.«

Dass es weniger geworden ist mit den Betrügereien, führt er vor allem auf die Aufklärungsarbeit und die rigide Politik des Seminars bei diesen Fällen zurück. Denn wer einmal erwischt wird, erhält bei Petzold keine zweite Chance mehr. »Wer mich betrügt, den will ich in meinen Proseminaren nicht mehr sehen«, sagt er kategorisch. Petzold nimmt sich bei verdächtigen Arbeiten richtig Zeit. Er investiere schon mal eine Stunde, um dem Betrug auf die Spur zu kommen. Wenn jemand einen Ghostwriter benutzt, dann ist aber auch der umtriebige Plagiate-Jäger chancenlos. Allerdings kommt das in Proseminaren wahrscheinlich relativ selten vor.

Sven Zähringer kennt auf Nachfrage noch mindestens zwei weitere Kommilitonen, die bereits geschummelt haben. Doch wie viele Studenten tatsächlich betrügen, ist eine weitgehend ungeklärte Frage. Bisher haben sich nur wenige Untersuchungen mit dem Thema befasst. Die Ergebnisse waren jedoch jeweils alarmierend. Etwa 30 Prozent ihrer Studis sind danach Betrüger, stellte die Uni Bielefeld 2006 fest. In einer Umfrage an der Uni Hamburg räumten sogar 90 Prozent der Studenten ein, kein Problem mit der Schummelei bei wissenschaftlichen Texten zu haben.

Auch Sven kennt keine Gewissensbisse: »Ich habe doch schon so viele Seminararbeiten geschrieben! Eine mehr oder eine weniger – das ist doch nicht entscheidend«, sagt der heutige Lehramtsanwärter. Gerade für Studenten, die keine akademische Karriere anstreben, ist dieser Gedankengang nachvollziehbar. Warum sollen sie Berge von Papier produzieren, die von den Dozenten oft gar nicht gelesen werden – und obwohl in ihrem späteren Beruf wissenschaftliches Arbeiten eine geringe oder keine Rolle mehr spielen wird?

So war es für Sven kein moralisches Problem, erneut zwei Ghostwriter für die Zulassungsarbeit anzuheuern. »Wir hatten etwa 1500 Euro Honorar vereinbart«, berichtet er, »und für jede Note, die besser ist als vier, nochmal 100 Euro Bonus.« Allerdings ging das Unternehmen gründlich schief. »Einer der beiden Ghostwriter war nicht sehr zuverlässig«, sagt Sven und lacht. Außerdem musste der Student ständig Rücksprache mit seinem Betreuer halten. »Das war ein unglaublicher Aufwand, denn ich musste deshalb selbst Ahnung vom Thema haben.« Die Vorstellungen des Betreuers kommunizierte Sven an seine Ghostwriter, mit den Änderungen ging es dann wieder in die Sprechstunde, von da wieder zu den Ghostwritern und so weiter. Doch das klappte immer schlechter, und letztlich blies er das Unternehmen ab. Der Spaß hat ihn 800 Euro gekostet. »Dafür hatte ich etwa 40 Seiten Text, mit denen ich nichts anfangen konnte«, erinnert sich Sven. Also blieb ihm nichts anderes übrig, als die Arbeit selbst zu schreiben.

Dirk Bocklage ist ein professioneller Vermittler von akademischen Ghostwritern. Zusammen mit Daniel Ridders betreibt er das Internetportal hausarbeiten24.com, das die beiden 2001 gründeten. Es war eines der ersten derartigen Angebote in Deutschland. Der 28-jährige Diplombetriebswirt ist mit der Geschäftsentwicklung sehr zufrieden – auch wenn er zum Umsatz seines Unternehmens keine Angaben machen möchte. Zwar habe sich die Konkurrenz in den vergangenen Jahren deutlich verschärft, denn zur Gründerzeit war hausarbeiten24.com quasi der Pionier auf dem deutschen Markt. Heute tummeln sich mindestens 20 andere Anbieter im Netz, wie Bocklage schätzt. »Das Angebot ist allerdings sehr unübersichtlich geworden, manche Konkurrenten verschwinden schnell wieder von der Bildfläche.«

Bocklage legt sehr viel Wert auf die hohe Qualität seiner Dienstleistungen: »Bei uns sind alle Ghostwriter abgeschlossene Akademiker, haben promoviert oder sogar habilitiert.« Außerdem würden niemals wissenschaftliche Arbeiten von fachfremden Ghostwritern angefertigt, wie das bei der Konkurrenz gelegentlich der Fall sei, betont der Unternehmer. Bis zu 100 freie Schreiberlinge sind für hausarbeiten24.com im Einsatz. Die Hälfte davon sind Juristen, die andere Hälfte überwiegend Geisteswissenschaftler.

»Natürlich wird es vorkommen, dass Studenten unseren Service missbrauchen und als eigene Arbeit deklarieren«, räumt Bocklage ein. »Aber wir weisen sowohl im Internet als auch in unseren Mails an die Kunden darauf hin, dass das verboten ist.« Bei den Juristen würden sie zumeist Lösungsskizzen anfertigen, die die Studenten dann selbst noch bearbeiteten. Bei den Geisteswissenschaften wollten die Kunden die Arbeit meistens etwa einen Monat vor Abgabe. Das wertet Bocklage als Indiz dafür, dass durchaus noch eine Eigenleistung erbracht werden würde.

Die rechtliche Lage ist nach Aussage einer Fachanwältin indes eindeutig. Eine wissenschaftliche Abschlussarbeit muss zu 100 Prozent selbst erstellt werden. Wenn dies nicht geschieht und die Arbeit als eigene deklariert wird, ist das Betrug. Der Ghostwriter macht sich dabei der Beihilfe schuldig. Die Firma hausarbeiten24.com hatte laut Bocklage bisher noch keinerlei Schwierigkeiten. Da eine mögliche Betrügerei mit einem Ghostwriter aber quasi nicht aufzudecken ist, verwundert das nicht.

§§

Okay, okay, ich verstehe, das ist nichts für mich. Mit fremden Federn schmücken, das ist nicht mein Ding.

Wie wild weiterklicken

… hausarbeiten24.com
… karrierebibel.de
… xing.de

Sparen @ Kommunikation

Kathrin: Ach Muttis, ich bin so fertig! Habe mich mit Ingo gestritten. Er wirft mir vor, dass ich immer so viel telefonieren würde! Dabei haben wir doch extra eine Flatrate gekauft, damit das nicht mehr so viel Geld kostet! Ich verstehe ihn nicht … Klar, es ist manchmal schon etwas krass, wenn ich gerade auf dem Festnetz telefoniere und eines meiner drei Handys klingelt. Das nervt mich auch. Aber was soll man da denn machen?

Drei Handys? Das klingt in unseren Ohren schon etwas bedenklich. Klar, die Telekommunikationsbranche überschwemmt uns alle geradezu mit ihren angeblichen Superbillig-Angeboten. Aber erstens kann das trotzdem ins Geld gehen. Und außerdem kostet das ja auch ganz schön Zeit und Nerven, immer online, erreichbar, mit Netzanschluss oder wie auch immer zu sein. Aber zunächst einmal keine Panik: Mach als Erstes unseren Messie-Test!

Bist du ein Kommunikationsmessie?

Wir Schwaben sagen immer: »Man muss nur miteinander schwätze, dann isch alles gut!« Aber heutzutage muss man nicht nur schwätze, sondern auch mailen, skypen, posten, bloggen, chatten, simsen und, und, und. Wohl dem, der da nicht den Überblick verliert. Oder gar zum Kommunikationsmessie wird.

Wie steht es um euch, hat euch die Droge Kommunikation bereits fest in ihren schwitzigen Fingern? Hier kommt ein außerordentlich erhellender Test.

1. *Ein kleiner amerikanischer Computerhersteller kündigt an, das mobile Telefonieren revolutionieren zu wollen. Das Gerät kann quasi alles, was man an seinem Handy nie vermisst hat. Natürlich sieht es wieder atemberaubend schick aus, während die Kosten jeder Beschreibung spotten. Du ...*

a) buchst noch in der Nacht einen Flug in die Vereinigten Staaten, wo das Kommunikationswunder drei Wochen früher im Verkauf sein wird. (3 Punkte)

b) rufst sofort alle deine Freunde an, verschickst Rundmails, bloggst auf deiner Homepage und berufst eine Videokonferenz ein. Danach schläfst du erschöpft, aber glücklich ein. (0 Punkte)

c) fragst dich zum wiederholten Mal, wie eigentlich die PIN für dein Handy lautet, das aber sowieso schon seit Wochen nicht mehr aufgetaucht ist und dessen Akku auch ständig leer war – zumindest immer dann, wenn du nach Monaten tatsächlich mal damit telefonieren wolltest. (10 Punkte)

2. *Bei einem romantischen Abendessen zu zweit eröffnet dir deine Freundin, dass sie schwanger ist. Du ...*

a) bist überglücklich, bestellst eine Flasche Champagner und diskutierst eingehend die möglichen Vornamen für den kleinen Racker. (8 Punkte)

b) rufst sofort alle deine Freunde an, verschickst Rundmails, bloggst auf deiner Homepage und berufst eine Videokonferenz ein. Danach schläfst du erschöpft, aber glücklich am Tisch ein. (0 Punkte)

c) täuschst einen Übelkeitsanfall vor, schleppst dich auf die Toilette, von wo du unerkannt entkommst. Am nächsten Morgen heuerst du bei einem westlichen Geheimdienst deiner Wahl an und lässt dir eine neue Identität verpassen. (12 Punkte)

3. *Du liegst im Kreißsaal. Gerade wurde die Nabelschnur durchtrennt, es ist ein Mädchen. Du …*

a) lächelst erschöpft deinen Mann und die Ärztin an. Danach streichst du zart über die zerknitterte Haut dieses winzigen Geschöpfes, das dir die Hebamme auf den Bauch gelegt hat, und kannst es einfach nicht fassen, dass du dieses Wunder vollbracht haben sollst. (15 Punkte)

b) rufst sofort alle deine Freunde an, verschickst Rundmails, bloggst auf deiner Homepage und berufst eine Videokonferenz ein. Danach schläfst du erschöpft, aber glücklich ein. (0 Punkte)

c) hast die ganze Geburt plus Vorbereitungen filmen lassen und willst das Video noch heute Abend über YouTube der interessierten Weltöffentlichkeit zugänglich machen. (4 Punkte)

4. *Du fährst auf dem Fahrrad zur Universität. Da platzt plötzlich dein Vorderreifen. Du schlingerst über die Straße, weichst in letzter Sekunde einem Hydranten aus, streifst einen fluchenden Passanten und landest unsanft im Vorgarten eines Hauses am Straßenrand. Du überstehst das Ganze leicht verdreckt, aber unverletzt. Du …*

a) schickst ein Stoßgebet zu jenem höheren Wesen, an das du bis eben eigentlich gar nicht geglaubt hattest, suchst deine Sachen zusammen und bringst das ramponierte Rad zum nächsten Händler. (9 Punkte)

b) rufst sofort alle deine Freunde an, verschickst Rundmails, bloggst auf deiner Homepage und berufst eine Videokonferenz ein. Danach schläfst du erschöpft, aber glücklich auf dem Rasen ein. (0 Punkte)

c) … schaust dir das Ganze auf deinem Handy an, das du bereits im ersten Moment reflexartig aus der Tasche gezogen hast, um den Sturz live zu filmen. (2 Punkte)

Auswertung:

Mehr als 30 Punkte: Keine Sorge, du bist stinknormal. Bei dir ist definitiv alles im grünen Bereich, alle Systeme laufen reibungslos. Kommunikation ist für dich lediglich eine von vielen Möglichkeiten, Austausch mit anderen Menschen zu pflegen.

Zwischen 1 und 29 Punkten: Es gibt gewisse besorgniserregende Tendenzen in deinem Leben. Allerdings scheinen diese nicht immer mit der Kommunikation im engeren Sinn zu tun zu haben.

Genau 0 Punkte: Hey, du bist ein echter Freak! Egal, was passiert, es wird ungebremst über alle Kanäle verbreitet. Und zwar am besten in Echtzeit! Das kommt dem Messie schon ziemlich nah ... vor allem, weil du jetzt schon wieder deine Freunde anrufst, Rundmails verschickst, auf deiner Homepage bloggst und eine Videokonferenz einberufst, um dieses Testergebnis zu diskutieren!

Und, was kam bei dir heraus, Kathrin?

Ähh, Augenblick, ich muss noch kurz alle meine Freunde anrufen ... nee, kleiner Scherz. Ich bin noch voll im grünen Bereich. Auch mit meinen drei Handys.

Dazu hat Hansi noch eine schräge Geschichte auf Lager:

Fünf Handys in der Tasche

In meiner Zeit als Zivi in der Notaufnahme des städtischen Krankenhauses wurde ein Mann eingeliefert, der beim Absägen eines Astes von einem Baum gefallen war. Wir legten den bewusstlosen Mann im Schockraum auf den Tisch und zogen ihm die Kleider aus, um seine Verletzungen abschätzen und behandeln zu können. Er trug die übliche Montur des Hobbybastlers: einen Blaumann mit vielen Taschen. Wir fanden ein Handy in der Brusttasche, das wir zur Seite legten. Danach tauchte ein zweites Telefon in der Hosentasche auf. Beim dritten Gerät mussten wir bereits schmunzeln. Aber als wir insgesamt fünf Handys aus seinem Arbeitskittel gezogen hatten, waren wir wirklich beeindruckt. Und uns wurde schlagartig klar, warum der arme Mann da aus seinem Baum gefallen sein musste: Wahrscheinlich hatten alle fünf Telefone gleichzeitig angefangen zu läuten!

Wenn mir Kathrin eine SMS schickt, dann wimmelt es vor Abkürzungen. So was wie LG für »Liebe Grüße« ist ja klar. Aber manchmal kommen zeilenlang nur Kürzelwürste: »bidunowa? bigbedi.« Wie bitte? Ich verstehe einfach nicht, was sie will. Wisst ihr da Bescheid?

Ingo, hier ist ein kleiner Auszug aus unserem Vokabelheft Deutsch-SMS!

Zeit sparen mit SMS-Kürzeln
Eine Übersetzungshilfe

aa	Automatische Antwort
ads	Alles deine Schuld
amt	Ahnungslose Menschen tyrannisieren
as	Ansichtssache
asup	Antworte schnell und präzise
bgs	Brauche Geld, sofort
bibalur	Bin bald im Urlaub
bidunowa	Bist du noch wach?
bigbedi	Bin gleich bei dir
dg	Dumm gelaufen
dn	Du nervst
eb	Echt blöd
eidu	Erwarte immer das Unmögliche
eva	Echt voll affig
fanta	Fahre noch tanken
fib	Flugzeuge im Bauch
fkk	Fahre Kaugummi kaufen
fg	Frech grins
fnj	Frohes neues Jahr
gie	Ganz im Ernst
gn	Geht nicht
gngn	Geht nicht, gibt es nicht
grmpf	Grummeln
hadu	Halte durch
hahu	Habe Hunger
hase	Habe Sehnsucht
hdos	Halt die Ohren steif
hegl	Herzlichen Glückwunsch
hund	Habe unten nichts drunter
iamidn	Im Augenblick mag ich dich noch

ibiflila	Ich bin in Flirtlaune
ibnb	Ich bin nicht blöd
iha	Ich hasse Abkürzungen
ihdzfg	Ich hab dich zum Fressen gern
ild	Ich liebe dich
isdn	Ich sehe deine Nummer
jon	Jetzt oder nie
ka	Keine Ahnung
katze	Kannste tanzen?
kgw	Komme gleich wieder
kild	Kuss, ich liebe dich
kk	Kein Kommentar
klm	Keine Lust mehr
kodumizuta	Kommst du mit zum Tanzen?
kuwihebekerz	Kuscheln wir heute bei Kerzenschein?
kv	Kannste vergessen
lamawi	Lach mal wieder
lambada	Lass mich bitte an dich anlehnen
lidumino	Liebst du mich noch?
luauki	Lust auf Kino
lol	laugh out loud
madina	Mach dich nackisch
medima	Melde dich mal
memiwi	Meld mich wieder
mumidire	Muss mit dir reden
mödiunse	Möchte dich unbedingt sehen
nwa	Nie wieder Alkohol
omg	Oh, mein Gott
paris	Passt richtig ins System
pin	Professioneller Internetnutzer
pp	Persönliches Pech
qms	Quatsch mit Soße
rfdi	Reif für die Insel

schsch	Schnick-Schnack
sdedg	Schön, dass es dich gibt
semibinimebö	Sei mir bitte nicht mehr böse
sfh	Schluss für heute
sms	Schreib mir schnell
tabu	Tausend Bussis
tempo	Tierisch einsames Mädchen pokert offen
tm	Total mies
tot	Total oberaffengeile Tussie
uawg	Um Antwort wird gebeten
unimog	Unglaublich nettes, intelligentes Mädel ohnegleichen
vermini	Vergiss mich nicht
wakoduwi	Wann kommst du wieder?
wamawiheab	Was machen wir heute Abend?
waudi	Warte auf dich
we	Wochenende
widumihei	Willst du mich heiraten?
wiwonieauge	Wir wollen niemals auseinandergehen
wztwd	Wo zum Teufel warst du?
z&p	Zuckerbrot und Peitsche
zkn	Zur Kenntnisnahme
zl	Zieh Leine
zlz	Zärtlich liebevolle Zuwendung
zumiozudi	Zu mir oder zu dir?

Na, da wird mir aber jetzt einiges klar! Aber für mich gilt eindeutig: iha!

Dazu sagen wir nur: kk.

Apropos SMS. Ich kriege da immer so doofe Werbenachrichten. Habt ihr eine Idee, wie man das abstellen kann?

Ja, da gibt es eine Menge guter Tipps!

Unerwünschte Werbeschreiben, -mails, -faxe, -anrufe und -SMS

Wer nicht mit Werbung zugemüllt werden möchte, kann seine Daten bei dem Deutschen Direktmarketing Verband e. V. kostenlos für fünf Jahre in die »Robinsonliste« eintragen lassen. Den Antrag hierfür kann man sich unter folgendem Weblink downloaden:

www.direktmarketing-info.de/mailing/Robinsonliste.pdf

Kurze Erklärung der Robinsonlisten:
Das sind Listen mit Kontaktdaten von Personen, die keine unerwünschte Werbung erhalten wollen. Es gibt diese Listen für Briefpost, E-Mail, SMS, Telefon und Telefax. Die in den Verbänden organisierten Unternehmen verpflichten sich, dem Wunsch der registrierten Verbraucher nach Werbefreiheit nachzukommen und sie in keiner Form kommerziell zu kontaktieren. Der Eintrag in die Robinsonlisten ist prinzipiell kostenlos.

Robinsonliste für Telefon: www.telerobinson.de
Robinsonliste für Faxe: www.retarus.de/robinsonliste
Robinsonliste für E-Mail: www.robinsonliste.de

Das meint die Jury:

● Ich habe dafür nen Spamfilter bei gmx und nen Papierkorb für die »Hardware«.

● Hmm – wer garantiert mir eigentlich, dass es sich hierbei wirklich um die bekannte Robinsonliste handelt und nicht viel eher um das genaue Gegenteil?

Es wäre ja aus Sicht der Spammer geradezu genial, solche Seiten ins Netz zu stellen, um an Adressen, Mailadressen und Telefonnummern zu kommen. Hat jemand Erfahrungen mit diesen URLs gemacht?

● Viel besser: Gesammelten Werbemüll in einen der vorfrankierten Antwortumschläge stecken und zurückschicken. Robinsonlisten sind Augenwischerei.

● Vor Spam schützt die Robinsonliste nicht, da Spam eh illegal ist und nicht von seriösen Anbietern kommt. Aber Soziologen macht die Robinsonliste das Leben schwer. Und die können nix dafür.

● Hallo, muss dir recht geben. Das hat bei mir tatsächlich geklappt. Vor einiger Zeit habe ich andauernd Briefwerbung und Werbeanrufe bekommen, und seitdem ich in der Robinsonliste stehe, kam nie wieder was.

● Diese Listen werden meist von Verbänden geführt, und ich denke mal nicht, dass die deine Daten für solche Zwecke weitergeben werden.

● Der Robinsonliste vertraue ich durchaus – die gibt es ja auch schon sehr lange –, meine Frage war eher, ob die genannten Websites auch zur Robinsonliste führen – so auf den ersten Blick konnte ich das nicht feststellen.

● Bei persönlich adressierten Spam-Mails habe ich mit Framstags freundlichem Folterfragebogen sehr gute Erfahrung gemacht: www.schnappmatik.de/TFFFFF/
(hilft auch bei Snailmail-Spam).

● An alle Handybesitzer. Der Erhalt einer unerwünschten SMS stellt eine Verletzung des allgemeinen Persönlichkeitsrechts dar (LG Berlin 14. Januar 2003). In solch einem Fall kann man den Absender beziehungsweise für den geworben wird, abmahnen und auffordern, eine strafbewehrte Unterlassungserklärung abzugeben. Sollte derjenige die strafbewehrte Unterlassungserklärung nicht unterzeichnen, kann man eine einstweilige Verfügung beantragen. Der Gegner hat grundsätzlich alle Anwalts- und Gerichtskosten zu tragen. Ich habe für eine Mandantin schon gegen mehrere Firmen eine einstweilige Verfügung beim Landgericht Berlin erwirkt.

Bei unerwünschten Anrufen sollte man sich Name der Firma, Name der Person, Grund des Anrufes sowie Datum und Uhrzeit notieren und diese Daten per E-Mail an den Verbraucherschutz schicken. Dieser »kümmert« sich dann um die betreffende Firma. Denn schließlich sind Werbeanrufe ein Verstoß gegen das UWG (Unlauterer Wettbewerb). Auch der Hinweis während des Telefonates auf den Verstoß wird dafür sorgen, dass das Unternehmen wohl nicht mehr anrufen wird.

● Ich habe mich auf jeden Fall in der Robinsonliste gegen »Telefonterror« eingetragen. Diese Anrufe gehen mir dermaßen auf den Keks. Ich hoffe, es hilft!

● Die Robinsonliste kann ich nur empfehlen! Ich habe mich da selbst vor zwei Monaten eingetragen und davor bestimmt jeden Tag mindestens einen Werbeanruf bekommen. Seit ich auf der Liste stehe, habe ich lediglich ein einziges Mal einen Werbeanruf bekommen, und als ich dort sagte, dass ich auf der Robinsonliste stehe, hat sich die Frau entschuldigt und sofort aufgelegt.

● Tragt doch einfach bei Telefonboxen »Franks« Nummer ein, der nimmt die Anrufe dann entgegen: www.frank-geht-ran.de

Kein Ärger mehr mit Werbesendungen

Briefspam nicht in die Papiertonne werfen, sondern zurückschicken! Wenn du das Zeug wegwirfst, erfährt der Spammer nie, dass er sich sein Spam sparen kann, und wird munter weitermachen. Und dafür werden Bäume gefällt! Der richtige Ort ist vielmehr der nächste Briefkasten: Mit Vermerk »Zurück – Empfänger unbekannt verzogen«.

Das meint die Jury:

● Völlig schwachsinnig dieser Tipp. Die Zeit ist mir zu schade, außerdem besitzen wir eine Papiertonne, sodass mich eine Entsorgung nichts kostet.

● Ich spreche aus Erfahrung! Als ich in meine jetzige Wohnung einzog, hat regelmäßig Werbemüll für etwa sieben längst verflossene Vormieter den Hausflur verstopft. Und zwar genau deshalb, weil er zuvor immer in die Tonne gesteckt worden war. Seit ich das Zeug konsequent zurückschicke, kommt nichts mehr. (Auch Spammer setzen ihre Portokosten gern effektiv ein.)

● Mir ist es bei dem Spruch »Empfänger unbekannt verzogen« passiert, dass die einen Suchantrag initiiert haben, um meine neue Adresse rauszukriegen. Seitdem schreibe ich drauf: »Empfänger verstorben.« So habe ich schon etliche Beerdigungen überlebt.

● Ihr könnt auch einfach eure Adresse auf unerwünschter Post durchstreichen und »Annahme verweigert« daraufschreiben. Ab damit in den nächsten Briefkasten, und ihr hört nie wieder was von denen. Dann braucht man nicht sooft zu sterben.

Werbeanrufe wirksam vermeiden mit der Trillerpfeife

Bei uns haben sich diese nervigen Anrufe von irgendwelchen Callcentern gehäuft (bis zu dreimal täglich). Aber ich habe das Problem relativ einfach gelöst: Die Trillerpfeife meines Sohnes lag neben dem Telefon, und immer wenn ein nerviger Werbeanruf kam, haben wir kräftig von der Pfeife Gebrauch gemacht.

Und siehe da, einige Wochen später waren diese Anrufe fast bei null. Schade, meint mein Sohn, er hat die Werbeanrufe am Ende richtig geliebt.

Das meint die Jury:

● Waaaaaaaas!? Das kann ja wohl nicht sein. Hast du schon mal daran gedacht, dass in einem Callcenter auch nur Menschen arbeiten, die dann von dir misshandelt werden, weil du dich scheinbar nur mit ner Trillerpfeife wehren kannst?

● Ich lege sofort auf und niemand nimmt Schaden.

● Ich hatte mal eine ganze Zeit obszöne Anrufe Tag und Nacht – die habe ich allerdings auch mit der Pfeife wirksam bekämpft, und das tat mir nicht leid.

● Ich finde den Tipp gut! Trillerpfeife ist mir sogar zu softy, ich hab hier einen Tonfrequenzgenerator, der in der optimierten Frequenz zugeschaltet wird. Die brauchen bei mir einfach nur anzurufen, und schon tut es nicht weh. :-))

● Sadist.

● Ich find's witzig, auch wenn man damit nur das Symptom, nicht die Ursache bekämpft. Wer sich dazu missbrauchen lässt, andere Leute zu nerven, muss sich nicht wundern, selbst genervt zu werden.

● Fast alle CCA benutzen für ihre Telefonmarketingüberfälle ein Headset.

Dieses Headset kann ab einer bestimmten Frequenz keine Tonübertragung mehr vornehmen. Auf Deutsch: Auch wenn man mit noch so vollen Backen in die Trillerpfeife bläst, der Ton kommt beim CCA nicht so an. Das Headset blockt die hohen Frequenzen ab. Das Trillerpfeifenblasen schädigt nur, wenn der Gesprächspartner mit einem normalen Telefon kommuniziert.

● Ich habe mal im Callcenter (Marktforschung) gejobbt. Kein toller Job. Aber es ist tatsächlich so, dass die Headsets keine hohen Frequenzen durchlassen, sodass die Trillerpfeife keinen Eindruck macht. Ich habe übrigens bei jedem Gespräch den Namen der Firma genannt und am Ende jeden Gespräches gefragt, ob für eventuelle Rückfragen die Telefonnummer genannt werden soll.

● Wie wäre es denn mit einem einfachen Satz: »Nein, kein Interesse«, und dann auflegen. Das müsste doch in unserer »hochzivilisierten« Gesellschaft möglich sein. Und wissentlich in Kauf zu nehmen, jemanden vielleicht dauerhaften körperlichen Schaden zuzufügen, grenzt ja schon an Körperverletzung. Der Tipp ist absolut schwachsinnig.

Also, womit ich ehrlich gesagt immer Ärger habe, ist dieser ganze E-Mail-Verkehr. Erstens sind es immer solche Massen, die da täglich auf einen einstürmen …

… da gibt es einige wirklich hilfreiche Tipps!

Kein Ärger mehr mit Mailflut im Büro

Um der täglich wachsenden Mailflut effektiv Herr zu werden, gibt es eigentlich nur eine Methode: Ich rufe meine Mails nur zu bestimmten festgelegten Zeiten ab: einmal morgens zum Bürostart, dann nach der Mittagspause und schließlich noch abends. Das ist enorm effizient (es sein denn, man hat Langeweile ;-))

Das meint die Jury:

● Au Mann, dann würde bei mir permanent das Telefon klingeln.

● Da würden sich aber einige beschweren, wenn ich nur dreimal am Tag meine Mails checke!

● Schön wäre das, wenn's funzen würde.

● Wow, seid ihr alle wichtig! Ich bin echt beeindruckt. Aber jetzt lasst mal etwas Luft ab, wenn es superdringend ist, dann ruft der Kollege doch direkt an, oder?

● Das funktioniert aber nur, wenn du entweder so unwichtig bist, dass niemand etwas Eiliges von dir will – oder wenn du unangreifbar an der Spitze der Nahrungskette stehst.

● Das reduziert in keiner Weise die Anzahl der E-Mails. Wo ist da der Tipp versteckt?

● »Der Mailflut Herr werden« und »Anzahl der Mails reduzieren« hat doch nichts miteinander zu tun. Hier geht es darum, dass man sich nicht ständig von seinen E-Mails ablenken lässt.

● Es gibt Studien, die belegen, dass Mitarbeiter, die alle paar Minuten von ihrem E-Mail-Programm abgelenkt werden (indem etwa ein Ton oder eine Nachricht erscheint, sobald eine neue Mail da ist), langsamer und unkonzentrierter arbeiten als Leute, die mit THC »high« sind. Daher macht es durchaus Sinn, sich feste Zeiten vorzugeben, zu denen man Mails beantwortet, da man so effektiver, konzentrierter und schneller arbeiten kann (da man sich nicht ständig mit E-Mails-Lesen/Beantworten ablenkt).

● Genau: Amerikanische Wissenschaftler haben herausgefunden, dass der IQ durch Ablenkung (etwa beim Eintreffen von Mails) um circa zehn Prozentpunkte sinkt!

● Also, ich kann mich besser konzentrieren, wenn ich bekifft bin.

● Fragt sich nur, auf was …

Wo ich immer Probleme habe, ist das Formelle bei diesem Mail-Schreiben. Wie soll ich denn die Leute eigentlich ansprechen. Meistens schreibe ich deshalb einfach »Hallo«. Aber ob das immer so passend ist? Keine Ahnung.

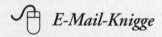 **E-Mail-Knigge**

Ist es dir nicht auch schon so gegangen? Du willst eine kurze Mail an einen Geschäftspartner schreiben, aber stolperst schon bei der Begrüßung. »Sehr geehrter Herr Müller« ist irgendwie zu förmlich, »Lieber« klingt zu anbiedernd, aber »Hallo« oder sogar »Hi« wären einfach zu flapsig. Und das ist nur der Anfang: Welche Formel wählt man zur Verabschiedung? Wann duzt man, wann siezt man? Die digitale Welt der schnellen Kommunikation hält so manche Tücke bereit. Deshalb haben wir euch hier einen kleinen E-Mail-Knigge zusammengestellt.

1. Im Zweifelsfall: lieber zu förmlich!
Vor Gericht heißt es: Im Zweifel für den Angeklagten. Bei einer E-Mail sollte Ähnliches gelten, nämlich lieber einen Tick zu förmlich sein. Das beginnt mit der Anrede: »Sehr geehrter Herr« ist fast immer möglich und höflich. Ausnahmen: Du hast dich mit dem Betreffenden bereits aufs Duzen geeinigt oder der Betreffende hat dich in einem vorangegangenen Schreiben bereits mit »Lieber Herr Meier« angesprochen. Gleiches gilt für die Verabschiedung. »Mit freundlichen Grüßen« ist hier der neutrale Standard, bei dem man selten danebenliegt.

2. Auch bei der schnellen Kommunikation: Rechtschreibung ist wichtig!
Pünktlichkeit ist die Höflichkeit der Könige. Im übertragenen Sinn gilt dies bei der Mail-Kommunikation für die Rechtschreibung. Fehlerhafte Sätze und Wörter sind zwar verständlich, aber suggerieren Achtlosigkeit. Deshalb vor dem Losschicken der Mail einmal gründlich durchlesen. Der Adressat wird es dir danken.

3. Der Lesbarkeit halber: Leerzeilen einfügen!
Das Schöne bei der E-Mail ist ja, dass man nicht darauf achten muss, wann die Seite zu Ende ist. (Nur zur Erinnerung: So war das früher beim Briefeschreiben *g*.) Allerdings solltest du trotzdem etwas auf das Format achten und immer wieder Absätze beziehungsweise Leerzeilen einfügen. Das erleichtert das Lesen ungemein – zudem, wenn die Textabschnitte auch Sinnabschnitte sind.

4. Unbedingt vermeiden: DIE MENSCHEN ANSCHREIEN!
Du merkst es selbst: Großbuchstaben liest man als lautes Reden oder gar Schreien. Es ist natürlich nicht angebracht, jemanden im beruflichen Kontext anzuschreien. Also verzichte

bitte immer auf das Schreiben in Großbuchstaben. Ähnliches gilt für die Verwendung von mehreren Ausrufezeichen. »Bitte erledige das für mich!!!!!!« unterstellt entweder eine überzogene Dringlichkeit oder stellt euren Adressaten als unterbelichteten Faulpelz hin, dem nur eine halbe Zeile Ausrufezeichen auf die Sprünge helfen. Beides ist nicht sonderlich förderlich für eine gute Kommunikation.

5. Hilft beim Navigieren und Verstehen: aussagekräftigen Betreff-Text wählen!
Manchmal ist es schwierig, den eigenen Text in drei Worten zusammenzufassen. Trotzdem ist »Diverses« oder einfach »Hallo« keine gute Idee. Das schwächt die Aussage deiner Mail schon vor dem Lesen ab. Und macht es deinem Gegenüber schwer, zu einem späteren Zeitpunkt über die Suchfunktion dein Schreiben in seiner Mailbox anzusteuern. Also besser schreiben »Projekt XY« oder »Diskussion am …«.

6. Nicht die ganze Welt mit Kopien versorgen: Es ist halt so schön einfach. Trotzdem solltest du dich nicht an der verbreiteten Unsitte beteiligen, einfach jedem Kollegen, vom Chef bis zum Raumpfleger, eine CC deiner Mails zu schicken. Nur weil man glaubt, sich dadurch nach allen Seiten abgesichert zu haben. Denn tatsächlich erzeugst du so nur Überdruss – und die wichtigen Botschaften gehen dabei unter.

Und dazu gibt es noch einen sehr hilfreichen Tipp …

Böse Mails erst am nächsten Tag abschicken

Ich habe es mir zur Angewohnheit gemacht, auf für mich ärgerliche Mails nicht am gleichen Tag zu antworten. Denn es ist immer das Gleiche: Egal, wer sich da im Ton vergriffen hat, ob Chef oder Mitarbeiter. Die Versuchung, selbst pampig zu reagieren, ist riesig. Ich hacke dann zwar eine rotzige Antwort in die Maschine, aber speichere sie unter Entwürfe. Am nächsten Morgen hat sich die Wut meistens schon verzogen, und jetzt kann ich eine sachliche Entgegnung schreiben. Und die Wut-Mail landet im Papierkorb.

Das meint die Jury:

● Ist schon vollkommen okay. Und es spart auch die sachliche Mail, die man zwei Stunden nach der Wut-Mail aus Gewissensgründen (oder um es nicht noch schlimmer zu machen) hinterherschicken muss.

● Eine uralte Strategie der Bundeswehr! Das Beschwerderecht dort sagt eindeutig, dass man sich erst einen Tag später nach dem Vorfall beschweren darf. Warum wohl!?

● Ich habe den Kriegsdienst verweigert. Darf ich dann die Strategie auch anwenden?

● Der Tipp ist gut, das spart oftmals viel Ärger. Und wer seine »Antwort« gut überlegt, hat meistens eine bessere Position.

● Im Prinzip ein ganz simpler Trick, trotzdem ist er ausgesprochen sinnvoll. Meistens will man seinem Ärger direkt Luft machen. Da nicht jeder bei der Bundeswehr war, unbedingt erwähnenswert!

Genau das hätte ich neulich auch schon wissen müssen. Da habe ich meiner Chefin eine gepfefferte Mail geschickt, nachdem sie mich bei der Teamsitzung so bloßgestellt hat. Aber jetzt habe ich natürlich total verschissen bei ihr. Mist, das war nicht gut.

Ach ja, die Kommunikation! Beim Mailen hat man ja wenigstens noch Zeit, sich Gedanken zu machen. Aber beim Telefonieren bin ich manchmal einfach überfordert, weil alles so schnell geht. Manchmal lege ich auf und habe mir noch nicht mal den Namen meines Gesprächspartners gemerkt. Ist das schon Alzheimer?

Nee, keine Angst, das ist ganz normal. Aber wenn du einige Tipps beherzigst, kannst du auch beim Telefonieren Nerven sparen.

 ## Effizient telefonieren: Ärger und Zeit sparen

Wir tun es alle täglich – und doch weiß keiner so genau, worauf es beim Telefonieren eigentlich ankommt. Dabei sollte es zum kleinen Einmaleins des Berufsalltags gehören. Richtig telefonieren spart nämlich Ärger, Zeit und Nerven. Außerdem kommt ein professioneller Stil an der Strippe immer gut an: egal ob bei Geschäftspartnern oder Kollegen.

Hier sind also die wichtigsten Regeln, die ihr beachten solltet:

1. *Stell dich komplett vor.* Sage deinen Namen, den Namen der Firma, für die du arbeitest, und begrüße deinen Gesprächspartner angemessen. Achte darauf, diese ersten Worte in normalem Tempo und verständlich zu formulieren. Oft ist man etwas nervös, was zu überhöhter Sprechgeschwindigkeit führt. In diesem Fall: noch einmal durchatmen, bevor du den Hörer abnimmst!

2. *Lächle gelegentlich beim Reden.* Das sieht dein Gesprächspartner zwar nicht, aber er oder sie hört es. Natürlich klingt es doof, wenn du die ganze Zeit in den Hörer grinst. Aber gerade bei Aussagen mit einem emotionalen Gehalt (»Schön, dass ich Sie erreiche!«) sollte man nicht mit ausdruckslosem Gesicht dasitzen. Denn dann wirkt das Gesagte unecht.

3. *Sprich dein Gegenüber öfter mit Namen an.* Auch das ist eine emotionale Sache. Wer direkt mit Namen angesprochen wird, fühlt sich geschmeichelt. Dadurch erzeugst du eine größere Verbindlichkeit und stärkst die Bindung deines Gegenübers an dich. Notiere dir den Namen des Gesprächspartners am besten auf dem Notizblock, der beim Telefonieren sowieso immer vor dir liegen sollte.

4. *Höre zu und fasse die wichtigsten Informationen am Ende zusammen.* Gerade das Zuhören ist eine hohe Kunst, die nicht jeder beherrscht. Aktives Zuhören besteht darin, das Gesagte immer wieder kurz zusammenzufassen, um sich zu versichern, dass man alles richtig verstanden hat. Bei relativ kurzen Gesprächen reicht es, die wichtigsten Informationen am Ende kurz zu wiederholen. Gleichzeitig solltest du diese Punkte schriftlich notieren.

5. *Verabrede die nächsten Schritte.* Ein Telefongespräch ist Schall und Rauch. Wenn du Pech hast, vergisst dein Gegenüber alles Besprochene sofort wieder. Deshalb solltest du am Ende des Gesprächs die nun folgenden Schritte mit ihm verabreden. So erzeugst du ebenfalls eine größere Verbindlichkeit. Besprich, wann ihr wieder telefonieren werdet und was bis dahin von wem erledigt werden soll. Und: Notiere dir das gleichzeitig, denn auch du kannst dir nicht alles merken.

Und das war noch nicht alles. Hier geht es gleich weiter …

Kostenlos telefonieren ... so geht es!

Wenn man begrenzt (privat 15 min/zu einer Firma 60 min) kostenlos telefonieren will, ist das ganz einfach. Ihr geht einfach z.B. auf www.goyellow.de, gebt die gesuchte Telefonnummer oder Adresse ein. Drückt den Button »kostenlos telefonieren« und folgt den Anweisungen. Ist alles ganz einfach. Ihr könnt dann noch wählen, ob ihr sofort oder ein paar Minuten später die Verbindung haben wollt, und los geht es. Kann beliebig oft wiederholt werden.

Das meint die Jury:

● Äh, telefoniert man dann normal übers Festnetz oder übers Internet? Das hab ich noch nicht so ganz verstanden.

● Tja – und dann – tonnenweise Werbung? Oder nette Anrufer, die einem was per Telefon verkaufen wollen? Nein, danke!

● Gaaanz Klasse! Noch ein Telefonbuch, aus dem sich diese Call-Center-Ich-mache-da eine-Umfrage-und-wären-Sie an-einem-Zwölfjahresabo-der-Zeitschrift-Wendy-interessiert-Schmeißfliegen Nummern suchen, um uns zu nerven. Nicht mit mir. 15 Minuten kosten mich 15 Cent. Das ist mir meine Ruhe schon wert.

● Warum muss eigentlich immer erst mal gemeckert werden, ohne zu wissen, um was es geht? Man kann darüber nur Personen anrufen, die sowieso im Telefonbuch stehen, und außer einer kurzen Ansage, dass man verbunden wird, passiert gar nix. Ich nutze es seit Wochen und freue mich über die gesunkenen Kosten.

● Ich finde das Angebot auch super! Zur näheren Information:
Aus der Zeitschrift Finanztest 3/06:
»Wer zum Beispiel mit einer Flatrate stets online ist und das etwas umständliche Prozedere nicht scheut, kann mit ›Click-to-Connect‹

seine Telefonrechnung ganz sicher senken. Für all jene, die sofort lostelefonieren wollen, wenn ihnen der Sinn danach steht, ist das Angebot nichts.«

● Das funktioniert wirklich sehr gut, hab es vorhin probiert und finde den Tipp richtig super.

● Cool, aber das klappt scheinbar nur mit welchen, die auch im Telefonbuch stehen. Mein Freund steht nicht drin … grummel.

● Das steht doch oben, du Dösel!

● Ich stehe im Telefonbuch. Wenn du möchtest, kann ich dein neuer Freund sein, dann klappt es auch mit dem kostenlosen Telefonieren :O)

● Funktioniert einfach prima! Die Sache hat KEINEN Haken! Ich rufe so jeden Tag einmal zu Hause an, und es kostet wirklich nichts. Echt super Tipp!

● Wer kostenlos telefonieren will, kann dies auch mit sparvoip.de tun. Registrieren, und zehn Euro einzahlen. Anschließend 120 Tage kostenlos ins Festnetz telefonieren. Außerdem können die zehn Euro ins Handynetz vertelefoniert werden.

● Bei www.peterzahlt.de kann man 30 Minuten kostenlos telefonieren, wenn man nen Rechner in der Nähe hat.

● Und macht das Ganze wahrscheinlich aus purer Nächstenliebe, nicht wahr?

● Diese Seiten finanzieren sich über Werbung. Während du telefonierst, läuft in einem Fenster Werbung ab, die du dir anschauen sollst. Das heißt, das Fenster darf nicht mit »x« geschlossen werden, der Rest ist egal. Ich finde es klasse!

Runter mit den Telefon-Internetkosten

Das kennt doch jeder: Kaum ist man zu Hause ausgezogen, merkt man erst, wie viel man vertelefoniert. Und dann noch die Internetkosten!

Hier der Tipp: Bewegen sich Telefon- und Internetkosten zusammen über 50 Euro im Monat, lohnt sich ein Komplettangebot. Aber: Die Telefonflat bezieht sich nur auf Telefonate über VOIP (Voice-over-IP/Internettelefonie), Festnetztelefonate kosten extra. Zusätzlich muss beachtet werden, dass bei manchen Anbietern zu dem Vertrag noch die ISDN-Kosten hinzukommen, nicht immer gibt es DSL ohne einen ISDN-Anschluss.

Bei weniger als 50 Euro lohnen sich Telefonate über Call-by-Call-Anbieter. Über www.teltarif.de kann man sich den günstigsten Anbieter suchen. Natürlich kann man das auch für Internet benutzen. Und hier bietet sich dann ein Programm an, um günstig zu surfen: Smartsurfer kostenlos bei www.web.de zu laden.

Das meint die Jury:

● Für alle, die die Telefon-Call-by-Call-Preise nicht extra im Internet nachsehen wollen, empfehle ich die Videotextseiten von ARD und ZDF.

● Unter www.geldsparen.de bekommen Call-by-Call-Füchse den Telefon-Spar-Rechner als Newsletter. Gibt es für Orts-, Fern- und Mobilfunk. Täglich beziehungsweise wenn sich Tarife, Preise, Taktung ändern. So telefoniert man etwa zur Zeit vom Festnetz zu Mobil für nur 10,5 Cent.

● Der Trend geht momentan auch in Richtung Internet per Kabel. Wer also sowieso schon einen Kabelanschluss für seinen TV hat

und kein Besitzer von DVBT ist, kann sich über diesen gleichzeitig noch einen Internetanschluss und einen Telefonanschluss
legen lassen (Anbieter »iesy« Kabelgebühren zuzüglich 35 Euro
monatlich).

● Dieser Tipp funktioniert aber nur, wenn man ausschließlich in
Deutschland telefoniert. Wenn man wie ich viele Auslandstelefona-
te (nicht Europa/USA) führt, braucht man den Telekom-Anschluss,
um die günstigen Vorwahlen nutzen zu können, die bei anderen
Anbietern zumeist gesperrt sind.

Da fällt mir eine Diskussion ein, die ich neulich mit Ingo hatte.
Es ging um das Ladegerät meines Handys. Das habe ich nämlich
immer in der Steckdose, und Ingo behauptet, dass es dort Strom
verbrauchen würde, selbst wenn ich mein Handy gerade nicht
auflade. Stimmt das denn?

Oh ja, da hat dein Göttergatte ausnahmsweise mal ganz
recht.

Ha! Endlich bekomme ich mal Unterstützung.

Strom sparen beim Handyaufladen?

Jeder zweite Deutsche hat ein Handy. Ladegerät in die Steckdose,
Handy dran und ab geht es. Aus Bequemlichkeitsgründen lässt man
das Ladegerät doch direkt an der Steckdose, da man es ja in ein paar
Tagen sowieso wieder braucht. Aber: Das Ladekabel, auch wenn
kein Handy dranklemmt, zieht permanent Strom. Zwar wenig, aber
auf die Dauer kann man sich ja ausrechnen, was da rausgeht. Kenne
Leute, die ihr Ladekabel 365 Tage an der Steckdose haben.

Das meint die Jury:

- Das mit dem permanenten Stromziehen gilt natürlich auch für alles andere, was Netzstecker und Akku hat – also etwa Laptops oder Dimmerstehlampen.
    Also: Entweder bei Nichtgebrauch ausstöpseln oder an eine Steckdosenleiste mit Schalter hängen.

- Guter Tipp! Ich verallgemeinere den Kommentar noch ein bisschen: Alles, was einen Trafo hat (die dicken Stecker, manchmal auch als Zwischenstück im Kabel oder im Gerät), verbraucht Strom, weil die Spannung runtergeregelt wird. Das merkt man am warmen Trafo. Also: Stecker raus!

- Off-Topic-Anekdote: Während ein Freund von mir mal mit Laptop auf der Veranda saß, fand sein Trafo einen eigenen Fan: eine Eidechse. Die fand das Gerät so schön warm, dass sie sich lang und breit drauf rumräkelte. Als die Arbeitssitzung beendet war, der Laptop – natürlich – ausgesteckt wurde und die Eidechse ihren Platz geräumt hatte, zeigte sich dann aber, dass Wärme bei Reptilien wohl auch die Verdauung in Gang setzt.

- Für TV-, DVD-Player und so weiter gibt es eine gute Lösung: Master-Slave-Steckerleisten. Gibt es ab und zu auch bei Discountern. Die haben eine Steckdose, deren Strom überwacht wird. Sinkt der unter ein einstellbares Level, werden die anderen Steckdosen abgeschaltet. So kann man einfach über die Fernbedienung alles ein- und ausschalten.

- Ich kenne Leute, die Leute kennen, die ihr Ladekabel schon 845 Tage in der Steckdose hatten. Krass, oder?

- Danke, hab gerade mein Ladekabel rausgezogen *g* :-)

● Das Gleiche gilt bei Halogenlampen, die ziehn auch immer Strom. Hab einfach ne Steckleiste genommen mit An-/Ausschalter. Super Sache.

● Bei Globetrotter gibt es eine Handkurbel für sechs Euro zum Aufladen des Handys. Für Enthusiasten. Oder eine Solarzelle zum Handyladen für Technikfreaks oder ein Radio mit Kurbel und Solarzellen, das kann beides. Aber ist teuer, immerhin fast 60 Teuronen.

● Das mit dem Ausstecken stimmt wirklich. Hab grundsätzlich nur das Gerät eingesteckt, das ich gerade benutze. Alles andere ist ausgesteckt. Besucher lachen mich zwar aus, wenn ich Radio, Licht oder TV immer erst einstecken muss. Wenn die Rechnung kommt, kann ich mit Stolz lächeln ;-).

Strom sparen mit dem Fernseher und der Anlage

An meinem Fernseher und meiner Anlage habe ich eine Steckerleiste mit einem Schalter angebracht und eine kleine Lichterkette, die in einem Glas mit schöner Deko abends für gemütliches Licht sorgt. Der Gedanke dahinter ist, dass ich, wenn ich schlafen gehe, anhand des Lichts sehe, ob die Steckerleiste schon ausgeschaltet ist. Dann ist weder die Anlage noch mein Fernseher auf Stand-by-Betrieb, ich spare eine Menge Strom, habe zudem noch ein gemütliches Licht und nicht die volle Beleuchtung an.

Das meint die Jury:

● Ob man das braucht, ist natürlich jedem selbst überlassen, aber für die Faulpelze unter uns, die sonst Fernseher und Anlage auf Dauer-Stand-by lassen würden, klingt das doch überlegenswert!

- Alle Geräte ziehen bei ›Schalter aus‹ Strom, eine Schalterleiste macht durchaus Sinn und spart.

- Die Lichterkette verbraucht aber auch Strom :).

- Die Idee ist prima und wird bei uns schon überall eingesetzt. Und wenn es eine LED-Lichterkette ist, gibt es nichts Besseres, um Energie zu sparen.

- Bleibt die Frage, wann sich die Investition (LED-Lichterkette + Schalterleiste) bei einem modernen Fernseher mit weniger als einem Watt Stand-by-Leistung lohnt.
  Und letztlich kann man auch ganz hart rechnen, wie viel einem die eigene Bequemlichkeit in kW/Tag wert ist. Aber das ist eine persönliche Vorliebe.

- Da viele ältere, aber auch neuere Geräte mehr als ein Watt im Stand-by verbrauchen und man ja meist mehrere Geräte (TV, Sat-Receiver, DVB-T Tuner, DVD-Player, Video- oder DVD-Recorder, Verstärker, CD-Player, Radio-Tuner) hat, kommen da sehr schnell zig Euro zusammen. Am besten mal mit einem Strommessgerät nachschauen, wie viel Stand-by-Strom die Anlage zieht.

- Der mittlere CO_2-Austoß für eine Kilowattstunde Stromproduktion im Kraftwerksmix ist 0,63 kg CO_2. Da sollte eigentlich niemand so bequem sein, das nicht einzusparen. 0,63 kg CO_2 pro kWh hört sich zwar wenig an, aber so kommen leicht einige hundert kWh im Jahr zusammen. Ich denke, jedes einzelne Kilogramm CO_2 zählt, weil die Summe aller Stromsparer riesig ist.

- Eine Kilowattstunde bedeutet immer noch 1000 Watt/Stunde. Dafür musst du viele Geräte im Stand-by halten. Und einige Hundert Kilowattstunden wirst selbst du kaum im Stand-by erreichen. Aber Hauptsache Panik machen.

● Bei uns geht danach leider die Uhr nicht mehr.

● Eine Studie des Fraunhofer ISI Instituts ermittelte einen Stromverbrauch in den Haushalten durch so genannte Leerlauf- und
Stand-by-Verluste in Höhe von etwa 240 kWh je Jahr und Person –
diese »Abfallmenge« beträgt zirka 16 Prozent des Gesamtstromver-
brauchs im Haushalt.
  Sprich: Wem's nicht um die Umwelt geht, dem könnte es wirklich
um den eigenen Geldbeutel gehen.

● Abgesehen davon, dass es hier nur um Fernseher und Anlage bei
dem Tipp ging, mal ein kleines Rechenbeispiel: Als Durchschnitts-
preis nehme ich mal 0,1433 Euro pro kWh. Multipliziert mit
100 kWh (obwohl die Geräte ja nicht das ganze Jahr im Stand-by
laufen) ergibt das einen Preis von 14,33 Euro im Jahr extra nur
für Stand-by! Bestell dir also nicht direkt ein neues Auto, wenn du
deine Geräte nicht mehr im Stand-by hältst.

● Eigentlich sollten alle Hersteller den genauen Jahres-Stand-by-
Verbrauch auf die Packung schreiben. So würde auch dem igno-
rantesten Käufer auffallen, dass ein bestimmtes Gerät zum Beispiel
15 Euro pro Jahr kostet.

Na, das nenne ich jetzt mal eine erschöpfende Diskussion!

Noch Fragen zum Thema Technik und Kommunikation?

Nä!

Ähh, doch. Auch auf die Gefahr hin, dass ich mich jetzt als totaler
Dummie oute – könnt ihr mir mal sagen, wie ich einfach, schnell
und billig eine eigene Homepage basteln kann? Alle meine Kumpels
haben inzwischen ihre Domain, sogar mit coolen Mailadressen. Aber
ich habe mich da bisher einfach noch nicht rangetraut.

Ingo, das finden wir jetzt aber richtig gut, dass du als Mann auch zu deinen technischen Schwächen stehen kannst! Klar, da kann dir Bernhard aus berufenem Mund eine kleine, aber feine Einführung geben.

Was kostet meine eigene Homepage?

Deine Lieblingskneipe um die Ecke veröffentlicht ihre Öffnungszeiten nur noch im Internet. Und dein Nachbar langweilt den ahnungslosen Surfer in seinem Internettagebuch (»Weblog«) mit der weltbewegenden Nachricht, dass er diese Woche schon dreimal mit seinem Hund Gassi gegangen ist. Jetzt wird es Zeit für eine eigene Website – damit die Welt erfährt, dass Nachbars Lumpi exakt in deinen Garten schei*t. Nur, was kostet so eine eigene Homepage? Wie viel Aufwand bedeutet es? Und benötigt man dafür Programmierkenntnisse? (Offensichtlich kann es dein Nachbar, der ansonsten nicht den Eindruck macht, als wäre er eine Leuchte.)

Das sind leider sehr allgemeine Fragen, die sich meist nicht so einfach beantworten lassen. Zunächst kommt es ganz darauf an, was du alles auf deiner Homepage machen willst. Danach, ob du dich mit den ganzen Internettechnologien etwas auskennst. Zu guter Letzt, wie viel Zeit und, vor allem, wie viel Geld du in deine Internetpräsenz investieren willst! Im Folgenden wollen wir die ersten Schritte und Investitionen beschreiben, die nötig sind, um eine erste Homepage ins Netz zu stellen. Für Profis mag das vielleicht nicht so interessant sein, aber Anfängern sollte es den Einstieg erleichtern.

Zuerst benötigst du zwei Dinge: eine Internetadresse (das sind die Dinger, die mit »www« anfangen) und Speicherplatz auf einem so genannten Server, wo du deine Homepage abspeichern kannst. Bei den meisten Anbietern bekommt man die beiden Dinge gleich gemeinsam. Und damit kann es eigentlich auch schon losgehen mit der eigenen Homepage. Gibt man deine Internetadresse in einem Webbrowser ein, erscheint das, was du auf dem Server, der deinen Speicherplatz beherbergt, abgelegt hast.

Die Internetadresse und der Speicherplatz auf dem Server sind auch die beiden Punkte, die meistens Geld kosten. Für eine einfache private Website reicht hier bereits das kleinste »Paket« aus. Die großen Anbieter in Deutschland wie zum Beispiel www.1und1.de oder www.strato.de bieten Einsteigerangebote an, die den Geldbeutel monatlich gerade mal mit ein bis fünf Euro belasten. Domain, Speicherplatz, E-Mail-Adressen und noch ein paar andere Dinge inklusive. Das ist schon ziemlich günstig, weshalb man kostenlose Angebote ruhig links liegen lassen sollte. Denn dort wird meist automatisch fremde Werbung auf der eigenen Homepage angezeigt. Und wer will schon ständig für Viagra und Penisverlängerung werben? Die Einsteigerpakete enthalten meist auch schon eine Art »Homepagebaukasten«. Mit dem kann man sich ohne Programmierkenntnisse eine erste Homepage zusammenklicken.

Für viele Menschen interessant ist aber heutzutage ein »Weblog« (oder »Blog«). Ein Weblog ist eine Art Online-Tagebuch, in dem der »Blogger« oder »Blogianer« (meist täglich) Einträge veröffentlicht. Oftmals können Besucher ihren eigenen Senf zu den Einträgen des Bloggers dazugeben. Im besten Fall entspannt sich eine lebhafte Diskussion über Gott und die Welt. Dabei sind der Themenvielfalt keine Grenzen gesetzt: Es gibt private Blogs, in denen Menschen über ihren Alltag schreiben, thematische Blogs und kommerzielle Blogs. Die meisten der oben genannten Einsteigerpakete enthalten bereits eine einfach zu bedienende Weblog-Software. Viele Anbieter haben sich inzwischen sogar auf Weblogs spezialisiert. Dort kann man sich (oft kostenlos) einen eigenen Weblog zulegen, ohne dass man extra eine eigene Homepage einrichten muss. Wer gerne in die »Blogosphäre« eintauchen und einen Weblog ins Leben rufen will, kann sich auf folgender Website informieren: www.meine-erste-homepage.com/weblog.php. Dort gibt es verschiedene Anbieter von Weblogs, und du kannst dir einen passenden aussuchen.

Wenn diese Hürden auf dem Weg zur eigenen Homepage und zum eigenen Blog überwunden sind, gibt es eigentlich keine Grenzen mehr. Du findest im Netz jede Menge Internetseiten, um dich in Sachen eigener Homepage fortzubilden. So mancher blutige Anfänger ist heute Webdesigner oder Programmierer! Je nach Interessenlage und Zeit lernt man immer mehr. In welche Richtungen das Ganze gehen kann, können und wollen wir hier nicht vertiefen. Aber eine wirklich wertvolle Website für alle »Homepage-Anfänger« ist www.meine-erste-homepage.com. Dort findest du wirklich alles, was du am Anfang benötigst: Links zu den richtigen Anbietern, Grundlagenwissen, hilfreiche Software und Links zu weiteren vielen Quellen, die dabei weiterhelfen, dein Wissen zu vertiefen und deine Homepage zu verbessern.

Jetzt will ich euch auch mal einen coolen Tipp verraten. Kennt ihr den …? Stammt noch aus der guten alten Zeit der Gelben Post (die mit den Briefmarken ;-)).

Briefmarken sparen

Bei vielen Gewinnspielen gibt es Antwortkarten (du füllst die Postkarte aus, auf der rechten Seite steht der Empfängername, und oben drüber steht »Antwort«). Sobald »Antwort« auf der Karte steht, braucht man sie nicht mit einer Briefmarke zu bekleben. Selbst wenn dort »bitte freimachen« aufgedruckt ist. Der Empfänger möchte ja in diesem Fall eine Antwort haben (etwa eine Bestellkarte bei Otto).

Das meint die Jury:

● Stimmt, ich streiche diesen Kommentar immer durch und weise mit einem Pfeil auf das Wörtchen »Antwort« hin. Kommt ohne Probleme an und ist rechtlich »voll in Ordnung«!

● Nur zum Portosparen ist mir der Tipp zu schade. Zieht man das aber konsequent ein Jahr lang durch, kann man den Briefkastenspammern gut den einen oder anderen Euro Verlust bescheren. Weitersagen!

● Der Tipp meint nicht, dass ihr so eure Werbung loswerden könnt, sondern dass ihr es nicht freimachen müsst, wenn ihr *wirklich* mal was zurückschicken wollt (Bestellschein, Gewinnspiel).

● Das gilt auch für Umschläge. Überall, wo Antwort draufsteht, braucht man keine Briefmarke. Ich mache das schon seit Jahren.

● Ich mache das so ähnlich bei Mahnungen: Zahle zwar die Gebühr, aber lasse dann die Mahngebühren weg, die werden meist nicht wieder neu verlangt (bin halt sparsam).

● Solange man bei der Überweisung schreibt, dass das Geld exklusiv Mahnkosten sind, geht das. Sonst nehmen sie die Mahnkosten und dann erst die offene Summe. Und wenn das überwiesene Geld weniger ist als ihre Forderung, klagen sie wieder.

● Guter Tipp. Die Frage ist nun, wenn ich auf eine Urlaubskarte ANTWORT draufschreibe, muss dann meine Oma das Porto bezahlen?

Nicht schlecht, Ingo! So langsam wirst du zum professionellen Sparer!

Ha, ich habe da auch was auf Lager! Zugegebenermaßen geht es weniger ums Sparen, aber ich finde das trotzdem gut.

Briefumschlag selbst gebastelt – billig und kreativ

Jeder hat doch eine Lieblingszeitschrift, die man sich jede Woche kauft, und da sind mehrere Seiten voller Werbung.

Die reiße ich immer raus. Ich nehme einen Briefumschlag, den ich vorsichtig öffne und den ich dann auf die Werbeseite aufzeichne. Dann schneide ich aus, falze zu einer Hülle, klebe ihn zusammen und schon habe ich einen Briefumschlag, der nicht viel kostet.

Das meint die Jury:

● Mach ich seit Jahren auch, mit alten Kalenderblättern!

● Gute Idee, sieht auch sehr schön aus – gerade wenn man Werbung mit Sonnenuntergängen nimmt.

● Wer sich selbst aus Kostengründen Briefumschläge bastelt, der benutzt auch das Klopapier von beiden Seiten. Leute, Leute.

● … und nimmt die Klobürste auch als Spülbürste und Zahnbürste. *g*

● Und der Brief geht dann natürlich an jemanden, an dessen Briefkasten steht »Bitte keine Werbung einwerfen«. Und ihr wundert euch, warum euch niemand antwortet! Aber die Idee mit den Kalenderblättern ist nicht schlecht.

● Man kann es ja wohl übertreiben mit dem Sparen. In jedem Discounter gibt es Umschläge immer wieder mal sehr günstig. Kaufe dann einen Hunderterpack, der reicht Jahre. Was hast du denn gespart, du brauchst doch auch Kleber dazu?

● Ich glaube, da geht es weniger ums Sparen als um die Idee. Farbige Briefumschläge kosten viel Geld und sind eben nur einfarbig. Noch dazu meist in einer Farbe, die so eben an der vorbei ist, die man gerne hätte. Warum nicht einen schönen Umschlag selbermachen? Der ist auf jeden Fall billiger als gekaufte bunte Umschläge, sieht nett aus und beschäftigt einen auch noch ne gewisse Zeit.

● Ich hab selber schon mal so einen schönen Briefumschlag bekommen. Hat mich gefreut. Einen Brief in einen Umschlag stecken kann jeder, aber was Nettes zaubern … das hat was.

● Ich benutze solche bunten Werbeseiten auch als Geschenkpapier. Macht sich gar nicht schlecht. Dabei geht es aber wirklich weniger ums Sparen als um die Idee.

● Na super! Welche Maschine bei der Post soll das Buchstabengewirr eines selbst gefalteten Briefumschlages lesen können? Mag ja für »interne« Zustellungen oder »Geschenke« nett aussehen, ist aber keinesfalls zum Versenden irgendwelcher Poststücke oder Briefsendungen geeignet.
Das sollte wohl vermerkt werden beim Tippgeben! Eine schlaue Mutti würde das zumindest dazu sagen!

● Wer im Schnitt von zehn Paketen drei kaputt ankommen lässt, darf sich auch mal mühen, einen Brief zuzustellen. Er kommt auf jeden Fall an, da die Post verpflichtet ist, zuzustellen, wenn die Briefmaße eingehalten werden und er ausreichend frankiert ist. Kannst auch ne Adresse auf ein Blatt schreiben, Briefmarke drauf und in den Kasten werfen. Briefe, die die Maschine nicht erkennt, werden per Hand bearbeitet. Das sind übrigens fast alle, auf denen handschriftliche Adressen stehen. Was macht es da bitte, wenn der Umschlag gemustert ist?

● Das ist ne tolle Idee, gerade wenn man jemandem eine Geburtstagskarte schickt.

● Ihr könnt das gerne machen, nur müsst ihr dran denken, dass ihr nicht 55 Cent draufpappt auf euren Brief, sondern 90 Cent. Briefe für 55 Cent müssen bei der Post maschinenfähig sein. Ab 90 Cent dürft ihr buntes Papier benutzen. Wenn ihr nur 55 Cent draufklebt, darf euch die Post den Brief zurückgeben oder beim Empfänger Strafporto verlangen.

Da Briefe nur stichprobenweise geprüft werden, wird der eine oder andere durchrutschen, aber bitte nicht wundern oder meckern, wenn ihr Zusatzkosten habt. Ansonsten viel Spaß mit den bunten Briefen. Wenn er richtig frankiert ist, hab ich auch als Postlerin nichts dagegen einzuwenden.

● Dass so ein netter, kreativer Tipp so viel Wirbel macht, spricht doch schon Bände! Klar kann man seine Kuverts beim Discounter billig besorgen und Briefe auch mit dem Computer schreiben. Selbst wenn man zu blöd für einen netten Spruch ist, hilft das Internet mit vorgekauten Schwafel-SMS – aber wer will denn schon jeden Tag Hausmannskost! Also, guter Rat an alle – seid doch etwas toleranter! (Ich habe meinen ersten Liebesbrief auf eine Serviette geschrieben – die zugefaltet, auf der Vorderseite adressiert und eine Marke draufgeklebt. Der Brief ist aus der Türkei hier pünktlich angekommen, und unsere Beziehung hat zehn wundervolle Jahre gehalten.)

● Andere Variante: Gummibärchentüte auswischen, Brief rein, umschlagen, zutackern, Adresslabel drauf, ab die Post!

Wie wild weiterklicken ...

... billiger-telefonieren.de
... meine-erste-homepage.com
... frank-geht-ran.de
... peterzahlt.de

Sparen @ Körperpflege

Ingo: »Stell dich mal hinter dem Dicken da an« – zuerst fühlte ich mich gar nicht angesprochen, doch als der Dreikäsehoch beim Popcornstand zielstrebig das Ende meiner Schlange suchte, kam ich ins Grübeln. Auch mein böser Blick in Richtung weiblichem Begleitpersonal konnte meine Zweifel nicht besänftigen. Die Popcorns schmeckten dann auch nicht mehr wie sonst, und immer wieder fiel mein Blick während des Hauptfilms auf die fröhliche kleine Kugel unter mir. Keine Ausrede mehr: Ich bin zu dick. Dieses ganze Rumsitzen am Computer, im Auto, vor der Glotze, das ist nicht eben der richtige Workout für den Traumbody. Gestern morgen dann der Supergau. Beim Zuknöpfen meiner Lieblingsjeans springt mir der Knopf am Hosenbund weg. Und als ich das Designer-Jackett von meinem Hochzeitsanzug anziehen will, geht gar nichts mehr. »Wird auch mit der Zeit immer enger«, habe ich noch geschnaubt, als ich wie eine Pellwurst vor dem Spiegel stand. Aber Kathrin hat nur mitleidig geguckt. Und schließlich bin ich abends in der Sauna auf die Waage gestiegen: mit persönlicher Bestleistung, denn da habe ich tatsächlich zum ersten Mal die 90-Kilo-Marke geknackt. Und das nach drei Saunagängen. Ganz schön düster, oder?

Muttis: Ja, Ingo, aber du bist nicht allein: Zwei von drei deutschen Männern sind übergewichtig. Zu diesem Ergebnis kommt die zweite »Nationale Verzehrsstudie« 2005/2006. Seit der ersten Studie dieser Art in den 1980er-Jahren haben vor allem Jugendliche und erwachsene Männer deutlich an Gewicht zugelegt.

Ingo: Das heißt aber nicht, dass meine Pfunde in der Masse nicht auffallen, denn die Frau hatte mit »dem Dicken da« eindeutig mich gemeint.

So war es auch nicht gemeint. Im Gegenteil: Auch wir wissen, wovon wir reden ;-). Also haben wir euch eine kleine Übersicht mit den sechs besten Kalorien-Spar-Tipps erstellt, die euch helfen soll, effektiv Gewicht zu sparen.

Kalorien sparen!

1. Wasser statt Fruchtsäfte
Was bringt's?
Ein Liter O-Saft hat etwa *500 Kalorien*. Das ist sogar deutlich mehr als Cola oder Fanta. Bei einem durchschnittlichen Verbrauch von 2000 Kalorien am Tag habt ihr also bereits ein Viertel gedeckt, wenn ihr einen Liter Saft trinkt. Zudem belegen Studien, dass der Körper die mit Getränken eingenommenen Kalorien zwar aufnimmt, aber nicht richtig wahrnimmt, sodass am Ende deutlich mehr Hungergefühl bleibt.

2. Alkohol vermeiden
Was bringt's?
Zwei kleine Bierchen am Abend haben etwa *300 Kalorien*. Ein Viertele Rotwein etwa 200 Kalorien. Zusätzlich regt Alkohol den Appetit an. Wer hier die Bremse zieht und ganz verzichtet, hat gut ein Fünftel seines Tagesbedarfs »eingespart«.

3. Langsam essen
Was bringt's
Wer langsam isst, nimmt laut Studien etwa 70 Kalorien weniger pro Mahlzeit auf. Das macht bei drei bis vier Mahlzeiten am Tag bereits *rund 250 Kalorien* Ersparnis. Außerdem wird von Testpersonen das gemächliche Futtern als deutlich lust- und genussvoller bewertet. In diesem Zusammenhang gilt auch: Stehimbisse meiden, denn die verführen besonders

zum Schnellessen. Aber: Natürlich kann man auch in einem Fastfood-Restaurant sehr langsam und bewusst einen leckeren Burger verspeisen!

4. Ausschlafen
Was bringt's?
Die eingesparte Kalorienzahl ist hier nicht zu beziffern. Aber nach umfangreichen Studien scheint es trotzdem erwiesen zu sein, dass ausreichend Schlaf vor Übergewicht schützt. Man spricht von 15 Prozent mehr Wahrscheinlichkeit, zu dick zu werden, wenn man Kurzschläfer ist. Wissenschaftler erklären sich den Vorgang damit, dass der Körper bei Schlafmangel mit der Reduzierung des Grundumsatzes reagiert. Warum auch immer er das tut – jedenfalls ist das natürlich fatal für alle, die abnehmen möchten. Also, immer schön ausschlafen!

5. Das Beste zuerst essen
Was bringt's?
Sich selbst zu kasteien bringt auch beim Abnehmen nichts. Man sollte sich also immer wieder das gönnen, worauf man Lust hat. Ja, es ist sogar angesagt, das Beste zuerst zu essen. Denn wer beim Mahl die guten Speisen für später aufhebt, der ist unter Umständen dann schon fast satt – und isst mehr als nötig.

6. Sport treiben
Kein Sport bringt mehr für Ausdauer und Fettabbau als das Joggen. Egal, ob Kalorienverbrauch oder Konditionstraining – als Läufer bewegt man sich stets an vorderster Spitze des Felds. Aber auch sonst frisst Bewegung Kalorien, und zwar in 30 Minuten (berechnet auf eine Person mit 65 Kilogramm Gewicht) bei

Aerobic	207
Gerätetraining im Fitness-Studio	360
Fußball	260
Gartenarbeit	164
Joggen	406
Küssen	100
Radfahren	330
Schwimmen	250
Sex	160
Ski fahren	186
Tanzen	140
Walking	215

Ihr habt das Bügeln vergessen: 65 Kalorien, und Ingo ist nie in einer halben Stunde fertig. Außerdem müsste er vor allem Folgendes beherzigen: Süßigkeiten nur noch in Maßen futtern!

Da fällt uns eine schöne Geschichte ein:

Süßigkeiten in Massen

Für ein Jugendzeltlager, bei dem ich als Betreuer dabei sein sollte, haben wir wie immer vorher einen Handzettel an die Eltern der Kinder verteilt. Darauf stand auch, dass sie ihren Sprösslingen nicht zu viele Bonbons, Riegel und Schokolade mitgeben sollten. Das ist ja schließlich ungesund! Wir hatten wörtlich geschrieben: »Süßigkeiten in Maßen.«

Als wir dann am ersten Abend vor Ort waren, hatte ein Junge jede Menge Süßkram dabei. Er war natürlich der Held bei seinen Kumpels. Das war nicht weiter schlimm, aber natürlich wollten wir wissen, warum die Eltern des Kleinen unsere Bitte so komplett missachtet hatten. Schließlich stellte sich heraus, dass die Mutter Amerikanerin war, zwar sehr gut Deutsch konnte, aber das scharfe S mit dem Doppel-S verwechselt hatte. »Süßigkeiten in Massen« hatte sie gelesen und als Aufforderung verstanden, ihren Filius ordentlich einzudecken.

Tatsächlich war es uns auch nicht klar gewesen, wie nahe »in Maßen« und »in Massen« beieinanderlagen. Inzwischen schreiben wir: »Möglichst wenig Süßigkeiten.« Das hat noch niemand missverstanden.

Jaja, so kann es laufen … und natürlich gibt es da noch jede Menge weitere gute Tipps!

Schlank-Keks schmilzt Pfunde

Es ist ganz einfach: Ihr esst morgens in aller Ruhe einen Keks und bleibt danach lange satt. Ihr spart dadurch Butter, Brotaufstrich, das »Rumgefresse« zwischendurch und baut stattdessen Fett ab!

Habe es selbst ausprobiert und bin begeistert! Wichtig: viel trinken!

Damit sich der Aufwand lohnt, backt gleich eine größere Menge. Die Kekse halten in einer gut verschlossenen Dose bis zu 20 Tage.

Hier die Rezepte:

Rosinenkekse

Zutaten für 18 Stück

60 g Rosinen
1 Vanilleschote
150 g brauner Zucker
100 g Zuckerrübensirup
3 EL Rapsöl
280 g Pflaumenmus
2 Eiweiß (Größe M)
2 Eier (Größe M)
225 g kernige Haferflocken
150 g Haferkleie
240 g Weizenvollkornmehl
2 TL Backpulver

Rosinen etwa 20 Minuten in Wasser einweichen. Vanilleschote längs aufschneiden, Mark herausschaben.

Alle Zutaten (bis auf die Rosinen) in einer Rührschüssel verrühren. Die Rosinen trockentupfen und unterrühren.

(pro Stück ca. 240 kcal/1000 kj, E 6 g, F 4 g, KH 44 g)

Schokoladenkekse

Zutaten für 18 Stück

1 Vanilleschote
60 g Zartbitterschokolade
150 g brauner Zucker
100 g Zuckerrübensirup
3 EL Rapsöl
280 g Pflaumenmus
2 Eiweiß (Größe M)
2 Eier (Größe M)
225 g kernige Haferflocken
150 g Haferkleie
240 g Weizenvollkornmehl
2 TL Backpulver

Vanilleschote ausschaben, Schokolade klein hacken. Dann alle Zutaten miteinander vermengen.

(pro Stück ca. 250 kcal/1050 kj, E 6 g, F 5 g, KH 44 g)

Für jeden Keks einen gehäuften EL Teig auf ein mit Backpapier ausgelegtes Backblech geben und flach drücken (auf ein Backblech passen sechs Kekse).

Im vorgeheizten Backofen (E-Herd: 175 Grad/Umluft: 150 Grad/Gas Stufe 2) auf zweiter Schiene von oben etwa 20 Minuten backen.

Auch wenn das alles sehr massig klingt, müsst ihr bedenken, dass ein Keks das Frühstück ersetzt und sehr lange satt macht! Die Kekse haben ein Gewicht von etwa 100 g, sind handtellergroß und 1 cm hoch.

Das meint die Jury:

● Mir ist nicht klar, warum man diese Kekse essen sollte, wenn man stattdessen ein belegtes Brot mit magerer Wurst und einen

Apfel essen könnte, was in etwa gleich viel Kalorien hätte, aber wesentlich gesünder wäre. Zudem frage ich mich, wie lange das jemand durchhält, jeden Tag diese Kekse zum Frühstück zu essen.

● Ich halte es schon seit 14 Tagen aus. Diese Kekse sind so vollgepackt mit Ballaststoffen, dass man nach einem Keks satt ist, und zwar für eine ganze Weile. So einen Effekt habe ich bei einem belegten Brot nicht.

● Ein Keks als Frühstück? *totlach* Wenn ihr tagsüber arbeiten (auch und vor allem geistig) müsst, solltet ihr schon etwas mehr zu euch nehmen!

● Funktioniert aber auch nur, solange man das isst. Nach der Keksdiät wieder normal gefuttert und die Pfunde sind doppelt drauf.

● Mit dieser Methode und ein wenig Disziplin in anderthalb Wochen zwei Kilo weniger :-).

● Ich gehöre auch zu den Skeptikern und steh dazu, denn 1. genügen Sport und eine ausgewogene Ernährung ohne ständiges Dazwischengefutter und 2. sind das alles Zutaten, die erst nach längerer Zeit vom Körper abgebaut werden und Energie geben. Also für Studenten, die einen Keks vor der Klausur mampfen, völlig ungeeignet.

● Das wäre ja toll, wenn das klappt. Ich probiere es mal aus, aber isst man den ganzen Tag nur EINEN Keks? Oder schon noch was anderes? Hoffentlich!

● Nein, zum Frühstück EINEN Keks. Danach gibt es schon noch Mittag- und Abendessen.

● Die Kekse schmecken gut, ich hab sie heute gebacken.

● Eine Freundin von mir isst diese Kekse, und sie ist mittlerweile so »abhängig« von den Dingern, dass sie schon zu viel abgenommen hat. Zudem wirken die Kekse bei einigen auch extrem abführend.

● Heißt es nicht, man soll morgens wie ein König und abends wie ein Bettelmann essen? Wäre doch dann sinniger, den Keks zum Abendbrot und danach nix mehr zu essen … oder?

● Na, dann iss doch einfach ZWEI Kekse!

Kalorienbewusst genießen – gefrorene Früchte statt Speiseeis

Ihr wollt im Sommer nicht auf Eis verzichten, könnt aber die Kalorien nicht gebrauchen? Ich kaufe mir gefrorene ungesüßte Früchte (Himbeeren, Erdbeeren, Tropenfrucht-Mischung), gebe die Menge, die ich essen möchte, in eine Schüssel oder einen tiefen Teller und lass die Früchte kurz antauen. Dann streu ich Tafelsüße darüber (Grundstoff Aspartam) oder flüssigen Süßstoff.

Nicht dasselbe wie ein Eis, aber ein leckerer und gesunder Ersatz. Natürlich kann man sich auch frische Früchte klein schneiden und einfrieren. Nur leider kleben sie meistens aneinander, da sie nicht schockgefrostet werden.

Achtung, für die, die es nicht wissen sollten, übermäßiger Verzehr von Süßstoffen kann abführend wirken ;-).

Das meint die Jury:

● Ganz netter Tipp, aber Vorsicht mit dem Süßstoff. Der Körper »denkt«, er würde etwas Süßes bekommen und reagiert darauf. Da er aber keinen Zucker zur Verarbeitung erhält, wächst das Verlangen nach Süßem und kann dazu führen, dass man es früher oder später mit Schokolade und anderen Süßigkeiten stillt.

● Ich friere im Sommer gerne Weintrauben ein. Die schmecken als »Bonbons« sehr lecker, ganz ohne Süßstoff oder Zucker!

● Na ja, kalte Früchte mit Süßstoff sind nicht der Hit. Aber mit Milch und Joghurt gemixt kann man es schon als Eis-Ersatz nehmen!

● Am allerbesten schmecken kleine kernlose grüne Trauben. Die sind auch ohne Süßstoff süß genug und damit noch kalorienärmer. Einfach in den Gefrierschrank in einer Tüte einfrieren – vorher waschen natürlich – und man kann in den nächsten Wochen ohne schlechtes Gewissen auch mal zwei Handvoll schnabulieren. Superlecker für den Sommer!

● Ich mixe eine Banane mit einem Viertelliter Buttermilch, geb es in die Eismaschine – und fertig ist ein kalorienarmes Fruchteis.

● Wo kaufst du Bananen mit *wenig* Kalorien?

● Wird total lecker, wenn man die gefrorenen Früchte mit Joghurt, Buttermilch, Magerquark oder Magermilch mit dem Stabmixer mixt.

● Ich gefriere fettarmen Früchtejoghurt in so Eis-am-Stiel-Förmchen (etwa von Tupper) ein, schmeckt auch lecker.

● Verglichen mit den Mengen an Fett und Zucker, die in einem normalen fertigen Eis so herumschwimmen, würde ich den Kaloriengehalt einer Banane durchaus als gering bezeichnen :-).

● Die Früchte sind bestimmt gesund (wenn sie nicht irgendwelche Chemikalien enthalten), aber Aspartam oder Süßstoff? Bist du noch zu retten? Das nimmt doch heute kein gesundheitsbewusster Mensch mehr zu sich!
Mein Tipp: Biofrüchte (gefroren) oder selbst eingefrorener Fruchtsaft mit etwas (fettarmem) Joghurt, Banane und Honig oder Sirup

in den Mixer, schön aufschlagen, und du hast ein superleckeres, cremiges, gesundes, kaltes Essvergnügen in der Schale. Man kann noch Nüsse zugeben (oder Sahne). Oder eben nur Fruchtsäfte in solchen Formen zum Lutschen einfrieren. Die sind oft schon von allein süß genug.

● Sahne?

● Mit Soja- oder Hafer-Sahne kann man ganz gute Ergebnisse erzielen, und das bei einem Viertel der Kalorien, und viel weniger Fett.

● Anders als viele glauben, helfen Süßstoffe nicht beim Abnehmen. Im Gegenteil: Der Süßstoff sorgt dafür, dass besonders viel Insulin ausgeschüttet wird. Und dieses Hormon gibt an den Körper den Befehl: Fett auf den Hüften bunkern! Süßstoffe haben sich deshalb schon seit Jahrzehnten als Hilfsmittel in der Tiermast bewährt. Außerdem sind die sonstigen gesundheitlichen Langzeitwirkungen der meisten Süßstoffe noch völlig unbekannt.

● Das Einfachste ist doch 'ne leckere gekühlte frische Melone! Kurz in den Kühlschrank, anschneiden, und da kann man dann ohne schlechtes Gewissen reinhauen. Ach, und früher bei meiner Oma gab es immer gefrorenes Beerenpüree – ohne Zucker, Sahne oder sonst irgendwas. Man nimmt reife Früchte, vor allem Himbeeren und Erdbeeren sind gut geeignet, püriert sie, friert sie ein und hat was leckeres Süßes zum Naschen – ganz ohne Zucker!

Tee gegen Schokohunger

Ich mache zur Zeit wieder mal eine Diät und habe mir jetzt Jogi-Tee mit Schokogeschmack gekauft. Schmeckt super nach Schokolade und hat null Kalorien, weil es ja Tee ist und kein Kakao!

Das meint die Jury:

- Hä, wie heißt der Tee bitte genau und wo gibt es den?

- Oh ja, der schmeckt phantastisch, superlecker, genial. Nur leider hilft das auch nicht gegen Schokohunger, wenn man ein Schokoholiker wie ich ist.

- Den Tee hab ich im Bioladen oder im Reformhaus gekauft. Den gibt es auch in vielen anderen leckeren Sorten.

- Hatte bisher nur Jogi-Tee klassisch, schmeckt mir immer sehr gut – mit Schokogeschmack hab ich noch nicht probiert. Woher kommt der Geschmack, da ist doch eigentlich nur Natürliches drin, also ohne Aromastoffe? Würde mich interessieren, ob auf der Packung was dazu steht.

- Ich habe den Jogi-Tee bei uns im Teeladen gekauft, es gab etwa acht Sorten in Beuteln oder auch frisch, das heißt 100 g für 4,50 Euro. Da man nur einen Teelöffel für einen Liter Wasser braucht, also nicht so sehr teuer und echt gut.

- Der Schokogeschmack kommt von den Kakaobohnen, die da drin sind. Aroma ist nicht dabei.

- Hallo, ich habe hier auch noch einen Tee, der super zum Thema passt: der »Glückstee«! Das ist ein Roibuschtee mit Vanille und viel Kakaoschalen. Schmeckt ziemlich herb nach Schoko (wenn man ihn ungesüßt trinkt) und stillt bestens den Schokohunger! Bei Jogi-Tea kann ich den »Black Chai« empfehlen: superleckerer Tee, mit nem Schuss Milch genossen …

- … und einem Stück Schwarzwälder Kirschtorte, lecker!

Cola-Light-Hähnchen

Ein Rezept, das sich absolut abartig anhört, aber total lecker schmeckt, ist ein Hit in den USA! Cola-Light-Hähnchen für vier Portionen.

Zutaten:
480 g Puten- oder Hähnchenfleisch (4 Scheiben)
240 ml Ketchup
330 ml Cola Light

Zubereitung: Cola mit Ketchup verrühren, in einen Topf geben, Fleisch einlegen. In zugedecktem Topf aufkochen lassen – auf kleiner Stufe 45 Minuten köcheln lassen –, dann Deckel abnehmen und weiterköcheln lassen, bis die Sauce andickt. Feddisch.
Tipp: Es ist egal, was man für Ketchup nimmt – ich nehme gerne Gewürzketchup, hab es aber auch schon mit Steaksoße und Chilisoße (super Resteverwertung *gg*) probiert.

Wer mag, kann auch noch Paprikastücke und Zwiebeln hinzugeben. Es ist auch sehr lecker, das Fleisch zu schnetzeln. Dazu passt am besten Reis, aber Kartoffeln und Nudeln kann man auch dazu machen.

Das meint die Jury:

● Okay, das hört sich wirklich abartig an. ;-)

● Na ja, vielleicht traut sich ja jemand ran an das Rezept und postet dann das Ergebnis. Ich bin allerdings nicht so mutig.

● Boar, das schmeckt doch babbesüß, oder? Und dazu das Fleisch? Also ich traue mich auch nicht ran. Vielleicht kannst du noch mal versuchen zu beschreiben, wie das Ganze dann schmeckt.

● Wieso Cola light? Um Zucker zu sparen? Dass Ketchup fast bloß aus Zucker besteht, ist doch hoffentlich bekannt, oder?

● Ich hab so ein Colaketchuphähnchenragoutzeug mal auf einer Party gegessen – war nicht übel.

● Keine schlechte Idee, wenn man mal keine Lust hat, stundenlang zu schnipseln und vorzubereiten. Warum sollte es nicht schmecken? Einen Versuch ist es wohl mal wert.

● Ich konnte auch nicht glauben, dass es schmecken kann, habe das Rezept aber gerade ausprobiert! Ist super! Habe noch eine Dose Mais dazugegeben und gewürzt.

● Habe das gestern ausprobiert. Schmeckt insgesamt viel zu sehr nach Ketchup. Und Ketchup mit Reis ist doch etwas langweilig. Der Effekt soll wohl süß-sauer sein (so hatte ich mir das jedenfalls vorgestellt). Eine süß-saure Fertigsoße schmeckt jedenfalls deutlich besser. Sorry. Ich kann's echt nicht weiterempfehlen.

● Ich war so mutig und habe es ausprobiert! Allerdings habe ich normale Cola genommen und zusätzlich noch eine scharfe Pepperoni mit reingetan. Und erstaunlicherweise schmeckt das tatsächlich!

● Also, ich kenn Hähnchen mit ner Marinade aus Ketchup und Honig – das schmeckt saulecker. (Die Marinade über die Hähnchen und alles in den Ofen) – von daher kann ich mir vorstellen, dass Ketchup mit was anderem Süßen auch schmeckt.

● … ich kenne den Tipp nicht aus Amerika, sondern aus China! (Da hat das Ganze doch gleich eine andere kulturelle Färbung.) Mit selbst gemachten chinesischen Klößen schwebt man mit dem Cola-Hühnchen im siebten Himmel.

Seit drei Tagen ernähre ich mich nur von Schlank-Keksen und Jogi-Tee, drei Kilo sind schon abgespeckt. Jetzt kann ich mir bald mal wieder was gönnen …

Noch nie was vom Jo-Jo-Effekt gehört? Du kannst jetzt nicht einfach wieder reinhauen wie früher!

Jo-Jo-Effekt? Doch, davon habe ich schon mal gehört. Erst nimmt man ab, und danach treibt man es nur um so doller, stimmt das?

Genau! Und das Schärfste ist: Das gilt nicht nur für das Abnehmen! Erstmals berichten führende Sparexperten hier in diesem Buch auch von einem Jo-Jo-Effekt beim Sparen!

… führende Sparexperten?

Jo-Jo-Effekt – auch beim Sparen?

Gerade beim Abnehmen kann es zu sehr unschönen Effekten kommen: Man speckt zehn Kilo in rasanten zwei Wochen ab. Dann ist das Ziel erreicht, man ist zufrieden, gönnt sich gelegentlich wieder was – und schon nach einem Monat hat man 15 Kilo zugenommen.

Der Mechanismus hierbei: Der Körper greift bei der Diät zunächst die Kohlenhydrat- und Eiweißreserven (Muskeln!) an, dann erst die Fettpölsterchen. Rein evolutionsmäßig eine schlaue Entscheidung. Muskeln benötigen deutlich mehr Energie als Fettgewebe. Damit wird der Körper heruntergefahren und quasi fit gemacht für die Hungersnot. Kehrt man zum normalen Essen zurück, baut der Körper zuerst die Fettreserven wieder auf. Auch das ist eigentlich ziemlich clever von der Evolution, denn der Speck ist im Moment noch wichtiger als die Muskeln. Na ja, das Endergebnis ist allerdings auch, dass man bei gleichen Essgewohnheiten wie vor der Diät mehr Fett ansetzt, da man durch das Hungern hauptsächlich die Muskelmasse reduziert hat. Das ist der gefürchtete, aber hinlänglich bekannte Jo-Jo-Effekt.

Leider noch weitgehend unbekannt ist hingegen der Jo-Jo-Effekt beim Sparen, vor dem wir hier nur eindringlich warnen können. Typischer Verlauf: Nach vier Wochen konsequentem Einkauf in Billigläden kommt es zu einem Kaufrausch mit ausgeprägtem Markenfetischismus. Und zack hat man in drei Stunden die ganze gesparte Kohle und noch etwas mehr wieder auf den Kopf gehauen. Das erinnert an das Quartalssaufen bei alkoholabhängigen Menschen. Die Auswirkungen sind jedenfalls ähnlich: Ebbe im Geldbeutel, schaler Geschmack auf der Zunge und ein heftiger Konsumrauschkater.

Unsere Erklärung: Die Sparaktion greift oft nur bei den kurzfristigen Konsumwünschen (teures Essen, neue Klamotten, neue Playstation), weil die langfristigen Konsumwünsche (Haus, Auto, Weltreise) damit finanziert werden sollen.

– Doch hier liegt der erste Fehler. Es kommt wie bei der Geldanlage auf eine ausgewogene Mischung an. Man muss sowohl an den kurz- als auch an den langfristigen Zielen sparen, ohne es in einem der beiden Bereiche auf die Spitze zu treiben. Niemand hält es über einen längeren Zeitraum durch, ohne sich mal ein schönes Kleidungsstück oder eine gute Flasche Wein zu gönnen.

– Zweiter Punkt: Als blutiger Anfänger spart man oft am falschen Ende, was unvorhergesehene Folgekosten nach sich zieht (billiges Werkzeug etwa führt oft zu hohen Arztrechnungen und Verdienstausfall).

– Drittens: Oft will man zu viel in zu kurzer Zeit. Aber unrealistische Ziele frustrieren den Sparer und seine Partner (Kosten durch neues Porzellan oder Scheidung!). Das Ganze mündet in übersprungsmäßigen Anfällen von Kaufrausch, bei dem es nur vom Feinsten sein darf.

Jetzt aber mal abgesehen von diesem ganzen Diät- und Jo-Jo-Ge-quatsche. Habt ihr nicht mal ein paar Tipps, wie ich bei diesen elendig teueren Kosmetik-Artikeln sparen kann. Da lasse ich monatlich immer endlos Geld liegen …

Klaro, da wissen wir jede Menge geniale Tricks!

Gesichtsmaske – billig und ganz ohne Chemie

Für Gesichtsmasken kann man auch gut und günstig Quark (40 Prozent Fett) aus dem Kühlregal verwenden. Einfach auf das Gesicht auftragen und zehn bis 15 Minuten einwirken lassen. Danach abspülen. Super auch nach dem Sonnenbad oder der Sonnenbank zum Abkühlen. Zudem wird die Haut dadurch geschmeidiger, auch Make-up lässt sich danach besser auftragen.

Das meint die Jury:

● Olivenöl mit unterrühren, ergibt superglatte Haut!

● Habe es gestern probiert, und ist echt super. Werde ich jetzt jede Woche mal machen.

● Ich finde es manchmal einfach nur schade, dass manche Frauen die Gesichtsmaske wieder abnehmen. ;-)

● Autsch!

● Gurkenscheiben sind auch noch gut.

● Ich habe es nach dem Sonnenbaden genommen, und danach war meine ganze Haut rot!

● Weißt du auch eine Maske gegen Pickel?

- Versucht es mal mit Hefe. Einfach dickflüssig machen und auf das Gesicht damit. Macht die Haut weich wie einen Babypopo.

- Wenn du viele Pickel im Gesicht hast, hilft nur eine Zombiemaske!

- Viele Produkte eignen sich als Gesichtsmaske. Bananen, Quark, Honig, geriebene Petersilienwurzel, Gurken, Haferflocken (mit Wasser), Zitronensaft, Eigelb, saure Milch, Joghurt, Avocado, Olivenöl. Ich vermische diese Produkte (zwei bis vier Arten) nach Wunsch. Das alles spendet Mineralstoffe für die Haut.

- Quark, Joghurt und dergleichen als Behandlungsmethode bei Sonnenbrand – bitte nicht! Die Haut ist entzündet, in den Milchprodukten sind diverse Keime und Bakterien (das muss so sein – ist ja ein Naturprodukt!), und die können sich auf die ganze Entzündungsgeschichte sehr negativ auswirken. Schlimmstenfalls wird eine Behandlung mit Antibiotika notwendig.

- Döner. Ich sag nur, Döner macht schöner! Fünf Döner passieren und dick auftragen, eine Woche einwirken lassen. Das Ergebnis: Zwischen den Schimmelkulturen erkennt man die Pickel nicht mehr.

Zinkpaste gegen Pickel

Ich befolgte den Tipp einer Freundin und benutzte Zinkcreme gegen meine Akne. Da mein Gesicht aber nur fettiger davon wurde und meine Pickel nur mäßig langsamer abheilten, habe ich meinen Arzt um Rat gebeten. Dieser empfahl mir, Paste statt Creme zu nehmen.

Zinkpaste ist deshalb besser als Creme, weil das Zink hochkonzentriert ist und somit nicht fettet. Es erinnert von der Konsistenz an Zahnpasta. Dünn aufgetragen kann man es sogar auch unter Makeup verwenden. Einfach auf die betroffene Stelle verteilen und über

Nacht einwirken lassen. Nebenwirkungen sind nicht bekannt! Allerdings solltet ihr es schon mindestens eine Woche anwenden. Erste Resultate zeigen sich meistens sehr schnell!

Das meint die Jury:

● Gegen richtig dicke Pickel nehme ich die Ichtholan 10 %. Ein bis zwei Tage drauf, und der Pickel ist weg!

● Wenn ich Pickel habe, hilft Zinkpaste wirklich super, um sie auszutrocknen und die Wundheilung zu beschleunigen. Benutze es schon seit über einem Jahr meist recht erfolgreich. Über Nacht einwirken lassen und am nächsten Tag sieht der Pickel schon gleich weniger schlimm aus.

● Zahnpasta hilft bei mir auch.

● Wie gut, dass sich gerade heute ein Pickel bei mir angemeldet hat.

Peeling aus Zucker und Sahne – hmm, lecker!

Sehr gut für trockene Haut geeignet, pflegt und verfeinert das Hautbild. Und das Beste: Ihr riecht supergut!

So geht es: Eine halbe Tasse Zucker in einen Becher geben und kalte flüssige Sahne dazugeben. Nach dem Duschen Körper und Gesicht sanft mit dem Zucker-Sahne-Brei einreiben und lauwarm abduschen. Das Eincremen danach könnt ihr euch sparen.

Das meint die Jury:

● Man kann anstatt Sahne Olivenöl oder Babyöl benutzen. Salz finde ich persönlich besser als Zucker. Ich benutze immer das grobe Meersalz.

- Zucker ist nicht gut für die Haut, weil die Kristalle scharfe Kanten haben. Salzkristalle hingegen sind runder. Wenn man genau hinguckt, kann man das sogar mit bloßem Auge sehen.

- Salz, Zucker – taugt beides nix. Das Beste ist, wenn ihr unter die Sahne Honig mischt. Der ist weder rund noch eckig, sondern flüssig! Schon die alten Ägypter wussten, dass Honig die Haut weich macht.

- Aber was soll da peelen?

Zwiebeln und Essig gegen Dornwarzen

Um Dornwarzen unter dem Fuß in der Hornhaut loszuwerden, ein einfacher Tipp: Eine Zwiebel in kleine Stücke schneiden und 24 Stunden in einem verschließbaren Gefäß in Essig einlegen. Dann jeden Abend vor dem Einschlafen ein passendes Stück Zwiebel auf die Warze legen und mit einem Pflaster festkleben. Am nächsten Morgen abnehmen. So lange wiederholen, bis die Warze abfällt.

Das meint die Jury:

- FUNKTIONIERT!

- Nicht schlecht. Nur wer tiefe Dornwarzen hat, sollte ein sehr kleines Stück Zwiebel nehmen, gerade wenn die Warze am Zeh ist, weil es sehr aufquillt (kann wehtun). Würde es aber immer wieder benutzen, echt super!

- Ich hatte auch mehrere Warzen an meinen Händen und wurde sie los, als ich es mal mit Glyzerin und Rasierwasser im Urlaub versuchte: Mit Glyzerin die Haut weich machen und dann Rasierwasser drauf. Nach etwa einer Woche waren sie weg!

● Ich habe über zwei Jahre versucht Warzen loszuwerden: Tinktur, Vereisen, Herausbrennen, Herausschneiden – ohne Erfolg. Geholfen hat mir folgende Rosskur für die Nase jedes Mitmenschen: Jeden Tag eine Knoblauchzehe pressen, auf ein Pflaster geben und möglichst direkt auf die Warze kleben.

● Und das Bett riecht am nächsten Morgen wie ne Dönerbude.

● Es hilft wirklich. Habe jetzt nach knapp einer Woche meine Dornwarze am Zeh herausbekommen. Hatte schon sämtliche anderen Mittel versucht. Ein ganz toller Tipp – große Klasse!

● Zwischenbericht, seit Beginn der Behandlung vor sieben Tagen: Meine Dornwarze an der Fußsohle ist zwar noch nicht verschwunden, aber verursacht keine Schmerzen mehr beim Gehen und Auftreten :). Wer weiß, wie unangenehm diese Dinger sein können, wird bereits das schon als großen Erfolg werten! Ich mache mit Sicherheit mit dieser Behandlung noch weiter, denn ich denke, die Warze wird noch »herauswachsen«. Wichtig wohl, dass man konsequent und geduldig bei der Behandlung bleibt.

● Ich habe schon sehr lange damit zu tun und bin schon zweimal am Fuß geschnitten worden! Es hatte überhaupt nichts gebracht! Nun probiere ich es seit zwei Monaten aus! Ich bin unheimlich froh, denn ich kann wieder ohne Schmerzen laufen! Eine von dreien ist mittlerweile herausgefallen! Super Sache! :-)

● Man kann den Teilen auch mit gewöhnlicher Tafelkreide zu Leibe rücken. Ordentlich einreiben, Pflaster drauf, am besten abends. Dauert eine Weile, aber sie trocknen aus, und der Rest fällt dann ab.

● Also, ich habe diesen Tipp ebenfalls ausprobiert und kann nur berichten, dass ich schreckliche Schmerzen hatte und wirklich gar nicht mehr auftreten konnte.

Jedenfalls habe ich es mal mit Bananenschale ausprobiert (klingt wirklich blöd, aber was tut man nicht alles?!), und es hat tatsächlich (ohne Schmerzen) funktioniert! Hatte selber zehn Jahre lang zwei große Dornwarzen und bin so unsagbar glücklich, dass ich sie los bin!

● Glaube versetzt Warzen!

Herpes – die Kombi macht es!

Um einen Herpesausbruch zeitlich zu verkürzen, empfahl mein Hausarzt mir folgende Vorgehensweise: Wenn mal wirklich wieder üble Bläschen da sind: vorsichtig (!) mit einer sauberen (!) Nadel aufstechen, die austretende Flüssigkeit mit einem Taschentuch aufsaugen. Vorsicht: In der Flüssigkeit befindet sich der Erreger, also Ansteckungsgefahr! Hände waschen!

Nach dem Aufstechen die Lippe erst mal an der Luft oder mithilfe eines Föhns trocknen lassen. Der Vorteil vom Föhn: Die Hitze zerstört die in der Flüssigkeit enthaltenen Eiweiße und somit auch einen Teil des Erregers. (Nicht jeder kann das mit dem Föhn aushalten, und es wirkt auch nicht bei jedem. Auf jeden Fall den Rest der Lippe mit einer fetthaltigen Creme schützen!)

Nach dem Trocknen Herpescreme (z. B. Zovirax) auftragen. Aber: Die Creme wirkt nur auf die in den Bläschen vorhandenen Erreger. Sobald diese ausgetrocknet sind und anfangen zu verheilen, hat die Creme keinen Sinn mehr! Dann besser auf Teebaumöl oder eine Mischung aus Teebaumöl und Vaseline umsteigen. Desinfiziert, und durch die Vaseline bleibt die neue Haut viel geschmeidiger und platzt nicht so schnell auf, wenn man etwa mal herzhaft lacht.

Zwischendurch immer mal wieder die betroffene Stelle vorsichtig mit einem Taschentuch abtupfen und so sich lösende Verkrustungen und Cremereste abnehmen (zugegeben, ich nehme da auch manchmal die Nadel zu Hilfe).

So, wer weiß, vielleicht hilft es bei euch ja auch! Bei mir hat sich zumindest der Verlauf etwas beschleunigt, und vor allem fängt der Heilprozess so schneller an (also ist auch die Ansteckungsgefahr weniger groß). Ich habe gerade eine Mega-Attacke hinter mir, sah fünf Tage aus wie verprügelt und von Wespen zerstochen. Sehr charmant! ;-)

Das meint die Jury:

● Herpesbläschen unbedingt aufstechen, wenn man das Virus überall verteilen will … fragt doch bitte immer euren Hautarzt, bevor ihr solche »Methoden« ausprobiert.

● Ich steche die Herpesbläschen auch immer mit einer sterilen (!) Nadel auf und habe noch nie an anderen Stellen neue Herpesausbrüche bekommen, aber die Herpesanfälle verkürzen sich dadurch tatsächlich um ein paar Tage!

● Ich habe ganz schlechte Erfahrung mit dem Eincremen des Herpes mit Feuchtigkeitscreme gemacht. Danach ging es bei mir erst los, und zwar so richtig schlimm.

● Um Ansteckungen zu vermeiden, trage ich nach dem Aufstechen jegliche Art von Creme nur noch mit Wattestäbchen auf, bis die Wunde komplett geschlossen ist – da suppt nichts durchs Taschentuch, und man gewöhnt sich das Anfassen etwa zum nochmaligen Verteilen der Creme leichter ab.

● Zur Vorbeugung: Oft machen sich die Bläschen schon zwei bis drei Tage vor ihrem Erscheinen mit Juckreiz, Spannungsgefühl oder Schmerzen bemerkbar, dann schnell handeln. Viele schwören auf Zahnpasta. Einfach auftragen und bis zu zwei Stunden wirken lassen. Auch austrocknende Auflagen mit Heilerde (Apotheke) können wirksam sein.

● Herpesbläschen regelmäßig mit Teebaumöl einreiben oder Melissenöl auf die Bläschen tupfen.

Handwaschschaum selbst gemacht 💰 💰 💰 💰

Wenn ihr (oder eure Kinder) gerne diesen neumodischen, aber »sauteuren« Handwaschschaum benutzt, könnt ihr viel Geld sparen. Ihr braucht natürlich als Erstes eine Originalpackung, daran geht kein Weg vorbei, denn im Spender ist eine Düse, die die Seifenflüssigkeit schaumig macht! Ist diese Packung aufgebraucht, schraubt ihr sie auf, gebt ein paar Spritzer eures Lieblingsduschgels hinein, füllt mit Wasser auf – und schon habt ihr wieder für lange Zeit den Handwaschschaum!

Das meint die Jury:

● Muss ich unbedingt mal ausprobieren. Mein Mann kann nämlich viele Gerüche in Handseifen nicht ab.

● Ich habe den Tipp ausprobiert. Leider funktionierte es bei mir gar nicht. Als Originalprodukt hatte ich einen Kinderschaum von Palmolive. Die Konsistenz dieses Produkts ist viel flüssiger als normale Flüssigseife. Schade, wäre schon toll gewesen, da der Schaum doch ziemlich teuer ist.

● Du musst es verdünnen. Steht doch auch im Tipp, »verdünntes Duschgel«. Hat sogar noch einen zusätzlichen Spareffekt! Doll!

Apropos Duschgel: Wisst ihr eigentlich, wie ich meine Herzdame dazu bekomme, nicht mehr stundenlang die Dusche zu blockieren? Gerade im Winter lässt sie kübelweise heißes Wasser raus. Was das kostet!

Ingo, du bist aber auch herzlos. Mir ist halt einfach kalt! Das dauert dann, bis ich endlich mal wieder aufgewärmt bin.

Heiß duschen ist ja gerade in der kalten Jahreszeit ein unumstöß-
liches Menschenrecht, das finden wir auch. Aber trotzdem kann
man dabei auch sparen, wie der nachfolgende Tipp zeigt.

Energie sparen beim Duschen

Habt ihr einen Durchlauferhitzer? Dann achtet unbedingt darauf,
diesen Fehler zu vermeiden: Bei allen Durchlauferhitzern kann man
die zu erzielende Wassertemperatur einstellen (bei manchen genau
mit Digitalanzeige, bei manchen ungenau mit Drehschaltern). Dabei ist generell folgende Regel zu beachten: Je mehr kaltes Wasser ich
noch zumischen muss (zum Beispiel bei einhebeliger Mischung: He-
bel nicht ganz auf »warm«; bei Mischung mit zwei »Rädchen«: Kalträdchen muss noch weit aufgedreht werden), desto mehr Energie
verschwende ich, da ich erst das Wasser aufheize, um es anschließend
mit kaltem Wasser wieder auf angenehme Temperatur zu bringen.

Zieltemperatur so einstellen, dass mit dem Kalträdchen nur noch
leicht nachkorrigiert werden muss. Besonders im Sommer sollte
man die Einstellung noch mal prüfen!

Das meint die Jury:

● Da haste voll recht! Ich kann leider nur zwischen Eins-Punkt
und Zwei-Punkt wählen ;-). Aber im Sommer reicht wirklich Eins-
Punkt! Abkühlung muss sein!

● Ich fass es nicht. Ich kann bei mir die Temperatur sogar
gradgenau einstellen. Trotzdem hab ich es, vor allem im Sommer,
meistens heißer eingestellt als ich es brauche und mische noch
kaltes dazu. Warum komme ich nicht auf so was Einfaches? Ab
sofort wird vernünftig geduscht. :)

● Problem dabei (zumindest bei mir): Der Wasserdurchlauf durch
den Erhitzer ist deutlich geringer als das Kaltwasser. Das heißt, ich

hab weniger »Druck« und dusche somit länger. Leider vorerst keine Lösung für mich.

● Du hast recht, der Druck ist geringer, aber länger duschen tu ich deshalb eigentlich nicht.

● Ähm, wenn das Wasser heißer gemacht wird, lässt sich damit eine größere Menge kaltes Wasser mit der gleichen Menge Heißwasser aufwärmen, kommt das da nicht auf das Gleiche raus?
Also so: Wasser nur warm: Das gesamte Duschwasser muss erwärmt werden. Wasser heiß: Muss mit kaltem Wasser angepasst werden, dafür wird nur die Hälfte des Wassers erhitzt …?

● Na ja, ganz so einfach ist die Rechnung nicht: Wenn man ein wenig sehr heißes Wasser aus dem Hahn lässt, wird bei einem Durchlauferhitzer ja trotzdem das gesamte Wasser im Boiler erhitzt. Dieser Effekt wird besser ausgenutzt, wenn man mehr Wasser »zapft«.

Wie wild weiterklicken …

… aknewelt.de
… fettrechner.de
… fitforfun.de

Sparen @ Freizeit

Kathrin: Also neulich dachte ich, ich seh nicht richtig. Der Ingo ließ am Samstagnachmittag seine Verabredung mit den Jungs zum rituellen Bundesliga-Viewing sausen, um seinem Vater bei der Gartenarbeit zu helfen! Danach war er abends zwar kurz vor dem Erschöpfungstod und geplagt von krassen Kreuzschmerzen – aber so zufrieden wie seit Langem nicht mehr. Und jetzt liegt er mir seit etwa zwei Wochen ständig in den Ohren, dass wir uns doch eine kleine Schrebergarten-Parzelle pachten sollten. Schrebergarten! Das ist doch was für Rentner mit Wackeldackel und Häkel-Klorolle auf der Hutablage ihres Mercedes!

Muttis: Na ja, wir sehen das schon ganz ähnlich wie dein Mann. Der eigene Garten ist halt doch was Feines! Und du glaubst es nicht: Der eigene Kleingarten wird sogar zum Trend, weshalb man inzwischen sogar als junger Mensch zu seiner Leidenschaft stehen kann.

 ## Das Comeback der Schrebergärten – Urban Gardening

Ja, unglaublich, aber wahr! Was noch vor wenigen Jahren als Inbegriff des Spießertums galt, ist heute cool: der Schrebergarten. Die Datscha. Oder aktuell: *Urban Gardening.*
Wir geben gerne zu, dass wir schon immer heimliche Anhänger dieser besonderen Lebensform waren. Denn: Wo sonst lässt es sich so entspannt grillen und feiern wie auf der kleinen Parzelle mit dem schnuckeligen Gartenhäuschen!

Jedenfalls schießen auch in deutschen Großstädten die inter-kulturellen, ökologischen, biodynamischen oder anthroposo-phischen Kleingärtnervereine wie Pilze aus dem Boden. Und Überraschung: Diesmal kommt der Trend nicht aus den USA, sondern aus England, wo das Ganze etwas härter *Guerrila Gardening* heißt, und das heimliche Aussäen und Pflanzen von Stecklingen umfasst – als subtiles und gewaltfreies politi-sches Statement. Aber unter dem Begriff *Community Gardens* eben auch den Kleingarten als Möglichkeit des Austauschs, des Rückzuges, des Chillens und der gemeinsamen Einnahme berauschender Substanzen wie Bier und Bratwürste.

Und hier ist eine Kurzanleitung für's *Urban Gardening*:

1. Halte Ausschau nach einem verwahrlosten Stück Land, vorzugsweise in der eigenen Nachbarschaft. In Großstädten eignen sich besonders gut Baumscheiben, Brachflächen und ungenutzte Pflanzkübel.

2. Entscheide, was du anpflanzen möchtest und ob deine Wahl Sinn macht. Zähe Gewächse und schnell wachsende Blumen machen am Anfang oft mehr Sinn als empfindliche Pflanzen.

3. Mit anderen macht es mehr Spaß – also finde Verbündete! Sprich mit Freunden und Nachbarn!

4. Lege nun deinen Garten an. Eventuell brauchst du noch ein bisschen Blumenerde. Und auf jeden Fall nach dem Ein-pflanzen angießen!

5. Manchmal macht es Sinn, sein Gärtchen gegen die Wid-rigkeiten des Stadtlebens zu schützen, etwa mit einem kleinen Zaun gegen Hunde oder Füße.

6. Pflege dein Gärtchen mit Liebe! Geh regelmäßig hin!

7. Wenn mal was anders läuft als gewünscht, lass dich nicht entmutigen! Sprich mit anderen Anwohnern! Die meisten werden deine Aktion toll finden und dich mindestens mora-lisch unterstützen. Und manche machen vielleicht gleich mit!

Genau, *Urban Gardening* ist sehr lässig. Auch wenn ich rein gärtner-mäßig noch nicht so ganz der Vollprofi bin. Zumindest wenn ich mir so meine bescheidenen Zuchtversuche bei Zimmerpflanzen an-schaue. Na, aber man lernt ja nie aus, oder?

Genau! Und deshalb beginnen wir gleich mit der ersten Lektion, und diese ist eine der wichtigsten im Gärtnerleben. Wir ver-meiden hier bewusst das böse Wort »Unkraut«, um die zarten Seelen unserer Leser nicht zu erschrecken. Aber in unseren Tipps wird natürlich wieder Klartext geredet.

Unkraut vernichten ohne giftige Stoffe

Einfach Wasser kochen (ich nehme immer den Wasserkocher), da-nach ein halbes Päckchen Salz dazurühren und dann über das Un-kraut geben. Es wirkt natürlich nicht sofort, je nach Größe und Art des Unkrautes dauert es unterschiedlich lange – aber es wirkt!

Das meint die Jury:

● Mit Salz kann man alles pflanzliche Leben vernichten!

● Deswegen haben wir auch in Salzwüsten das blühende Leben.

● Ich schließe mich meinem Vorredner an: Das vernichtet leider auch alles andere Leben.

● Okay, aber da, wo definitiv nichts leben soll, wie etwa auf Steintreppen, ist das ein guter Tipp.

● Ich fege regelmäßig Salz in die Fugen meiner Garageneinfahrt, und sie ist immer grünzeugfrei. Mit Essig klappt es auch, das Unkraut wird welk und lässt sich mit einem harten Besen wegfegen.

● Ein Abflammgerät tut es auch.

● Unkraut in Fugen und Ritzen wird durch eine Flasche Essigessenz auf eine 1,5-Liter-Flasche Cola dauerhaft entfernt.

● Dadurch werden aber auch nützliche Insekten getötet!

● Ich brauche keine Insekten in den Fugen direkt vor meiner Haustüre (auch keine nützlichen!).

● … frei nach dem Motto: »Mein Auto fährt auch ohne Wald!«

● Typisch deutsch! Alles Grüne vernichten. Am besten die Rasenfläche zubetonieren und grün anstreichen.

● Funktioniert das auch mit Nachbars Tanne – die wirft immer so einen hässlichen Schatten?

● Gieße sie ein bisschen mit Salzsäure, das funktioniert garantiert.

● Unauffälliger ist es, im Winter den Schnee mit Tausalz anzureichern und an der Tanne »abzulagern« – spätestens im Frühling gibt es schöne braune Blätter. :-)

● Pfui!

● Was ist denn mit euch los? Nur weil jemand etwas Salz in seine Terrassenfugen schüttet, geht die Welt doch nicht daran zugrunde.

● Schon mal was von Bodenversalzung gehört? Da kannste lieber direkt das kochende Wasser nehmen und die Pflanzen abbrühen, das ist schonender.

● Bei feuchtem Wetter auf die Knie und das Unkraut rausziehen, regelmäßig!! Bewegung tut gut.

● Ist das ernst gemeint mit der Essigessenz und der Cola?

● Klar ist das ernst gemeint! Und es klappt – sehr zum Missfallen der hiesigen Insektenliebhaber.

● Moderne Herbizide sind gut abbaubar, das heißt, nach kurzer Zeit (nachdem sie ihre pflanzenschädigende Wirkung entfaltet haben), sollten sie durch Bakterien vollständig in ihre Elemente zerlegt sein. Aus organischen Verbindungen ist dann CO_2, H_2O (Wasser) und, wenn es sich um eine chlororganische Verbindung gehandelt hat, HCl beziehungsweise NaCl entstanden: alles in den typischen Anwendungskonzentrationen ungiftig und unschädlich. NaCl (Salz) hingegen ist in den Konzentrationen, wie oben erwähnt, angewendet, sehr schädlich für alles Leben im Boden (Bakterien, Insekten, Würmer, Pflanzen) und kann sogar für nahe Bäume zum Problem werden. Ich finde den Tipp nicht gut und würde ihn nicht empfehlen.
PS: Ich habe auch ziemliche Mühe mit dem Begriff »Unkraut«, und ich finde wenig so hässlich wie eine unkrautfreie Garageneinfahrt aus Betonpflastersteinen. Aber wenn es denn sein muss, dann bitte mit einem modernen Herbizid, nicht mit übermäßig dosiertem Salz.

● Es geht nicht darum, dass die Welt untergeht, wenn es einer macht, sondern eher darum, was passiert, wenn es viele machen. (Schließlich geben wir uns hier gegenseitig Tipps, um sie zu befolgen, oder?!)

- Ich habe es auch schon mal mit Salz probiert. Bei über 200 Metern gepflasterter Fläche, wo das Grünzeug sogar die Steine hochhebt, war das meine letzte Hoffnung. Nach zwei Wochen war das Unkraut vom Pflaster weg, und den Beeten hat es nicht geschadet.

So ihr Umweltschützer: Meine einmalige Aktion hat der Umwelt so geschadet, dass nach drei Monaten alles wieder genauso zugewuchert war wie eh und je.

Und somit krabbele ich weiter auf allen vieren über die Steine und mach den Buckel krumm.

Für dich, lieber Ingo, kommt natürlich nur Unkrautjäten in Frage. Dann sparst du dir gleich das Fitnesscenter. Und wenn dir danach der Rücken schmerzt …

Billiges ABC-Pflaster aus der eigenen Küche

Gerade bei der Gartenarbeit wird der Rücken oft geschunden. Da liegt der Griff zu teuren Wärmepflastern aus der Apotheke nah. Aber: Das Geld kann man sich mit zwei einfachen Griffen in den Küchenschrank sparen. Und zwar zum Cayennepfeffer und zum Öl. So geht's: Man braucht ein Leinentuch, 30 g Cayennepfeffer und 40 ml Speiseöl. Vermischt den Pfeffer und das Öl. Nun auf die schmerzende Stelle am Rücken auftragen und dann einfach das Leinentuch drüber. Brennt zwar etwas (wie gekaufte Rückenpflaster auch), hat aber einen klasse Wärmeeffekt.

Das meint die Jury:

- Schon mal was von einer Wärmflasche gehört?

- Eine Wärmflasche wird zu schnell kalt! Diese Pfeffer-Öl-Mischung ist wirklich hilfreich. Sehr gut hilft auch Tigerbalsam.

● Außerdem regt die Wärmflasche die Durchblutung nicht so gut an.

● Es funktioniert!

● Ja, klappt. Aber wenn ich das dreimal gemacht habe, kann ich die Haut abziehen.

● Vorsicht: Nicht zu viel Pfeffer verwenden. Das kann zu Verbrennungen führen.

● Diesen Tipp sollte man zuerst in der Armbeuge ausprobieren. Manche Patienten bekommen Ausschlag vom Cayennepfeffer.

Aber nicht nur mit der Flora wirst du deinen Schaff haben, auch die Fauna bietet so einiges.

Vögel von Obstbäumen verscheuchen

Wirksamer als der berühmte Hering im Kirschbaum verscheuchen Glasstücke die Vögel, wenn sie so zusammengebunden werden, dass sie schon bei der geringsten Luftbewegung klirren und blinken. Am besten taugen Anhänger eines Mobiles.

Das meint die Jury:

● Tipp liest sich gut, ist aber bestimmt nervig ... ewiges Gebimmel im Kirschbaum, mich würde es stören.

● Ich halte das eher für romantisch, so wie Windspiele.

● Statt Glasscherben sollen auch CDs wirksam sein – in Zeiten der Flut kostenloser Scheiben sehr leicht zu beschaffen und lautlos.

• Um Elstern aus dem Garten zu verscheuchen, die oft die Eier aus den Nestern unserer Singvögel fressen, folgender Tipp: Man hänge eine glänzende Christbaumkugel (oder diese Deko-Kugeln auf einem Stock) an einem Ort im Garten auf, von wo die Kugel aus jedem Winkel des Gartens gesehen werden kann. Eventuell mit Sekundenkleber wasserdicht machen. Die Elster fühlt sich »verfolgt« und bleibt weg.

• Ich denke, Elstern mögen alles, was blinkt und glänzt? Werden sie dadurch nicht erst recht angezogen?

• Das mit den CDs habe ich mal ausprobiert. Das Resultat war beeindruckend. Die gesamte Vogelschar saß bald in nächster Nähe und bestaunte neugierig die witzigen Dinger.

• Vögel gewöhnen sich an alles. Fragt mal die Weinbauern, die die Stare verscheuchen wollen. Sogar mit zeitlichem Zufallsgenerator abgeschossene Schreckschussanlagen schaffen keine Abhilfe. Mein nicht ganz ernst gemeinter Tipp: Hängt mehrere lebende Katzen in den Baum!

• Oder stellt eine 90-jährige Oma mitten in den Garten. Es hilft, glaubt es mir, meine Oma steht da seit Tagen.

Kaninchen im Garten verscheuchen

Wenn man wilde Kaninchen in seinem Garten hat, die einem den selbst gezogenen Salat anfressen, muss man einfach einen ausrangierten alten Schuh ins Beet stellen. Die Kaninchen wittern dann den menschlichen Geruch und flüchten! Wollte es nicht glauben, klappt aber super!

Das meint die Jury:

● Wenn das klappt, ist der Tipp echt super.

● Klappt noch besser mit Stinkesocken oder mit einer Unterhose!

● Die armen Kaninchen. Wollt ihr sie vergiften?

● Yepp!

Das wird mir jetzt zu esoterisch. Ich will ja kein Farmer werden. Aber lasst mich auch mal einen Tipp beisteuern. Der ist nicht so ganz ernst gemeint, macht aber dafür umso mehr Spaß!

Cola-Mentos-Riesenfontäne im Garten

Das braucht ihr:
– eine große und volle Flasche Cola
– eine Rolle Mentos
– eine leere Smarties-Rolle
– einen Führerschein

So funktioniert die Cola-Mentos-Smarties-Fontäne:
1. Cola-Flasche aufmachen.
2. Führerschein auf die Öffnung legen.
3. Mentos in die Smarties-Rolle füllen.
4. Smarties-Rolle mit der offenen Seite auf die vom Führerschein geschützte Flaschenöffnung stülpen.
5. Führerschein wegziehen.
6. Mentos alle reinplumpsen lassen.
7. RENNEN!
(8. Alle Klamotten in die Waschmaschine.)

451

Bitte nur draußen und mit abwaschbaren Klamotten nachmachen.

UND GANZ WICHTIG: DIESES EXPERIMENT NUR GENAU SO DURCHFÜHREN. AUF KEINEN FALL DIE FLASCHE WIEDER VERSCHLIESSEN, NACHDEM DIE MENTOS REINGEWORFEN WURDEN! DIE FLASCHE KANN EXPLODIEREN UND DICH UND ANDERE SCHWER VERLETZEN!

Das meint die Jury:

● Cool! Gute Alternative zu Salpeter und Zucker.

● Kann mir bitte jemand den Sinn der Fontäne erklären? Stehe irgendwie auf dem Schlauch.

● Könnt ihr euch auch im Netz anschauen: www.youtube.com

● Geht das auch mit Mineralwasser mit Kohlensäure (weniger klebrig)? Oder hängt das eher mit den Zutaten in der Cola zusammen?

● Was passiert denn, wenn ich jetzt ein Mentos im Mund hab und Cola trinke? Hat das dann ähnliche Auswirkungen? Weil dann müsste man ja fast schon eine Warnung auf Cola und Mentos anbringen. ;-)

● Das nenne ich Verführung von Kindern zu gefährlichem Unfug! DIE FLASCHE KANN EXPLODIEREN UND DICH UND ANDERE SCHWER VERLETZEN!

● Explodieren? Wenn sie geschlossen ist, vielleicht. Aber dann bekommt man ja die Mentos nicht hinein.

● … by the way … du solltest hinzufügen, dass es sich um die neuen Plastikführerscheine handelt.

● Ooooooh, dann kann ich das ja gar nicht machen. :-(

● Wieso muss es ein Führerschein sein?

● Das muss ein Führerschein sein, damit Kinder diesen Unsinn nicht mitmachen können …

Na, jetzt reicht's mit den ganzen Gartentipps. Ist mir sowieso nicht joker, die ganze Sache. Ich will ja nicht immer in der Laube rumsitzen. Neulich hat mein Onkel aus seiner Jugend erzählt. Der ist mit 16 zu Hause ausgebüchst und danach auf irgendwelchen Frachtschiffen um die halbe Welt geschippert. Ohne einen Pfennig Geld. Wir haben uns danach gefragt, ob das wohl heutzutage immer noch geht.

 Reisen im Frachtschiff und auf Segeljachten – »Hand gegen Koje«

Tja, das waren früher noch Zeiten. Da konnte man in einen Hafen latschen, sich einen Frachter suchen und dort anheuern nach irgendwo. »Hand gegen Koje«, hieß das. Alles, was man brauchte, war ein Schifffahrtsbuch.
Heute ist es zwar immer noch möglich, in einem Frachter über die Weltmeere zu schippern. Doch ganz umsonst – oder eben nur gegen Arbeit – geht das nicht mehr. Der Grund: Die Waren werden heute vorwiegend in Containern verschifft, da werden deutlich weniger Hände gebraucht. Zusätzlich sind

453

die Sicherheitsvorkehrungen verschärft worden. Das erhöht den Verwaltungsaufwand für die Schiffskapitäne. Irgendwo als »Deckhand« anzuheuern, um Wochen später in Südamerika an Land zu gehen, mit nichts als ein paar Euro in der Tasche, geht also nicht mehr.

Trotzdem ist das Reisen auf Frachtern ein vergleichsweise günstiger Trip, sozusagen eine Low-Cost-Kreuzfahrt. Oft wohnt man in der Eignerkabine, die durchaus geräumig und komfortabel eingerichtet ist, nimmt die Mahlzeiten mit den Offizieren und dem Kapitän ein -- und hat ansonsten jede Menge Zeit zum Lesen, Ausspannen und Träumen. An Bord gibt es oft Sauna, Krafttrainingsraum und Schwimmbad. Und Reiseziele finden sich eben auf allen sieben Weltmeeren.

Nur beim Segeln ist »Hand gegen Koje« noch ein gängiger Brauch. Dort begleitet man meist reiche Menschen auf ihren oftmals luxuriösen Jachten bei ihren Trips. Hier ist allerdings fast immer Segelerfahrung gefragt – und zwar nicht nur die auf dem heimischen Baggersee. Wer die jedoch hat, kann sich in einschlägigen Häfen wie Gibraltar oder Palma de Mallorca umtun und nach einem »Lift« suchen. Zumeist wird hier nur ein Beitrag zur Bordkasse gefordert. Der Rest besteht aus mehr oder weniger harter Arbeit auf und unter Deck.

P. S.: Selbstverständlich ist es eine Sache des gesunden Menschenverstandes, mit wem man sich auf einen Segeltörn begibt.

Okay, meine Segelerfahrung beschränkt sich sogar nur auf die heimische Badewanne! Aber so eine Frachterkreuzfahrt klingt doch ganz spannend. Bräuchte man halt richtig Zeit für. Und Geld! Na ja, den Flug könnten wir uns inzwischen schon leisten. Aber aus dem ganz fetten Trip mit Mietwohnmobil, Heli-Skiing, Tauchkurs, Bungee-Jumping und dem ganzen anderen Schnickschnack, den Ingo so gerne machen würde, wird wohl nichts.

Ja, und ich wollte wenigstens etwas für die körperliche Fitness unternehmen. Aber du möchtest ja hauptsächlich Fünf-Sterne-Hotels testen und Extrem-Shopping machen!

Kinder, Kinder, keinen Krach in der jungen Ehe! Das ist ganz schlecht fürs Karma! Macht lieber unseren kleinen Test zum Thema »Reif für die Insel? Wie dringend brauche ich Urlaub?«

Reif für die Insel? Wie dringend brauche ich Urlaub?

Vervollständige die folgenden Sätze und zähle anschließend deine Punkte zusammen:

1. *Montagmorgen, der Wecker klingelt wie immer um 6.15 Uhr. Du ...*

... stehst freudig auf, pfeifst ein Liedchen unter der Dusche und bereitest dir in aller Ruhe ein ausgewogenes Frühstück. (0 Punkte)

... strapazierst die Snooze-Taste, wälzt dich auf den letzten Drücker aus dem Bett, kippst fahrig einen Becher Kaffee, bevor du aus dem Haus hetzt. (5 Punkte)

... versetzt dem elenden Scheißding einen rechten Haken, schickst einen tödlichen Handkantenschlag hinterher und fällst sofort wieder in komatösen Tiefschlaf. (10 Punkte)

2. *Im Büro begegnet dir als Erstes ein extrem geschäftiger Kollege. Als er dich sieht, sagt er: »Gut, dass ich dich treffe! Kannst du bitte ...«*

... »Aber jederzeit erledige ich etwas für dich, lieber Kollege«, fällst du ihm ins Wort. (0 Punkte)

... du täuschst eine Mischung aus Herzanfall und Kreislaufschwäche vor und rettest dich aufs Damen-Klo. (5 Punkte)

... »Dir auch einen guten Morgen!«, rufst du zurück, weil dein Tinnitus heute Morgen schon so laut fiepst, dass du ihn gar nicht richtig verstehen kannst. (10 Punkte)

3. *Zur Mittagspause fragt dich die Kollegin, ob du mitkommst in die Kantine. Du ...*

... lehnst dankend ab, weil die Arbeit gerade so wahnsinnig spannend ist, dass du nur ungern unterbrechen würdest. (0 Punkte)

... nimmst dankend an und verschwindest auf der Stelle mit ihr. (5 Punkte)

... hebst den Kopf von der Schreibtischplatte und fragst gähnend: »Ist es schon wieder hell draußen?« (10 Punkte)

4. *Nach einem langen Zehn-Stunden-Tag ...*

... machst dich sofort auf, um noch eine Runde durch den Wald zu joggen und anschließend im Baggersee an deinem Delfin-Schwimmstil zu feilen. Danach bereitest du dir zu Hause in aller Ruhe ein ausgewogenes Abendessen zu. (0 Punkte)

... schleppst du dich mit letzter Kraft nach Hause, weichst dem einstürzenden Turm dreckiger Wäsche aus, ignorierst das ungespülte Geschirr in der Küche und schenkst dir erst mal einen doppelten Whiskey ein. (5 Punkte)

... fummelst du etwa fünf Minuten am verflixten Schloss deiner Haustüre herum, bevor sich plötzlich die Tür öffnet und der freundliche Nachbar erscheint, der genau in der gleichen Wohnung wohnt – nur ein Stockwerk tiefer. (10 Punkte)

Auswertung:

0 bis 10 Punkte: Urlaub ist für dich ein Fremdwort wie »all-inclusive« oder »Last-Minute«. Wahrscheinlich müsstest du erst in deinem Arbeitsvertrag nachschauen, wenn jemand dich fragen würde, wie viele Urlaubstage im Jahr du hast. In jedem Fall erfüllt dich das Arbeitsleben in erstaunlichem Maße. Verschiebe den nächsten Urlaub getrost auf übernächstes Jahr.

15 bis 30 Punkte: Du bist eindeutig angezählt. Deine Schritte werden schwerer, die Buchstaben auf dem Bildschirm verschwimmen. Allzu lange solltest du deinen nächsten Urlaub nicht mehr hinauszögern.

35 bis 40 Punkte: Du bist reif für die Insel! »Last Minute« hat für dich schon eine bedenkliche Doppelbedeutung: Du solltest wirklich sofort Urlaub nehmen! Und noch ein Tipp: Vermeide die Sitzgelegenheiten auf dem Flughafen, auch wenn sie noch so verlockend aussehen! Erst schlafen, wenn du sicher im Flieger sitzt!

Da brauche ich gar nicht die Punkte zusammenzurechnen: Ich bin definitiv urlaubsreif!

Ich auch!

Liebe Kathrin, lieber Ingo,
wir zeigen euch gerne, wie ihr beim Urlaub sparen und genießen könnt.
Fangen wir mal mit der Anreise an. Die beliebtesten Transportmittel sind natürlich das Flugzeug und das Auto. Wie ihr mit einer sparsamen Fahrweise Benzin sparen könnt, steht auf Seite 283. Also kommen wir zum Fliegen. Da hat sich, wie ihr wisst, so einiges getan in den letzten Jahren. Die so genannten Billigflieger sind ganz groß in Mode und fliegen euch für 19 Euro durch ganz Europa. Selbst ein Tagestrip zum Ballermann dauert so auch nicht länger als die Fahrradtour zum nächsten Baggersee.
Es ist aber auch bekannt, dass der beworbene Preis so gut wie nie der Preis ist, den man am Ende auch bezahlt. Da kommen dann noch »Treibstoffzuschläge«, »Steuern« und »Gebühren« hinzu. So mancher Billigflieger erhebt sogar eine Rollstuhlfahrergebühr für alle Passagiere. Es gilt also, Preise wirklich genau zu vergleichen. Also: Alle Kosten zusammenzählen und dann schauen, was unterm Strich rauskommt!

Die Tricks der Fluglinien –
wie spart man beim Fliegen?

1. Bei Angeboten der vielen Billigflieger alle Zuschläge für Gepäck, Kerosin, Verpflegung o. Ä. sowie für ominöse Steuern und Gebühren addieren und die jeweiligen Endsummen vergleichen. Auch die »normalen« Fluggesellschaften haben reagiert und bieten inzwischen günstige Flüge an.

2. Manche Flugzeuge landen in der Pampa, manche Flugzeuge direkt in der Metropole. Muss ein Transfer zum endgültigen Ziel bezahlt werden?

3. Bei längeren Flügen darauf achten, ob man einen Direktflug hat oder ob man umsteigen muss. Oftmals geben Fluglinien nur eine »Flugzeit« an, die die Wartezeiten am Umsteige-Flughafen nicht enthalten. Beim Besuch im Reisebüro kann man das ganz schnell überpüfen lassen.

4. Viele Fluglinien sind in Allianzen organisiert. Das kann Unterschiede beim Buchen ergeben. So können zwar zwei Fluglinien in einer Allianz sein, dennoch können zum Beispiel beim Sitzabstand beträchtliche Unterschiede bestehen. Auch hier hilft man im Reisebüro weiter.

5. Du sammelst Bonuspunkte oder Flugmeilen (auch die Billigflieger haben inzwischen Bonusprogramme)? Dann darauf achten, dass bei manchen Tarifen keine Punkte gutgeschrieben werden.

6. Falls möglich, unter der Woche fliegen. Da ist es günstiger als am Wochenende. Noch besser: Spät abends oder nachts fliegen. Ist sowieso schöner, da man die Sterne beobachten kann, wenn man am Fenster sitzt!

7. Willst du auch wieder zurückfliegen? Falls ja, unbedingt auch auf die Preise der Rückflüge achten. Oft kommt man zwar günstig hin, aber nur teuer wieder zurück!

8. Billigflieger sind so preisaggressiv, weil sie wirklich alles wegstreichen, was nichts mit der Flugbeförderung zu tun hat. Es gibt dann nur minimalen Service, keine kostenfreie Verpflegung im Flugzeug, und die Flugbestimmungen sind meist knallhart. Solltest du zum Beispiel einen Flug nicht antreten oder verpassen, so gibt's meistens kein Geld zurück. Das Kleingedruckte zu lesen lohnt sich hier!

Langstreckenflug geplant?
Prüfe verschiedene Flugrouten

Wer einen Langstreckenflug auf einen anderen Kontinent plant, der sollte im Reisebüro oder im Internet auch exotischere Verbindungen prüfen lassen. So kann es sich durchaus lohnen, den langen Flug von einem Flughafen eines Drittlandes (z. B. Niederlande, Großbritannien) zu starten und den ersten nahegelegenen Flughafen per Billigflieger, Zug oder Auto zu erreichen. So lassen sich gut und gerne 100 bis 200 Euro sparen.

Was meint die Jury?

● Oder einfach auf Seiten von Flugsuchmaschinen schauen (www.kinkaa.de, www.discountflieger.de ...)

● Als ich nach Südafrika geflogen bin, habe ich mir auch verschiedene Angebote eingeholt. Ich bin via die Niederlande nach Südafrika geflogen. Da es mir auf die Zeit nicht so ankam (bin dort ein halbes Jahr geblieben), war die Geldersparnis gegenüber einem »direkten« Flug aus Deutschland natürlich super.

● Man könnte auch überlegen, ob es wirklich sinnvoll ist, ans andere Ende der Welt zu fliegen, um dort die bleichen Füße in die Sonne zu hängen.

● www.travel-overland.de zeigt mehrere Routen, vergleicht die Preise.

Es gibt aber auch einige absolute Profitipps …

Sparen wie die Profis

1. Wer sich bei seinem Wunschziel nach den Fluglinien richtet, der kann richtig abstauben. Einfach auf der Flughafen-Website nachschauen, welche Linien vom nächstgelegenen Flughafen abheben. Dann auf den entsprechenden Fluglinien-Websites die Angebote abklappern und dann günstig und spontan dorthin fliegen, was die Fluglinie günstig vorschlägt.

2. Wenn man im Ausland einen Inlandsflug machen möchte (du bist zum Beispiel in Spanien und willst innerhalb Spaniens fliegen), ist es manchmal günstiger, diesen direkt bei einer dortigen Fluggesellschaft zu buchen. So kann man z. B. mit der Iberia relativ günstig fliegen. Ähnliches gilt z. B. auch für innerjapanische Flüge. Nimmt man dort das Flugcoupon-Programm der All Nippon Airways (www.anaskyweb.com), so kann man in den Genuss von guten Rabatten kommen.

Und Air Mauritius bietet günstige Flüge für frischverheiratete Paare an (www.air-mauritius.de).

3. Immer mehr Fluglinien bieten eine Art »Meilenaufschlag« an. Wenn man Vielfliegermeilen sammelt, aber einen Flug bucht, für den es keinen Meilenbonus gibt, so kann man sich gegen einen kleinen Aufschlag diese Meilen dennoch gutschreiben lassen. Ein Beispiel: Fliegt man für 800 statt für 750 Euro von Deutschland nach Australien, erhält man so viele

Meilen, dass das schon wieder für einen innereuropäischen Flug reicht. Nicht schlecht für 50 Euro, oder?

4. Manche Billigflieger wie zum Beispiel JetBlue (USA) bieten beträchtliche Rabatte, wenn man für mindestens zwei Personen bucht.

5. Singapore Airlines bietet das »Boarding Pass Privilege« an. Wer bis zu sieben Tage nach seinem Singapore-Airlines-Flug bei über 300 verschiedenen Hotels, Shops oder Restaurants einkauft und dabei seinen Boarding Pass vorzeigt, erhält bis zu 70 Prozent Rabatt. Mehr Infos gibt es dazu unter www.singaporeair.com.

6. Manche Airlines bieten auch kostenlose Bahntickets an, um den Flughafen zu erreichen. Ein Beispiel hierfür wäre American Airlines (www.aa.com), die das Zugticket zahlt, wenn die Anreise zum Frankfurter Flughafen mehr als 50 Kilometer beträgt.

Falls du etwas Zeit hast und es egal ist, wenn du einen Tag später abfliegst (zum Beispiel vor oder nach einem Studienaufenthalt oder Praktikum im Ausland), ist folgender Tipp nicht schlecht:

Voluntary Stand-by –
Flug geschenkt bekommen

Fluggesellschaften überbuchen ihre Flüge gern, weil sie wissen, dass es immer ein paar Leute gibt, die den Flug nicht antreten werden. Sollten jedoch zu wenig Leute abspringen, ist das Flugzeug tatsächlich überbucht. In so einem Fall versuchen die Fluglinien Freiwillige zu finden, die einen Flug später fliegen. Als Entschädigung bekommt ein solcher Freiwilliger dann entweder einen Flug umsonst, einen Gutschein für einen weiteren Flug oder einen bestimmten Betrag in bar. Zudem wird man, wenn der nächste Flug erst am nächsten Tag geht, auf Kosten der Fluglinie in einem Hotel untergebracht.

Wenn du nun also flexibel bist und es nicht schlimm ist, dass du dein Reiseziel erst am nächsten Tag erreichst, dann kannst du dich am Check-in gleich schon als Freiwilliger melden und dich auf »Voluntary Stand-by« setzen lassen (freiwillige Warteliste).

Was meint die Jury?

● Super Tipp. Man sollte nur darauf achten, dass man Leuten, die einen am Zielflughafen abholen wollen, Bescheid gibt.

● Aber die überbuchen doch nicht jeden Flug, oder?

● Doch, fast jeder Flug ist überbucht. Vor allem im Sommer in der Urlaubszeit. Aber aus den Erfahrungswerten, wie viele Leute im Durchschnitt abspringen, funktioniert das ziemlich gut.

● Nicht nur »fast«, sondern jeder Flug wird mit bis zu zehn Prozent der Kapazität überbucht. Bei Lufthansa z. B. hat jeder Reisende mit einer Senatorkarte (Vielfliegerkarte mit fast höchster Priorität) bis 48 Stunden vor Abflug eine Buchungsgarantie, auch wenn die Klasse voll ist! Also wird überbucht. Nur die Firstclass wird garantiert nicht überbucht. Erfahrungsgemäß klappt es aber trotzdem, da viele Geschäftsreisende gleich mehrere Maschinen reservieren, die sie nicht benötigten und dann aber selten absagen ...

● Ja, das kann man echt empfehlen, mir hat man in Argentinien mal angeboten, einen Tag länger zu bleiben, dann wäre ich erste Klasse geflogen ... schade!

● ... und warum bist du nicht?

Übrigens, hier ist noch ein Tipp für große Menschen, also eigentlich nichts für dich, Ingo, aber dennoch ein drängendes Problem.

Kostenlos mehr Beinfreiheit im Flugzeug

Es wird ja immer viel darüber gemeckert, dass die Fluggesellschaften ihre Sitzreihen im Flugzeug weiter und weiter zusammenrücken.

Es gibt aber eine Möglichkeit, wie man manchmal (nicht immer) an mehr Beinfreiheit kommen kann, ohne gleich viel Geld für die Business Class ausgeben zu müssen. Einfach beim Check-in fragen, ob man an einem Notausgang sitzen darf. In diesen Reihen ist immer mehr Platz vorhanden! Allerdings machen das nicht alle Fluglinien. Aber fragen kostet ja nichts!

Was meint die Jury?

● Fragen kostet nix – aber mittlerweile die Plätze an den Notausgängen. Zumindest bei den bekannten Charter-Airlines. Diese Plätze nennen sich XXL-Seats, wobei die Sitze nicht größer sind, aber zumindest hast du niemanden vor dir sitzen.

● Es gibt auch Notausgänge zwischen den Reihen. Dort läuft niemand vorbei, man hat aber dennoch etwas mehr Platz, da der Abstand zur nächsten Reihe einige Zentimeter größer ist.

● Dabei sollte man bedenken, dass die Aussicht aus dem Fenster dann nicht schön ist. Die Notausgänge sind nämlich an den Tragflächen.

● Und außerdem kann man auf diesen Sitzen das Handgepäck nicht im Fußraum verstauen und muss somit andauernd an die Oberklappen, wenn man was braucht.

- Die Rückenlehnen lassen sich wegen der Sicherheitsvorschriften in Höhe der Notsitze nicht nach hinten verstellen, und außerdem ist es kälter an den Notausstiegen! Als Vielflieger auf Kurzstrecken kann ich nur so viel dazu sagen: Ja, die Beinfreiheit ist an den Notausgängen in der Economy größer als auf den anderen Plätzen. In der Business Class ist die Beinfreiheit meistens gleich groß, nur die Armlehnen sind manchmal etwas weiter auseinandergestellt, wenn dabei der Mittelsitz freigelassen wird, aber nicht immer (Airlines sind eben unterschiedlich).

- Ihr vergesst, dass die »Exit-Row« nur an Personen vergeben werden kann, die im Notfall in der Lage sind, die Türen zu öffnen und dabei andere Passagiere nicht beim Aussteigen behindern. Das heißt im Klartext: keine älteren, behinderten, zu füllige Personen …

Neben dem Fliegen gibt es ja die umweltschonendere Möglichkeit, mit dem Zug zu verreisen. Auch wenn die Deutsche Bahn in Deutschland den Ruf hat, ein relativ teures Transportmittel zu sein, so gibt es doch mehrere Pluspunkte.

Bahn fahren mal günstig

1. BahnCard 50 oder BahnCard 25 lohnen sich schon ziemlich schnell. Vor allem wenn man Studierender ist, dann gibt's die Karte nämlich zum halben Preis. Auch Zusatzkarten für Lebensgefährten gibt es zum halben Preis.

2. Mit der BahnCard 25 sollte man früh buchen. Wenn man sich auf einen Zug festlegen kann, kommt man meist günstiger weg als mit einer 50er-Karte.

3. Mit Wochenend- oder Ländertickets kommt man zwar kaum vom Fleck, dafür sind sie aber unschlagbar günstig. Ideal, um mit Freunden einen Wochenendausflug zu machen!

4. Auf www.bahn.de kann man sich nach Sonderangeboten und Schnäppchen umschauen. Dort gibt es immer wieder »Sommerspecials«, Aktionen, Musicalreisen und Last-Minute-Angebote. Wenn man flexibel ist und eine Städtereise in Europa plant, findet man dort so gut wie immer interessante Angebote.

5. Mit dem InterRail-Ticket kann man schöne Wochenreisen durch Europa machen – semesterferienkompatibel!

Last, not least haben wir noch etwas über Busreisen:

Günstig reisen mit dem Bus

Busreisen haben heute nichts mehr mit »Kaffeefahrt« zu tun, sie führen meist in europäische Metropolen, und so kann man für oftmals ca. 100 Euro (Fahrt+Hotel) eine Städtereise machen und auch noch nette Leute jeden Alters dabei kennen lernen.

Oftmals ist das angebotene Programm freiwillig, und man kann an dem Wochenende tun und lassen, was man will. So günstig kommt man weder mit der Bahn noch mit dem Flugzeug in eine schöne Stadt.

Was meint die Jury?

● Toller Tipp, so was machen wir auch immer.

● Hier kann man sich mal die aktuellen Preise anschauen:
www.deutsche-touring.de

● Danke nein! Wer einmal in seinem Leben in einem Bus eine
Reise gemacht hat, der wird Busfahrten ganz nach oben auf die
Liste der abtörnendsten Dinge im Leben setzen. Selbst wenn ihr
mir noch Geld dafür geben würdet – ich würde lieber verzichten
und mir ein schönes Wochenende auf Balkonien machen!

● Ich bin letzten Sommer mit dem Bus rund um die Ostsee
gefahren. Fast 3000 Kilometer – ein einzigartiges Erlebnis, und du
kommst an Orte, die du als Pauschaltourist niemals sehen würdest – genial.

● Es gibt auch Reiseveranstalter, die bieten Busreisen extra für
junge Leute an, einfach mal googlen. Lohnt sich!

● Wenn man ewig im Bus sitzt und nicht sein eigenes Lunchpäck-
chen dabei hat, zahlt man an Raststätten oder beim Busfahrer für
die Verpflegung eine Menge Geld. Lieber fliege ich günstig nach
Paris und schau mir die Stadt drei Tage an, als mit dem Bus einen
Tag hin, einen Tag dort zu sein und einen wieder zurückzufahren.

● Ich selbst habe eine Busreise nach London gemacht und fand
sie – abgesehen davon, dass unser Bus mitten auf der Autobahn
in Belgien angefangen hat zu brennen und wir die ganze Nacht
auf einen Ersatzbus warten mussten – für den Preis gar nicht so
schlecht. Wenn man einfach mal rumkommen will für wenig Geld,
und einem ein einfaches Zimmer ohne Schnickschnack reicht, ist
so eine Busfahrt genau das Richtige. :)

● Bin auch schon mit einer Busreise auf Korsika gewesen und fand
die Zeit klasse. Wenn man viel weniger zahlt, kann man sich dafür
ja ansonsten etwas mehr leisten, z. B. ein nettes Hotel.

Lohnenswerte Urlaubs-Websites

1. Hotelbewertungen findest du zum Beispiel unter www.hotelbewertung.de, www.holidaycheck.de oder www.tripadvisor.com (englisch).

2. Auf www.hrs.de (Hotel Reservation Service) finden Reisende kurzfristig weltweit sehr günstige tagesaktuelle Hotelangebote. Die Reservierung kann über die Website kostenlos erfolgen. Bezahlt wird dann im Hotel. Lohnt sich vor allem für kurze spontane Trips.

3. www.holidayandmore.de ist eine TÜV-geprüfte Internetseite, die attraktive Urlaubsangebote heraussucht, die dann automatisch über ein naheliegendes Reisebüro deiner Wahl gebucht werden können. Die Seite ist übersichtlich und gut zu bedienen, und durch den TÜV-Test alle zwölf Monate kannst du davon ausgehen, dass du gute Angebote angezeigt bekommst.

4. Auf www.travelzoo.de findest du jede Woche die Top-20-Reiseangebote, die ein Team von mehreren Mitarbeitern wöchentlich aus Hunderten von Websites heraussucht. Du sparst dir also das mühselige Durchforsten dutzender Urlaubs-Websites. Die Top-20-Reiseangebote kannst du dir natürlich auch wöchentlich per Newsletter zuschicken lassen.

Darüber hinaus gibt es natürlich noch weitere Angebote im Netz. Es gibt auch viele Online-Reisebüros, wo die Buchung direkt online erfolgt. Allerdings ist hier die Beratung natürlich nicht so gut wie im Reisebüro (meist nur über eine teure Hotline), dafür bekommt man aber öfters günstigere Preise. Wer also genau weiß, wo er hin will, sollte unbedingt Preise vergleichen und schauen, ob er ein günstigeres Angebot im Internet findet.

> Was sich als relativ unproduktiv herausgestellt hat, ist das Abonnieren von Newslettern der Fluggesellschaften und Reiseveranstalter. Hat man erst mal mehrere Newsletter abonniert, läuft das Postfach über und man kann aus der Mailflut kaum noch die besten Angebote herausfiltern. Und Newsletterdurchforsten ist eine sehr mühselige und zeitaufwändige Tätigkeit.

Also ich hab bisher einfach immer Last-Minute gebucht. Das ist doch immer am günstigsten. Wo ist das Problem?

Das Märchen vom Last-Minute-Urlaub

Vor einigen Jahren war Last-Minute schwer in Mode. Wer kurz vor knapp und schön spontan in den Urlaub wollte, der konnte das auch ziemlich günstig. Allerdings haben sich die Zeiten geändert: Last-Minute bedeutet nicht unbedingt auch extra günstig. Im Gegenteil: Heute sind die Frühbucher klar im Vorteil. Wer mehrere Monate im Voraus bucht, der bekommt nicht nur günstigere Preise, sondern auch sein Wunschhotel und die geschickteste Flugverbindung. Warum das so ist, ist schnell erklärt: Wer früh bucht, der muss auch früh zahlen. Das ist dann Geld, mit dem der Reiseveranstalter kalkulieren und wirtschaften kann. Also lockt er die Frühbucher mit Frühbucherrabatten. Und da die Reiseveranstalter Hotels und Flüge gerne um ca. zehn Prozent überbuchen, sollte man sich auch keine Hoffnungen machen, dass noch »kurz vor knapp« noch etwas frei wird. Es springen zwar immer Leute ab – aber da überbucht wurde, bleiben das Hotel und das Flugzeug immer noch schön voll.

Was meint die Jury?

● Ja, vor allem Billigflieger sollte man möglichst früh buchen, um noch günstigere Tickets zu bekommen. Lohnt sich vor allem bei Städtereisen. Was Pauschalreisen betrifft – da ist mir auch schon aufgefallen, dass Last-Minute nicht immer Last-Minute ist, vor allem, was den Preis betrifft.

Sollte man den Frühbucherrabatt verpasst haben und will dennoch in den Urlaub, so ist es immer noch besser, sechs Wochen vor dem geplanten Urlaub die Reise zu buchen, statt nur einer Woche früher. Je später es wird, desto voller sind die Urlaubsorte und desto teurer wird es.
Eine andere Möglichkeit ist, auf www.ltur.de unter »Super Last Minute« reinzuschauen. Dort werden jeden Tag ab 20 Uhr Last-Minute-Reisen angeboten, die dann in den nächsten 48 Stunden losgehen. Wenn man so flexibel ist, kommt man schon mal ganz günstig weg!

Ach, so ist das? Und was ist besser – Pauschalreise oder selbst buchen?

Auf diese Frage lässt sich keine eindeutige Antwort finden. Es kommt immer drauf an. Bei einer Pauschalreise hat man immer noch Zusatzleistungen, die einem fehlen, wenn man alles selbst organisiert: Ein Zugticket zum Flughafen, der Hoteltransfer und eine Hotline gibt es nur bei Pauschalreisen. Bei Flugreisen kommt auch noch der Sicherungsschein hinzu, der einem die Rückerstattung des gezahlten Geldes ermöglicht, sollte die Fluggesellschaft pleitegehen.
Aber Pauschalreisen sind deswegen nicht unbedingt sonderlich viel teurer.
Allerdings sollte man immer vergleichen. Im Internet findet man normalerweise auch die Website des Hotels, das man buchen

möchte. Dort kann man sich die Zimmerpreise anschauen, und über die Websites der Billigflieger findet man heraus, wie günstig man dort hinkommt. Vor allem in der Nebensaison kann es sich dann lohnen, wenn man den Urlaub auf eigene Faust organisiert.

Und noch zwei Tipps: Man kann auch Hotelzimmer bei eBay ersteigern. Ein Städtetrip kann damit zu einem wirklich günstigen Wochenendausflug werden. Unbedingt probieren!

Die Jugendherbergen, auch in den großen Städten, stehen manchen Hotels in nichts nach und sind eine wirklich preisliche Alternative. www.jugendherberge.de

Wie ist das denn mit den Hotelsternen?

Liebe Kathrin,

mit den Hotelsternen ist das so eine Sache. Jeder Reiseveranstalter verteilt diese Sterne für sich. Daneben gibt es dann noch die Länderkategorien. Dort verteilen die Länder die Sterne selbst, und so bedeuten zum Beispiel drei Sterne in den USA nicht unbedingt das Gleiche wie drei Sterne in Spanien. Und wiederum daneben gibt es noch verschiedene Hotelverbände, die ebenfalls Sterne verteilen. Dabei haben alle Sterneverteiler unterschiedliche Leistungskataloge, nach denen die Sterne verteilt werden, die aber alle eine Wissenschaft für sich sind. Aus diesem Grund möchten wir nur grob auf die Unterschiede eingehen. Eigentlich richten sich die Hotelsterne nach der Ausstattung des Hotels (so kann unter anderem der Unterschied zwischen einem 3- bzw. 4-Sterne-Hotel darin bestehen, dass in dem einen Hotel ein Safe im Zimmer ist und beim anderen nicht). Die Erfahrung hat aber auch gezeigt, dass man in teureren Hotels mit vier oder fünf Sternen auch wesentlich besseres Essen, freundlicheres Personal und sauberere Zimmer erwarten kann.

Hotelsterne

* bedeutet ungefähr »Ein Bett und eine Dusche«. Bei ** kann man meistens noch einen Stuhl erwarten. Diese Hotelkategorie eignet sich vor allem für Backpacker, denen es nicht auf den Komfort ankommt, und die sowieso gleich weiterreisen. Natürlich spart man dabei auch das meiste Geld.
Bei einem ***-Hotel geht Funktionalität vor Luxus. Nobel und teurer wird es dann bei **** bis *****. Hier kann man definitiv Luxus, freundliches und zuvorkommendes Personal und eine angenehme Atmosphäre erwarten.

Habt ihr auch Tipps zum Sparen, wenn man im Urlaub ist?

Habt ihr vor, euch ein Auto zu mieten? Falls ja, dann könnt ihr dabei Geld sparen. Wenn ihr den Mietwagen drei Tage oder länger mieten wollt, so ist es meistens günstiger, wenn ihr das direkt im Reisebüro macht. Soll's eine spontane Inselrundfahrt werden und ihr benötigt das Auto nur für einen Tag, so ist es in der Regel günstiger, wenn ihr vor Ort im Hotel oder bei einer Mietwagenfirma auflauft und das Geschäft abschließt. Lasst euch aber keine zusätzlichen Versicherungen aufschwatzen. Eine Fahrgastunfallversicherung oder Ähnliches ist meist nicht nötig. Solange eine Kasko- und Haftpflichtversicherung im Paket mit eingeschlossen ist, seid ihr auf der sicheren Seite.
Fragt an der Hotelrezeption nach Insidertipps. So kann man oft Roller, Fahrräder oder andere Fortbewegungsmittel mieten, die nicht nur Geld sparen können, sondern auch richtig Spaß machen. Die Hotelrezeption ist auch eine gute Informationsquelle, wenn es darum geht, Supermärkte oder Ausflugsrouten zu finden. Denn die Touristenläden sind um einiges teurer als die Supermärkte, in denen die Einheimischen einkaufen und die meist nur ein paar Straßen vom Touristenzentrum entfernt sind.

Bezahlen im Ausland

Es gibt natürlich mehrere Möglichkeiten, im Ausland zu bezahlen. Die wichtigsten und geschicktesten wollen wir hier kurz besprechen.

Bargeld

Mit Bargeld kommt man natürlich immer weiter. Allerdings hat es den Nachteil, dass man an das Bargeld »rankommen« muss. Dabei hat es sich als besonders geschickt erwiesen, das Geld direkt in den Banken im Reiseland umzutauschen. Der Euro ist eine verbreitete Währung, so ist es kein Problem, im Ausland in eine Bank zu stiefeln und das Geld in die Landeswährung zu tauschen. Will man sein Geld bereits hier in einer deutschen Bank umtauschen, so muss man meistens ein paar Tage warten, bis das Geld da ist, und dann zahlt man meist noch Gebühren dafür. Keinesfalls solltest du Geld in Wechselstuben wechseln. Da wirst du nur über den Tisch gezogen. Von Vorteil kann es sein, wenn man ein Konto bei der Postbank hat. Denn dann kann man in aller Regel im Ausland in jeder Postfiliale Geld abheben. Genauere Infos gibt's auf der Post.

Kreditkarte

Wer eine Kreditkarte besitzt, kommt damit vor allem in Nordamerika sehr gut zurecht, da dort die Akzeptanz sehr groß ist. Allerdings kommen Studierende oder Schüler oftmals nicht allzu einfach an eine eigene Kreditkarte, und man bezahlt im Ausland Gebühren, die sich in der Regel aber durch einen besseren Wechselkurs wieder ausgleichen.

Ein weiterer Vorteil ist, dass man die Karte im Fall eines Diebstahls oder Verlusts sperren lassen kann (dazu immer die Telefonnummer der Hotline separat aufbewahren). Weiterhin beinhalten viele Kreditkarten zusätzliche Annehmlichkeiten wie Auslandskrankenschutz und sonstige Reiseversicherungen. Dazu am besten beim Kreditkartenunternehmen nachfragen, ob die eigene Karte so etwas auch bietet.

Auch werden Kreditkarten oft als eine Art »Pfand« benötigt, wenn man in ein Hotel eincheckt oder einen Wagen mietet. Hat man dann keine Kreditkarte dabei, von der die Daten hinterlegt werden können, kann es sein, dass man einen nicht unbeträchtlichen Geldbetrag hinterlegen muss.

Ein Nachteil der Kreditkarte ist, dass, wenn man einmal nicht damit zahlen kann und tatsächlich Bargeld notwendig ist, das Abheben am Bankautomat schon mal fünf Euro kosten kann.

Travellers Cheques

Travellers Cheques genießen eine ähnliche Akzeptanz wie die Kreditkarte. Sollten sie verloren gehen oder gestohlen werden, kann man sie ebenfalls sperren lassen. Will man sie in Bargeld umtauschen, so muss man keine Gebühren dafür zahlen.

Es gibt auch die Travellers Cheques Card, die man vorher per Lastschrift aufladen kann und dann damit im Ausland wie mit einer Kreditkarte bezahlen kann. Der Vorteil ist, dass, wenn man Bargeld damit abheben will, die Gebühren geringer sind als bei einer Kreditkarte.

Hier noch der absolut subjektive Mutti-Insidertipp in Sachen Urlaubsziel – genial und geheim:
Wir empfehlen Sardinien in der Nebensaison: Dann ist es nicht überlaufen, und man sagt, Sardinien habe noch schönere Strände als die Karibik zu bieten.

Moment, jetzt habt ihr uns so scharf gemacht, aber es hilft wohl alles nichts, erst mal müssen wir zu Hause bleiben …

Kathrin, bitte!?

Nix da, wir machen es uns hier gemütlich, und wenn du dein Sportstudio endlich kündigst, können wir im nächsten Jahr vielleicht in die Sonne …

Fitness für wenig Schotter

Seltsam, seltsam: Gerade um die Weihnachtszeit flattert oft Post von Fitnesscentern in euern Briefkasten. Darin werben die Ertüchtigungsanstalten mit vordergründig günstigen Willkommensangeboten für die Stärkung der Muskeln und die Straffung widerspenstiger Körperzonen. Unterm Strich sind es dann aber doch erhebliche Beträge, die man dort löhnt. Nicht jeder kann oder will monatlich so viel Geld abdrücken, um sich in Form zu bringen. Denn es gibt auch günstigere Lösungen:

1. Mitgliedschaft in einem Sportverein
Oft sind dort auch Krafträume vorhanden, die ihr benutzen könnt. Dabei ist der Mitgliedsbeitrag in einem Sportverein deutlich günstiger als in den meisten Trainingshallen professioneller Anbieter – schließlich ist ein Verein ja schon per Gesetz gemeinnützig. Außerdem könnt ihr tatsächlich auch von weiteren Angeboten profitieren, denn oft gibt es im Rahmen von Vereinen Trainingscamps oder Jedermann-Wettkämpfe, bei denen man auch als absoluter Hobbysportler teilnehmen kann und Spaß hat. Zudem sind Vereine weniger anonym als Muckibuden, wo die meisten zwischen Arbeitsende und Feierabend schnell ihr »Programm« abspulen.

2. Schnupperwochen in der Muckibude

Fast jedes Fitnesscenter bietet in regelmäßigen Abständen Schnupperwochen an. Wer weiß, dass er sowieso nur gelegentlich in diese Anstalten gehen wird (etwa weil im Sommer der Waldpfad oder der Weg zum Baggersee viel attraktiver sind), der kann sich durchaus überlegen, ob er nicht systematisch von einer Schnupperwoche zur nächsten tingelt. Am besten kurz anrufen, oft ist sogar ein Gratis-Training abseits dieser Aktionen möglich. Natürlich muss man dann die Werbeversuche der dortigen Manager über sich ergehen lassen – und man sollte bei der gleichen Tour im nächsten Jahr vielleicht mit einer anderen Frisur oder unter anderem Namen auflaufen.

3. Der gute alte Trimm-dich-Pfad

Es war einmal in den Siebzigerjahren, als überall in Deutschlands Wäldern Trimm-dich-Pfade wie Pilze aus dem Boden schossen. Damals schwappte eine Welle der Sportbegeisterung durchs Land, ausgelöst von den Olympischen Spielen 1972 in München. Mehr als 1500 dieser Pfade entstanden. Tatsächlich gibt es auch heute einige davon, die weiterhin in Schuss gehalten werden. So banal es vielleicht klingt: Aber ein Lauf auf diesem Parcours mit den dazugehörenden Übungen (Klimmzüge, Bockspringen!) kann dich schnell fitter werden lassen – und zwar völlig umsonst! Und außerdem: Ist Retro nicht gerade wieder total angesagt?!

4. Mehrjährige Mitgliedschaft

Wer wirklich regelmäßig ins Fitnesscenter geht (und hier empfehlen wir eine wirklich kritische Selbsteinschätzung), kann mit den Angeboten für mehrjährige Mitgliedschaften ebenfalls gutes Geld sparen. Einige Hundert Euro billiger kommt man dabei weg, wenn man sich etwa für zwei oder drei Jahre »verpflichtet«. Einige Studios bieten sogar »lebenslang« an. Aber Vorsicht: Die Lebenssituationen ändern sich oft schneller, als man denkt – und dann muss man beruflich oder aus privaten Gründen wegziehen, und das schöne Geld ist futsch.

5. Für Studies: Allgemeiner Hochschulsport

Für Studenten besteht noch ein besonderes Angebot, denn die meisten Hochschulen bieten ein breites Sportprogramm an – und zwar für alle eingeschriebenen Studenten. Dort findet ihr fast alles, was das Herz begehrt, und oft kann man die Einrichtungen der Sportfakultät wie etwa den Kraftraum nutzen. Das alles ist für umme. Am besten auf der Homepage eurer Uni nach dem Begriff »allgemeiner Hochschulsport« suchen.

6. Für die echten »Muttis«: Workout in Haus und Garten

Super Body und zu Hause Klar Schiff mit dem Frag-Mutti-Body-Coach, denn wissenschaftliche Studien haben gezeigt, dass Staubsaugen und Bettenmachen genauso effizient und wirkungsvoll sein können wie die Stunden im Fitness-Studio. Die besten Übungen gibt's unter www.frag-Mutti-Body-Coach.

Außerdem haben wir den Wald vor der Tür, und da ist Joggen ganz umsonst.

Außer die Schuhe, aber dafür gibt's uns.

Günstige Laufschuhe

Beim Kauf von Laufschuhen sollte man das Herstellungsjahr in der Lasche beachten, zum Beispiel »08« bedeutet neuestes Modell. Es kann schon mal vorkommen, dass man dir ein Modell von 1999 als neues Modell andrehen will. Also immer schön auf die Lasche achten, und dann gut mit dem Händler über den Preis verhandeln! (Auslaufmodell!)

Das meint die Jury:

- »Auslaufmodell« in Verbindung mit Schuhen finde ich witzig.

- Der Tipp ist super! Nur bei mir steht 06/02, gekauft 2002, also wohl damals das aktuellste Modell.

- Kann doch auch Februar 2006 heißen.

- 2002 gekauft und hergestellt 2006? Na, aber sicher!

- Wahrscheinlich in China. Mit der ganzen Zeitverschiebung kommt das hin …

- Die Jahreszahl steht immer am Ende!

- Bei den komischen Amis steht die Jahreszahl immer vorne. Und der Tag in der Mitte. Was für ein Sch***.

- Was für einen Tag meinst du?

Sportkleidung lässt sich auch günstig in den Outlets von Markenherstellern erstehen. Dabei sollte man allerdings Folgendes beachten:

Die Wahrheit über Outlets

Es ist ja fast ein gleichwertiger Ersatz für den Pauschalurlaub geworden – der Wochenendtrip ins Outlet-Center. Bei uns in Schwaben ist es Metzingen, wo sich rund 60 Werksverkäufe auf der grünen Wiese drängen. Viele sehr klangvolle Marken haben hier einen Laden, in dem Ware mit angeblich enormen Rabatten angeboten wird. Bis zu 70 Prozent verspricht die Werbung, aber das ist ein Versprechen, das nur sehr selten gehalten wird.

Hier sind ein paar wichtige Infos, die ihr beim Einkauf in solchen Outlets beachten solltet.

1. Keine aktuelle Ware
Es wird in der Regel keinerlei aktuelle Ware angeboten, was gerade bei sehr modischen Klamotten richtig nervig sein kann. Denn oft sind Schnitte und Farben vom vergangenen Jahr einfach – out!

2. Speziell für Outlets produzierte Ware
Der Werksverkauf ist ein wachsender Markt. Für die Hersteller lohnt es sich deshalb, Konfektionen eigens für ihre Outlets zu produzieren. Eigentlich ja kein Problem. Aber Vorsicht: Hier ist in der Regel die Qualität nicht so hoch wie bei »regulärer« Ware.

3. Rabatte künstlich vergrößert
Die Preise, die in Outlets als ursprüngliche Ladenpreise ausgewiesen werden, sind oft zu hoch angesetzt. So erscheint der Nachlass deutlich höher. In der Regel übersteigt der angebliche Ladenpreis (im Jargon »Streichpreis« genannt) den tatsächlichen Marktpreis um etwa zehn Prozent. So werden die Klamotten zwar mit einem Abschlag von 30 Prozent angeboten, tatsächlich sind es jedoch höchstens 20.

4. Größenauswahl begrenzt
Und natürlich gibt es keine Garantie, dass ihr die dortigen Klamotten auch in eurer Größe findet. Menschen mit absoluten Standardgrößen haben oft ebenso Probleme wie Menschen am Rand der üblichen Normen. Wie gesagt, es gibt hier keine

Regel und leider auch keine Garantie. Im schlimmsten Fall fahrt ihr stundenlang über Land, nur um ein oder zwei Kleidungsstücke anzuprobieren, weil sonst gerade nichts da ist.

Mensch Kathrin, an einem kommen wir doch vorbei, wenn wir uns demnächst mal die neue Dependance unserer Firma ansehen.

– wovon ich ja nicht richtig begeistert bin!

Es ist ja noch nichts entschieden mit dem neuen Job. Außerdem wäre es nur für ein Jahr. Und das bisschen an Fahrt …

Gut 400 Kilometer ist schon ein ziemliches bisschen. Das läuft bei uns dann auf eine Wochenendbeziehung hinaus. Was ich gar nicht witzig finde. Das gibt doch jede Menge Ärger, kostet Zeit und Geld – und am Ende geht dann vielleicht noch die Ehe kaputt!

Keine Panik! Das haben schon andere Paare überlebt. Und wenn man es schlau anstellt, kann man sich und dem Partner auch hier jede Menge Ärger sparen. Wir haben euch da mal was zusammengestellt.

Fernbeziehung:
So klappt die Liebe über Meilen

Ja, zu diesem Thema kann man natürlich Bücher verfassen! Das wurde auch schon gemacht, von eindeutig berufeneren Geistern als wir es sind. Aber ein bisschen Lebenserfahrung besitzen auch wir – und die teilen wir liebend gerne mit euch!

479

Hier sind unsere Tipps, wie ihr eine kurze oder längere Phase Fernbeziehung am besten übersteht:

1. Streitkultur aufbauen
Schluss mit der Harmoniesucht! Nur wer sich gut streiten kann, hat auf Dauer als Paar eine Chance. Das gilt in besonderem Maße für alle Fernbeziehungen, weil dort sozusagen unter erschwerten Bedingungen gestritten wird: Zeitdruck, eingeschränkte Kommunikation (am Telefon), erhöhter Erklärungsbedarf durch unterschiedliche Alltagswelten und so weiter. Also ist es hier besonders wichtig, eine gute Streitkultur aufzubauen und zu pflegen.

2. Feste Ziele setzen
Besonders wichtig ist es, gemeinsame Ziele zu formulieren. Das gilt für die Gegenwart genauso wie für die Zukunft. Beim Abschied am Sonntagabend hilft es sehr, wenn das nächste Treffen bereits feststeht. Und für die gemeinsame Zukunft ist ein allgemeiner Rahmenplan ebenfalls hilfreich. Etwa die Aussicht, in zwei Jahren wieder in einer Stadt leben zu wollen. Oder ein gemeinsames Sabbatical-Jahr einlegen zu wollen. Oder, oder, oder. Diese Fixpunkte helfen euch, das gemeinsame Leben bei all den Trennungen und Abschieden nicht aus den Augen zu verlieren.

3. Reges Sozialleben pflegen
Auch wer sich nur am Wochenende sieht, sollte sein Sozialleben in dieser Zeit nicht »dem Partner zuliebe« auf null herunterfahren. Erstens ist das für eure Freunde auf die Dauer frustrierend. Und zweitens möchte euer Partner vielleicht auch mal was anderes als Zweisamkeit erleben – entweder kommt er mit zu einer geselligen Runde oder er gönnt sich ein paar Stunden Ruhe von der Beziehung. Auch das sollte am Wochenende drin sein.

4. Entspannung auch zu zweit pflegen
Ruhe ist ein gutes Stichwort: Plant bei eurer gemeinsamen Zeit immer wieder auch Leerlauf-Phasen mit ein. Nichts ist anstrengender als Freizeitstress zu zweit! Denn Druck gibt es auf der Arbeit oder im Studium ja bereits genug. Und das Pendeln mit den ganzen Staus und überfüllten Zügen oder Flugzeugen bereitet auch nur wenig Spaß. Also lasst es immer wieder mal ruhig angehen, nehmt euch Zeit füreinander und euch selbst.

5. Gut zu sich selbst sein
Das ist zwar eine Binsenweisheit, aber eine entscheidende! Gönnt euch selbst immer wieder mal etwas Gutes, auch unter der Woche. Damit nicht alles Schöne aufs Wochenende und die gemeinsame Zweisamkeit verschoben werden muss – und dieses dann unter dem allgemeinen Erwartungsdruck gründlich in die Hosen geht.

Wie wild weiterklicken …
… frachtschiff-reisen.net
… izetit.de
… geizkragen.de
… handgegenkoje.de
… gartentechnik.de
… urbanacker.net
… vertipp-dich.de

Outro

Kathrin: Was soll ich sagen: Wir sind begeistert! Stimmt es, Ingo. Der nickt heftig. Noch vor wenigen Monaten standen wir kurz vor dem finanziellen Kollaps, weil einfach keine Kohle mehr da war. Und das, obwohl wir beide ja durchaus was verdienen! Aber heutzutage ist das ja nicht mehr so einfach: Mit den ganzen Preissteigerungen und so muss man schon aufpassen, wie viel Geld täglich so rausgeht. Euch muss ich es ja nicht sagen – alles wird teurer. Und wir in unserem jugendlichen Leichtsinn haben einfach vor uns hin gelebt. Mal ehrlich, wenn da zum erstem Mal so ein Gehaltsscheck auf dem Konto landet, dann denkste doch einfach: Jetzt bin ich der King! Den Schotter kann ich ja nie ausgeben!

Ingo: Das Gefühl kenne ich nicht. Denn ich kriege alles ausgegeben!

Kathrin: Ja, klar, das habe ich inzwischen auch kapiert. Aber was ich auch kapiert habe – dass Sparen richtig Laune machen kann! Und das haben wir Bernhard und Hansi zu verdanken!

Ingo: Genau, vielen Dank! Wir sind gerettet! Und überhaupt ist das ja alles total vielschichtig. Wo man überall sparen kann, und was man alles sparen kann – inzwischen haben wir so richtig sportlichen Ehrgeiz entwickelt. Mit meinen Jungs diskutiere ich sogar schon während unserer Männerabende die neuesten Spartipps. Kathrin und ich haben uns außerdem überlegt, eine Art Sparclub aufzumachen. So mit Stammtisch und jährlicher Vereinsmeisterschaft. Und wir haben noch weitere Ideen: Wie wäre es mit einer Sparschule? Da bieten wir eine Art Spar-Führerschein an, nach dem eine gewisse Anzahl an Spar-Stunden absolviert wurde. Das wäre doch auch eine tolle Sache.

Muttis: Na, das freut uns aber! Als Schwaben stehen wir ja immer unter dem Generalverdacht des Geizes. Aber wir sind beim Sparen total undogmatisch. Aber bei diesem ganzen Geiz-ist-geil-Quatsch übersieht man halt schnell, dass Sparen viel mehr ist als nur Pfennigfuchsen. Es kann auch die Konzentration auf das Wesentliche bedeuten.

Ingo: Oh die Muttis werden philosophisch?

Muttis: Keine Angst. Wir wollen nur, dass ihr, liebe Leserin und lieber Leser, bei all den Tipps und Tricks viel Spaß hattet mit diesem Buch. Und wenn euch nun jede Menge intelligente, coole oder schräge Spartipps eingefallen sind – nur her damit!

In diesem Sinne: schafft es gut!
Euer

Bernhard und Hansi

WEBSITEEMPFEHLUNGEN

Wissenswertes
www.frag-mutti.de – die Website der beiden Autoren
www.umweltbundesamt.de – Das Umweltbundesamt –
  umfangreiche Infos zu den Themen Umwelt und Natur-
  schutz
www.mamas-klassiker.de – die Website für alle Mama-Fans

Wohnen
www.stadtplandienst.de – Stadtpläne deutscher Städte und
  Orte
www.immobilienscout24.de – großer Wohnungsmarkt
www.studenten-wg.de – Wohnungsmarkt für Studierende
www.wg-gesucht.de – WG-Wohnungssuche
www.mieterbund.de – Website des Deutschen Mieterbund e. V.
  – bei Mietfragen

Lebensmittel
www.was-steht-auf-dem-ei.de – Verein für kontrollierte alternative Tierhaltungsformen e. V. – Infos rund ums Ei
www.spaetzle.de – alles rund um des Schwaben Leibgericht
www.bioland.de – Lebensmittel-Erzeuger-Suche für den Umkreis

Haushalt

www.hausfrau.de – Haushaltsmanagement – nur für Profis!

www.hausfrauenseite.de – noch mehr Haushaltsmanagement
  – nur für Profis!

www.teamhack.de – Haushaltsgeräte reparieren

Onlineshops

www.versandapo.com – Internetapotheke

www.docmorris.com – Internetapotheke

www.schlecker.de – Drogerieartikel im Internet bestellen

www.bring-fix.de – Supermarkt-Onlineshop für Dresden
  und Umgebung

www.olympstore.de – hochwertige bügelfreie Hemden

Party

www.feiern.net – Partyspiele

www.spielekiste.de – noch mehr Spiele

www.cocktails-ulm.de – Website der Cocktailbar »Manhattan« in Ulm

Wir bedanken uns bei

- unserer Internet-Fangemeinde für die unzähligen Tipps und Ideen;
- unseren Muttis Elke und Irmgard, ohne die wir nie alleine überlebt hätten;
- unseren Vatis und Geschwistern, für ihre Unterstützung und (Über-)Lebensschulung;
- Ina Gailing, die unsere größte und schärfste Kritikerin war;
- Martina Seith-Karow, die sich von Anfang an für unsere Idee begeistert hat.

Ohne euch wäre »Frag Mutti« voll in die Hose gegangen.

WO FINDE ICH WAS?

A

ABC-Pflaster, selbst gemachte 448

Anzüge, selbst gereinigte 367

Arbeitslosenversicherung, private 254

Aufzug, keine Langeweile im 352

Auslandskrankenversicherung 254

Auto fahren *siehe Personenverkehr*

Auto fahren, intelligentes 283, 288

Auto mieten 471

Autoversicherung 255, 269

Autowäsche 289

B

Bacon, knuspriger 324

Bahn fahren *siehe Personenverkehr*

Bargeld *siehe Urlaub, bezahlen im*

Baufinanzierung 265

Beinfreiheit, kostenlos mehr 463

Berufsunfähigkeitsversicherung 253, 271

Bewerbung, arbeitssparende 371

Bezahlen im Ausland 472

Billigflieger 457 ff., 469 f.

Billig-Handfunke, sparen mit der 307

Briefmarken sparen 410

Briefumschlag, selbst gebastelter 412

Bügeln 68, 144, 208, 337, 420

– Bügeleisen 208

Bügeleisen reinigen 209

Feucht bügeln 146, 208

Herrenhemden bügeln 148 ff.

Hosen bügeln 152

Temperatureinstellung 146

– Kleidung, bügelfreie 68

– Ohne Bügeleisen bügeln 69 f.

– Richtig bügeln 145, 146, 208

– Richtig Wäsche aufhängen und trocknen 145

– Trockner 147

– Was braucht man nicht zu bügeln? 70

– Was kann gebügelt werden? 70

– Was muss gebügelt werden? 70

Bus fahren *siehe Personenverkehr*

Busreisen 465 f.

C

Cola-Light-Hähnchen 429

Cola-Mentos-Riesenfontäne 451

D

DB-Automaten 293

Dornwarzen 436

Druckertinte entfernen 369

E

Einkaufen 27, 71, 157

– Bevor du aus dem Haus gehst 27, 29

– Einkaufen, intelligent 298

– Grundnahrungsmittel 34 ff., 80

– Im Internet einkaufen

Lebensmittel 157
Medikamente 155
– Kassenbon 30
– Lebensmittel aufbewahren 46
  Frisches 79
    Obst 83 f.
    Gemüse 85
    Joghurt 79
    Wurst 79, 86
    Käse 79
  Gekochtes 79
  Gewürze 174
    Salz 86
  Konserven 79 f.
  Reifes/Überreifes
    Obst 83 f.
    Gemüse 75, 79, 85
  Tütenclips 79
  Verpackungen, angebrochene 79
  Wurzelgemüse 79
– Lebensmittelcheck 75
  Brot 46, 75
  Druckstellen 75
  Eier 75, 80
    Beschädigungen 75
    Eier auswählen 75
    Eiertest (Ist das Ei noch gut?)
    81
    Eiertest (Ist das Ei schon ge-
    kocht?) 82
    Was steht auf dem Ei? 76
  Gefrierbrand 76
  Hackfleisch 47, 77
  In Folie verpackte Lebensmittel
  76
  Mindesthaltbarkeitsdatum 76
  Wurst 75

– Medikamente
    Erste Hilfe 154
    Hausapotheke 154
    Medikamente im Internet
    bestellen 155
– Saisonkalender 73 f.
    Gemüse 73 f.
    Obst 73 f.
Einkommensteuererklärung 260
E-Mail-Knigge 394

F
Fahrkarten an DB-Automaten
293
Fahrrad reinigen 281
Fahrrad sichern 277, 279
Fernbeziehung 479
Fitness 474
Fliegen *siehe Personenverkehr*
Flug, geschenkter *siehe Voluntary
Stand-by*
Frachtschiffreisen 453
Frag-Mutti-Body-Coach 476
Früchte, gefrorene 425
Frühbucherrabatt 468
Frühstücken, Speed- 356

G
Gesamteffektivzins *siehe
Baufinanzierung*
Geschirrspülmaschine 333
Gesichtsmaske 433
Ghostwriter 373

H
Haftpflichtversicherung 250,
253, 259, 471

Hähnchensuppe, schön milde
323
Hämorriden, warmer Po statt
294
Handwaschschaum, selbst
gemachter 440
Haushaltsaufstellung 250
Hausratversicherung 250, 254
Herpes 438
Homepage, eigene 408
Hotelsterne 470 f.

I
Internetkosten 402

J
Jo-Jo-Effekt beim Sparen 431

K
Kalorien sparen 418
Kaninchen verscheuchen 450
Kapital-Lebensversicherung 254
Kartoffeln, blitzschnelle 318
Kassenschlange, 10 Gebote 308
Kfz-Versicherung 250, 269
Knitterfalten 337
Knöpfe, fixierte 338
Kochen 32, 87, 159
– Desserts 113
  Eis 113
  Calvados-Äpfel mit Vanilleeis
  113
– Fertigprodukte
  Aufmotzen 39
  Pizza 39
  Soßen 40
  Suppen 40

– Früchte
  Erdbeeren (pikant) 115
– Frühstück 116
  Brot/Brötchen 116
    Alte Brötchen 118
    Armer Ritter 119
    French Toast 119
  Eier
    Eier auswählen 75
    Eiertest (Ist das Ei noch gut?)
    81
    Eiertest (Ist das Ei schon ge-
    kocht?) 82
    Rührei 44, 117
    Was steht auf dem Ei? 76
    Weich gekochte Eier 116
– Gerichte, aufwändigere
  Fleisch/Geflügel
    Curry-Sahne-Hähnchen 110
    Entenbrust 103
    Frikadellen 111
    Gulasch 167
    Kasseler Braten 163
    Maultaschen 43, 111
    Putenfleisch 110
    Rinderbraten 162
    Rouladen 163
    Schnitzel, Wiener 161
  Fisch/Meeresfrüchte
    Krabben 97
    Lachs 95, 104
    Seeteufel 105
  Gemüse 91, 167 ff.
    Pilze 112
    Spargel 97
– Gerichte, einfache
  Kartoffelbrei 42

Leberkäse 43, 113
Maultaschen 43, 111
Nudelsalat 44
Pizza-Baguette 44
Rührei 44, 117
Sandwich 45
Toasts 42, 45
– Gerichte, schwäbische
Kässpätzle 159
Spätzle 159 f.
– Gewürze 174
Basilikum 175
Gewürze, chinesische 175
Gewürze, frische 175
  Basilikum 176
  Knoblauch 88, 177
  Petersilie 175
  Schnittlauch 176
Grillwürze 175
Kardamom 177
Majoran 175
Muskat 174
Oregano 175
Paprika 174 f.
Pfeffer 174 f.
Salz 86, 174 f.
– Grillen 229
Fleisch 230
  Lammspieße 231
  Marinade 232
  Steaks 230
Gesund grillen 229
Grillsoße 232
Vegetarisch
  Feta-Käse 233
  Honigbananen 234
  Mais 233

Spargel 233
Zwiebeln 233
– Grundausstattung 32
Basic-Lebensmittel 34 ff., 80
Töpfe, Teller, Besteck etc. 33
– Grundnahrungsmittel zuberei-
ten 35
Kartoffeln 36
Nudeln 35
Reis 35
Spätzle 159 f.
– Im Kochtopf
Angebranntes 93, 94
Fett/Öl 164 ff.
  Butter 164
  Margarine 166
  Öl 166
  Schmalz 165
Gemüse 91,167 ff.
  Blumenkohl 91, 168 f.
  Brokkoli 91
  Möhren 91
  Rosenkohl 171
  Rotkohl 169, 170
  Spinat 39, 171
Milch 91
– In der Bratpfanne 90
Fett/Öl 164 ff.
  Butter 164
  Margarine 166
  Öl 166
  Schmalz 165
Fleisch 90
Marinieren 232
Panieren 161
Schnitzel 161
– Lebensmittel aufbewahren 46

Brot 46, 75
Kühlschrank 46
  Tiefkühlen 46
– Pudding/Mousse etc. 114 f.
  Ananaspudding 114
  Mousse au Chocolat 115
  Sahnequark 114
– Salat 98
  Nudelsalat 44
  Paprika-Mais-Salat 101
  Porree-Salat 102
  Rucolasalat mit Birnen und
  Parmesan 100
  Salat putzen 98
  Salat-Dressing 99
  Tomatensalat 102
– Schälen, schneiden, auspressen 87
  Gemüse 88
    Gurken 88
    Knoblauch 88, 177
    Paprika 89
    Tomaten 89
    Zwiebeln 87
  Obst 89
    Orangen 89
    Zitronen 89
– Soßen
  Carbonara 38
  Estragonsoße 104
  Grillsoße 232
  Knoblauch-Spaghetti 38
  Kokosmilch-Soße 110
  Mehlschwitze 96
  Sahne-Senf-Soße 105
  Sahnesoße 38, 95
  Salbei-Butter-Soße 108
  Soße Bolognese 109

Spinat 39, 171
Thunfischsoße 106
Tomatensoße 37, 107
– Würzen
  Marinieren 232
  Panieren 161
  Zu dünn 92
  Zu salzig 92
  Zu scharf 92
Krankenversicherung 253, 271
Kredit vom Arbeitgeber 257
Kreditkarte *siehe Urlaub, bezahlen*
im
Kühlschrank, sparen mit dem
327 ff.
Kundenkarten 262 f.

L
Langstreckenflug 459
Last-Minute-Urlaub 468
Laufschuhe, günstige 476
Lebensmittel, sparen bei 251,
298
Lohnsteuerhilfe 260

M
Magister 373
Magnetwand, billige 365
Mails, böse 397
Markenwaren 303
Meetings 354
Mikrowelle, Bacon aus der 324
Milchreis, im Bett gekochter 325
Millionär, mit 50 Euro zum 267

O
Öffentliche Verkehrsmittel *siehe*

Personenverkehr
Outlets 477

P
Panieren, mit Cornflakes 317
Papermills 373
Party 210
– Checkliste 226
– Das leibliche Wohl 218
  Essen 219 f.
    Partybuffet zusammenstellen 219
  Getränke 220
    Cocktails 222 ff.
– Die Gäste 212
– Die Location 213
  Kerzen 214
  Sound 215
    Playlist erstellen 216
– Grillen 229
  Fleisch 230
    Steaks 230
    Lammspieße 231
    Marinade 232
  Grillsoße 232
  Gesund grillen 229
  Vegetarisch
    Feta-Käse 233
    Honigbananen 234
    Mais 233
    Spargel 233
    Zwiebeln 233
– Motto-Partys 218
– Partyquette 226
– Partyspiele 217
Pauschalreisen 469
Peeling, günstiges 435

Perlonstrumpf, als Staubtuch 336
Personenverkehr 276, 458 ff., 464 f.
Pickel 433 f.
Pitch *siehe Zeit sparen beim Reden*
Po, warmer 294
Preisgefühl 298
Putzen 49, 120, 179
– Bad 197
  Fenster und Spiegel, beschlagene 201
  Schimmel 198, 200
  Toilette 54, 121, 197
  Stehpinkler 54
  Waschbecken reinigen 197
– Boden 59
  Staub 59
    Fegen 53
    Besen 53
    Handfeger 53
    Kehrschaufel 53
  Nass wischen 53
    Putzeimer 53
    Reinigungsmittel 53
    Schrubber 53
  Staubsaugen 59
    Staubsauger 53
    Staubsauger, gut duftende 186
– Fenster putzen 125 f.
– Kehrwoche 127
– Küche
  Abfluss 120
  Backofen reinigen 190
  Küchenschränke reinigen 188 f.
  Kühlschrank
    Gerüche 193

Rückstände 192
  Tee/Kaffee 192
  Thermoskanne 192, 195
  Kalk 192
  Wasserkocher 192, 194
Spülen 56 f.
  Töpfe, angebrannte 58, 192
Spülbecken 123, 192
  glänzt wieder 123, 189
– Putzplan 179
  Putzplan zum Herauskopieren
  181
– Schlaf- und Wohnräume
  (Elektrische Klein-)Geräte ent-
  stauben 183
  Möbel 188
  Teppich 185
  Wände putzen/reinigen 186

R
Rechtsschutzversicherung 258
Reisegepäckversicherung 254
Reisen mit dem Schiff 453
Reiserücktrittsversicherung 254
Risikolebensversicherung 254
Rückenschmerzen 368

S
Scheibenwischerkauf 289
Schlank-Keks 422
Schmierfett »wegzaubern« 280
Schokohunger 427
Schrebergarten *siehe Urban Gardening*
Schuldenfalle erkennen 249
Seife *siehe Soda*
SMS-Abkürzungen 384

Soda 334
Spar-Typ 315
Speedreading 347
Stand-by-Betrieb 327, 405
Steuerberater 260
Strom sparen 328 f., 403, 405
Suppe, Katzenfutter in der 320
Süßigkeiten 421

T
Tanken 286
Telefonieren, effizient 398
Telefonieren, kostenlos 400
Telefonkosten 402
Töpfe spülen sparen 321
Travellers Cheques *siehe Urlaub, bezahlen im*

U
Umzug 21
– Auf Ämtern an- und ummelden
  21
– Bankkonto 21
– Gebühren 22
  Radio- und Fernsehgebühren
  22
  Strom, Gas, Wasser 22
  Telefon, Internet 22
– Mietvertrag 15
  Wohnungssuche 13
  Übergabeprotokoll 16
– Renovieren 17, 24
  Streichen 17
  Löcher in der Wand 17
  Großputz 59
  Die erste Nacht in der neuen
  Wohnung 19

– Umziehen 23
  Umzugsauto 22
  Umzugskartons 22 f.
– Wohnungssuche 13
Unfallversicherung 254
Unkraut vernichten 445
Unterbodenwäsche, keine 289
Urban Gardening 443
Urlaub, bezahlen im 472
Urlaub, sparen beim 457
Urlaubs-Websites 467

V

Versicherungen 253, 255 ff., 266, 268
Vögel verscheuchen 449
Voluntary Stand-by 461
Vorratshaltung, sparen durch 304

W

Wachmacher, gesunder 357
Waschen 60, 130, 202
– Bettwäsche 203
  Bettwäsche waschen 203
  Daunenkissen bzw. -decke waschen 204
  Gardinen waschen 205 ff.
  Vorhänge waschen 205 ff.
– Flecken 131
  Erste Hilfe bei Flecken 132
  Flecken entfernen 132
    (Baum-)Harzflecken 134
    Blutflecken 133
    Fettflecken 133, 135
    Filzstiftflecken 133
    Grasflecken 133
    Kaugummi 134

  Kragenspeck 134
  Kugelschreiberflecken 133
  Obstflecken 138
  Rostflecken 138
  Rotweinflecken 135 f.
  Schokoladenflecken 135
  Wachsflecken 137
– Kleidung
  Auf links drehen 63
  Pflegeetiketten 67
  Reißverschlüsse schließen 63
  Richtig sortieren 60
  Schuhe waschen 138
  Taschen leeren 63
  Tierhaare 136
  Wäsche
    bunte 60
    weiße 60
– Programmauswahl 61
  30° C 61
  40° C 61
  60° C 61
  90/95° C 61
– Trocknen 64
  Draußen 64
  Drinnen 64
  Trockner 147
– Waschmaschine 139
  Flusensieb 141
  Gehäuse 141
  Heizstab 142
  Kalkablagerungen 142
  Lochfraß 142
  Metall in der Waschmaschine 139
  Schimmel in der Waschmaschine 140

Türdichtung 141
Wäsche müffelt 140
Waschmaschine reinigen 141 f.
Waschmittelschublade 141
– Waschmittel 61
  Colorwaschmittel 61
  Feinwaschmittel 62
  Vollwaschmittel 61
  Weichspüler 62
  Wollwaschmittel 62
Wäsche waschen, wie Männer
338
Waschmittel sparen *siehe Soda*
Wasser, gares 343
Werbeschreiben, -anrufe, -faxe,
-mails, -SMS 387 ff.

Z
Zeit sparen
– beim Duschen 340 f.
– beim Meeting 354
– beim Reden 347 f., 350 ff.
– beim Telefonieren 398
– falsches 342
Zeitfresser im Job 359
Zeitsparer, berühmte 362
Zettelwirtschaft 361
Zinkpaste 434
Zivi-Ausweis, sparen mit dem
292